韓國精神文化研究院

譯註三國遺事

I

姜仁求 金杜珍 金相鉉 張忠植 黃浿江

以會文化社

序 文

　三國遺事는 三國史記와 함께 韓民族 최고의 古典이며 歷史書이다.
三國遺事는 官撰의 正史인 三國史記와는 달리, 고승 一然이 高麗 후
기 영남지방 여러 寺刹에 주석하면서 당시까지 남아 있는 자료들을
망라하여 편찬한 野史이다. 그 속에는 古朝鮮부터 高麗까지 고대사회
에서 이룩된 신화·전설·사상·문학·풍속 등과 불교의 傳來·盛衰
樣相이 原形 그대로 담겨져 있다. 더욱이 檀君古事와 駕洛國記·新
羅鄕歌 등은 三國史記에도 들어 있지 않은 유일한 기사들로서 천만
금의 가치를 지니고 있다고 하겠다.

　三國遺事에 대한 飜譯·註釋書는 일찌기 국내·외에서 간행되어
현재는 20여 종에 이른다. 이들 譯註本들은 대부분 飜譯에 중점을 두
었거나, 註釋을 병행한 경우도 그 내용이 간략하여 거의가 국어사전
적 주석이거나 한자해석정도에 그치고 있다. 그리고 외국에서 간행된
것도 우리 학계의 연구결과를 반영하는 데에는 소홀히 한 면이 보이
고, 그렇지 않으면 자국의 입장에서 자국 학계의 성과에만 치중하여
해석한 부분이 있었다. 어느 경우이든 민족 최고의 고전 역주서로서
후세에 전하기에는 만족스럽지 못하였다.

　이에 본 연구원에서는 三國遺事를 만들어낸 민족문화의 기반 위에
서 자국의 역사나 언어를 해석하고 다듬어 나가듯이, 三國遺事에 담

겨진 모든 자구 문장의 뜻을 바르고 정확하게 해석한 역주본의 正本
이 어느 사서보다 그 간행보급이 시급하다고 판단하였다.

정본을 출간하여 안으로는 새로운 민족문화창달의 밑바탕을 삼게
하고, 국외의 이해자들을 위해서는 史實에 입각한 바른 해석을 전달
하여 민족문화의 보급에 새로운 전기를 마련하고자 三國遺事의 주석
번역을 계획하였다. 물론 본 三國遺事의 역주사업도 이미 1988년부터
착수하여 간행을 본 三國史記의 역주사업에 이어지는 큰 계획의 하나
이기도 하다.

본 역주사업은 본원의 연구과제로 채택되어 1995·1996·1997·
1998년의 4개년에 걸쳐 수행되고, 1999년 이후 2002년까지 4개년은
비예산사업으로 진행되었다. 그리고 역주에는 최근까지의 학계연구결
과를 검토하여 반영하는 문제가 가장 중요한 일로 여겨졌다. 그래서
三國遺事를 오랫동안 연구해온 斯界의 전문가를 동원하게 되었다. 연
구는 金杜珍·金相鉉·張忠植·黃浿江·姜仁求 등 5인이 공동으로
담당하였다.

역주작업을 위해 正德本을 底本으로 하고, 기왕에 간행된 六堂崔
南善本·斗溪李丙燾本·民族文化推進會本·李載浩本·북한의 리상
호본·日本의 三品彰英本 등을 주요 비교대상본으로 하여 분석검토
하였다.

校勘은 원본인 正德本(서울大學校 奎章閣所藏)을 최대한으로 살
렸다. 그러나 一然禪師의 원문과 木板印刷시 변경된 한자를 구분하기
는 지난한 일이었다. 高麗 후기 당시 사용한 것으로 보이는 약자는
현재도 韓國과 日本·中國에서 사용되므로 각주에 일부분을 반영하

기도 하였다.

史實과 年代 등에서 三國史記와 차이가 있는 경우는 三國史記의 내용을 비교자료로 제시하였다. 고유명사나 특수용어는 三國史記와 상이하더라도 正德本의 원문을 택하고, 가급적이면 원문을 보전하려고 노력하였다. 그리고 어느 경우에나 三國史記와의 상이한 부분은 주석에 근거와 설명을 달았다.

飜譯과 註釋은 고등학교 3학년의 수준이면 충분히 읽고 이해할 수 있는 문장으로 하고, 장차 영어번역을 유념하여 교과서적 문장을 사용하였다. 그러나 가장 어려웠던 일은 각 연구자의 문장을 통일하는 일과 주석의 범위와 깊이에서 균형을 맞추는 일이었다. 이 일을 위하여 연구보조원인 趙景徹·文銀順·尹琇姬 등이 다년간 진력하였으며, 또 일시적으로 全鍾國·金善珠 등도 협력하였다. 공동연구자 여러분과 연구보조원 여러분께 깊은 감사의 인사를 드린다.

끝으로, 본 譯註三國遺事는 의욕과 기대와는 달리, 여러 면에서 부족하다고 생각한다. 그러나 2002년까지의 새로운 연구를 수록 반영하였다는 의미에서 이후 더 잘된 역주본이 간행될 때까지만이라도 正本의 구실을 하였으면 하는 마음 간절하다. 앞으로도 계속하여 수정보완해 나갈 것을 약속드리며, 학계 제현의 질정을 바란다.

2002년 7월

공동연구 책임자 姜 仁求 근서

凡　例

• 본서의 原本은 朝鮮 中宗 7년(正德 壬申年: 1512)에 간행된 木版本『三國遺事』(正德本: 서울대학교 奎章閣소장, 民族文化推進會 간행)를 기본으로 하였다.

• 본서는 正德本(이하 [正]으로 약칭함)의 편제를 재편하여 Ⅰ(卷第一), Ⅱ(卷第二), Ⅲ(卷第三), Ⅳ(卷第四·卷第五), Ⅴ(研究論文·索引)의 총 5권으로 재구성하였다.

• 본서 각 권의 구성은 항목별로 原文校勘, 飜譯註釋 순으로 하고, 각 권의 맨 뒷편에 해당 항목의 影印原文을 실었다.

• 본서는 독자의 편의를 위해 각권 내의 항목에 일련번호를 추가하였다.

• 본서는 독자의 편의를 위해 縱書로 되어 있는 원본을 橫書로 조판하였다.

I. 原文校勘

1. 원문은 내용에 따라 문단을 나누고 띄어쓰기를 하였다.

2. 원본의 原註는 〈 〉안에 작은 글자로 표기하였다.

3. 교감은 [正]을 저본으로 하고, 이미 출간된 三國遺事 板本과 活字本(飜譯本 포함) 등을 비교대상으로 하였다. 이 외에 필요한 경우 史書·地理書·金石文 등의 여러 자료를 참고로 하였다. 자료의 목록과 약호는 다음과 같다.

三國遺事관계자료						기타 자료	
晚松文庫本	[晚]	東京大本	[東]			『三國史記』	[史]
順菴手澤本	[順]	朝鮮光文會本	[光]			『高麗史』	[麗史]
石南筆寫本	[石]	朝鮮史學會本	[會]			『新增東國輿地勝覽』	[勝覽]
鶴山筆寫本	[鶴]	大日本續藏經本	[續]			『世宗實錄』 地理志	
神田本 德川本	[神]	大正新修大藏經本	[修]			『史記』	
		斗溪李丙燾本	[斗]			『漢書』	
		六堂崔南善本	[六]			『三國志』	
		李載浩本	[浩]			金石文	
		民族文化推進會本	[民]				
		三品彰英本	[品]				
		리상호본	[리]				
		權相老本	[相]				
		李東歡本	[歡]				
		曉星女大本	[曉]				
		韓國佛敎全書本	[全]				
		李民樹本	[樹]				

4. 위의 자료 중에서 기본적인 교감비교대상본의 범위는 원본인 [正]을 포함하여 [斗], [六], [浩], [民], [品] 등 6서로 하되, 최근 개정판을 대상으로 하였다. 위 6서의 출판사항은 다음과 같다.

[正]	서울대학교 奎章閣소장: 『三國遺事』(民族文化推進會 간행), 景仁文化社, 1973.
[斗]	『譯註·原文三國遺事』, 明文堂, 2000.
[六]	『三國遺事』, 瑞文文化社, 1996.
[浩]	『삼국유사』, 솔출판사, 1997.
[民]	『三國遺事』, 景仁文化社, 1973.
[品]	『三國遺事考証』, 塙書房, 1975.

그러나 卷第一의 王曆의 경우 위의 6서 중 [浩]와 [民]은 교감 대상자료에서 제외하였다. 그 이유는 왕력부분이 최근 개정판 [浩]에는 원문이 없이 한글번역문만 실려 있고, [民]에는 [六]의 내용을 그대로 전재하여 중복되기 때문이다.

5. 원문은 원본의 내용을 최대한 존중하여 싣되, 잘못된 부분은 바로 잡아 원문에 표기하고, 각주에서 원본의 글자와 앞에 제시한 교감 대상자료 중 본서와 다르게 판독한 경우를 밝혔다.

6. 同字·古字·本字·俗字의 경우는 正字로 바로잡아 원문에 표기한 뒤 따로 각주에서 밝히지 않았다. 그러나 다음의 예와 같이 字形으로 보아 正字를 쉽게 파악하기 어렵다고 판단되는 글자는 이해를 돕기 위해 각주에서 밝히고 正字와의 관계를 ( ) 안에 덧붙였다.

예) 塡(壎과 동자), 饍(膳과 동자), 厸(隣의 고자), 伱(爾의 속자),
    虵(蛇의 속자)

7. 고유명사에 있어서 避諱하거나 음이 相通하는 경우에는 한 가지
   로 일치시키지 않고 원본대로 표기하고 각주에서 설명하였다.

   예) 顯慶과 現慶, 鴻嘉와 鴻佳, 漢岐部와 漢歧部

8. 高麗朝 왕의 이름을 避諱하기 위해 다른 글자로 바꿔 쓴 경우에
   는 원본의 표기대로 두고 각주에서 설명하였다. 단, 缺劃法을 사용
   한 경우에는 正字로 교감한 뒤 각주에서 밝혔다.

   예) 虎 : 고려 惠宗의 이름 '武'의 피휘.

       武 : [正] 正. 고려 惠宗의 이름 '武'의 결획피휘.

9. '干'·'于'와 '己'·'已'·'巳' 등의 글자는 文理로 보아 문제가 되지
   않을 경우에는 교감한 뒤 각주를 붙이지 않았다.

10. 원본에서는 '大'와 '太'를 음과 뜻이 유사하여 혼용하였는데, 수정
    할 사항은 바로 잡은 후 각주에서 밝혔다.

    예) 大宗→太宗, 大子→太子

11. 원본의 상태를 나타내는 기호와 용어는 다음과 같다.
    '□' : 원본의 여백에 예상되는 글자수가 한 글자인 경우
    '□…□' : 원본의 여백에 예상되는 글자수가 정확하지 않은 경우
    '없음' : 원본에 여백 없이 글자가 생략되어 없는 경우
    '판독미상' : 원본의 글자를 판독할 수 없는 경우
    '파손' : 원본이 파손되어 글자를 읽을 수 없는 경우

Ⅱ. 飜譯註釋

1. 한글로 번역하는 것을 원칙으로 하고, 번역은 평이한 문장으로 원 뜻에 충실하게 하고, 일부는 의역하기도 하였다.

2. 고유명사는 한자를 ( ) 안에 표기하였다. 번역한 한글과 원문의 한자가 다를 경우에는 그 한자를 [ ] 안에 표기하였다.

   예) 예악(禮樂), 제왕의 지위[大器]

3. 원문에는 없으나 이해를 돕기 위해 필요한 단어나 문장을 추가한 경우에는 [ ] 안에 표기하였다.

4. 年號와 干支는 해당 연대를 ( ) 안에 표기하였다.

5. 왕의 이름을 피휘한 경우 본래대로 번역하고 원문을 [ ] 안에 표기하였다.

   예) 무령왕[虎寧王], 문무왕[文虎王]

6. 인용문은 「 」로, 인용문 안에서의 대화체는 " "로, 그 안에서 다시 인용된 부분은 ' '로 표기하였다.

7. 수량의 표기는 1에서 10까지는 아라비아 숫자로, 100 이상은 백, 천, 만 등의 단위로 하였다. 그러나 일부는 이해를 돕기 위해 우리말의 셈수로 표기하였다.

   예) 1만 2천 3백 45명, 다섯 명

8. 두, 세 가지의 내용을 포함하고 있는 제목의 경우, 그 내용이 동격을 이룰 때는 '과(와)'로, 그 내용이 공통성이 있으나 '과(와)'보다 약하게 연결될 때는 '·'로 표기하였다.

예) 말갈과 발해, 변한 · 백제

9. 주석의 표제어는 번역의 해당 부분을 원문의 한자로 표기하였다. 표제어의 해당 원문이 긴 경우에는 앞과 뒤의 글자를 표시하고 그 사이에 중략된 부분을 '…'로 표기하였다. 그리고 표제어의 해당 원문이 짧으면서 그 한자의 독음이 일반적인 독음과 다르거나 어려운 경우에는 독음을 ( ) 안에 표기하였다.

예) 國史云…來投, 兜率歌(도솔가), 蘇首(진수)

譯註三國遺事 內容

目 次

三國遺事 卷第一

王曆 第一

紀異 第二

〈譯註三國遺事Ⅳ 目次〉

〈譯註三國遺事Ⅴ 目次〉

研究論文

索引

三國遺事 卷第一

王曆 第一

三國遺事 卷第一¹⁾

王曆 第一

(中國)²⁾	羅	麗	濟	洛
前漢宣帝 五³⁾鳳甲子四 甘露戊辰四 黃龍壬申一 **元帝** 初元癸酉五 永光戊寅五 建昭癸未六 **成帝** 建始己丑四	**新羅** **第一赫居世** 姓朴 卵生 年十三 甲子卽 位 理六十年 妃⁴⁾娥伊英 娥 英 國號徐羅伐 又徐伐 或 斯盧⁵⁾ 或雞林 一⁶⁾說 至⁷⁾ 脫解王時 始置⁸⁾雞⁹⁾林之號 甲申築金城	**高麗** **第一東明王** 甲申立 理十¹⁰⁾八 ¹¹⁾ 姓高 名朱¹²⁾ 蒙¹³⁾ 一作鄒蒙 壇 君之子		

---

1) 卷第一 : [正]에는 없으나 추가함.

2) (中國) : [正]에는 없으나 편의상 추가함.

3) 五 : [正] 파손. [晚][順][石][品][斗][六]
[리] 五.

4) 妃 : [正][晚][石][六] 休. [品] 妹 [斗]
[리] 妃

5) 盧 : [正][晚][石] 없음. [斗] 盧 [品][六]
[리] 盧

6) 一 : [正][晚] 없음. [品] 之 [石][斗][六]
[리] 一.

7) 至 : [正][晚][石] 圭. [品][斗][六] 至.

8) 置 : [正] 파손. [晚][順][石][品][斗][六]
置.

9) 雞 : [正] 파손. [晚][順][石][品][斗][六]
雞.

10) 十 : [正][晚][順] 판독미상. [石][品][斗]
[六] 十.

11) 八 : [順] 九(가필). [品][斗] 九.

12) 朱 : [正][晚] 年. [順] 朱(가필). [石][品]
[斗][六] 朱.

13) 蒙 : [正][晚] 판독미상. [石] 麼. [品][斗]
[六] 蒙.

삼국유사 권제1
왕력 제1

(중 국)	신 라	고구려	백 제	가락국
전한[1] 선제[2] 오봉(五鳳)[3]은 갑자(BC 57)부터 4년간이다. 감로(甘露)[4]는 무진(BC 53)부터 4년간이다. 황룡(黃龍)[5]은 임신(BC 49)부터 1년간이다. 원제(元帝)[6] 초원(初元)[7]은 계유(BC 48)부터 5년간이다. 영광(永光)[8]은 무인(BC 43)부터 5년간이다. 건소(建昭)[9]는 계미(BC 38)부 터 6년간이다. 성제[10] 건시(建始)[11]는 기축(BC 32)부 터 4년간이다.	신라 제1대 혁거세[1] 성은 박(朴)씨이고 알에서 태어났다. 나이 13살 되던 갑자(BC 57)에 즉위하여 60년간 다스렸다. 왕비는 아이영(娥伊英)·아영(娥 英)[2]이다. 나라 이름은 서 라벌(徐羅伐) 또는 서벌 (徐伐)·사로(斯盧)·계 림(雞林)[3]이라고 하였다. 일설에는 탈해왕(脫解王) 때에 이르러 처음으로 계 림이라는 호칭을 두었다[4] 고 한다. 갑신(BC 37)에 금성(金 城)[5]을 쌓았다.	고구려[1] 제1대 동명왕[2] 갑신(BC 37)에 즉위하여 18년간 다스렸다. 성은 고 (高)씨이고, 이름 은 주몽(朱蒙)으 로 또는 추몽(鄒 蒙)이라고도 한 다. 단군(壇君)의 아들이다.		

〈중국〉

1) 前漢 : BC 206-AD 8. [遺] 卷1 紀異 衛滿朝鮮條 참조.
2) 宣帝 : 前漢의 제9대 황제. 재위 BC 74-BC 49. 이름은 劉詢. 字는 次鄕. 武帝의 증손. 연호는 本始·地節·元康·神爵·五鳳·甘露·黃龍 등을 사용하였다.
3) 五鳳 : 前漢 宣帝의 연호(BC 57-BC 54). [遺] 卷1 紀異 新羅始祖 赫居世王條 참조.
4) 甘露 : 前漢 宣帝의 연호(BC 53-BC 50).
5) 黃龍 : 前漢 宣帝의 연호(BC 49).
6) 元帝 : 前漢의 제8대 황제 劉奭. 재위 BC 48-BC 33. 宣帝의 長子. 연호는 初元·永光·建昭·竟寧 등을 사용하였다.
7) 初元 : 前漢 元帝의 연호(BC 48-BC 44).
8) 永光 : 前漢 元帝의 연호(BC 43-BC 39).
9) 建昭 : 前漢 元帝의 연호(BC 38-BC 33). 이 연호 뒤에 '竟寧'이란 연호(BC 33)가 있으나 여기에는 생략되었다.
10) 成帝 : 前漢의 제10대 황제 劉驁. 재위 BC 32-BC 7. 元帝의 長子. 연호는 建始·河平·陽朔·鴻嘉·永始·元延·綏和 등을 사용하였다.
11) 建始 : 前漢 成帝의 연호(BC 32-BC 29).

〈신라〉

1) 赫居世 : 신라의 시조. 재위 BC 57-AD 4. [史] 卷1 新羅本紀 始祖 赫居世居西干條와 [遺] 卷1 紀異 新羅始祖 赫居世王條 참조. [史]에는 즉위 후 '居西干'으로 불렸다고 하였다. [遺]에는 '居瑟邯'이라고도 하였다.
2) 娥伊英 娥英 : [史]에는 '閼英', [遺] 卷1 紀異 新羅始祖 赫居世王條에는 '閼英〈또는 娥利英〉'이라고 하였다. 閼英은 고대사회에서 夫婦神·母子神·兄妹神과 관련시켜 妻·母·妹 3역을 1인이 한다는 뜻으로 해석되고 있다.([品] 上, 1975. pp.442-443)
3) 徐羅伐 徐伐 斯盧 雞林 : 赫居世 때 신라의 국호. [遺] 卷1 紀異 新羅始祖 赫居世王條 참조.
4) 始置雞林之號 : [遺] 卷1 紀異 新羅始祖 赫居世王條 참조.
5) 金城 : 赫居世 때 신라의 王城. 혁거세 26년(BC 37)에 축성하였다. 金城이 왕성이라는 것은 [史] 卷1 新羅本紀 始祖 赫居世西干條에「二十一年 築京城 號曰金城」과「二十六年春正月 營宮室於金城」이라는 기사로 알 수 있다. 그러나 축성 후 138년만인 婆娑王 때(101) 月城으로 왕성을 옮겼다. 이는 [史] 卷1 新羅本紀 婆娑尼師今條의「二十二年 春二月 築城名月城 秋七月 王移居月城」이라는 기사로 알 수 있다.

〈고구려〉

1) 高麗 : 高句麗의 별칭. [遺] 卷1 紀異 高句麗條「國史高麗本紀云」,「國號高句麗…高麗全盛之日…」이라고 한 것을 보면 고려시대에는 '高句麗'와 '高麗'를 병용한 것 같다. 中國의 사서에는『宋書』(478-479),『魏書』(552) 이후 '高句麗' 보다 '高麗'로 더 많이 기록되어 있다. 국내의 사서에는 [史] 卷6·7 新羅本紀 文武王條, 卷33 色服志, 卷34 地理志, 卷46 列傳 崔致遠條 등에 보이나 모두 중국측 자료를 인용한 것으로 보인다. 이 외에 금석문에는 延嘉七年銘佛像의 명문에 '高麗國'이, 中原高句麗碑에 '高麗大王' 등이 보인다. 고구려인들 스스로도 '高麗'라는 국호를 사용한 것으로 추측되나 [史] 편찬 때 고친 것으로 보고 있다.(鄭求福,「高句麗의 '高麗'國號에 대한 一考」,『何山鄭起燉教授停年紀念論叢』, 湖西史學會, 1992)

2) 東明王 : [史] 卷13 高句麗本紀 始祖 東明聖王條와 [遺] 卷1 紀異 高句麗條 참조.

（中國）	羅	麗	濟	洛
河平癸巳四				
陽朔丁酉四				
鴻嘉辛丑四				
永始乙巳四		第二瑠璃王	百濟	
元延己酉四		一作累利 又孺5) 留 東明子 立壬 寅6) 理三十六年 姓解氏7)	第一溫祚王 東明第三子 一云9) 第二 癸卯立10) 在 位四十五 都慰11) 禮城 一云蛇12)川 今稷13)山	
哀帝二1)				
哀帝 建平乙卯四			丙辰移都漢山 今廣州	
元壽己未二				
平帝 元始辛酉七2)	第二南解次次雄 父赫居世 母閼英 姓朴氏 妃雲帝夫人 甲子立 理二 十年 此王4)位 亦云居西 干	癸亥移都國內城 亦云不而8)城		
孺子 初始戊辰一3)				

1) 哀帝二：[品] 綏和癸丑二.
2) 七：[品] 五.
3) 一：[正][晚][順] 二. [石][品][斗][六] 一.
4) 王：[石] 壬.
5) 孺：[正][晚][石] □. [品][斗][六] 孺.
6) 立壬寅：[正] 꽈순. [晚][石][品][斗][六] 立壬寅.
7) 六年 姓解氏：[正] 꽈순. [晚][石][品] [斗][六]

六年 姓解氏.
8) 而：[리] 耐.
9) 一云：[正] 圭 [晚][順][石] 圭 [品][斗] [六] 一云.
10) 立：[正][晚][石] 없음. [品][斗][六] 立.
11) 慰：[正][晚][石] □. [品][斗][六] 慰.
12) 蛇：[正] 蚺.
13) 稷：[正][晚][石] 杜. [品][斗][六] 稷.

(중 국)	신 라	고구려	백 제	가락국
하평(河平)¹⁾은 계사(BC 28)부터 4년간이다. 양삭(陽朔)²⁾은 정유(BC 24)부터 4년간이다. 홍가(鴻嘉)³⁾는 신축(BC 20)부터 4년간이다. 영시(永始)⁴⁾는 을사(BC 16)부터 4년간이다. 원연(元延)⁵⁾은 기유(BC 12)부터 4년간이다.		제2대 유리왕¹⁾ 또는 누리(累利)²⁾ · 유류(孺留)라 고도 한다. 동명 의 아들이다. 임 인(BC 19)에 즉 위하여 36년간 다 스렸다. 성은 해 씨(解氏)³⁾이다.	백제 제1대 온조왕¹⁾ 동명왕의 셋째 아 들로 또는 둘째라 고도 한다. 계묘 (BC 18)에 즉위 하여 45년간 왕위 에 있었다. 위례 성(慰禮城)²⁾에 도읍하였으니 또 는 사천(蛇川)³⁾이 라고도 하며 지 금의 직산(稷山) 이다.	
애제2⁶⁾ 애제⁷⁾ 건평(建平)⁸⁾은 을묘(BC 6)부터 4년간이다. 원수(元壽)⁹⁾는 기미(BC 2)부터 2년간이다.			병진(BC 5)에 한 산(漢山)으로 도 읍을 옮기니 지금 의 광주(廣州)이 다.⁴⁾	
평제¹⁰⁾ 원시(元始)¹¹⁾는 신유(1)부터 7년 간이다. 유자¹²⁾ 초시(初始)¹³⁾는 무진(8)부터 1년 간이다.	제2대 남해차차웅¹⁾ 아버지는 혁거세이고, 어 머니는 알영이다. 성은 박 씨이다. 왕비는 운제(雲帝) 부인²⁾이다. 갑자(4)에 즉 위하여 20년간 다스렸다. 이 왕위는 또는 거서간(居 西干)³⁾이라고도 한다.	계해(3)⁴⁾에 도읍 을 국내성(國內 城)⁵⁾으로 옮기니 또는 불이성(不而 城)⁶⁾이라고도 한 다.		

〈중국〉

1) 河平 : 前漢 成帝의 연호(BC 28-BC 25).
2) 陽朔 : 前漢 成帝의 연호(BC 24-BC 21).
3) 鴻嘉 : 前漢 成帝의 연호(BC 20-BC 17).
4) 永始 : 前漢 成帝의 연호(BC 16-BC 13).
5) 元延 : 前漢 成帝의 연호(BC 12-BC 9).
6) 哀帝二 : 이 자리에는 중국력에 의하면 前漢 成帝의 연호(BC 8-BC 7)인 '綏 和癸丑二'가 있어야 하나, [正]에는 '哀帝二'로 표기되어 있다.
7) 哀帝 : 前漢의 제10대 황제. 劉欣. 元帝의 서손. 재위 BC 7-AD 1. 연호는 建平 ·元壽 등을 사용하였다.
8) 建平 : 前漢 哀帝의 연호(BC 6-BC 3).
9) 元壽 : 前漢 哀帝의 연호(BC 2-BC 1).
10) 平帝 : 前漢의 제11대 황제 劉衎. 재위 1-5. 元帝의 서손. 中山孝王興의 아들. 王莽의 딸을 비로 삼았다.
11) 元始 : 前漢 平帝의 연호(1-5). 여기에는 元始가 7년간 사용된 것으로 되어 있으나, 중국력에 원시는 5년간 사용되었고, 이후 '居攝'이란 연호가 2년간 사용 되었다.
12) 孺子 : 前漢 최후의 황태자인 劉嬰. 재위 6-8. 2세인 어린 나이에 즉위하여 孺 子라고 한다. 王莽은 平帝를 독살하고, 宣帝의 현손인 劉嬰을 황태자로 추대하 고 攝政하다가 8년에 제위를 찬탈한 후, 嬰을 安定公으로 봉하였다.
13) 初始 : 前漢 최후의 군주인 孺子嬰의 연호(8). 여기는 孺子嬰의 연호를 初始 만 표기하고 있으나, 그 앞에 사용한 居攝이라는 연호는 6-7년에 사용되었다.

〈신라〉

1) 南解次次雄 : 신라의 제2대 왕. 재위 4-24. [史] 卷1 新羅本紀 南解次次雄條와 [遺] 卷1 紀異 第二南解王條 참조. 赫居世의 嫡子이다.
2) 雲帝夫人 : [史]에는 '雲帝夫人〈또는 阿婁夫人〉', [遺] 卷1 紀異 第二南解王 條에는 '雲梯夫人'이라고 하였다.
3) 居西干 : 이 왕호는 [史]에서는 신라의 건국시조인 赫居世에만 해당하는 것 으로 되어 있으나, 여기서는 南解의 왕호에도 쓴 것으로 되어 있다.

〈고구려〉

1) 瑠璃王 : 고구려의 제2대 왕. 재위 BC 19-AD 18. [史] 卷13 高句麗本紀 琉璃 明王條 참조. [史]에는 이름을 '類利' 또는 '孺留'라고도 하였다. 아버지는 朱蒙, 어머니는 禮氏이다.
2) 累利 : [史]에는 '類利'라고 하였다.
3) 解氏 : 고구려 초기 왕실의 성씨. 高氏는 후대 太祖王 때부터 사용하였고, 중 국문헌에 보인다(『宋書』 高句麗傳). 解氏에 대한 기록은 [史] 高句麗本紀에

解慕漱・解夫婁 등 朱蒙의 出自와 관련된 기사, 琉璃王의 太子解明, 大解朱留王(大武神王), 解色朱(閔中王) 등의 기사가 있다. 이러한 점으로 미뤄 볼 때 高氏로 불리기 전에는 解氏로 통용된 듯하다.

4) 癸亥 : 瑠璃王 22년.

5) 國內城 : 고구려의 두번째 도읍지. 지금의 吉林省 集安縣 洞溝. 瑠璃王 22년 (3)에 國內城으로 移都한 후 長壽王 15년(427)에 平壤으로 遷都할 때까지 424년간 고구려의 도읍이었다.

6) 不而城 : 國內城의 별칭. [史] 卷37 地理志4條에「孺留王二十二年 移都國內城 或云尉那巖城 或云不而城」이라는 기사가 있다.

〈백제〉

1) 溫祚王 : 백제의 제1대 왕. 재위 BC 18-AD 28. [史] 卷23 百濟本紀 百濟始祖 溫祚王條와 [遺] 卷1 紀異 卞韓 百濟條 참조. [史]에는 아버지는 고구려의 시조인 鄒牟 또는 朱蒙, 어머니는 卒本扶餘王의 둘째 딸〈또는 越郡의 여자, 또는 졸본인 延陀勃의 딸 召西奴〉라고 하였다.

2) 慰禮城 : [遺] 卷2 紀異 南扶餘 前百濟 北扶餘條와 [史] 卷23 百濟本紀 百濟始祖 溫祚王條 참조. 백제 건국 당시의 도읍지. 현재의 위치에 대해서는 몇 개의 학설로 나뉘어 있다. ①稷山說 : 本書 本條, ②三角山東麓說 : 丁若鏞(「慰禮考」, 『疆域考』), ③風納里土城說 : 金廷鶴(「서울近郊의 百濟遺蹟」, 『鄕土서울』39, 1981), 姜仁求(「百濟初期都城問題新考」, 『韓國史硏究』81, 1993; 『考古學으로 본 韓國古代史』, 1997), ④中浪川流域說 : 車勇杰(「慰禮城과 漢城에 대하여(1)」, 『鄕土서울』39, 1981), ⑤二聖山城說 : 尹武柄(「漢江流域에 있어서의 百濟文化研究」, 『百濟考古學研究』, 1992).

3) 蛇川 : 여기 외에는 자료가 없어 알 수 없다.

4) 丙辰移都漢山 今廣州 : [遺] 卷2 紀異 南扶餘 前百濟 北扶餘條와 [史] 卷23 百濟本紀 百濟始祖 溫祚王條 참조.

（中國）	羅	麗	濟	洛
新室 建國己巳[1]五 天鳳甲戌六 地皇[2]庚[3]辰三 更始癸未二	第三弩禮〈一作弩[6]〉尼叱今 父南解 母雲帝 妃辭要王 之女 金氏 甲申立 理三十 三年 尼叱今或作尼師今	第三大虎[7]神王 名無恤 一作味留 姓解氏 瑠璃王[8] 第三子 戊寅立 理 二十六年		
後漢虎[4]帝 建虎[5]乙酉三十一		第四閔中王 名色[9]朱 姓解氏 大虎[10]之子 甲辰 立 理四年 第五慕本王 閔中之兄 名愛留 〈一作憂〉 戊申立 理五年 第六國祖王 名宮 亦云太[11]祖 王	第二多婁王 溫祚第二子 戊子 立 理四十九年	駕洛國 一作伽耶 今金州 [12] 首露王 壬寅三[13]月卵生 是月卽位 理一百 五十八年 因金卵 而生 故姓金氏 開 皇曆載

1) 己巳 : ［正］［晚］［順］ 巳己. ［石］［品］［斗］
　　［六］己巳.
2) 皇 :［正］［晚］［順］［石］［斗］［六］ 鳳 ［品］［리］
　　皇.
3) 庚 :［正］［晚］［順］［順］［石］［斗］［六］丙. ［品］［리］
　　庚.
4) 虎 : 고려 惠宗의 이름 '武'의 피휘.
5) 虎 : 주 4)와 같음.

6) 弩 :［石］努. ［品］作禮 ［斗］儒禮.
7) 虎 : 주 4)와 같음.
8) 王 :［斗］［六］ 없음.
9) 色 :［順］邑(가필). ［斗］邑.
10) 虎 : 주 4)와 같음.
11) 太 :［正］大.
12) 一作伽耶 今金州 :［品］은 세주로 기재함.
13) 三 :［正］二. ［晚］［順］［石］［品］［斗］［六］三.

(중 국)	신 라	고구려	백 제	가락국
신실[1] 건국(建國)[2]은 기사(9)부터 5년 간이다. 천봉(天鳳)[3]은 갑술(14)부터 6 년간이다. 지황(地皇)[4]은 경진(20)부터 3 년간이다. 경시(更始)[5]는 계미(23)부터 2 년간이다.				
	제3대 노례(또는 노(弩))니질금[1] 아버지는 남해왕이고, 어 머니는 운제이며, 왕비는 사요왕(辭要王)의 딸 김씨 (金氏)이다.[2] 갑신(24)에 즉위하여 33년간 다스렸 다. 이질금(尼叱今)은 또 는 이사금(尼師今)이라고 도 한다.	제3대 대무신왕[1] 이름은 무휼(無 恤)로 또는 미류 (味留)라고도 한 다. 성은 해씨이 고, 유리왕[2]의 셋 째 아들이다. 무 인(18)에 즉위하 여 26년간 다스 렸다.		
후한[6] 광무제[7] 건무[建虎][8]는 을유(25)부터 31 년간이다.		제4대 민중왕[3] 이름이 색주(色 朱)이고, 성은 해 씨로 대무신왕의 아들이다.[4] 갑진 (44)에 즉위하여 4년간 다스렸다. 제5대 모본왕[5] 민중왕의 형이며, 이름은 애류(愛 留)〈또는 우(憂)〉이 다.[6] 무신(48)에 즉위하여 5년간 다스렸다. 제6대 국조왕[7] 이름은 궁(宮)으 로 또는 태조왕 (太祖王)[8]이라고 도 한다.	제2대 다루왕[1] 온조왕의 둘째 아 들이다.[2] 무자(28) 에 즉위하여 49년 간 다스렸다.	가락국[1] 또는 가야(伽耶)[2] 라고도 하니 지 금의 금주(金州)[3] 이다. 수로왕[4] 임인(42) 3월에 알에서 태어나 이 달에 즉위하여 158 년간 다스렸다.[5] 금알에서 나왔으 므로 성이 김씨 이다. 『개황력(開 皇曆)』[6]에 실려 있다.

〈중국〉

1) 新室 : 王莽이 세운 新(8-23). 15년간 존속하다가 왕망이 漢皇室의 후예인 劉玄·劉秀 등과 농민반란군에 의해 長安城에서 살해되어 멸망하였다
2) 建國 : 新의 王莽의 연호(9-13).
3) 天鳳 : 新의 王莽의 연호(14-19).
4) 地皇 : 新의 王莽의 연호(20-23).
5) 更始 : 前漢 淮陽王의 연호(23-25).
6) 後漢 : 光武帝가 세운 나라(25-220). 13대 196년간 존속하였다.
7) 虎帝 : 光武帝. 後漢의 제1대 황제 劉秀. 재위 25-57. 蔡陽人이고, 字는 文叔이며, 漢高祖의 9세손이다. 王莽을 昆陽에서 파하고 淮陽王(更始帝)를 세웠다가 그의 사후 洛陽에 도읍하고 제위에 올랐다. 연호는 建武·中元 등을 사용하였다.
8) 建虎 : 建武. 後漢 光武帝의 연호(25-57).

〈신라〉

1) 弩禮尼叱今 : 신라의 제3대 왕. 재위 24-56. [史] 卷1 新羅本紀 儒理尼師今條와 [遺] 卷1 紀異 第三弩禮王條 참조.
2) 辭要王之女 金氏 : [史]에는 '日知葛文王의 딸〈또는 성은 朴氏이고 許婁王의 딸〉'이라고 하였다.

〈고구려〉

1) 大虎神王 : 大武神王. 고구려의 제3대 왕. 재위 18-44. [史] 卷14 高句麗本紀 大武神王條 참조. 어머니는 多勿國王인 松讓의 딸 松氏이다.
2) 瑠璃王 : [史]에는 '琉璃王'이라고 하였다.
3) 閔中王 : 고구려의 제4대 왕. 재위 44-47. [史] 卷14 高句麗本紀 閔中王條 참조.
4) 大虎之子 : [史] 卷14 高句麗本紀 閔中王條에는 '大武神王의 동생'이라고 하였다.
5) 慕本王 : 고구려의 제5대 왕. 재위 48-53. [史] 卷14 高句麗本紀 慕本王條 참조. 大武神王의 元子이다.
6) 愛留〈一作憂〉: [史] 卷14 高句麗本紀 慕本王條에는 '解憂〈또는 解愛婁〉'라고 하였다.
7) 國祖王 : 고구려의 제6대 왕. 재위 53-146. [史] 卷15 高句麗本紀 太祖大王條 참조. [史]에는 '太祖大王'이라고 하였다. 어렸을 때의 이름은 於漱이고, 琉璃王의 아들 古鄒加 再思의 아들이며, 어머니는 扶餘 사람이다.
8) 太祖王 : 太祖王·國祖王 등 始祖的 의미가 있는 시호를 붙인 것은 다음과 같이 두 가지로 이해된다. 첫째는 즉위과정에서 정상적인 왕위를 이어 받은 것이 아니라 혁명적 방법으로 왕위에 올랐기 때문이다. 둘째는 처음으로『後漢書』

東夷傳에서 보는 바와 같이 後漢과 遼東에서 빈번히 충돌한 그의 활약상이 두
드러졌기 때문에 그의 후손들에 의해 붙여졌을 것으로 생각된다.

〈백제〉

1) 多婁王 : 백제의 제2대 왕. 재위 28-77. [史] 卷23 百濟本紀 多婁王條 참조.
2) 溫祚第二子 : [史] 卷23 百濟本紀 多婁王條에는 '溫祚王의 元子'라고 하였다.

〈가락국〉

1) 駕洛國 : [遺] 卷2 紀異 駕洛國記條 참조.
2) 伽耶 : [遺] 卷2 紀異 駕洛國記條에 「朕是伽耶國元君九代孫九衡王…」이라
   는 기사와 [史] 卷34 地理志1條에 「金海小京 古金官國〈一云伽落國 一云伽耶〉」
   라는 기사가 있다.
3) 金州 : [史] 卷34 地理志1條에 「金海小京…景德王改名金海京 今金州」라는
   기사가 있다.
4) 首露王 : 가야의 제1대 왕. [遺] 卷2 紀異 駕洛國記條 참조.
5) 理一百五十八年 : 駕洛國記에 의하면, 首露王은 42년에 즉위하여 199년에 사
   망한 것으로 되어 있다. 재위기간이 158년이나 되어 인간의 자연수명과 부합되
   지 않으므로, 즉위년과 사망년 중 하나는 사실과 맞지 않는 연대이다. 그런데
   수로왕이 199년에 사망하고 제2대인 居登王이 즉위하였는데, 이 연대는 [史]
   등 여러 기사와 금석문 등과 부합된다. 그러므로 즉위년이 너무 이른 것으로 보
   인다. 최근 金海지방의 良洞里·大成洞 등지의 고분군에서 발굴조사된 고고학
   자료에 의하면, 土壙木槨墓가 규모나 부장품 면에서 首長墓로 추측된다. 이 연
   대가 대략 2세기 중엽-2세기 말로 편년됨으로 수로왕의 재위연대와 대략 일치
   한다.(姜仁求, 「駕洛國記에 보이는 首露王의 在位年代 檢討」(『三國遺事』 譯
   註 硏究發表文), 한국정신문화연구원, 1996.12)
6) 開皇曆 : [遺] 卷2 紀異 駕洛國記條 참조. 「居登王…開皇曆云」, 「九衡王…開
   皇錄云」으로 각각 나온다.

（中國）	羅	麗	濟	洛
中元丙辰二 明帝 永平戊午十八[1]	第四脫解（一作吐解）尼叱今 昔氏 父琓夏國含達婆王 一 作花夏國王 母積女國王之 女 妃南解王之女阿老夫人 丁巳立 理二十三年 王崩 水葬未[3]召[4]疏井丘中 塑 骨安東岳 今東岳[5]大王	癸丑立 理九十三 年 後漢傳云 初 生開目能視 後遜 位于母弟次大王		
章帝 建初丙子八[2] 元和甲申三 章和丁亥二	第五婆娑尼叱今 姓朴氏 父弩禮王 母辭要[6] 王之女 妃史肖夫人 庚辰 立 理三[7]十二年		第三己婁王 多婁子 丁丑立 理 五十一[8]年	
和帝 永元己丑十七 元興乙巳 殤帝 延平丙午				

---

1) 十八：[正][晚][順][石][斗][六] 十七. [品]
十八.
2) 八：[正][晚][順][石][斗][六] 十八. [品]
八.
3) 未：[正][晚][順] 末. [品][斗][六] 未.
4) 召：[正][晚][順][品] 囗. [石][斗][六] 召.

5) 岳 ：[正][晚] 판독미상. [順][石][品][斗]
[六] 岳.
6) 辭要 ：[斗] 辭要許婁.
7) 三：[正][晚][順] 囗. [石][品][斗][六] 三.
8) 一：[正][斗][六] 五. [品] 二. 一의 잘못.

(중 국)	신 라	고구려	백 제	가락국
중원(中元)[1]은 병진(56)부터 2년간이다. 명제[2] 영평(永平)[3]은 무오(58)부터 18년간이다.	제4대 탈해〈또는 토해〉니 질금[1] 석씨(昔氏)이고, 아버지는 완하국(琓夏國) 함달파왕(含達婆王)으로 또는 화하국왕(花夏國王)[2]이라고도 한다. 어머니는 적녀국왕(積女國王)[3]의 딸이고, 왕비는 남해왕의 딸 아로(阿老)부인이다.[4] 정사(57)에 즉위하여 23년간 다스렸다. 왕이 돌아가자 미소(未召)의 소정구(疏井丘) 중에 수장하였다.[5] 뼈를 빚어 동악(東岳)에 안치하니 지금의 동악대왕(東岳大王)이다.[6]	계축(53)에 즉위하여 93년간 다스렸다. 『후한전(後漢傳)』[1]에는 처음에 태어나서 눈을 뜨고 볼 수 있었다고 한다. 뒤에 동복동생인 차대왕(次大王)[2]에게 손위(遜位)하였다.		
장제[4] 건초(建初)[5]는 병자(76)부터 8년간이다. 원화(元和)[6]는 갑신(84)부터 3년간이다. 장화(章和)[7]는 정해(87)부터 2년간이다. 화제[8] 영원(永元)[9]은 기축(89)부터 17년간이다. 원흥(元興)[10]은 을사(105)부터다. 상제[11] 연평(延平)[12]은 병오(106)부터다.	제5대 파사니질금[7] 성은 박씨이다. 아버지는 노례왕이고, 어머니는 사요왕의 딸이다. 왕비는 사초(史肖)부인이다.[8] 경진(80)에 즉위하여 32년간 다스렸다.		제3대 기루왕[1] 다루왕의 아들이다.[2] 정축(77)에 즉위하여 51년간 다스렸다.	

〈중국〉

1) 中元 : 後漢 光武帝의 연호(56-57).
2) 明帝 : 後漢의 제2대 황제. 이름은 莊. 光武帝의 넷째 아들. 재위 57-75. 연호는 永平을 사용하였다.
3) 永平 : 後漢 明帝의 연호(58-75).
4) 章帝 : 後漢의 제3대 황제. 재위 76-88. 明帝의 다섯째 아들인 劉炟. 연호는 建初·元和·章和 등을 사용하였다.
5) 建初 : 後漢의 章帝의 연호(76-83).
6) 元和 : 後漢 章帝의 연호(84-86).
7) 章和 : 後漢 章帝의 연호(87-88).
8) 和帝 : 後漢 제4대 황제 劉肇. 재위 88-105. 章帝의 넷째 아들. 10세 때 즉위하여 竇太后에게 실권을 빼앗겼다. 연호는 永元·元興 등을 사용하였다.
9) 永元 : 後漢 和帝의 연호(89-105).
10) 元興 : 後漢 和帝의 연호(105). [正]에는 殤帝의 연호로 잘못 표기되어 있다.
11) 殤帝 : 後漢 제5대 황제 劉隆. 생후 100여 일에 즉위하여 재위 1년만에 사망하였다(106). 鄧太后가 섭정하였다. 연호는 延平을 사용하였다.
12) 延平 : 後漢 殤帝의 연호(106). [正]에는 安帝의 연호로 잘못 표기되어 있다.

〈신라〉

1) 脫解〈一作吐解〉尼叱今 : [史] 卷1 新羅本紀 脫解尼師今條와 [遺] 卷1 紀異 第四脫解王條 참조.
2) 琓夏國含達婆王 一作花夏國王 : '琓夏國'과 '花夏國'이 [史]에는 '多婆那國', [遺] 卷1 紀異 第四脫解王條에는 '龍城國〈또는 正明國 또는 琓夏國 또는 花夏國〉'이라고 하였다.
3) 積女國王 : [史] 卷1 新羅本紀 脫解尼師今條에는 '女國王'이라고 하였다. [遺] 卷1 紀異 第四脫解王條 참조.
4) 阿老夫人 : [遺] 卷1 紀異 第四脫解王條에는 '阿尼夫人', [史] 卷1 新羅本紀 脫解尼師今條에는 '阿孝夫人'으로 多婆那國 사람이라고 하였다.
5) 王崩水葬未召疏井丘中 : [遺] 卷1 紀異 第四脫解王條, [史] 卷1 新羅本紀 脫解尼師今條 참조. [遺] 본문에는 '葬疏川丘', [史]에는 '葬城北壤井丘'라고 하였다. '水葬'이라는 葬法과 葬地(陵소재지)의 지명을 표기한 곳은 王曆뿐이다. 未召는 성북에 있는 지명임을 알 수 있고, 疏井丘·疏川丘·壤井丘 등은 능의 이름인 동시에 능의 구조를 설명한 것으로 이해할 수 있다. 疏와 壤은 다같이 通한다는 뜻이 있고, 井과 川은 물이 고여 있거나 흐르는 곳을 뜻한다. 요즘 고고학적으로 증명되고 있는 周溝土壙墓의 구조형식과 일치한다. 주구토광묘는 천안시 청당동·진천군 송두리·청주시 송절동·공주군 하봉리·보령시 관창리·익산시 영등동·울산시 다운동·서천군 오석리·군산시 조촌리·함평 만가촌 등지에서 광범하게 발견 조사되고 있다. 구조는 台狀部의 중앙부분에

토광묘가 있고, 방형 또는 원형의 周弧로 된 주구가 돌려져 있다. 주구를 팔 때
나온 흙으로 토광묘의 상면을 覆土 정도로 덮는 낮은 墳丘가 축조되어 있다.
주구의 기능은 경사면의 위에서 흘러내리는 물을 방지하고 묘역을 표시하는 기
능도 있는 것으로 추측되고 있다. 유행시기는 BC 2세기경부터 4세기경까지 주
로 삼한시대에 성행한 것으로 보인다. 기원은 중국의 북방지대에서 먼저 출현
하여 한반도에 영향을 미친 것으로 이해되고 있다.(姜仁求,「周溝土壙墓에 관
한 몇가지 問題」,『정신문화연구』통권56호, 한국정신문화연구원, 1994)

6) 塑骨安東岳今東岳大王 : [遺] 卷1 紀異 第四脫解王條 참조.
7) 婆娑尼叱今 : 신라의 제5대 왕. 재위 80-111. [史] 卷1 新羅本紀 婆娑尼師今
條 참조. [史]에는 儒理王의 둘째 아들〈또는 유리왕의 동생 奈老의 아들〉이라
고 하였다.
8) 史肖夫人 : [史] 卷1 新羅本紀 婆娑尼師今條에는 '金氏 史省夫人 許婁갈문
왕의 딸'이라고 하였다.

〈고구려〉

1) 後漢傳 :『後漢書』東夷傳 高句麗條를 가리킨다.
2) 次大王 : 뒤의 第七次大王條 주석 참조.

〈백제〉

1) 己婁王 : 백제의 제3대 왕. 재위 77-128. [史] 卷23 百濟本紀 己婁王條 참조.
2) 多婁子 : [史]에는 '多婁王의 元子'라고 하였다.

（中國）	羅	麗	濟	洛
安帝 永初丁未七 元初甲寅六 永寧庚申 建光辛酉 延1)光壬戌四 順帝 永建丙寅六 陽嘉壬申四 永和丙子六 漢安壬午二 建康甲申 冲帝 永嘉乙酉	第六祇2)磨尼叱今 一作祇3)味 姓朴氏 父婆娑王4) 母史肖夫人 妃磨帝國王之女 □禮夫5)人 一作愛禮 金氏 壬子立 理二十三年 是王代滅音質6)國今安康 及押梁國今章7)山8) 第七逸聖尼叱今 父弩禮王之兄 或云祇9)磨王 妃□禮夫人 日知葛文王之女10) □□禮夫人 祇11)磨王之女 母伊刊生夫人 或云□□王夫人 朴氏 甲戌立 理二十年		第四蓋婁王 己12)婁子 戊辰立理三十八年	

1) 延：[正][晚][順][石] 迎. [品][斗][六] 延
2) 祇：[正][晚][順][石][品][斗] 祇. [六][리] 祗
3) 祇：주 2)와 같음.
4) 王：[正][晚][石] □. [順] 王(가필). [品][斗][六] 王.
5) 夫：[正][晚] 丈. [順] 夫(가필). [石][品][斗][六] 夫.
6) 音質：[石] 晉汁只.
7) 章：[正] □. [順][六] 梁. [斗] 慶. [品] 章.
8) 이 뒤에 [順]은 '按二國本史 作婆娑王時'를 가필, [品]은 '按三國本史 作婆娑王時'를 추가함.
9) 祇：주 2)와 같음.
10) 女：[正][品][斗][六] 父. [리] 女.
11) 祇：[正][晚][順][石] □. [六] 祗. [品][斗] 祗
12) 己：[正][品] 巳. [斗][六] 己.

(중 국)	신 라	고구려	백 제	가 락
안제(安帝)[1] 영초(永初)[2]는 정미(107)부터 7년간이다. 원초(元初)[3]는 갑인(114)부터 6년간이다. 영령(永寧)[4]은 경신(120)부터 다. 건광(建光)[5]은 신유(121)부터 다. 연광(延光)[6]은 임술(122)부터 4년간이다. **순제**[7] 영건(永建)[8]은 병인(126)부터 6년간이다. 양가(陽嘉)[9]는 임신(132)부터 4년간이다. 영화(永和)[10]는 병자(136)부터 6년간이다. 한안(漢安)[11]은 임오(142)부터 2년간이다. 건강(建康)[12]은 갑신(144)부터 다. **충제**[13] 영가(永嘉)[14]는 을유(145)부터 다.	**제6대 지마니질금**[1] 또는 지미(祇味)라고도 한다. 성은 박씨이다. 아버지는 파사왕이고, 어머니는 사초부인이다.[2] 왕비는 마제국왕(磨帝國王)의 딸 □례(□禮)부인으로 또는 애례(愛禮)라고도 하며 김씨이다.[3] 임자(112)에 즉위하여 23년간 다스렸다. 이 왕대에 지금의 안강(安康)인 음질국(音質國)과 지금의 장산(章山)인 압량국(押梁國)을 멸망시켰다.[4] **제7대 일성니질금**[5] 아버지는 노례왕의 형으로 또는 지마왕이라고도 한다.[6] 왕비는 □례(□禮)부인으로 일지갈문왕(日知葛文王)의 딸이다. □□례부인은 지마왕의 딸이다.[7] 어머니는 이간생(伊刊生)부인으로[8] 또는 □□왕부인이라고도 한다. 박씨이다. 갑술(134)에 즉위하여 20년간 다스렸다.		**제4대 개루왕**[1] 기루왕의 아들이다. 무진(128)에 즉위하여 38년간 다스렸다.	

〈중국〉

1) 安帝 : 後漢 제6대 황제 劉祜. 재위 107-124. 章帝의 孫. 淸河王慶의 아들. 연
   호는 永初·元初·永寧·建光·延光 등을 사용하였다.

2) 永初 : 後漢 安帝의 연호(107-113).

3) 元初 : 後漢 安帝의 연호(114-119).

4) 永寧 : 後漢 安帝의 연호(120).

5) 建光 : 後漢 安帝의 연호(121).

6) 延光 : 後漢 安帝의 연호(122-125).

7) 順帝 : 後漢의 제8대 황제 劉保. 재위 126-144. 安帝의 長子. 연호는 永建·陽
   嘉·永和·漢安·建康 등을 사용하였다.

8) 永建 : 後漢 順帝의 연호(126-131).

9) 陽嘉 : 後漢 順帝의 연호(132-135).

10) 永和 : 後漢 順帝의 연호(136-141).

11) 漢安 : 後漢 順帝의 연호(142-143).

12) 建康 : 後漢 順帝의 연호(144).

13) 冲帝 : 後漢의 제8대 황제 劉炳. 재위 145. 順帝의 長子. 2세에 즉위하여 梁太
    后가 실권을 행사하였다. 연호는 永嘉.

14) 永嘉 : 後漢 冲帝의 연호(145). 『後漢書』에는 質帝의 첫번째 연호로 되어 있
    다.

〈신라〉

1) 祇磨尼叱今 : 신라의 제6대 왕. 재위 112-134. [史] 卷1 新羅本紀 祇摩尼師今
   條 참조. [史]에는 '磨'를 '摩'로 표기하였다.

2) 父婆娑王母史肖夫人 : [史] 卷1 新羅本紀 祇摩尼師今條에는 「婆娑王嫡子
   母史省夫人」이라고 하여, [遺]에서 '父婆娑王'이라고 한 것을 '婆娑王嫡子'라
   고 구체적으로 밝히고 있고, 어머니를 [遺]에서 '史肖'라고 한 것을 '史省'으로
   표기하였다.

3) 磨帝國王之女 □禮夫[5]人 一作愛禮 金氏 : [史]에는 '摩帝갈문왕의 딸인 金氏
   愛禮夫人'이라고 하였다.

4) 滅音質國今安康 及押梁國今章山 : [史] 卷34 地理志1 義昌郡條와 章山郡條
   참조.

5) 逸聖尼叱今 : 신라의 제7대 왕. 재위 134-154. [史] 卷1 新羅本紀 逸聖尼師今
   條 참조.

6) 弩禮王之兄 或云祇磨王 : [史]에는 '儒理王의 長子〈또는 日知갈문왕의 아들〉'
   이라고 하였다.

7) □禮夫人 日知葛文王之女 □□禮夫人 祇磨王之女 : 이 부분의 번역은 논란
   의 소지가 있으나, 逸聖王은 妃가 □禮夫人과 □□禮夫人 등 2인인 듯하다. 逸
   聖王의 妃에 관해서 [史] 卷1 新羅本紀 逸聖尼師今條에는 '朴氏로 支所禮王

의 딸'이라고 하였다.

8) 伊刊生夫人 : 여기 외에는 자료가 없어 자세히 알 수 없다.

〈백제〉

1) 蓋婁王 : 백제의 제4대 왕. 재위 128-166. [史] 卷23 百濟本紀 蓋婁王條 참조.

（中國）	羅	麗	濟	洛
質1)帝 本初丙戌		第七次大王 名遂 國祖王母弟 丙戌立 理十九6) 年7)		
桓帝 建和丁亥三				
和平庚寅				
元嘉辛卯二				
永興癸巳二	第八阿達羅尼叱今			
永壽乙未三	又2)與3)倭國相4)□…□嶺 □…□5) 立峴今彌勒大院 東嶺是也			
延熹戊戌九		乙巳國祖王年百 十九歲 兄弟8)二 王 俱見弑于新王	第五肖古王 一作素古 蓋婁子 丙午立 理五十年	
永康丁未		第八新大王 名伯固9) 一作伯 句 乙巳立 理十 四年		
靈帝 建寧戊申四				
熹平壬子六				

1) 質：[正][品] □. [石][斗][六] 質.『後漢　　□□□嶺.
書』質(卷6).
6) 九：[正][晩] 九. [順] 九(가필). [石][品]
2) 又：이 앞에 [順][品]은 ‘父逸聖王無嗣伐　　[斗][六] 九.
休立 甲午立 理三十一年無嗣’를 각각 가필,
7) 年：[正][晩] □. [順] 年(가필). [石][品]
추가함.
[斗][六] 年.
3) 與：[斗][六] 興.
8) 弟：[正][品] □. [斗][六] 弟.
4) 相：[正][晩][順][品] 相 [石][斗][六] 相.
9) 伯固：[正] □□. [順] 伯固(가필). [品]
5) □…□嶺□…□：[品] …嶺 [斗][六] □　　[斗][六] 伯固.

(중 국)	신 라	고구려	백 제	가락국
질제[1] 본초(本初)[2]는 병술(146)부터 다. 환제(桓帝)[3] 건화(建和)[4]는 정해(147)부터 3년간이다. 화평(和平)[5]은 경인(150)부터 다. 원가(元嘉)[6]는 신묘(151)부터 2년간이다. 영흥(永興)[7]은 계사(153)부터 2년간이다. 영수(永壽)[8]는 을미(155)부터 3년간이다. 연희(延熹)[9]는 무술(158)부터 9년간이다. 영강(永康)[10]은 정미(167)부터 다. 영제[11] 건령(建寧)[12]은 무신(168)부터 4년간이다. 희평(熹平)[13]은 임자(172)부터 6년간이다.	 제8대 아달라니질금[1] 또 왜국상(倭國相)[2]□…□령(嶺)과 더불어□…□. 입현(立峴)은 지금의 미륵대원(彌勒大院)의 동쪽 고개가 이 곳이다.[3]	제7대 차대왕[1] 이름은 수(遂)[2]이고, 국조왕[3]의 동복동생이다. 병술(146)에 즉위하여 19년간 다스렸다. 을사(165)에 국조왕의 나이가 119세가 되었다. 형제 두 왕이 모두 신왕(新王)에게 시해되었다.[4] 제8대 신대왕[5] 이름은 백고(伯固)로 또는 백구(伯句)라고도 한다. 을사(165)에 즉위하여 14년간 다스렸다.	 제5대 초고왕[1] 또는 소고(素古)라고도 하며, 개루왕의 아들이다. 병오(166)에 즉위하여 50년간 다스렸다.[2]	

〈중국〉

1) 質帝 : 後漢 제9대 황제 劉纘. 재위 146. 章帝의 玄孫. 梁冀에게 독살당하였다. 연호는 本初.

2) 本初 : 後漢 質帝의 연호(146). 『後漢書』에는 質帝의 두번째 연호로 되어 있다.

3) 桓帝 : 後漢의 제10대 황제 劉志. 재위 146-167. 章帝의 曾孫. 梁太后가 즉위시켰다. 연호는 建和·和平·元嘉·永興·永壽·延熹·永康 등을 사용하였다.

4) 建和 : 後漢 桓帝의 연호(147-149).

5) 和平 : 後漢 桓帝의 연호(150).

6) 元嘉 : 後漢 桓帝의 연호(151-152).

7) 永興 : 後漢 桓帝의 연호(153-154).

8) 永壽 : 後漢 桓帝의 연호(155-157).

9) 延熹 : 後漢 桓帝의 연호(158-166).

10) 永康 : 後漢 桓帝의 연호(167).

11) 靈帝 : 後漢의 제12대 황제 劉宏. 章帝의 玄孫. 竇太后가 즉위시켰다. 재위 168-189. 연호는 建寧·熹平·光和·中平 등을 사용하였다.

12) 建寧 : 後漢 靈帝의 연호(168-172).

13) 熹平 : 後漢 靈帝의 연호(172-177).

〈신라〉

1) 阿達羅尼叱今 : 신라의 제8대 왕. 재위 154-183. [史] 卷2 新羅本紀 阿達羅尼師今條 참조. 逸聖王의 長子이고, 어머니는 支所禮王의 딸인 朴氏이며, 왕비는 祗摩王의 딸인 朴氏 內禮夫人이다.

2) 倭國相 : [史] 卷2 新羅本紀 阿達羅尼師今條의 「왕 20년 여름 5월에 倭國의 여왕 卑彌乎가 사신을 보내왔다」는 기사와 관련이 있는 것으로 보인다.

3) 立峴今彌勒大院東嶺是也 : 立峴은 지금의 어디인지 잘 알 수 없으나 [史] 卷2 新羅本紀 阿達羅師今條(3年 4月)에 '開鷄立嶺路'라는 기사와 관련이 있는 것으로 추측된다. 현재의 중원군 상모면의 麻骨山이 계립령 또는 鷄立峴으로도 불렸으므로 입현은 계립령의 별칭으로 추측된다. 또 현재의 상모면 미륵리에 있는 석굴에 미륵대불이 있으므로 이 석굴을 彌勒院(석굴)으로 불렀고, 미륵원을 大院으로 불렀다고도 한다.(한국문화재연구원, 『中原郡彌勒里 石窟實測調査報告書』, 中原郡, 1979)

〈고구려〉

1) 次大王 : 고구려의 제7대 왕. 재위 146-165. [史] 卷15 高句麗本紀 次大王條 참조.

2) 遂 : [史] 卷15 高句麗本紀 次大王條에는 '遂成'이라고 하였다.

3) 國祖王 : [史] 卷15 高句麗本紀 次大王條에는 '太祖大王'이라고 하였다.

4) 兄弟二王俱見弒于新王 : [史] 卷15 高句麗本紀 次大王條(20年 冬10月)에 「椽
那 皂衣 明臨答夫가 백성들이 견디지 못하므로 왕을 죽였다」라는 기사와 卷16
高句麗本紀 新大王 卽位年條에 「이전에 次大王이 무도하여 신하와 백성들이
따르지 아니하므로, 화란이 있어 해가 자신에게 미칠까 두려워 마침내 산골로
숨었다. 차대왕이 파살되자…」라는 기사가 있다. '兄弟二王'은 차대왕과 또 어
느 왕을 가리키는지 알 수 없다.

5) 新大王 : 고구려의 제8대 왕. 재위 165-179. [史] 卷16 高句麗本紀 新大王條
참조. 太祖王의 막내동생이다.

〈백제〉

1) 肖古王 : 백제의 제5대 왕. 재위 166-214. [史] 卷23 百濟本紀 肖古王條 참조.

2) 理五十年 : [史] 卷23 百濟本紀 肖古王條에는 재위가 166-214년으로 되어 있
어 차이가 난다.

(中國)	羅	麗	濟	洛
光和戊午六 中平甲子五 **洪農又獻帝** 永漢己¹⁾巳 初平庚午四 興平甲戌二 建安丙子二十四²⁾	第九伐休尼叱今⁴⁾	第九故國川王 名⁹⁾男虎¹⁰⁾ 或云 夷謨¹¹⁾ 己未¹²⁾立 理二十年 國川 亦 曰國壤乃葬地名		
	第十奈解⁵⁾尼叱今⁶⁾	第十山上王¹³⁾	第六仇首王 一作貴須 肖古王¹⁵⁾ 之子 甲午立 理 二十一年	第二居登王 首露子 母許皇后 己卯立 理五十五 年 姓金氏
曹魏文帝 黃初庚子七 **明帝** 太³⁾和丁未六 青龍癸丑四	第十一助賁⁷⁾尼叱今⁸⁾	第十一東川王¹⁴⁾		
			第七沙泮王 一作沙□□¹⁶⁾ 仇 首之子 立卽廢	
景初丁巳三			第八古爾王 肖故¹⁷⁾之母弟 甲 寅立 理五十二年	

1) 己 : [正] 판독미상. [石][品][斗][六] 己.
2) 二十四 : [正][晚][順][石] □…□. [品][斗]
[六] 二十四.
3) 太 : [正] 大.
4) 이 뒤에 [順][品]은 '昔氏 脫解之孫 父角干
仇鄒 母知珍內禮夫人金氏 甲子立 二十三年'
을 각각 가필, 추가함.
5) 解 : [正][晚][石] □. [順] 解(가필). [品]
[斗][六] 解.
6) 이 뒤에 [順]은 '昔氏 伐休庶孫 父伊買 母內
禮夫人 妃昔氏助賁之妹 丙子立 三十五年'을
가필, [品]은 '昔氏伐休庶孫 父伊買也 內禮夫
人 妃昔氏助賁之妹 丙子立三十五年'을 추가함.
7) 賁 : [正][順] 賁(가필). [晚][石] □.
[品][斗][六][東] 賁.
8) 이 뒤에 [正]은 '伐休長子骨正子'를 가필,
[順]은 '一名諸貴 昔氏 伐休太子骨正之子 母
玉帽夫人金氏仇道之女 妃昔氏阿尒兮夫人奈
解之女 庚戌立 理十八年'을 가필, [品]은 '一

9) 名諸貴 昔氏 伐休太子骨正之子 妃昔氏阿尒
兮夫人奈解之女 庚戌立 理十八年'을 추가함.
9) 名 : [正][晚][順][石] 各. [品][斗][六] 名.
10) 虎 : 고려 惠宗의 이름 '武'의 피휘.
11) 夷謨 : [順] 夷伊謨(伊는 가필). [品] 夷伊謨
12) 未 : [正][晚][石] □. [順] 未(가필). [品][斗]
[六] 未
13) 山上王 : [正][順] 山上王(가필). [晚][石]
□…□. [品][斗][六][東] 山上王. 이 뒤에
[順][品]은 '名延優 故國川之弟 于氏矯命立
之 丁丑立 理三十一年'을 각각 가필, 추가함.
14) 이 뒤에 [順][品]은 '名郊彘 改憂位居 母酒桶
村女 丁未立 理二十二年'을 각각 가필, 추가함.
15) 肖古王 : [正][晚][石] □…□. [順] 肖古
(가필). [品] 肖古. [斗][六] 肖古王.
16) □□ : [正] 夷□(夷는 가필). [石] □…□.
[晚][順][品][斗][六] □□.
17) 故 : [史] 古(卷23 百濟本紀 肖古王條).
[遺] 古(卷1 王曆 第五肖古王條).

(중 국)	신 라	고구려	백 제	가락국
광화(光和)[1]는 무오(178)부터 6년간이다. 중평(中平)[2]은 갑자(184)부터 5년간이다. 홍농[3] 또는 헌제[4] 영한(永漢)[5]은 기사(189)부터다. 초평(初平)[6]은 경오(190)부터 4년간이다. 흥평(興平)[7]은 갑술(194)부터 2년간이다.	제9대 벌휴니질금[1]	제9대 고국천왕[1] 이름은 남무[男虎]로 또는 이모(夷謨)라고도 한다.[2] 기미(179)에 즉위하여 20년간 다스렸다.[3] 국천(國川)은 또는 국양(國壤)이라고도 하니 바로 장지 이름이다.[4]		
건안(建安)[8]은 병자(196)부터 24년간이다. 조위[9] 문제[10] 황초(黃初)[11]는 경자(220)부터 7년간이다.	제10대 나해니질금[2]	제10대 산상왕[5]	제6대 구수왕[1] 또는 귀수(貴須)라고도 한다. 초고왕의 아들이다.[2] 갑오(214)에 즉위하여 21년간 다스렸다.	제2대 거등왕[1] 수로왕의 아들이며, 어머니는 허황후(許皇后)이다. 기묘(199)에 즉위하여 55년간 다스렸다. 성은 김씨이다.
명제[12] 태화(太和)[13]는 정미(227)부터 6년간이다. 청룡(靑龍)[14]은 계축(233)부터 4년간이다.	제11대 조분니질금[3]	제11대 동천왕[6]	제7대 사반왕[3] 또는 사□□(沙□□)이라고도 한다. 구수왕의 아들이다.[4] 즉위하자 곧 폐위되었다.	
경초(景初)[15]는 정사(237)부터 3년간이다.			제8대 고이왕[5] 초고왕의 동복 동생이다.[6] 갑인(234)에 즉위하여 52년간 다스렸다.	

〈중국〉

1) 光和 : 後漢 靈帝의 연호(178-184).
2) 中平 : 後漢 靈帝의 연호(184-189).
3) 洪農 : 後漢의 제13대 황제 少帝 劉辯. 재위 189. 靈帝의 아들. 폐위된 후 洪農王으로 봉해졌다. 그의 사후 獻帝가 즉위하였다.
4) 獻帝 : 後漢의 제14대 황제 劉協. 재위 190-220. 靈帝의 아들. 董卓에 의해 제위에 올랐으나 曹丕에게 제위를 빼앗겼다. 연호는 初平·興平·建安 등을 사용하였다.
5) 永漢 : 後漢 少帝(洪農王)의 연호(189).
6) 初平 : 後漢 獻帝의 연호(190-193).
7) 興平 : 後漢 獻帝의 연호(194-195).
8) 建安 : 後漢 獻帝의 연호(196-220).
9) 曹魏 : 220-265. 曹丕[文帝]가 건국한 삼국시대의 魏나라.
10) 文帝 : 曹魏를 건국한 曹丕. 재위 220-226. 曹操의 長子. 연호는 黃初를 사용하였다.
11) 黃初 : 曹魏 文帝의 연호(220-226).
12) 明帝 : 曹魏의 제2대 황제. 재위 227-239. 이름은 叡. 문제의 長子. 연호는 太和·靑龍·景初 등을 사용하였다.
13) 太和 : 曹魏 明帝의 연호(227-232).
14) 靑龍 : 曹魏 明帝의 연호(233-236).
15) 景初 : 曹魏 明帝의 연호(237-239).

〈신라〉

1) 伐休尼叱今 : 신라의 제9대 왕. 재위 184-196. [史] 卷2 新羅本紀 伐休尼師今條 참조. [史]에는 '伐休'를 '發暉'라고도 한다고 하였다. 성은 昔氏이고, 脫解王의 아들 仇鄒 각간의 아들이며, 어머니는 只珍內禮夫人 金氏이다.
2) 奈解尼叱今 : 신라의 제10대 왕. 재위 196-230. [史] 卷2 新羅本紀 奈解尼師今條 참조. 伐休王의 손자이고, 어머니는 內禮夫人이며, 왕비는 조분왕의 누이동생인 昔氏이다.
3) 助賁尼叱今 : 신라의 제11대 왕. 재위 230-247. [史] 卷2 新羅本紀 助賁尼師今條 참조. [史]에는 '助奔'을 '諸貴'라고도 한다고 하였다. 성은 昔氏이고, 伐休王의 손자이다. 아버지는 骨正〈또는 忽淨〉갈문왕이고, 어머니는 仇道갈문왕의 딸 金氏 玉帽夫人이다. 왕비는 奈解王의 딸 阿爾兮夫人이다.

〈고구려〉

1) 故國川王 : 고구려의 제9대 왕. 재위 179-197. [史] 卷16 高句麗本紀 故國川王條 참조. [史]에는 '故國川'을 '國襄'이라고도 한다고 하였다. 新大王의 둘째 아들이며, 왕비는 堤那部 于素의 딸인 于氏이다.

2) 名男虎 或云夷謨 : [史] 卷16 高句麗本紀 故國川王條에는 '男武〈또는 伊夷謨〉' 라고 하였다.

3) 理二十年 : [史] 卷16 高句麗本紀 故國川王條에는 재위가 179-197년으로 되어 있어 차이가 난다.

4) 乃葬地名 : 고구려의 제9대 故國川王으로부터 제19대 廣開土王까지의 시호는 왕의 葬地名으로 하였다. 예를 들면, 故國川王(國壤)·山上王·東川王·中川王·西川王·峰上王·美川王(好攘)·國原王·小獸林王·國壤王·廣開土王(國崗上) 등이다. [史] 高句麗本紀 참조.

5) 山上王 : 고구려의 제10대 왕. 재위 197-227. [史] 卷16 高句麗本紀 山上王條 참조. 이름은 延優〈또는 位宮〉이고, 故國川王의 동생이다.

6) 東川王 : 209-248. 고구려의 제11대 왕. 재위 227-248. [史] 卷17 高句麗本紀 東川王條 참조. 東襄王이라고도 하였으며, 이름은 憂位居로 어릴 때의 이름은 郊彘이다. 山上王의 아들이고, 어머니는 酒桶村 사람이며 산상왕의 小后이다.

〈백제〉

1) 仇首王 : 백제의 제6대 왕. 재위 214-234. [史] 卷24 百濟本紀 仇首王條 참조.

2) 肖古王之子 : [史]에는 '肖古王의 長子'라고 하였다.

3) 沙泮王 : 백제의 제7대 왕. 재위 234. [史] 卷24 百濟本紀 古爾王條 참조. [史]에는 '沙伴', [遺] 卷2 紀異 南扶餘 前百濟 北扶餘條에는 '沙沸王〈또는 沙伊王〉'이라고 하였다.

4) 仇首王之子 : [史]에는 '仇首王의 長子'라고 하였다.

5) 古爾王 : 백제의 제8대 왕. 재위 234-286. [史] 卷24 百濟本紀 古爾王條 참조.

6) 肖故之母弟 : [史]에는 '蓋婁王의 둘째 아들이며 肖古王의 동복동생'이라고 하였다.

〈가락국〉

1) 居登王 : 가야의 제2대 왕. 재위 199-253. [遺] 卷2 紀異 駕洛國記條 참조. 가야의 시조 首露王과 許王后의 아들이다. 왕비는 泉府卿 申輔의 딸인 慕貞이다. 제3대 麻品王이 그의 太子이다.

（中國）	羅	麗	濟	洛
齊王 正始庚申九 嘉平己巳五	第十二理解尼叱今 一作詀⁶⁾解王 昔氏 助賁王 之同母弟也 丁卯立 理十 五年 始與高麗通聘	第十二中川王¹¹⁾		
高貴鄉公¹⁾ 正元甲戌二 甘露丙子四				第三麻品王 父居登王 母泉府 卿申輔之女慕貞¹⁴⁾ 夫人 己卯立 理 三十二年
陳留王 景元庚辰²⁾四³⁾	第十三未⁷⁾鄒尼叱今 一作味炤 又未祖 又未召 姓金氏 始立 父仇道葛文 王 母生乎 一作述禮夫人 伊非葛文王之女 朴氏 妃 諸賁王之女光明娘 壬午⁸⁾ 立 理二十二年			
西晉虎⁴⁾帝 泰始乙酉十 咸寧乙未五		第十三西川王 名藥盧 又若友¹²⁾ 庚寅立 理二十年		
太⁵⁾康庚子十一	第十四儒禮尼叱今 一作世里智王 昔氏 父諸⁹⁾ 賁王¹⁰⁾ 母□召夫人 朴氏 甲辰立 治十五年 補築月 城		第九責稽王 古爾子 一作青¹³⁾ 替誤 丙午立 治 十二年	

1) 公：[正][晚][石] □. [順] 公(가필). [品]
   [斗][六] 公.
2) 庚辰：[正] 辰庚. [品] 辰寅. [斗][六] 庚辰.
3) 이 뒤에 [斗][六]은 '咸熙甲申'을 추가함.
4) 虎：고려 惠宗의 이름 '武'의 피휘.
5) 太：[正] 大.
6) 詀：[順] 沾.(가필) [品] 沾.
7) 未：[石] 末.
8) 壬午：[正] 판독미상. [品][斗][六] 壬午.
9) 諸：[品] 助.

10) 王：[正][品] 없음. [斗][六] 王.
11) 第十二中川王：[正][晚][石] □…□. [順]
    第十二中川王(가필). [品][斗][六] 第十二
    中川王. 이 뒤에 [順][品]은 '名然弗東川之
    子名郊彘改憂 己卯立理二十三戊辰立'을 각
    각 가필, 추가함.
12) 友：[石] 反.
13) 青：[品][斗] 責.
14) 慕貞：[正][晚][順] 言今貞. [品] 言□□.
    [石][斗][六] 慕貞.

(중 국)	신 라	고구려	백 제	가락국
제왕[1] 정시(正始)[2]는 경신(240)부터 9년간이다. 가평(嘉平)[3]은 기사(249)부터 5년간이다. 고귀향공[4] 정원(正元)[5]은 갑술(254)부터 2년간이다. 감로(甘露)[6]는 병자(256)부터 4년간이다. 진류왕[7] 경원(景元)[8]은 경진(260)부터 4년간이다. 서진[9] 무제[10] 태시(泰始)[11]는 을유(265)부터 10년간이다. 함령(咸寧)[12]은 을미(275)부터 5년간이다. 태강(太康)[13]은 경자(280)부터 11년간이다.	제12대 이해니질금[1] 또는 점해왕(詁解王)이라고도 한다. 석씨이고 조분왕의 동복동생이다. 정묘(247)에 즉위하여 15년간 다스렸다. 처음으로 고구려와 외교관계를 맺었다. 제13대 미추니질금[2] 또는 미소(味炤)·미조(未祖)·미소(未召)라고도 한다. 성은 김씨이며 김씨 성으로는 처음으로 왕위에 올랐다. 아버지는 구도(仇道)[3]갈문왕이고, 어머니는 생호(生乎)로 또는 술례(述禮)부인이라고도 하며 이비(伊非)갈문왕[4]의 딸로서 성은 박씨이다. 왕비는 제분왕(諸賁王)의 딸 광명랑(光明娘)[5]이다. 임오(262)에 즉위하여 22년간 다스렸다. 제14대 유례니질금[6] 또는 세리지왕(世里智王)이라고도 한다. 석씨이다. 아버지는 제분왕이고, 어머니는 □소(□召)부인[7] 박씨이다. 갑진(284)에 즉위하여 15년간 다스렸다. 월성(月城)[8]을 보축하였다.	제12대 중천왕[1] 제13대 서천왕[2] 이름은 약로(藥盧) 또는 약우(若友)이다. 경인(270)에 즉위하여 20년간 다스렸다.[3]	제9대 책계왕[1] 고이왕의 아들이다. 또는 청체(靑替)라고도 하나 잘못이다. 병오(286)에 즉위하여 12년간 다스렸다.	제3대 마품왕[1] 아버지는 거등왕이고, 어머니는 천부경(泉府卿) 신보(申輔)의 딸 모정(慕貞)부인이다. 기묘(259)에 즉위하여 32년간 다스렸다.

〈중국〉

1) 齊王 : 曹魏의 제3대 황제. 재위 240-253. 이름은 芳. 연호는 正始・嘉平 등을 사용하였다.
2) 正始 : 曹魏 齊王의 연호(240-248).
3) 嘉平 : 曹魏 齊王의 연호(249-253).
4) 高貴鄕公 : 曹魏의 제4대 황제. 재위 254-259. 이름은 髦. 연호는 正元・甘露 등을 사용하였다.
5) 正元 : 曹魏 高貴鄕公의 연호(254-255).
6) 甘露 : 曹魏 高貴鄕公의 연호(256-259).
7) 陳留王 : 曹魏의 제5대 황제 元帝. 재위 260-265. 이름은 奐. 明帝의 손자인 燕王 宇의 아들. 연호는 景元・咸熙를 사용하였다.
8) 景元 : 曹魏 元帝의 연호(260-264). 이 연호 뒤에는 咸熙(264-265)가 더 있어야 한다.
9) 西晉 : 司馬炎이 세운 나라(265-316).
10) 虎帝 : 武帝. 西晉의 제1대 황제. 재위 265-289. 이름은 炎. 연호는 泰始・咸寧・太康・太熙 등을 사용하였다.
11) 泰始 : 西晉 武帝의 연호(265-274).
12) 咸寧 : 西晉 武帝의 연호(275-279).
13) 太康 : 西晉 武帝의 연호(280-289).

〈신라〉

1) 理解尼叱今 : 신라의 제12대 왕. 재위 247-261. [史] 卷2 新羅本紀 沾解尼師今條 참조. [史]에는 '沾解尼師今'이라고 하였다.
2) 未鄒尼叱今 : 신라의 제13대 왕. 재위 262-284. [史] 卷2 新羅本紀 味鄒尼師今條, [遺] 卷1 紀異 味鄒王 竹葉軍條 참조. [史]에는 '未鄒'를 '味鄒'로 표기하고 '味照'라고도 한다고 하였다. [遺] 卷1 紀異 味鄒王 竹葉軍條에는 '未祖'・'未古'라고도 하였다.
3) 仇道 : 味鄒王의 아버지. 妃는 伊柒갈문왕의 딸인 述禮부인이며, 아버지는 閼智의 5세손인 郁甫이다. 조분왕의 비인 玉帽夫人이 그의 딸이며, 아들로는 味鄒王 외에 末仇角干이 있다. 말구 각간의 아들이 奈勿王이다. 阿達羅王 19년(172)에 波珍湌이 되었으며, 伐休王 2년(185)에 左軍主가 되어 召文國을 정벌하였다.
4) 伊非葛文王 : 味鄒王의 外祖父. [史]에는 '伊柒葛文王'이라고 하였다. 성은 昔氏이고, 仇道갈문왕비인 述禮부인 일명 生乎가 그의 딸이다.
5) 光明娘 : [史]에는 '昔氏 光明夫人'이라고 하였다.
6) 儒禮尼叱今 : 신라의 제14대 왕. 재위 284-298. [史] 卷2 新羅本紀 儒禮尼師今條 참조. 助賁王의 長子이다. [史] 卷2 新羅本紀 儒禮尼師今條에 어머니는 奈音갈문왕의 딸 朴氏로 되어 있다. 그런데 [史] 卷2 新羅本紀 助賁尼師今條

에는 助賁王妃가 奈解王의 딸 阿爾兮夫人으로 되어 있다. 따라서 儒禮王은 아이혜부인의 아들이 아님은 분명하며, 연대상으로 문제가 있다. 또는 조분왕의 손자일 것으로 추론되기도 한다. 왕비는 알려져 있지 않다.

7) □召夫人 : [史]에는 '奈音갈문왕의 딸 朴氏'라고 하였다.

8) 月城 : 경주시 인왕동에 있는 신라시대의 都城. 흙과 돌로 쌓았다. 半月城 또는 新月城이라고도 한다. 사적 16호이며, 현재 부분적으로 성벽과 성내에 건물지가 있다. 본문과는 달리, [史] 卷1 新羅本紀 婆娑尼師今 22年條에는 「春二月築城名月城 秋七月王移居月城」이라고 하였다. 婆娑王 때 월성을 쌓고 그 내에 궁성을 두었음을 알 수 있다. 또한 [遺] 卷1 紀異 第四脫解王條에 「其童子曳杖率二奴 登吐含山上作石塚 留七日 望城中可居之地 見一峯如三日月 勢可久之地 乃下尋之 卽瓠公宅也 乃設詭計 潛埋礪炭於其側 詰朝至門云 此是吾祖代家屋 瓠公云 否 爭訟不決 乃告于官 官曰 以何驗是汝家 童曰 我本冶匠 乍出隣鄕 而人取居之 請掘地撿看 從之 果得礪炭 乃取而居焉」이라고 하였다. '一峯如三日月'의 형세는 반월성의 모습을 가리킨다. 파사왕 이전에 월성은 昔脫解의 세력 근거지가 된 곳이다. 경주 昔氏의 시조를 모시는 崇信殿이 그 안에 있었으나, 1980년에 昔脫解王陵 남쪽으로 옮겨졌다.

〈고구려〉

1) 中川王 : 고구려의 제12대 왕. 재위 248-270. [史] 卷17 高句麗本紀 中川王條 참조. [史]에는 '中川'을 '中襄'이라고도 하였다. 이름은 然弗이고, 東川王의 아들이며, 왕비는 掾氏이다.

2) 西川王 : 고구려의 제13대 왕. 재위 270-292. [史] 卷17 高句麗本紀 西川王條 참조. [史]에는 '西川'을 '西壤'이라고도 하였다. 中川王의 둘째 아들이다.

3) 理二十年 : [史]에 재위가 270-292년으로 되어 있는 것과 차이가 있다.

〈백제〉

1) 責稽王 : 백제의 제9대 왕. 재위 286-298. [史] 卷24 百濟本紀 責稽王條 참조. [史]에는 '責稽'를 '青稽'라고도 한다고 하였다. 왕비는 帶方王의 딸 寶菓이다.

〈가락국〉

1) 麻品王 : 가야의 제3대 왕. 재위 253-291. [遺] 卷2 紀異 駕洛國記條 참조. 馬品王이라고도 하며, 왕비는 宗正監 趙匡의 손녀 好仇이며, 태자 居叱彌를 낳았다.

（中國）	羅	麗	濟	洛
惠帝 元康辛亥九		第十四烽上王 一云雉葛[10]王 名 相夫 壬子立 治 八年[11]	第十汾西王 責稽子 戊午立 治 六年	第四居叱彌[16]王 一作今勿 父[17]麻 品 母好仇 辛亥 立 治五十五年
	第十五基臨尼叱今 一作基立王 昔氏 諸賁王 之第[3]二子也 母阿爾兮[4] 夫人 戊午立 治十二年			
永寧庚申二 太[1]安壬戌二 永興甲子三 光熙丙寅		第十五美川王[12] 一云好攘 名乙弗 又憂[13]弗 庚申立 理三十一年	第十一比流王 仇首[14]第[15]二子 沙泮之弟也 甲子 立 治四十年	
懷帝 永嘉丁卯六	丁卯年定[5]國號曰新[6]羅 新者德業日新 羅者網羅四 方之民[7]云 或系智證法興 之世			
	第十六乞解尼叱今 昔氏 父于[8]老音角干 卽 奈解王第二子也 庚午立 治四[9]十六年 是王代 百 濟兵始來侵			
愍帝 建興癸酉四 東晉中宗 建虎[2]丁丑				

1) 太 : [正] 大.
2) 虎 : 고려 惠宗의 이름 '武'의 피휘.
3) 第 : [正][晚][順][石][品] 弟. [斗][六] 第.
4) 兮 : [正][晚][順][石][品] □. [斗][六] 兮.
5) 定 : [正][晚] 是. [順] 改(가필). [品] 改. [石][斗][六] 定.
6) 新 : [正][晚] 斯. [順] 新(가필). [石][品][斗][六] 新.
7) 民 : [正][品] 氏. 順] 民(가필). [石][斗][六] 民.
8) 于 : [石] 子.
9) 四 : [正][晚][順][石][品] 없음. [斗][六] 四.

10) 葛 : [品][斗][六] 葛.
11) 이 뒤에 [順][品]은 '一云治十二年'을 각각 가필, 추가함.
12) 이 뒤에 [順][品]은 '西川王子咄固之子'를 각각 가필, 추가함.
13) 憂 : [斗][六] 憂.
14) 首 : [正] 首(가필). [晚][順][石] 者. [品][斗][六] 首.
15) 第 : [正][晚][順][石] 弟. [品][斗][六] 第.
16) 彌 : [正][斗][六] 枀(彌와 상통). [品] 彌.
17) 父 : [石] 一又.

(중 국)	신 라	고구려	백 제	가락국
혜제[1] 원강(元康)[2]은 신해(291)부터 9 년간이다.	제15대 기림니질금[1] 또는 기립왕(基立王)이라고도 한다. 석씨이고, 제분왕의 둘째 아들이다.[2] 어머니는 아이혜(阿爾兮) 부인이다.[3] 무오(298)에 즉위하여 12년간 다스렸다.	제14대 봉상왕[1] 또는 치창(稚菖)[2] 왕이라고도 하며, 이름은 상부(相夫)이다.[3] 임자(292)에 즉위하여 8년간 다스렸다.	제10대 분서왕[1] 책계왕의 아들이다.[2] 무오(298)에 즉위하여 6년간 다스렸다.	제4대 거질미왕[1] 또는 금물(今勿) 이라고도 한다. 아버지는 마품이고, 어머니는 호구(好仇)이다. 신해(291)에 즉위하여 55년간 다스렸다.
영령(永寧)[3]은 경신(300)부터 2 년간이다. 태안(太安)[4]은 임술(302)부터 2 년간이다. 영흥(永興)[5]은 갑자(304)부터 3 년간이다. 광희(光熙)[6]는 병인(306)부터다. 회제[7] 영가(永嘉)[8]는 정묘(307)부터 6 년간이다.	정묘년(307)에 국호를 신라(新羅)로 정하니 '신(新)'은 국가사업이 날로 새롭다는 뜻이요, '라(羅)'는 사방의 백성들을 망라한다는 뜻이라고 하였다.[4] 또는 지증(智證)·법흥(法興)왕 시대의 일이라고도 한다.	제15대 미천왕[4] 또는 호양(好攘)[5] 이라고도 한다. 이름은 을불(乙弗) 또는 우불(憂弗)[6] 이다. 경신(300)에 즉위하여 31 년간 다스렸다.	제11대 비류왕[3] 구수왕의 둘째 아들로서 사반왕의 동생이다.[4] 갑자(304)에 즉위하여 40년간 다스렸다.	
민제[9] 건흥(建興)[10]은 계유(313)부터 4 년간이다. 동진[11] 중종[12] 건무[建虎][13]는 정축(317)부터다.	제16대 걸해니질금[5] 석씨이다. 아버지는 우로음(于老音)[6] 각간으로 나해왕의 둘째 아들이다. 경오(310)에 즉위하여 46년간 다스렸다. 이 왕 때에 백제 군사가 처음으로 와서 침범하였다.			

〈중국〉

1) 惠帝 : 西晉의 제2대 황제. 재위 290-306. 이름은 衷. 武帝의 둘째 아들. 연호
   는 永熙·永平·元康·永寧·太安·永興·光熙 등을 사용하였다.
2) 元康 : 西晉 惠帝의 연호(291-299).
3) 永寧 : 西晉 惠帝의 연호(300-301).
4) 太安 : 西晉 惠帝의 연호(302-303).
5) 永興 : 西晉 惠帝의 연호(304-306).
6) 光熙 : 西晉 惠帝의 연호(306).
7) 懷帝 : 西晉의 제3대 황제. 재위 307-312. 이름은 熾. 武帝의 스물 다섯째 아
   들. 연호는 永嘉를 사용하였다.
8) 永嘉 : 西晉 懷帝의 연호(307-312).
9) 愍帝 : 西晉의 제4대 황제. 재위 313-316. 이름은 鄴. 武帝의 손자인 吳의 孝
   王 晏의 아들. 연호는 建興을 사용하였다.
10) 建興 : 西晉 愍帝의 연호(313-316).
11) 東晉 : 司馬睿가 세운 나라(317-418).
12) 中宗 : 元帝의 廟號. 재위 317-322. 이름은 睿. 司馬懿의 증손. 연호는 建武·
    大興·永昌 등을 사용하였다.
13) 建虎 : 建武. 東晉 元帝의 연호(317).

〈신라〉

1) 基臨尼叱今 : 신라의 제15대 왕. 재위 298-310. [史] 卷2 新羅本紀 基臨尼叱
   今條 참조.
2) 諸賁王之第二子 : 諸(助)賁王의 둘째 아들이라면 어머니는 阿爾兮夫人이 된
   다. 그러나 [史]에는 '조분왕의 손자이고, 아버지는 乞淑〈또는 조분왕의 손자〉'
   로 되어 있다. 조분왕의 아들일 가능성은 희박하다.
3) 母阿爾兮夫人 : 基臨王이 [史]에는 助賁王의 손자이고, 아버지는 乞淑〈또는
   조분왕의 손자〉로 되어 있다. 기림왕이 조분왕의 아들일 가능성은 희박하므로
   기림왕의 어머니를 아이혜부인으로 볼 수 없다.
4) 丁卯年定國號曰新羅…羅者網羅四方之民云 : 丁卯年(基臨王 10년; 307)에
   국호를 '新羅'로 정했다고 하나, 실제 이것을 [史] 卷4 新羅本紀에서는 智證麻
   立干 4년에 있었던 일로 기록하였다.
5) 乞解尼叱今 : 신라 제16대 왕. 재위 310-356. [史] 卷2 新羅本紀 訖解尼師今
   條 참조. [史]에는 '乞解'를 '訖解'라고 하였다. 奈解王의 손자이고, 어머니는 助
   賁王의 딸인 命元夫人이다.
6) 于老音 : [史]에는 '于老'라고 하였다. ?-249 또는 253. 昔氏. 奈解王의 아들이
   다. 水老 각간의 아들이라는 설도 있다. 죽은 해는 [史] 卷2 新羅本紀에는 沾
   解王 3년(249)이라고 하였으나, [史] 卷45 列傳에는 253년이라고 하였다. 아들
   이 訖解王이며, 부인은 助賁王의 딸인 命元夫人이다. 奈解王 14년(209) 浦上

八國이 가야를 침공하자 이벌찬 利音과 함께 가야를 구해주었다. 助賁王 2년
(231) 甘文國을 정복하였고, 233년 침입해온 倭를 섬멸하였으며, 247년에는 沙
梁伐國이 백제와 결합하여 배반하자 이를 토벌하여 멸망시켰다. 253년(249년?)
에 왜의 사신을 접대하면서 왜의 왕과 왕비를 가리켜 희롱한 것이 화근이 되어
왜의 침입을 초래하였으나, 스스로 책임을 지고 왜의 진영으로 나아가 죽임을
당함으로써 왜군을 물러가게 하였다. 그러나 이 기록은 원래 계절풍을 이용한
왜구의 침범이 잦았던 동해안의 于柚村지역에 퍼져 있는 민간신앙이었는데, 뒤
에 신라 왕족의 영웅설화로 변개되었다는 견해도 있다(李基東,「于老傳說의 世
界」,『韓國古代의 國家와 社會』, 1985, 一潮閣, pp.200-201). [史] 卷45 列傳 昔
于老條 참조.

⟨고구려⟩

1) 烽上王 : 고구려의 제14대 왕. 재위 292-300. [史] 卷17 高句麗本紀 烽上王條
   참조. 西川王의 태자이다.
2) 雉葛 : [史]에는 '雉葛'이라고 하였다.
3) 相夫 : [史]에는 '相夫⟨또는 歃矢婁⟩'이라고 하였다.
4) 美川王 : 고구려 제15대 왕. 재위 300-331. [史] 卷17 高句麗本紀 美川王條
   참조. 西川王의 아들인 고추가 咄固의 아들이다.
5) 好攘 : [史]에는 '好壤'이라고 하였다.
6) 瀀弗 : [史]에는 '憂弗'이라고 하였다.

⟨백제⟩

1) 汾西王 : 백제 제10대 왕. 재위 298-304. [史] 卷24 百濟本紀 汾西王條 참조.
2) 責稽子 : [史]에는 '責稽王의 長子'라고 하였다.
3) 比流王 : 백제 제11대 왕. 재위 304-344. [史] 卷24 百濟本紀 比流王條 참조.
4) 仇首第二子 沙泮之弟也 : 이 혈족관계는 比流王의 재위시기와 모순되는 측면
   이 있어 의문점이 있다. 仇首王은 234년까지 재위하였고, 비류왕은 그보다 70년
   뒤인 304년에 즉위하여 40년간 재위한 것으로 되어 있어 연대상 무리가 있다.
   [史] 卷24 百濟本紀 比流王條 참조.

⟨가락국⟩

1) 居叱彌王 : 가야의 제4대 왕. 재위 291-346. [遺] 卷2 紀異 駕洛國記條 참조.
   왕비는 阿干의 벼슬을 지낸 阿躬의 손녀 阿志이며, 伊品王을 낳았다.

（中國）	羅	麗	濟	洛
太¹⁾興戊寅四 永昌壬午²⁾ **明帝** 　太³⁾寧癸未三 **顯宗** 　咸和丙戌九 　咸康乙未八 **康帝** 　建元癸卯二 **孝⁴⁾宗** 　永和乙⁵⁾巳十二 　昇平丁巳五 **哀帝** 　隆和壬戌				
	己丑始築碧骨堤　周□萬 七⁶⁾千⁷⁾二十六步　□□⁸⁾百 六⁹⁾十六步　水田¹⁰⁾一萬四 千七十□¹¹⁾	第十六國原王 名釗　又斯由　或 云岡上王¹⁴⁾辛卯 立理四十年　甲 午¹⁵⁾增築平壤城 壬寅八月　移都安 市城　卽丸¹⁶⁾都 城¹⁷⁾	第十二契王 汾西元子　甲辰立 理二年	
	第十七奈勿麻立干 一作□□王　金氏　父仇道 葛文王　一作未召王之弟 未仇¹²⁾角干　母休禮夫人¹³⁾ 金氏　丙辰立　理四十六年 陵在占星臺西南		第十三近肖古王 比流第二子　丙午 立　理二十九年	第五伊品王 父居叱彌¹⁸⁾　母阿 志　丙午立　理六 十年

1) 太 : [正] 大.
2) 永昌壬午 : [正]에는 明帝의 연호로 되어
　　있으나 永昌은 元帝(中宗)의 연호이다.
3) 太 : 주 1)과 같음.
4) 孝 : [正][晚] □. [石] 穆. [順] 孝(가필).
　　[品][斗][六] 孝.
5) 乙 : [晚][順] 판독미상. [品] 己.
6) □萬七 : [斗] 七萬.
7) 千 : [正] 판독미상. [晚][順][石][品][斗]
　　[六] 千.
8) □□ : [正][晚][順][石] □…□. [品] □
　　□□. [斗][六] □□.
9) 六 : [리] 七.
10) 田 : [正][晚][順][石][品] 日. [斗][六] 田.
11) □ : [正][晚][順][石] □…□. [斗] 結.

12) 未仇 : [正][晚][石] □□. [順] 未仇(가필).
　　[品][斗][六] 未仇
13) 休禮夫人 : [正][晚][石] □…□. [順] 休
　　禮夫人(가필). [品][斗][六] 休禮夫人
14) 王 : [正][晚][順][石] □. [品] 없음. [斗]
　　[六] 王.
15) 甲午 : [正][晚][石] □□. [順] 甲午(가필).
　　[品][斗][六] 甲午.
16) 丸 : [正][晚][石] □. [順] 丸(가필). [品]
　　[斗][六] 丸
17) 城 : [正][晚][順] 판독미상. [石][品][斗]
　　[六] 城
18) 彌 : [正][品][斗][六] 袮(彌와 상통).

(중 국)	신 라	고구려	백 제	가락국
태흥(太興)[1]은 무인(318)부터 4년간이다. 영창(永昌)[2]은 임오(322)부터다. 명제[3] 태령(太寧)[4]은 계미(323)부터 3년간이다. 현종[5] 함화(咸和)[6]는 병술(326)부터 9년간이다. 함강(咸康)[7]은 을미(335)부터 8년간이다. 강제[8] 건원(建元)[9]은 계묘(343)부터 2년간이다. 효종[10] 영화(永和)[11]는 을사(345)부터 12년간이다. 승평(昇平)[12]은 정사(357)부터 5년간이다. 애제[13] 융화(隆和)[14]는 임술(362)부터다.	기축(329)에[1] 처음으로 벽골제(碧骨堤)를 쌓았다. 주위가 □만 7천 26보이고, □□가 1백 66보이며, 논[水田]이 1만 4천 70□이다.[2] 제17대 나물마립간[3] 또는 □□왕이라고도 하며, 김씨이다. 아버지는 구도(仇道)갈문왕으로 또는 미소왕(未召王)의 동생 미구(未仇)[4] 각간이라고도 한다.[5] 어머니는 휴례(休禮)부인 김씨이다. 병진(356)에 즉위하여 46년간 다스렸다. 능은 점성대(占星臺)[6]의 서남쪽에 있다.	제16대 국원왕[1] 이름은 쇠(釗) 또는 사유(斯由)로 또는 강상왕(岡上王)[2]이라고도 한다. 신묘(331)에 즉위하여 40년간 다스렸다. 갑오(334)에 평양성(平壤城)[3]을 증축하였다. 임인(342) 8월에 도읍을 안시성(安市城)으로 옮기니, 즉 환도성(丸都城)이다.[4]	제12대 계왕[1] 분서왕의 맏아들이다. 갑진(344)에 즉위하여 2년간 다스렸다. 제13대 근초고왕[2] 비류왕의 둘째 아들이다. 병오(346)에 즉위하여 29년간 다스렸다.	제5대 이품왕[1] 아버지는 거질미왕이고, 어머니는 아지(阿志)이다. 병오(346)에 즉위하여 60년간 다스렸다.

〈중국〉

1) 太興 : 東晉 元帝의 연호(318-321).

2) 明帝 : 東晉의 제2대 황제. 재위 323-325. 이름은 紹. 元帝의 아들. 연호는 太
   寧을 사용하였다.

3) 永昌 : 東晉 元帝의 연호(322).

4) 太寧 : 東晉 明帝의 연호(323-325).

5) 顯宗 : 東晉의 제3대 황제. 재위 326-342. 이름은 衍. 明帝의 아들. 연호는 咸
   和·咸康 등을 사용하였다.

6) 咸和 : 東晉 成帝의 연호(326-334).

7) 咸康 : 東晉 成帝의 연호(335-342).

8) 康帝 : 東晉의 제4대 황제. 재위 343-344. 이름은 岳. 成帝의 동생. 연호는 建
   元을 사용하였다.

9) 建元 : 東晉 獻帝의 연호(343-344).

10) 孝宗 : 東晉의 제5대 황제. 재위 345-361. 이름은 珊. 康帝의 아들. 연호는 永
    和·升平 등을 사용하였다.

11) 永和 : 東晉 穆帝의 연호(345-356).

12) 昇平 : 東晉 穆帝의 연호(357-361).

13) 哀帝 : 東晉의 제6대 황제. 재위 362-365. 이름은 丕. 成帝의 長子. 연호는 隆
    和·咸寧 등을 사용하였다.

14) 隆和 : 東晉 哀帝의 연호(362-363).

〈신라〉

1) 己丑 : 己丑은 訖解王 20년(329)인데, [史]에는 '흘해왕 21년(330)'에 처음으
   로 碧骨池를 만든 것으로 되어 있어 본서와 1년의 차이가 있다.

2) 周□萬七千二十六步 □□百六十六步 水田一萬四千七十□ : [史]에는 둑의
   길이만 1천 8백 보로 표기되어 있다.

3) 奈勿麻立干 : 신라의 제17대 왕. 재위 356-402. [史] 卷3 新羅本紀 奈勿尼師
   今條 참조. [史]에는 '奈勿尼師今'으로 표기하였다. 왕비는 味鄒王의 딸 金氏
   이다. 奈勿王은 미추왕의 조카이면서 사위이다. [遺] 王曆에서는 이 왕대부터
   '麻立干'이라고 칭하였다.

4) 未仇 : [史]에는 '末仇'라고 하였다.

5) 父仇道葛文王 一作未召王之弟未仇角干 : [史]에는 '仇道갈문왕의 손자이며,
   아버지는 末仇 각간'으로 되어 있어 차이가 난다.

6) 占星臺 : 瞻星臺. 별을 보기 위해 높이 쌓은 대. [勝覽] 卷21 慶州府 古跡條
   에 「瞻星臺 在府東南三里 善德女王時 鍊石築臺 上方下圓 高十九尺 通其中
   人由中而上下 以候天文」이라고 하였다. 그 외 [麗史] 地理志, 『世宗實錄』 地
   理志, 『增補文獻備考』 등에 기록이 전하며, 『日本書紀』에는 본문에서처럼 '占
   星臺'로 되어 있다. 첨성대에서는 曆法 제작을 위해 天文을 관찰하였겠으나, 국

가의 吉凶을 점치기 위해 별이 나타내는 현상을 관찰하였다는 주장도 있다.

〈고구려〉

1) 國原王 : 고구려의 제16대 왕. 故國原王. 재위 331-371. [史] 卷18 高句麗本紀 故國原王條 참조. [史]에는 '故國原王'이라고 하였다. 아버지는 美川王이다.

2) 岡上王 : [史]에는 '國岡上王'이라고 하였다.

3) 平壤城 : 평양시 일원에 있는 고구려시대의 石築 都城. 다만 본문의 평양성이 지금의 평양시지역에 있었던 것인지는 분명하지 않으나, [史] 卷18 高句麗本紀 故國原王 4年條에 「平壤城을 증축하였다」는 사실을 가리킨다. [史] 卷17 高句麗本紀 東川王 21年條에 「王以丸都城經亂 不可復都 築平壤城 移民及廟社 平壤者本仙人王儉之宅也 或云王之都王險」이라고 하였고, [史] 卷18 高句麗本紀 故國原王 13年條에는 「秋七月 移居平壤東黃城 城在今西京東木覓山中」이라고 하였다. '王儉之宅'이나 '今西京'이라고 했으므로 이 때의 평양이 지금의 평양시지역임이 분명하다. 다만 [史] 卷18 故國原王 41年條에는 「冬十月 百濟王率兵三萬 來攻平壤城 王出師拒之 爲流矢所中 是月二十三日薨 葬于故國之原」이라고 하였다. 백제군이 공격한 평양성이 지금의 평양시지역인지는 분명하지 않다. 長壽王 15년(427)에 도읍을 평양성으로 옮겼는데, [史] 卷19 高句麗本紀 平原王 28年條(586)에 「移都長安城」이라고 하였다. 장안성 역시 지금의 평양시지역 내에 있는 도성이다. 장수왕이나 평원왕이 축성할 때의 것으로 추측되는 平壤城壁石刻이 발견되었다. 그것은 평양성 축성 당시 공사의 책임을 맡은 관리들이 성벽에 새긴 사무적 기록으로, 관리들의 이름·관직과 담당구역 및 축성연대 등을 기록하여 고구려의 평양성 축성상황을 알려준다.

4) 壬寅八月移都安市城 卽丸都城 : 壬寅은 고구려 故國原王 12년(342)이다. [史] 卷18 高句麗本紀 故國原王 12年條에 「봄 2월에 丸都城을 수리하고 또 國內城을 쌓았다. 가을 8월에 丸都城으로 移居하였다」고 하였다. 곧 본문의 安市城은 [史]의 丸都城이 분명하다. 또한 [史] 卷37 地理志4 鴨淥水以北未降十一城條에 「安市城은 舊安村忽〈또는 丸都城〉」이라고 하였다. 그러나 본문과 [史] 地理志의 기록과는 달리, 안시성과 환도성을 각기 다른 곳으로 보려는 것이 통설이다. 안시성의 위치에 대해서도 견해가 일치되어 있지 않다. 『金史』 地理志에 의해 滿洲 蓋平 동북의 湯池堡로 비정거나, 『我邦疆域考』에서는 만주의 鳳凰城으로 비정하였다. 근래에는 만주 奉天省 海城의 동남쪽에 있는 英城子山城으로 추정하는 견해가 유력하다. 환도성은 吉林省 輯安縣에 있는 通溝城으로 보는 것이 통설이며, 國內城과는 이름만 다를 뿐 같은 곳으로 보는 견해가 유력하다. 그러나 최근에는 환도성을 통구에 있었던 국내성과는 달리, 그 북쪽 2.5km 지점에 위치한 山城子山城으로 추정하기도 한다.

〈백제〉

1) 契王 : 백제의 제12대 왕. 재위 344-346. [史] 卷24 百濟本紀 契王條 참조.

2) 近肖古王 : 백제 제13대 왕. 재위 346-375. [史] 卷24 百濟本紀 近肖古王條
참조. 『晉書』에는 餘句라고 하였는데, 餘는 성이고 句는 이름이다. 『古事記』에
는 照古王, 『日本書紀』에는 肖古王, 『新撰姓氏錄』에는 速古王이라고 하였다.

〈가락국〉

1) 伊品王 : 가야의 제5대 왕. 재위 346-407. 伊尸品王이라고도 한다. 왕비는 司
農卿 克忠의 딸인 貞信이고, 坐知王을 낳았다. [遺] 卷2 紀異 駕洛國記條 참
조.

（中國）	羅	麗	濟	洛
興寧癸亥三				
廢帝 太¹⁾和丙寅五				
簡文帝 咸安辛未二²⁾		第十七小獸林王⁴⁾ 名丘夫 辛未立 理 十三年	辛未移都北漢⁷⁾ 山	
烈宗 寧康癸酉三			第十四近仇首王 近肖古之子也 乙 亥立 理九年	
太³⁾元丙子二十一		第十八國壤王 名伊速 又於只 支⁵⁾ 甲申立 治 八年	第十五枕流王 近仇首子 甲申立	
			第十六辰斯王 枕流王弟 乙酉立 治七年	
安帝 隆安丁酉五		第十九廣開土⁶⁾王 名談德 壬辰立 治 二十一年	第十七阿莘王 一作阿⁸⁾芳 辰斯 子 壬辰立 治十 三年	

1) 太：[正] 大.
2) 二：[正][晚][順] 一. [石][品][斗][六] 二.
3) 太：주 1)과 같음.
4) 이 뒤에 [順]은 '國原之子'를 가필, [品]은 '國原王之子'를 추가함.
5) 支：[正][晚][順][石][品] 攴. [斗][六] 支.
6) 土：[正][晚][順][石][品] 없음. [斗][六] 土.
7) 漢：[正][晚][順][石] 浦. [品][斗][六] 漢.
8) 阿：[正][晚][順][品] 河. [石][斗][六] 阿.

(중 국)	신 라	고구려	백 제	가락국
흥령(興寧)[1]은 계해(363)부터 3년간이다. 폐제[2] 태화(太和)[3]는 병인(366)부터 5년간이다. 간문제[4] 함안(咸安)[5]은 신미(371)부터 2년간이다. 열종[6] 영강(寧康)[7]은 계유(373)부터 3년간이다. 태원(太元)[8]은 병자(376)부터 21년간이다. 안제[9] 융안(隆安)[10]은 정유(397)부터 5년간이다.		제17대 소수림왕[1] 이름은 구부(丘夫)이다. 신미(371)에 즉위하여 13년간 다스렸다. 제18대 국양왕[2] 이름은 이속(伊速)[3] 또는 어지지(於只支)이다. 갑신(384)에 즉위하여 8년간 다스렸다. 제19대 광개토왕[4] 이름은 담덕(談德)이다. 임진(392)에 즉위하여[5] 21년간 다스렸다.	신미(371)에 도읍을 북한산(北漢山)으로 옮겼다.[1] 제14대 근구수왕[2] 근초고왕의 아들이다. 을해(375)에 즉위하여 9년간 다스렸다. 제15대 침류왕[3] 근구수왕의 아들이다.[4] 갑신(384)에 즉위하였다. 제16대 진사왕[5] 침류왕의 동생이다.[6] 을유(385)에 즉위하여 7년간 다스렸다. 제17대 아신왕[7] 또는 아방(阿芳)[8]이라고도 하며, 진사왕의 아들이다.[9] 임진(392)에 즉위하여 13년간 다스렸다.	

⟨중국⟩

1) 興寧 : 東晉 哀帝의 연호(363-365).
2) 廢帝 : 東晉의 제7대 황제. 재위 366-371. 이름은 奕. 哀帝의 同母弟. 연호는 太和를 사용하였다.
3) 太和 : 東晉 廢帝의 연호(366-371).
4) 簡文帝 : 東晉의 제8대 황제. 재위 371-372. 이름은 昱. 元帝의 少子. 연호는 咸安을 사용하였다.
5) 咸安 : 東晉 簡文帝의 연호(371-372).
6) 烈宗 : 東晉의 제9대 황제인 孝武帝. 재위 373-396. 이름은 曜. 簡文帝의 셋째 아들. 연호는 寧康·太元을 사용하였다.
7) 寧康 : 東晉 孝武帝의 연호(373-375).
8) 太元 : 東晉 孝武帝의 연호(376-396).
9) 安帝 : 東晉의 제10대 황제. 재위 397-418. 이름은 德宗. 孝武帝의 長子. 연호는 隆安·大亨·元興·義熙 등을 사용하였다.
10) 隆安 : 東晉 安帝의 연호(397-401).

⟨고구려⟩

1) 小獸林王 : 고구려의 제17대 왕. 재위 371-384. [史] 卷18 高句麗本紀 小獸林王條 참조. [史]에는 '小解朱留王'이라고도 하였다. 故國原王의 아들이다.
2) 國壤王 : 고구려의 제18대 왕. 재위 384-391. [史] 卷18 高句麗本紀 故國壤王條에 참조. [史]에는 '故國壤王'이라고 하였다. 小獸林王의 동생이다.
3) 伊速 : [史]에는 '伊連'이라고 하였다.
4) 廣開土王 : 고구려 제19대 왕. 재위 391-412. [史] 卷6 高句麗本紀 廣開土王條 참조. 故國壤王의 아들이다. 중국측 기록에는 安으로 전한다. 永樂이란 연호를 사용하여 永樂大王으로 불렸다. 사후의 시호는 國岡上廣開土境平安好太王이다. 그 활약상은 [史]에도 나타나 있지만 廣開土王陵碑에 상세하게 전한다. 당시 고구려의 영토는 서쪽으로 遼河, 북쪽으로 開原에서 寧安에 미쳤고, 동쪽으로 琿春, 남쪽으로는 임진강유역에 이르렀다. 陵碑는 지금 중국의 길림성 輯安縣에 남아 있다. 內治에도 힘써 長史·司馬·參軍 등의 중앙 관직을 신설하였는가 하면, 393년에는 평양에 9寺를 창건하였다. 또한 역대 왕릉의 보호를 위해 守墓人제도를 재정비하였다.
5) 壬辰立 : 廣開土王碑에 의하면 辛卯 391년에 즉위한 것으로 되어 있다.

⟨백제⟩

1) 辛未 移都北漢山 : 辛未는 近肖古王 26년(371)이다. [史] 卷24 百濟本紀 近肖古王 26年條에는 「漢山으로 도읍을 옮겼다」로 되어 있다. 近肖古王이 평양을 공격하여 故國原王을 전사시킴으로써 한강유역을 확실하게 장악한 후에 도읍을 漢山으로 옮겼다. 본문의 北漢山은 漢山이며, 漢城으로 불렸다. 백제 초

기에도 한산은 매우 중시되었고, 거기에는 別宮이 있었다. 이미 溫祚王이 漢山
의 負兒嶽에 올라 거주할 곳을 살폈으며, 같은 왕 13년(BC 6)에는 한산에 柵
을 세우고 慰禮城의 民戶를 옮기게 했다. 蓋婁王 5년(132)에는 北漢山城을 쌓
았다. 그 외에도 여러 왕들이 자주 漢山으로 나아가 사냥하고 있을 뿐만 아니
라 그 곳에 民戶를 이주시키고 있다. 또한 이러한 모습은 熊津으로 수도를 옮
긴 후에도 계속해서 나타나 있다.

2) 近仇首王 : 백제의 제14대 왕. 재위 375-384. [史] 卷24 百濟本紀 近仇首王條
  참조. [史]에는 '須'라고도 하였다. 『日本書記』에는 '貴須' 또는 '貴首'로, 『新撰
  姓氏錄』에는 '近貴首'로 표기되어 있다.

3) 枕流王 : 백제의 제15대 왕. 재위 384-385. [史] 卷24 百濟本紀 枕流王條 참
  조. 어머니는 阿尒夫人이다. [史] 新羅本紀와는 달리, 母系의 표시가 따로 없
  는 百濟本紀에는 枕流王의 어머니가 특별히 기록되어 있다. 阿尒는 梵語에서
  여승을 뜻하는 '阿尼'의 차용이라고 하여 침류왕대의 불교전래와 관련을 갖는
  것으로 추정된다.(李丙燾 역주, 『三國史記』下, 乙酉文化史, 1983)

4) 近仇首子 : [史]에는 '近仇首王의 長子'라고 하였다.

5) 辰斯王 : 백제의 제16대 왕. 재위 385-392. [史] 卷25 百濟本紀 辰斯王條 참
  조. 『晉書』9 孝武帝紀 太元 11年條에는 '餘暉'로 되어 있다. 즉위시의 상황에
  대해서 [史]에서는 枕流王이 죽자 태자의 나이가 어리므로 숙부인 辰斯가 즉
  위하였다고 했으나, 『日本書紀』卷9 神功紀 65年條에는 태자 阿莘이 나이가
  어려 辰斯가 왕위를 빼앗았다고 되어 있다. 辰斯王의 죽음에 대해서는 [史]에
  는 狗原의 行宮에서 사냥하다가 죽은 것으로 되어 있으나, 『日本書紀』에는 침
  류왕의 태자 阿莘의 세력에 의해 제거된 것으로 되어 있다.

6) 枕流王弟 : [史]에는 '近仇首王의 둘째 아들이며 枕流王의 동생'이라고 하였다.

7) 阿莘王 : 백제의 제17대 왕. 재위 392-405. [史] 卷25 百濟本紀 阿莘王條 참
  조.

8) 阿芳 : 『日本書紀』에는 '阿花'라고 하였다.

9) 辰斯子 : [史]에는 '枕流王의 長子'로 나와 있어 辰斯王과 阿莘王은 숙질간이
  된다.

(中國)	羅	麗	濟	洛
元興壬寅三	第十八實聖麻立干 一³⁾作實主王 又寶金 又⁴⁾ 父⁵⁾未⁶⁾鄒王弟大西知角干 母⁷⁾禮生夫人 昔氏 登也阿 干女⁸⁾也 妃阿留夫人 壬寅 立 治十五⁹⁾ 王即鵃述之父			
義熙乙巳十四 恭帝 　元熙己未 宋武帝 　永初庚申三 小帝 　景平癸亥¹⁾ 文帝 　元嘉甲子二十九 世祖 　大初癸巳²⁾	第十九訥祇¹⁰⁾麻立干 一作內只王 金氏 父¹¹⁾奈 勿王 母內禮希夫人 金氏 未¹²⁾鄒王女 丁巳立 治四 十一年	第二十長壽王 名臣連¹³⁾ 癸丑立 治七十九年 丁卯移都平壤城	第十八腆支¹⁴⁾王 一作眞¹⁵⁾支¹⁶⁾王 名映¹⁷⁾ 阿莘子 乙 巳立 治十五年 第十九久爾辛王 腆支¹⁸⁾子 庚申立 治七年 第二十毗有王 久爾辛子 丁卯立 治二十八年	第六坐知王 一云金叱¹⁹⁾王 父 伊品　母貞²⁰⁾信 丁未立 治十四年 第七吹希王 一云金喜 父坐知 王 母福壽²¹⁾ 辛 酉立 治三十年 第八銍知王 一云金銍 父吹²²⁾ 希 母仁德 辛卯 立 治三十六年

1) 亥：[正][晚][順][石][斗][六] 酉. [品][리]
　　亥.
2) 大初癸巳：[正][晚][順][石][斗][六] 癸巳
　　大初. [品] 大初癸巳.
3) 一：[順] 없음. [品] 又.
4) 又：[石][品][斗][六] 없음.
5) 父：[正][晚][石] 文. [順] 父(가필). [品]
　　[斗][六][相] 父.
6) 未：[正][晚][順][石] 末. [品][斗][六][相] 未
7) 母：[正][晚][石] □. [順] 母(가필). [品]
　　[斗][六] 母.
8) 女：[正][晚][石][品] □. [斗][六][相] 女.
9) 五：[斗][六] 五年.
10) 祇：[品][斗] 祇.
11) 父：[正][晚][石] 文. [順] 父(가필). [品]
　　[斗][六] 父.

12) 未：[正][晚][順][石] 末. [品][斗][六] 未
13) 連：[正][晚][石] □. [順] 連(가필). [品]
　　[斗][六] 連.
14) 支：[正][晚][順][石] 攴. [品][斗][六] 支.
15) 眞：[品] 直.
16) 支：[正][晚][順][石][品] 攴. [斗][六] 支.
17) 映：[正][晚][順][石][品] 眹. [斗][六] 映
18) 支：[正][晚][順][石] 文. [品] 攴. [斗]
　　[六][相][리] 支.
19) 叱：[正][晚][順][石][斗][六] 吐. [品] 叱.
20) 貞：[正][晚][順][石] 眞. [品][斗][六] 貞.
21) 壽：[正][晚][順][石][品] 없음. [斗][六]
　　壽.
22) 父吹：[正][晚][石][品] □□. [斗][六][리]
　　[相] 父吹.

(중 국)	신 라	고구려	백 제	가락국
원흥(元興)[1]은 임인(402)부터 3년간이다.	제18대 실성마립간[1] 또는 실주왕(實主王)·보금(寶金)이라고도 한다. 아버지는 미추왕의 동생 대서지(大西知) 각간이고, 어머니는 예생(禮生)부인 석씨로 등야(登也) 아간의 딸이다.[2] 왕비는 아류(阿留)부인[3]이다. 임인(402)에 즉위하여 15년을 다스렸다. 왕은 곧 치술(鴟述)[4]의 아버지이다.			
의희(義熙)[2]는 을사(405)부터 14년간이다. 공제[3] 원희(元熙)[4]는 기미(419)부터. 송[5] 무제[6] 영초(永初)[7]는 경신(420)부터 3년간이다. 소제[8] 경평(景平)[9]은 계해(423)부터. 문제[10] 원가(元嘉)[11]는 갑자(424)부터 29년간이다. 세조[12] 대초(大初)[13]는 계사(453)부터.	제19대 눌지마립간[5] 또는 내지왕(內只王)이라고도 하며, 김씨이다. 아버지는 나물왕이고, 어머니는 내례희(內禮希)부인 김씨로 미추왕의 딸이다.[6] 정사(417)에 즉위하여 41년간 다스렸다.	제20대 장수왕[1] 이름은 신련(臣連)[2]이다. 계축(413)에 즉위하여 79년간 다스렸다. 정묘(427)에 도읍을 평양성으로 옮겼다.	제18대 전지왕[1] 또는 진지(眞支)[2]왕이라고도 한다. 이름은 영(映)이고, 아신왕의 아들이다.[3] 을사(405)에 즉위하여 15년간 다스렸다. 제19대 구이신왕[4] 전지왕의 아들이다.[5] 경신(420)에 즉위하여 7년간 다스렸다. 제20대 비유왕[6] 구이신왕의 아들이다.[7] 정묘(427)에 즉위하여 28년간 다스렸다.	제6대 좌지왕[1] 또는 김질왕(金叱王)이라고도 한다. 아버지는 이품왕이고, 어머니는 정신(貞信)이다. 정미(407)에 즉위하여 14년간 다스렸다. 제7대 취희왕[2] 또는 김희(金喜)라고도 한다. 아버지는 좌지왕이고, 어머니는 복수(福壽)이다. 신유(421)에 즉위하여 30년간 다스렸다. 제8대 질지왕[3] 또는 김질(金銍)이라고도 한다. 아버지는 취희(吹希)왕이고, 어머니는 인덕(仁德)이다. 신묘(451)에 즉위하여 36년간 다스렸다.

〈중국〉

1) 元興 : 東晉 安帝의 연호(402-404).
2) 義熙 : 東晉 安帝의 마지막 연호(405-418).
3) 恭帝 : 東晉의 제11대 황제. 재위 419-420.
4) 元熙 : 東晉의 마지막 연호(419).
5) 宋 : 劉裕가 세운 나라(420-479). 8대 60년간 존속하였다.
6) 武帝 : 南朝 宋의 초대 황제. 재위 420-422. 이름은 裕. 연호는 永初를 사용하였다.
7) 永初 : 南朝 宋 武帝의 연호(420-422).
8) 小帝 : 南朝 宋의 제2대 少帝(422-424).
9) 景平 : 少帝의 연호(423).
10) 文帝 : 南朝 宋의 제3대 황제. 재위 424-453.
11) 元嘉 : 宋 文帝의 연호(424-453).
12) 世祖 : 宋 文帝의 재위 30년 이후 弒虐으로 몇 차례 傳位하여 明帝에 이르는데, 世祖 癸巳(453)는 이 시기로, 孝武帝 직전에 해당한다.
13) 大初 : 미상.

〈신라〉

1) 實聖麻立干 : 신라의 18대 왕. 재위 402-417. [史] 卷3 新羅本紀 實聖尼師今 條 참조. [史]에는 '麻立干'을 '尼師今'으로 표기하였다.
2) 禮生夫人 昔氏 登也阿干女 : [史]에는 阿干 昔登保의 딸 伊利〈또는 企利〉夫人이라고 하였다.
3) 阿留夫人 : [史]에는 味鄒王의 딸이라고 하였다.
4) 瑘述 : 歃羅郡太守로 倭國에서 殉節한 金堤上(또는 朴堤上)의 처를 이르는 듯하다. [遺] 卷1 紀異 奈勿王 金堤上條 참조.
5) 訥祗麻立干 : 신라의 제19대 왕. 재위 417-458. [史] 卷3 新羅本紀 訥祗麻立 干條 참조. 왕비는 實聖王의 딸이다.
6) 內禮希夫人 金氏 未鄒王女 : [史]에는 '味鄒王의 딸 保反夫人〈또는 內禮吉 怖〉'라고 하였다. 미추왕의 딸이라고 했으나 미추왕과 奈勿王의 재위시기로 볼 때 미추왕의 딸이 나물왕의 왕비가 될 가능성은 희박하다.

〈고구려〉

1) 長壽王 : 고구려의 제20대 왕. 재위 413-491. [史] 卷18 高句麗本紀 長壽王條 참조. 廣開土王의 元子이다.
2) 臣連 : [史]에는 '巨連〈또는 璉〉'이라고 하였다.

〈백제〉

1) 腆支王 : 백제의 제18대 왕. 재위 405-420. [史] 卷25 百濟本紀 腆支王條 참조. 왕비는 八須夫人으로 아들 久尒辛을 낳았다.

2) 眞支 : [史]에는 '直支'라고 하였다.

3) 阿莘子 : [史]에는 '阿莘의 元子'라고 하였다.

4) 久爾辛王 : 백제의 제 19대 왕. 재위 420-427. [史] 卷25 百濟本紀 久爾辛王 條 참조.

5) 腆支子 : [史]에는 '腆支王의 長子'라고 하였다.

6) 毗有王 : 백제의 제20대 왕. 재위 427-455. [史] 卷25 百濟本紀 毗有王條 참조.

7) 久爾辛子 : [史]에는 '久爾辛王의 長子〈또는 腆支王의 庶子〉'라고 하였다.

〈가락국〉

1) 坐知王 : 가야의 제6대 왕. 재위 407-421. 왕비는 道寧大阿干의 딸 福壽이다. [遺] 卷2 紀異 駕洛國記條 참조.

2) 吹希王 : 가야의 제7대 왕. 재위 421-451. [遺] 卷2 紀異 駕洛國記 참조. 叱嘉 라고도 한다. 왕비는 進思角干의 딸 仁德이다.

3) 銍知王 : 가야의 제8대 왕. 재위 450-492. [遺] 卷2 紀異 駕洛國記條 참조. 왕비는 金相沙干의 딸 邦媛이고, 왕자 鉗知를 낳았다.

（中國）	羅	麗	濟	洛
孝建甲午三			第二十一蓋鹵王 一云近蓋鹵王 名 慶司 乙[7)]未立 治 二十年	
大明丁酉八 太[1)]宗 泰始乙巳八	第二十慈悲麻立干 金氏 父訥祇[2)] 母阿老夫 人 一作次老夫人 實聖王 之女 戊戌立 治二十一年 妃巴胡葛文王女 一作未[3)] 叱希[4)]角干 一作未欣[5)]角 干女			
後廢帝 元徽癸丑四			第二十二文周王 一作文明[8)] 蓋鹵 子 乙卯立 移都 熊川 理二年	
順帝 昇明丁巳二	始與吳國通 己未年 倭國 兵來侵 始築明活城入避 來圍梁州二[6)]城 不克而還		第二十三三斤王 一作三乞王 文周 子 丁巳立 理二 年	

1) 太：[正] 大.
2) 祇：[石][斗][六] 祇.
3) 未：[正][晩][順][品] 艹(아랫쪽이 없음).
　[石] 末. [斗][六][리] 未.
4) 希：[斗] 없음.
5) 未欣：[正][晩][順][石] □…□. [品] □□.
　[리] 未斯欣 [斗][六] 未欣
6) 二：[正][晩] □. [品][斗] 없음. [石][六]
　[리] 二.
7) 乙：[正][晩] 卜. [順] 乙(가필). [石][品]
　[斗][六] 乙.
8) 明：[石][斗][六] 州.

(중 국)	신 라	고구려	백 제	가락국
효건(孝建)[1]은 갑오(454)부터 3년간이다. 대명(大明)[2]은 정유(457)부터 8년간이다. 태종[3] 태시(泰始)[4]는 을사(465)부터 8년간이다. 후폐제[5] 원휘(元徽)[6]는 계축(473)부터 4년간이다. 순제[7] 승명(昇明)[8]은 정사(477)부터 2년간이다.	제20대 자비마립간[1] 김씨이다. 아버지는 눌지왕이고, 어머니는 아로부인으로 또는 차로(次老)부인이라고도 하며, 실성왕의 딸이다.[2] 무술(458)에 즉위하여 21년간 다스렸다. 왕비는 파호(巴胡)갈문왕의 딸로 또는 미질희(未叱希) 각간 또는 미흔(未欣)[3] 각간의 딸이라고도 한다.[4] 처음으로 오(吳)나라와 통교하였다. 기미년(479)에 왜국병이 내침하였다. 비로소 명활성(明活城)을 짓고 들어가 피하니[5] [왜병이] 양주(梁州)의 두 성을 와서 포위하였으나 이기지 못하고 돌아갔다.		제21대 개로왕[1] 또는 근개로왕(近蓋鹵王)[2]이라고도 하며, 이름은 경사(慶司)이다. 을미(455)에 즉위하여 20년간 다스렸다. 제22대 문주왕[3] 또는 문명(文明)[4]이라고도 하며, 개로왕의 아들이다. 을묘(475)에 즉위하여 도읍을 웅천(熊川)[5]으로 옮겼다. 2년간 다스렸다.[6] 제23대 삼근왕[7] 또는 삼걸왕(三乞王)[8]이라고도 하며, 문주왕의 아들이다.[9] 정사(477)에 즉위하여 2년간 다스렸다.	

〈중국〉

1) 孝建 : 宋 孝武帝(453-464)의 연호(454-456).
2) 大明 : 宋 孝武帝의 연호(457-464). 이 뒤에 廢帝의 연호인 永光(464)과 景和 (465)가 있다.
3) 太宗 : 宋 明帝. 재위 465-472.
4) 泰始 : 宋 明帝의 연호(465-471).
5) 後廢帝 : 宋 明帝가 죽자 太子 昱이 帝位를 承繼하였으나, 蕭道成이 이를 죽 이고, 그 동생 準(順帝)을 세웠는데, 昱을 前廢帝(464-465)에 대칭하여 後廢帝 라고 일컫는다. 재위 472-477.
6) 元徽 : 宋 後廢帝의 연호(473-476). 이 연호 앞에 泰豫(472)가 있다.
7) 順帝 : 宋의 제8대 황제. 재위 477-479.
8) 昇明 : 宋 順帝의 연호(477-479).

〈신라〉

1) 慈悲麻立干 : 신라의 제20대 왕. 재위 458-479. [史] 卷3 新羅本紀 慈悲麻立 干條 참조. 訥祇王의 長子이다.
2) 阿老夫人 一作次老夫人 實聖王之女 : [史]에는 '實聖王의 딸 金氏'라고 하였 다.
3) 未欣 : [史]에는 '未斯欣'이라고 하였다.
4) 妃巴胡葛文王女 一作未叱希角干 一作未欣角干女 : [史]에는 '舒弗邯 未斯 欣의 딸'이라고 하였다.
5) 己未年 倭國兵來侵 始築明活城入避 : [史] 卷3 新羅本紀 慈悲麻立干 18年 條에는 「봄 정월에 왕이 明活城으로 移居하였다」는 기사가 보인다. 己未年은 479년이고, 慈悲王 18년은 475년이어서 차이가 난다.

〈백제〉

1) 蓋鹵王 : 백제의 제 21대 왕. 재위 455-475. [史] 卷25 百濟本紀 蓋鹵王條 참 조. 毗有王의 長子이다.
2) 近盖鹵王 : [史]에는 '近蓋婁'라고 하였다.
3) 文周王 : 백제의 제22대 왕. 재위 475-477. [史] 卷26 百濟本紀 文周王條 참 조.
4) 文明 : [史]에는 '汶州'라고 하였다.
5) 熊川 : [史]에는 '熊津'이라고 하였다.
6) 理二年 : [史]에는 文周王의 재위가 475-478년으로 되어 있어 차이가 난다. 한편 [史] 卷30 年表 中에는 문주왕은 477년에 죽은 것으로 되어 있다.
7) 三斤王 : 백제의 제23대 왕. 재위 477-479. [史] 卷26 百濟本紀 三斤王條 참 조. 『日本書紀』에는 '文近'이라고 하였다.

8) 三乞王 : [史]에는 '壬乞'이라고 하였다.
9) 文周子 : [史]에는 '文周王의 長子'라고 하였다.

（中國）	羅	麗	濟	洛
齊太¹⁾祖 建元己未四 永²⁾明癸亥³⁾十一 廢帝 高宗 建虎⁴⁾甲戌四 永泰戊寅 永元己卯⁵⁾二 和帝 中興辛巳一	第二十一毗處麻立干 一⁶⁾作炤⁷⁾知王 金氏 慈悲 王第三子 母未⁸⁾欣角干之 女 己未立 理二十一年 妃 期寶葛文王之女⁹⁾ 第二十二智訂麻立干 一作智哲老¹⁰⁾ 又智度路王 金氏 父訥祇¹¹⁾王弟期寶葛 文王 母烏生夫人 訥祇¹²⁾ 王之女 妃迎帝夫人 儉¹³⁾ 攬代漢只登許〈一¹⁴⁾作□□¹⁵⁾〉 角干之女 庚辰立 理十四 年 已上爲上古 已下爲中古¹⁶⁾	第二十一文咨明王 名明理¹⁸⁾好 又个 ¹⁹⁾雲 又高雲 壬 申立 理二十七年	第二十四東城王 名牟²⁰⁾大 一云麻 帝 又餘大 三斤 王之堂弟²¹⁾ 己未 立 理二十二²²⁾年 第二十五虎²³⁾寧王 名斯摩 卽東城第 二子 辛巳立 理 二十二年 南史云 名扶餘隆誤矣 隆 乃義慈²⁴⁾王之太 子 詳見唐史²⁵⁾	第九鉗知王 父銍知王 母邦媛 壬申立 理二十九 年
梁高祖 天監壬午十八	第二十三法興王 名原宗 金氏 册府元龜¹⁷⁾ 云 姓募 名秦	第二十二安藏王 名興安 己亥立 理十二年		

1) 太：[正] 大.
2) 永：이 앞에 [順][品]은 '武帝'를 각각 가
　　필, 추가함.
3) 亥：[正][晚][順][品][斗] 卯. [石][六] 亥.
4) 虎：고려 惠宗의 이름 '武'의 피휘.
5) 卯：[正][晚] 未 [石][品][斗][六][리] 卯.
6) 一：[正][品] 없음. [斗][六][리] 一.
7) 炤：[正][品] □. [斗][六][리] 炤.
8) 未：[石] 末.
9) 이 뒤에 [正]은 '幼有孝行謙恭自守 庚午初
　　開市肆以通貨'를 가필함.
10) 老：[正][晚][順] 名. [石][品][斗][六][리]
　　老
11) 祇：[斗] 祇.
12) 祇：주 11)과 같음.
13) 儉：[順] 於(가필). [品] 於.
14) 一：[正][晚][順] □. [品] 없음. [石][斗]

[六][리] 一.
15) □□：[正][品] □. [斗][六] □□.
16) 이 뒤에 [正]은 '壬午禁殉葬 分命州郡勸農
　　始用牛耕 始定國號 甲申制喪服'을 가필함.
17) 册府元龜：[正][晚] 明府山龜. [順] 册府元
　　龜(가필). [石][品][斗][六][리] 册府元龜
18) 理：고려 成宗의 이름 '治'의 피휘.
19) 个：[順] 罙. (가필) [品] 罙. [斗] 羅
20) 牟：[正][晚][石] 年. [順] 牟(가필). [品]
　　[斗][六][리][相] 牟.
21) 弟：[正][晚][品] 第. [石][斗][六][리] 弟.
22) 二：[正][晚][順][石][品][斗] 六. [六][리]
　　[相] 二.
23) 虎：주 4)와 같음.
24) 義慈：[正][品][六] 寶藏. [斗][리] 義慈.
25) 史：[正][晚] 吏. [石][品][斗][六][리] 史.

(중국)	신라	고구려	백제	가락국
제[1] 태조[2] 건원(建元)[3]은 기미(479)부터 4년간이다. 영명(永明)[4]은 계해(483)부터 11년간이다. 폐제[5] 고종[6] 건무[建虎][7]는 갑술(494)부터 4년간이다. 영태(永泰)[8]는 무인(498)부터다. 영원(永元)[9]은 기묘(499)부터 2년간이다. 화제[10] 중흥(中興)[11]은 신사(501)부터 1년간이다.	제21대 비처마립간[1] 또는 소지왕(炤知王)이라고도 한다. 김씨이다. 자비왕의 셋째 아들이며,[2] 어머니는 미흔 각간의 딸이다.[3] 기미(479)에 즉위하여 21년간 다스렸다. 왕비는 기보(期寶)갈문왕의 딸이다.[4]	제21대 문자명왕[1] 이름은 명치호[明理好][2]로 또는 개운(个雲)·고운(高雲)[3]이라고도 한다. 임신(491)에 즉위하여 27년간 다스렸다.	제24대 동성왕[1] 이름은 모대(牟大)로 또는 마제(麻帝)[2]·여대(餘大)라고도 하며, 삼근왕의 당제(堂弟)이다.[3] 기미(479)에 즉위하여 22년간 다스렸다.	제9대 겸지왕[1] 아버지는 질지왕이고, 어머니는 방원(邦媛)이다. 임신(492)에 즉위하여 29년간 다스렸다.
	제22대 지정마립간[5] 또는 지철로(智哲老)·지도로왕(智度路王)이라고도 한다.[6] 김씨이다. 아버지는 눌지왕의 동생 기보 갈문왕[7]이고, 어머니는 오생(烏生)부인[8]으로 눌지왕의 딸이다. 왕비는 영제(迎帝)부인[9]으로 검람대한 지등허(儉攬代漢只登許)〈또는 □□ 각간[10]의 딸이다. 경진(500)에 즉위하여 14년간 다스렸다. 이상은 상고(上古)이고 이하는 중고(中古)이다.[11]		제25대 무령왕[4] 이름은 사마(斯摩),[5] 곧 동성왕의 둘째 아들[6]이다. 신사(501)에 즉위하여 22년간 다스렸다. 『남사(南史)』에는 부여융(扶餘隆)이라고 했으나 잘못이다. 융(隆)은 곧 의자왕(義慈王)[7]의 태자로 『당사(唐史)』에 상세히 보인다.	
양[12] 고조[13] 천감(天監)[14]은 임오(502)부터 18년간이다.	제23대 법흥왕[12] 이름은 원종(原宗)이요, 김씨다. 『책부원귀(冊府元龜)』[13]에는 성을 모(募), 이름을 진(秦)이라고 하였다.	제22대 안장왕[4] 이름은 흥안(興安)이다. 기해(519)에 즉위하여 12년을 다스렸다.		

〈중국〉

1) 齊 : 蕭道成이 세운 나라(479-502).

2) 太祖 : 齊 高帝 蕭道成. 재위 479-482.

3) 建元 : 齊 高帝의 연호(479-482).

4) 永明 : 齊 武帝의 연호(483-493).

5) 廢帝 : 齊 高帝 蕭道成이 재위 4년에 죽고, 武帝·昭業·昭文을 거쳐 明帝에 이르는데, 昭業·昭文 두 廢帝를 가리킨다. 재위는 昭業이 493-494년이고, 昭文이 494년이다.

6) 高宗 : 齊 明帝. 재위 494-498.

7) 建虎 : 建武. 齊 明帝의 연호(494-497).

8) 永泰 : 齊 東昏侯(廢帝寶卷)의 연호(498).

9) 永元 : 齊 東昏侯의 연호(499-500).

10) 和帝 : 齊의 제7대 황제. 재위 501-502.

11) 中興 : 齊 和帝의 연호(501).

12) 梁 : 蕭衍이 세운 나라(502-557).

13) 高祖 : 梁 武帝(502-549). 雍州刺史였던 蕭衍이 齊 和帝로부터 受禪함으로써 梁 武帝가 되었다.

14) 天監 : 梁 武帝의 연호(502-519).

〈신라〉

1) 毗處麻立干 : 신라의 제21대 왕. 재위 479-500. [史] 卷3 新羅本紀 炤知麻立干條 참조. [史]에도 '炤知'를 '毗處'라고도 한다고 하였다.

2) 慈悲王第三子 : [史]에는 '慈悲王의 長子'라고 하였다.

3) 未欣角干之女 : [史]에는 '未斯欣 舒弗邯의 딸 金氏'라고 하였다.

4) 期寶葛文王之女 : [史]에는 '乃宿 이벌찬의 딸 善兮夫人'이라고 하였다.

5) 智訂麻立干 : 신라의 제22대 왕. 재위 500-514. [史] 卷4 新羅本紀 智證麻立干條 참조. [史]에는 '智訂'을 '智證'이라고 하였다.

6) 一作智哲老 又智度路 : [史]에는 '智大路〈또는 智度路, 智哲老〉', [遺] 卷1 紀異 智哲老王條에는 '智大路 또는 智道路'라고 하였다.

7) 父訥祗王弟期寶葛文王 : [史]에는 '習寶갈문왕의 아들'이라고 하였다.

8) 烏生夫人 : [史]에는 '鳥生夫人'이라고 하였다.

9) 迎帝夫人 : [史]에는 '延帝夫人'이라고 하였다.

10) 儉攬代漢只登許〈一作□□〉角干 : [史]에는 '이찬 登欣', [遺] 卷1 紀異 智哲老王條에는 '牟梁部 相公'이라고 하였다.

12) 已上爲上古…中古 : [遺] 王曆은 신라왕조를 上古·中古·下古 三古로 나누었다. 上古는 제1대 赫居世-제22대 智訂麻立干, 中古는 제23대 法興王-제28대 眞德女王, 下古는 제29대 太宗武烈王-제56대 敬順王이다.

13) 法興王 : 신라의 제23대 왕. 재위 514-540. [史] 卷4 新羅本紀 法興王條 참조.

14) 冊府元龜 : 중국 宋 眞宗 景德 2년(1005)에 王欽若, 揚億 등이 칙명을 받아 찬술하기 시작하여 大中祥符 6년(1013)에 완성한 역사 백과전서. 총 31부 1000 권으로 되어 있다.

〈고구려〉

1) 文咨明王 : 고구려의 제21대 왕. 재위 491-519. [史] 卷19 高句麗本紀 文咨明 王條 참조. 長壽王의 손자이고, 아버지는 왕자이며 古雛大加인 助多이다.
2) 明理好 : [史]에는 '明治好'라고 하였다.
3) 个雲 又高雲 : [史]에는 '羅雲'이라고 하였다.
4) 安藏王 : 고구려의 제22대 왕. 재위 519-531. [史] 卷19 高句麗本紀 安藏王條 참조. 文咨明王의 長子이다.

〈백제〉

1) 東城王 : 백제의 제24대 왕. 재위 479-501. [史] 卷26 百濟本紀 東城王條 참조.
2) 麻帝 : [史]에는 '摩牟'라고 하였다.
3) 三斤王之堂弟 : [史]에는 '文周王의 동생 昆支의 아들'이라고 하였다.
4) 虎寧王 : 武寧王. 백제의 제25대 왕. 재위 501-523. [史] 卷26 百濟本紀 武寧 王條 참조.
5) 斯摩 : [史]에는 '斯摩〈또는 隆〉'이라고 하였다. 『三國史節要』에는 '餘隆'이라 고 하였다.
6) 東城第二子 : [史]에는 '牟大王의 둘째 아들'이라고 하였다.
7) 義慈王 : [正]에는 寶藏王으로 되어 있으나, 이는 백제 義慈王의 잘못이다.

〈가락국〉

1) 鉗知王 : 가야의 제9대 왕. 재위 492-521. [遺] 卷2 紀異 駕洛國記條 참조. 金 鉗王이라고도 하였다. 왕비는 出忠 각간의 딸 淑女이고, 仇衡왕자를 낳았다.

(中國)	羅	麗	濟	洛
普通庚子七 大通丁未二 中大通己酉六	父智訂 母迎帝夫人 法興 諡 諡始乎3) 此 甲午立 理 二十六年　陵在哀公寺北 妃巴刀4)夫人 出家名法流 住永興寺 始行律令始行 十齋5)日禁殺度人6)爲僧 尼	第二十三安原王 名寶迎 辛14)亥立 理十四年	第二十六聖王 名明穠 虎15)寧16) 子 癸卯17)立 理 三十一年	第十仇衡19)王 鉗知子 母淑20)女 辛丑立 理四十三 21)年 中大通四年 壬子 納土22)投23) 羅 自首露王王寅 至壬子合四百九 十年
大同乙卯十一	建元丙辰 是年始置 年號 始此		戊午移都泗泚18) 稱南扶餘	國除
中大同丙寅 太1)清丁卯三 **簡文帝** 太2)寶庚午	第二十四眞興王 名彡麥宗 一7)作深□8) 金 氏 父卽法興之弟立宗葛文 王 母只召夫人 一作息道夫 人 朴氏 牟梁里英失角干9) 之女 終時亦剃10)髮而卒11) 庚申立 理三十七12)年13)	第二十四陽原王 一云陽崗王 名平 成 乙丑立 理十 四年		

1) 太：[正][晚] 人. [順] 大(가필). [石][品]
　[斗][六][리] 大.
2) 太：[正] 大.
3) 乎：[品] 于.
4) 巴刀：[正][晚] 巳丑. [品] 曰丑. [石][斗]
　[六] 巴刀.
5) 齋：[正][晚][順][品] 行. [石] 齊 [斗][六]
　齋.
6) 人：[正][晚][順] □. [品] 없음. [石][리]
　[六] 人.
7) 一：[正][晚] □. [順] 一(가필). [石][品]
　[斗][六][리] 一.
8) □：[品] □□. [斗] 麥夫. [리] 麥宗.
9) 英失角干：[正][順] 必史伯口. [晚][品] □
　史□□. [石] 英史伯□. [斗] 英史角干. [六]
　[리] 英失角干.
10) 剃：[正][晚][順][品] 剌 [石][斗][六][리]
　剃.
11) 卒：[晚][順] 판독미상. [品] □. [斗][六]
　[리] 逝.
12) 七：[晚][順] 판독미상. [品] 六.
13) 이 뒤에 [正]은 '法興王寬厚愛人 庚子頒示
　律令 始制百官公服 丙辰始稱年號'를 가필함.
14) 辛：[正][晚] 癸. [順] 辛(가필). [石][品]
　[斗][六] 辛.
15) 虎：고려 惠宗의 이름 '武'의 피휘.
16) 寧：[斗][六] 寧王.
17) 癸卯：[正][晚][石][品][斗][六][리] 癸巳.
18) 泚：[正][晚][石][品][斗][六] 泚. [리] 泚.
19) 衡：[正][晚][石][品][斗][六] 衡. [遺] 衡
　(卷2 紀異 駕洛國記條).
20) 淑：[正][晚][石][品][斗][六] □. [遺] 淑
　(卷2 紀異 駕洛國記條).
21) 四十三：[正][晚][品] 十二. [石] 十三. [斗]
　[六][리][相] 四十三.
22) 土：[正][晚][順] 土. [石][品][斗][六] 土.
23) 投：[順] 新(가필). [品] 新.

(중 국)	신 라	고구려	백 제	가락국
보통(普通)[1]은 경자(520)부터 7년간이다.	아버지는 지정왕[1]이고, 어머니는 영제부인[2]이다. 법흥은 시호로 시호는 이로부터 시작되었다.[3] 갑오(514)에 즉위하여 26년간 다스렸다. 능은 애공사(哀公寺) 북쪽[4]에 있다. 왕비는 파도(巴刀)부인[5]으로 출가한 법명은 법류(法流)이고 영흥사(永興寺)에 살았다.[6] 처음으로 율령을 시행하였으며, 처음으로 십재일(十齋日)을 시행하고 살생을 금하였으며,[7] 속인이 출가하여 승니가 됨을 허락하였다.		제26대 성왕[1] 이름은 명농(明穠)[2]으로 무령왕의 아들이다. 계묘(523)에 즉위하여 31년간 다스렸다.	제10대 구형왕[1] 겸지왕의 아들이고, 어머니는 숙녀(淑女)이다. 신축(521)에 즉위하여 43년간 다스렸다. 중대통(中大通) 4년 임자(532)에 영토를 바치고 신라에 투항하였다. 수로왕 임인(42)으로부터 임자에 이르기까지 합하여 490년간이다.
대통(大通)[2]은 정미(527)부터 2년간이다.				
중대통(中大通)[3]은 기유(529)부터 6년간이다.		제23대 안원왕[1] 이름은 보영(寶迎)이다.[2] 신해(531)에 즉위하여 14년간 다스렸다.		
대동(大同)[4]은 을묘(535)부터 11년간이다.	건원(建元)[8]병진(536)이 해에 처음으로 [연호를] 설치하여 연호가 이로부터 시작되었다.		무오(538)에 도읍을 사비(泗沘)[3]로 옮기고 남부여(南扶餘)라고 불렀다.	나라가 없어졌다.
중대동(中大同)[5]은 병인(546)부터다. 태청(太淸)[6]은 정묘(547)부터 3년간이다. 간문제[7] 태보(太寶)[8]는 경오(550)부터다.	제24대 진흥왕[9] 이름은 삼맥종(彡麥宗)으로 또는 심□(深□)[10]이라고도 하며, 김씨이다. 아버지는 곧 법흥왕의 동생 입종(立宗)갈문왕이고, 어머니는 지소(只召)부인으로 또는 식도(息道)부인이라고도 하며, 박씨로 모량리(牟梁里) 영실(英失) 각간의 딸이다.[11] 임종 때에 또한 중이 되어 죽었다. 경신(540)에 즉위하여 37년간 다스렸다.	제24대 양원왕[3] 또는 양강왕(陽崗王)[4]이라고도 하며, 이름은 평성(平成)이다. 을축(545)에 즉위하여 14년간 다스렸다.		

〈중국〉

1) 普通 : 梁 武帝의 연호(520-526).
2) 大通 : 梁 武帝의 연호(527-529).
3) 中大通 : 梁 武帝의 연호(529-534).
4) 大同 : 梁 武帝의 연호(535-545).
5) 中大同 : 梁 武帝의 연호(546).
6) 太淸 : 梁 武帝의 연호(547-549).
7) 簡文帝 : 南朝 梁 武帝 蕭衍의 아들. 재위 549-551. 武帝가 侯景의 난을 맞아 憂憤 끝에 죽자, 아들 簡文帝가 대를 이었다.
8) 太寶 : 梁 簡文帝의 연호(550-551).

〈신라〉

1) 父智訂 : [史]에는 '智證王의 元子'라고 하였다.
2) 迎帝夫人 : [史]에는 '延帝夫人'이라고 하였다.
3) 法興諡 諡始乎此 : [史]에는 신라의 시호는 智證王 때부터 시작되었다고 하였다.
4) 哀公寺北 : [史]에는 '哀公寺 북쪽 산봉우리'라고 하였다.
5) 巴刀夫人 : [史]에는 '朴氏 保刀夫人'이라고 하였다.
6) 出家名法流 住永興寺 : [遺] 卷3 興法 原宗興法 厭髑滅身條에는 「영흥사를 개창하고 중이 되어 법명을 妙法이라고 하였다」로 되어 있다.
7) 始行十齋日禁殺 : [史] 卷4 新羅本紀 法興王 16年條에 「영을 내려 살생을 금지시켰다」는 기사가 있다.
8) 建元 : 신라 法興王 때 만든 신라 최초의 연호(536-550).
9) 眞興王 : 신라의 제24대 왕. 재위 540-576. [史] 卷4 新羅本紀 眞興王條 참조. 왕비는 朴氏 思道夫人이다.
10) 深□ : [史]에는 '深麥夫'라고 하였다.
11) 只召夫人 一作息道夫人 朴氏 牟梁里英失角干之女 : [史]에는 '法興王의 딸 金氏'라고 하였다. 息道夫人은 眞興王의 어머니가 아닌 진흥왕비로 보기도 한다.

〈고구려〉

1) 安原王 : 고구려의 23대 왕. 재위 531-545. [史] 卷19 高句麗本紀 安原王條 참조. 安藏王의 동생이다.
2) 寶迎 : [史]에는 '寶延'이라고 하였다.
3) 陽原王 : 고구려의 제24대 왕. 재위 545-559. [史] 卷19 高句麗本紀 陽原王條 참조. 安原王의 長子이다.
4) 陽崗王 : [史]에는 '陽崗上好王'이라고 하였다.

〈백제〉

1) 聖王 : 백제의 제26대 왕. 재위 523-554. [史] 卷26 百濟本紀 聖王條 참조.
2) 明禯 : [史]에는 '明禯'이라고 하였다.
3) 泗沘 : [史]에는 '泗沘〈一名所夫里〉'라고 하였다.

〈가락국〉

1) 仇衡王 : 가야의 제10대 마지막 왕. 재위 521-532. [遺] 卷2 紀異 駕洛國記條 참조. 왕비는 分叱水爾叱의 딸 桂花이며, 世宗 각간·茂刀 각간·茂得 각간 세 아들을 낳았다. 532년 신라에 항복했다.

（中國）	羅	麗	濟	洛
侯¹⁾景 　大始辛未 　承聖壬申四 敬帝 　紹泰乙亥 　太²⁾平丙子一 陳高祖 　永定丁丑三 文帝 　天嘉庚辰六 　天康丙戌 　光³⁾大丁亥二 宣帝 　太⁴⁾建己丑十四	開國辛未十七 大昌戊子四 鴻⁵⁾濟壬辰十二 第二十五眞⁶⁾智王 名舍⁷⁾輪 一作金⁸⁾輪 金氏 父眞興 母朴英失角⁹⁾干之 女 息途¹⁰⁾一作色刀¹¹⁾夫人 朴氏 妃知刀¹²⁾夫人 起烏 公之女 朴氏 丙申立¹³⁾ 理¹⁴⁾四年 陵在哀公寺北¹⁵⁾	第二十五平原王 一作平岡¹⁶⁾ 名陽 ¹⁷⁾城 南史¹⁸⁾云高 陽¹⁹⁾ 己卯立 理 三十一年	第二十七威德王 名高²⁰⁾ 又明 甲 戌立 理四十四年	

1) 侯：[正][晚][石] 俟. [斗][六] 侯.
2) 太：[正][品][斗][六] 大. [리] 太.
3) 光：이 앞에 [石]은 '臨海王'을 추가함.
4) 太：[正] 大.
5) 鴻：[正][晚][石] 鳰. [品][斗][六] 鴻.
6) 眞：[正][晚] 具. [順] 眞(가필). [石][品][斗][六] 眞.
7) 舍：[品] 金.
8) 金：[品] 舍.
9) 朴英失角：[正][晚][順] 未氏尼□…□. [石] 英失尼. [品] 未氏尼□□. [斗] 英史角. [六][리] 朴英失角.
10) 途：[正][品] □. [石][斗][六][리] 途.
11) 刀：[正][品] 刁. [石][斗][六][리] 刀.
12) 知刀：[正][品] 如刁. [石][斗][六][리] 知刀.
13) 丙申立：[正][晚][順] □…□立. [品] □□. [石][斗][六][리] 丙申立.
14) 理：[正][晚][順] 君. [品] 治. [石][斗][六][리] 理.
15) 陵在哀公寺北：[正][晚][順] 治炗善北. [品] 治炗善□□. [斗][六][리] 墓在哀公寺北. [石] 陵在哀公寺北.
16) 岡：[正][晚] 國. [石][品][斗][六][리] 岡.
17) 陽：[晚] 판독미상. [順] 陽(가필).
18) 南史：[正][晚][順][品] 動之. [石][斗][六][리][相] 南史.
19) 陽：[正][晚] 판독미상. [順][品] □. [石][斗][六] 陽.
20) 高：[順] 昌(가필). [石][品][斗][六][리][相] 昌.

(중 국)	신 라	고구려	백 제	가락국
후경[1] 대시(大始)[2]는 신미(551)부터다. 승성(承聖)[3]은 임신(552)부터 4년간이다. 경제[4] 소태(紹泰)[5]는 을해(555)부터다. 태평(太平)[6]은 병자(556)부터 1년간이다. 진[7] 고조[8] 영정(永定)[9]은 정축(557)부터 3년간이다. 문제[10] 천가(天嘉)[11]는 경진(560)부터 6년간이다. 천강(天康)[12]은 병술(566)부터다. 광대(光大)[13]는 정해(567)부터 2년간이다. 선제[14] 태건(太建)[15]은 기축(569)부터 14년간이다.	개국(開國)[1]은 신미(551)부터 17년간이다. 대창(大昌)[2]은 무자(568)부터 4년간이다. 홍제(鴻濟)[3]는 임진(572)부터 12년간이다. **제25대 진지왕**[4] 이름은 사륜(舍輪)으로 또는 금륜(金輪)이라고도 하며 김씨이다. 아버지는 진흥왕이고, 어머니는 박영실(朴英失) 각간의 딸 식도(息途) 또는 색도(色刀)부인으로 박씨이다.[5] 왕비는 지도(知刀)부인으로 기오공(起烏公)의 딸로 박씨이다.[6] 병신(576)에 즉위하여 4년간 다스렸다. 능은 애공사 북쪽에 있다.[7]	**제25대 평원왕**[1] 또는 평강(平岡)[2] 왕이라고도 한다. 이름은 양성(陽城)이며, 『남사(南史)』에는 고양(高陽)이라고 하였다.[3] 기묘(559)에 즉위하여 31년간 다스렸다.	**제27대 위덕왕**[1] 이름은 고(高) 또는 명(明)이다.[2] 갑술(554)에 즉위하여 44년간 다스렸다.	

〈중국〉

1) 侯景 : 梁 朔方人. 武帝 때 河南王에 봉해졌으나, 뒤에 反하여 建康을 포위하여 臺城을 함락케 하여 簡文帝를 옹립하고 이어 이를 弑害하고, 자립하여 漢帝를 일컫더니, 王僧辨 등에게 패하였다. (『梁書』卷56,『南史』卷80 참조)

2) 大始 : 551년 漢帝를 自稱한 侯景의 僭年號인 듯하나, 같은 시기 豫章王 때 天正(551-552)의 연호가 보인다.

3) 承聖 : 梁 元帝의 연호(552-554).

4) 敬帝 : 梁 元帝의 아들 方智. 재위 555-557. 王僧辨·陳覇先이 方智를 세워 敬帝로 삼았으나, 陳覇先이 敬帝에게서 篡位하여 陳의 武帝가 되었다.

5) 紹泰 : 梁 敬帝의 연호(555).

6) 太平 : 梁 敬帝의 연호(556).

7) 陳 : 陳覇先이 세운 나라(557-589).

8) 高祖 : 陳의 武帝. 재위 557-559. 陳覇先이 梁 敬帝로부터 帝位를 찬탈하여 陳朝를 세우고 陳 武帝가 되었다.

9) 永定 : 陳 武帝의 연호(557-559).

10) 文帝 : 陳의 제2대 황제. 재위 559-566.

11) 天嘉 : 陳 文帝의 연호(560-565).

12) 天康 : 陳 廢帝(臨海王)의 연호(566).

13) 光大 : 陳 廢帝의 연호(567-568).

14) 宣帝 : 陳 宣帝. 재위 568-582.

15) 太建 : 陳 宣帝의 연호(569-582).

〈신라〉

1) 開國 : 신라 眞興王의 연호(551-567).

2) 大昌 : 신라 眞興王의 연호(568-571).

3) 鴻濟 : 신라 眞興王의 연호(572-583).

4) 眞智王 : 신라의 제25대 왕. 재위 576-579. [史]卷4 新羅本紀 眞智王條 참조. 眞興王의 둘째 아들이다.

5) 朴英失角干之女 息途一作色刀夫人 朴氏 : [史]에는 '思道夫人'이라고 하였다.

6) 知刀夫人 起烏公之女 朴氏 : [史]에는 '知道夫人'이라고 하였다.

7) 陵在哀公寺北 : [史]에는 「永敬寺 북쪽에 장사지냈다」라고 하였다.

〈고구려〉

1) 平原王 : 고구려의 제25대 왕. 재위 559-590. [史]卷19 高句麗本紀 平原王條 참조. 陽原王의 長子이다.

2) 平岡 : [史]에는 '平崗上好王'이라고 하였다.

3) 南史云高陽 : [史]에 의하면 「『隋書』와 『唐書』에는 湯이라고 하였다」고 한다.

〈백제〉

1) 威德王 : 백제의 제27대 왕. 재위 554-598. [史] 卷27 百濟本紀 威德王條 참
　　조. 聖王의 元子이다.
2) 高 又明 : [史]에는 '昌'이라고 하였다.

(中國)	羅	麗	濟
	第二十六眞平王 名白淨[4] 父銅輪[5] 一[6]云東輪[7] 太[8]子 母立宗葛文王之女萬呼 一云萬寧夫人 名行義 先[9]妃摩 耶夫人 金氏 名福肹[10]口 後妃 僧滿夫人 孫氏 己亥立		
至[1]德癸卯四	建福甲辰五十[11]		
禎明丁未三			
隋文帝 開皇辛丑[2]二十[3]		第二十六嬰陽[12]王 一云平陽[13] 名元 一云 大元 庚戌立 治二[14]十 八年	第二十八惠王 名季[15] 一云獻王 威德 子 戊午立 第二十九法王 名孝順 又宣 惠王子 己未立
仁壽辛酉四			第三十武王 或云武康 獻丙 或[16]小 [17]名一耆篩德 庚[18]申立 治四十一年
煬帝 大業乙丑十二			
恭帝 義寧丁丑			

1) 至 : 이 앞에 [正]은 ‘後主’를 가필. [石]은 ‘後王’을 추가함.
2) 辛丑 : [正][品][斗][六] 庚戌. [리] 辛丑
3) 二十 : [正][品][斗][六] 十一. [리] 二十.
4) 白淨 : [正] 皇地. [石][品][斗][六] 白淨.
5) 父銅輪 : [正][晚][順] 판독미상. [石] 父銅輪王. [品] □□輪□. [斗][六] 父銅輪.
6) 一 : [正][晚][順] 없음. [石][品][斗][六] 一.
7) 輪 : [正][品] 語. [石][斗][六] 輪.
8) 太 : [正] 大.
9) 先 : [正][品] 尼. [石][斗][六] 先.
10) 肹 : [斗][六] 肹.
11) 建福甲辰五十 : [正][晚] 없음. [順] 建福甲辰(가필). [品] 建福甲辰 [斗][六] 建福甲辰五十.
12) 陽 : [正][晚] 湯. [順] 陽(가필). [品][斗][六] 陽.
13) 陽 : 주 12)와 같음.
14) 二 : [正][品][斗][六] 三. [史] 二.
15) 季 : [順] 季明(明은 가필). [斗] 季明.
16) 或 : [全] 戌.
17) 小 : 이 앞에 [順]은 ‘薯童’을 가필함.
18) 庚 : [正] 없음. [順] 庚(가필). [品][斗][六] 庚.

(중 국)	신 라	고구려	백 제
	제26대 진평왕[1] 이름은 백정(白淨)[2]이다. 아버지는 동륜(銅輪)으로[3] 또는 동륜(東輪)태자라고도 한다. 어머니는 입종(立宗)갈문왕의 딸 만호(萬呼)로 또는 만령(萬寧)부인이라고도 하며,[4] 이름은 행의(行義)이다. 처음의 왕비는 마야(摩耶)부인 김씨로 이름은 복힐구(福肹口)이고,[5] 다음 왕비는 승만(僧滿)부인 손씨(孫氏)이다.[6] 기해(579)에 즉위하였다.		
지덕(至德)[1]은 계묘(583)부터 4년간이다. 정명(禎明)[2]은 정미(587)부터 3년간이다. 수[3] 문제[4]	건복(建福)[7]은 갑진(584)부터 50년간이다.		
개황(開皇)[5]은 신축(581)부터 20년간이다.		제26대 영양왕[1] 또는 평양(平陽)왕이라고도 한다. 이름은 원(元)으로 또는 대원(大元)이라고도 한다. 경술(590)에 즉위하여 28년간 다스렸다.[2]	제28대 혜왕[1] 이름은 계(季)로 또는 헌왕(獻王)이라고도 한다. 위덕왕의 아들이다.[2] 무오(598)에 즉위하였다. 제29대 법왕[3] 이름은 효순(孝順) 또는 선(宣)이다. 혜왕의 아들이다.[4] 기미(599)에 즉위했다.
인수(仁壽)[6]는 신유(601)부터 4년간이다. 양제[7] 대업(大業)[8]은 을축(605)부터 12년간이다. 공제[9] 의령(義寧)[10]은 정축(617)부터다.			제30대 무왕[5] 또는 무강(武康)·헌병(獻丙)이라고도 하며, 또는 어릴 때의 이름은 일기사덕(一耆篩德)이라고도 한다.[6] 경신(600)에 즉위하여 41년간 다스렸다.

〈중국〉

1) 至德 : 陳 後主의 연호(583-587).
2) 禎明 : 陳 後主의 연호(587-589).
3) 隋 : 楊堅이 세운 나라(581-618).
4) 文帝 : 隋의 초대 황제. 재위 581-604. 이름은 堅. 연호는 開皇・仁壽 등을 사
   용하였다.
5) 開皇 : 隋 文帝의 연호(581-600). [正]에는 陳이 멸망한 이후인 庚戌(590)부
   터 11년간 사용한 것으로 되어 있다.
6) 仁壽 : 隋 文帝의 연호(601-604).
7) 煬帝 : 隋의 제2대 황제. 재위 605-616. 이름은 廣. 文帝의 둘째 아들. 연호는
   大業을 사용하였다.
8) 大業 : 隋 煬帝의 연호(605-617).
9) 恭帝 : 隋의 제3대 황제. 재위 617-618. 이름은 侑. 元德太子 昭의 아들. 연호
   는 義寧을 사용하였다.
10) 義寧 : 隋 恭帝의 연호(617-618).

〈신라〉

1) 眞平王: 신라의 제26대 왕. 재위 579-632. [史] 卷4 新羅本紀 眞平王條 참조.
2) 白淨 : [正]에는 '皇地'로 되어 있으나, [史]에 '白淨'으로 되어 있는 것에 의
   해서 수정하였다.
3) 父銅輪 : [正]에는 판독미상이나, [史]에 眞平王이 '眞興王의 太子인 銅輪의
   아들'이라는 기록에 의해서 補入하였다.
4) 萬呼 一云萬寧夫人 : [史]에는 '金氏 萬呼〈또는 萬內〉夫人'이라고 하였다.
5) 摩耶夫人 金氏 名福肹口 : [史]에는 '金氏 摩耶夫人'으로 福勝갈문왕의 딸'이
   라고 하였다.『譯註 三國史記』3(註釋篇 上)에서는 福肹口는 마야부인의 이름
   이 아닌 그의 아버지의 이름인 福勝의 誤記로 보았다.
6) 後妃僧滿夫人 孫氏 : [史]에는 기록되어 있지 않다.
7) 建福 : 신라 眞平王의 연호(584-633).

〈고구려〉

1) 嬰陽王 : 고구려의 제26대 왕. 재위 590-618. [史] 卷20 高句麗本紀 嬰陽王條
   참조. 平原王의 長子이다.
2) 治二十八年 : [史]의 연표에 의하면, 嬰陽王의 재위는 開皇 10년 庚戌(590)
   로부터 武德 元年(618)까지이다. 따라서 영양왕의 치세 연수는 28년이 된다.

〈백제〉

1) 惠王 : 백제의 제28대 왕. 재위 598-599. [史] 卷27 百濟本紀 惠王條 참조.

2) 威德子 : [史]에는 '明王(聖王)의 둘째 아들'이라고 하였다. 중국의 『隋書』와
　『翰苑』에는 惠王에 대한 기록이 보이지 않는다. 『日本書紀』 欽明紀 16年條에
　는 「百濟王子餘昌遣王子惠〈王子惠者威德王之弟也〉」라고 하여 威德王의 동생
　으로 되어 있다. 따라서 惠王이 위덕왕의 아들이라는 것은 잘못인 것 같다.

3) 法王 : 백제의 제29대 왕. 재위 599-600. [史] 卷27 百濟本紀 法王條 참조.

4) 惠王子 : [史]에는 '惠王의 長子', 『隋書』와 『翰苑』에는 '昌王의 아들'이라고
　하였다. 아마도 중국측 기록에 오류가 있는 것 같다.

5) 武王 : 백제의 제30대 왕. 재위 600-641. [史] 卷27 百濟本紀 武王條 참조. 法
　王의 아들이다. 武王의 계보에 대해 [史]·[遺] 卷3 興法 法王禁殺條·『隋
　書』·『翰苑』 등에는 법왕의 아들이라고 하였으나, 『北史』에만 '昌死子璋立'이
　라고 하여 무왕을 위덕왕의 아들로 기록하였다. 『北史』의 착오로 보인다.

6) 武康 獻丙 或小名―耆簁德 : [史]에는 '璋'이라고 하였다. [遺] 卷2 紀異 武
　王條에서 一然은 세주에서 「古本에는 武康이라고 했으나 잘못이다. 백제에는
　武康이 없다」고 하였는데, 王曆에서는 무강이 무왕의 이칭이라고 하였다. 그러
　나 『觀世音應驗記』에 백제의 武廣王에 대한 기록이 보인다. 아마도 무왕은 무
　강왕 또는 무광왕으로도 불린 것 같다.

（中國）	羅	麗	濟
唐太[1]祖 武德戊寅九		第二十七榮留王 名□···□[16) 又建歲[17) 戊 寅立 治二十四年	
太[2)宗 貞觀丁亥二十三	第二十七善德女王 名德曼 父眞平王 母麻耶夫[4)人 金氏 聖骨男盡 故女王立 王之 匹欽葛文王 仁平甲午立 治十四年[5) 第二十八眞德女王 名勝曼 金氏 父眞平王之弟國 其安葛文王 母阿尼夫人 朴氏 奴[6) 追□[7)□[8)□[9)葛文王之女也 或云月明非也 丁未立 治七年 太[10)和戊申二[11)	第二十八寶藏王 壬[18)寅立 治二十七年	第三十一義慈王 武王子 辛丑立 治二十 年
高宗 永徽庚戌六 現[3)慶丙辰五	已上中古聖骨 已下[12)下古眞骨 第二十九太[13)宗武烈王 名春秋 金氏 眞智王子龍春卓 文興葛文王之子也 龍春一作龍 樹 母天明夫人 諡文貞[14)太[15)后 眞平王之女也		庚申國除　自溫祚癸卯 至庚申 六百七十八年

1) 太：[正] 大 [리] 高.
2) 太：[正] 大
3) 現：[品] 顯
4) 夫：[正][晚][順] 美. [品][斗][六] 夫.
5) 이 뒤에 [正]은 '庚子遺子弟於唐 請入國學'
　을 가필함.
6) 奴：[正][晚][品] 奴□. [斗][六][리] 奴.
7) □：[正] 雞. [晚][順] 판독미상. [品][斗]
　[六] □.
8) □：[正][晚][順] 판독미상. [品][斗][六]
　□.
9) □：[正] 天 [晚][順] 판독미상. [品][斗]
　[六] □.

10) 太：[正] 大.
11) 二：[正][晚][順][品][斗][六] 六. 二의
　잘못.
12) 下：[正][晚][順] 上. [品][斗][六] 下.
13) 太：[正] 大.
14) 文貞：[正][晚][順] 又眞. [品] 文眞. [斗]
　[六] 文貞.
15) 太：[正][晚] 丈. [順] 太(가필).
16) □···□：[順] 成□···□(가필). [品] 成□
　□. [斗][六] □□.
17) 歲：[品][斗][六] 武
18) 壬：이 앞에 [順]은 '名藏'을 가필함.

(중 국)	신 라	고구려	백 제
당[1] 태조[2] 무덕(武德)[3]은 무인(618)부터 9 년간이다. 태종[4] 정관(貞觀)[5]은 정해(627)부터 23년간이다.		제27대 영류왕[1] 이름은 □…□ 또는 건 세(建歲)[2]이다. 무인 (618)에 즉위하여 24년 간 다스렸다.	
태종[4] 정관(貞觀)[5]은 정해(627)부터 23년간이다.	제27대 선덕여왕[1] 이름은 덕만(德曼)[2]이다. 아버 지는 진평왕이고,[3] 어머니는 마 야부인 김씨이다. 성골의 남자 가 없었으므로 여왕이 즉위하 였다.[4] 왕의 배필은 음(飮) 갈 문왕이다.[5] 인평(仁平)[6] 갑오(634)에 즉위 하여 14년간 다스렸다. 제28대 진덕여왕[7] 이름은 승만(勝曼)[8]이고 김씨 이다. 아버지는 진평왕의 동생 국기안(國其安) 갈문왕[9]이고, 어 머니는 아니(阿尼)부인 박씨로 노추□□□(奴追□□□) 갈문왕 의 딸이다. 또는 월명(月明)이 라고도 하나 잘못이다.[10] 정미 (647)에 즉위하여 7년간 다스 렸다. 태화(太和)[11]는 무신(648)부터 2년간이다. 이상은 중고(中古)로 성골이고 이하는 하고(下古)로 진골이다.[12]	제28대 보장왕[3] 임인(642)에 즉위하여 27년간 다스렸다.	제31대 의자왕[1] 무왕의 아들이다.[2] 신축 (641)에 즉위하여 20년 간 다스렸다.
고종[6] 영휘(永徽)[7]는 경술(650)부터 6 년간이다. 현경(現慶)[8]은 병진(656)부터 5 년간이다.	제29대 태종무열왕[13] 이름은 춘추(春秋)이고 김씨이 다. 진지왕의 아들 용춘(龍春) 탁문흥(卓文興) 갈문왕[14]의 아들 이다. 용춘은 또는 용수(龍樹) 라고도 한다. 어머니는 천명(天 明)부인으로 시호는 문정(文 貞)태후이고 진평왕의 딸이다.		경신(660)에 나라가 없 어졌다. 온조왕 계묘(BC 18)로부터 경신(660)에 이르기까지 678년간이다.

〈중국〉

1) 唐 : 李淵이 세운 나라(618-907).
2) 太祖 : 唐 高祖. 재위 618-626. 이름은 淵. 연호는 武德을 사용하였다.
3) 武德 : 唐 高祖의 연호(618-626).
4) 太宗 : 唐의 제2대 황제. 재위 627-649. 이름은 世民. 高祖의 둘째 아들. 연호
   는 貞觀을 사용하였다.
5) 貞觀 : 唐 太宗의 연호(627-649).
6) 高宗 : 唐의 제3대 황제. 재위 650-683. 이름은 治. 太宗의 아홉째 아들. 연호
   는 永徽·顯慶·龍朔·麟德·乾封·總章·咸亨·上元·儀鳳·調露·永隆·開
   耀·永淳·弘道 등을 사용하였다.
7) 永徽 : 唐 高宗의 연호(650-655).
8) 現慶 : 顯慶. 唐 高宗의 연호(656-661).

〈신라〉

1) 善德女王 : 신라의 제27대 왕. 재위 632-647. [史] 卷5 新羅本紀 善德王條 참
   조. [史]에는 '善德王'으로 표기하였다.
2) 德曼 : [遺] 卷1 紀異 善德王知幾三事條에는 '德萬'이라고도 한다고 하였다.
3) 父眞平王 : [史]에는 '眞平王의 長女'라고 하였다.
4) 聖骨男盡 故女王立 : [史]에는 「眞平王이 죽고 아들이 없어 나라 사람들이
   德曼을 왕으로 세우고 聖祖皇姑의 칭호를 올렸다」라고 하였다.
5) 王之匹飮葛文王 : 이 내용을 언급한 것은 여기뿐이다.
6) 仁平 : 신라 善德女王의 연호(634-647).
7) 眞德女王 : 신라의 제28대 왕. 재위 647-654. [史] 卷5 新羅本紀 眞德王條 참
   조. [史]에는 '眞德王'으로 표기하였다. 이 왕을 마지막으로 聖骨王統이 끊겼는
   데, [遺]에서는 中古라고 하고, [史]에서는 上代라고 하였다.
8) 勝曼 : 대승경전의 하나인 『勝鬘經』의 주인공인 勝鬘夫人에서 따온 이름이다.
   인도 阿踰陁國의 왕비 勝鬘夫人은 불법에 귀의하여 열 가지 큰 원을 세우고
   바른 진리를 거두어들이는 것이 대승정신의 체현이며 보살행의 실천임을 다짐
   하였다. 승만부인은 남편 우칭왕과 더불어 7세 이상의 남녀에게 대승법으로 교
   화하여 온 나라의 백성들이 모두 대승으로 향하게 했다고 한다. 또 재가 중심의
   수행이 강조된 것도 이 경의 특징이다.
9) 國其安葛文王 : [史]에는 '國飯〈또는 國芬〉갈문왕'이라고 하였다.
10) 阿尼夫人…或云月明 非也 : [史]에는 '朴氏 月明夫人'이라고 하였다.
11) 太和 : 眞德王 원년(丁未: 647)부터 당나라의 永徽 연호를 채용한 동왕 4년
    (650)까지 사용된 신라의 마지막 연호이다. [史] 卷5 眞德王 원년(647)조에는
    '改元太和'라고 하였다. [史] 卷31 年表(下)와 卷41 列傳 金庾信條에서는 진덕
    왕 2년(戊申: 648)에 개원한 것으로 되어 있어 1년의 차이가 있다. 따라서
    [正]의 '大和戊申六'은 '大和戊申二'의 잘못일 것이다.

12) 已上中古…下古 眞骨 : 신라시대의 시기구분과 관련하여 [史] 卷12 新羅本紀 敬順王條 말미에는 「나라 사람들이 시조로부터 이 때까지를 3대로 나누었는데, 처음부터 眞德王까지 28명의 왕을 上代라고 하고, 武烈王부터 惠恭王까지 8명의 왕을 中代라고 하였으며, 宣德王부터 敬順王까지 20명의 왕을 下代라고 했다」고 하였다. 또 [史] 卷5 新羅本紀 眞德王 8年條에는 「나라 사람들은 시조 赫居世로부터 眞德王까지의 28왕을 聖骨이라고 하였고, 무열왕부터 마지막 왕까지를 眞骨이라고 했다」고 하였다. [史]의 경우, 신라사를 上代(제1대 赫居世居西干-제28대 眞德王), 中代(제29대 武烈王-제36대 惠恭王), 下代(제37대 宣德王-제56대 敬順王)로 구분하였고, [遺]의 경우, 上古(제1대 赫居世居西干-제22대 智證王), 中古(제23대 法興王-제28대 眞德王), 下古(제29대 武烈王-제56대 敬順王)로 구분하였다.

13) 太宗武烈王 : 신라의 제29대 왕. 재위 654-661. [史] 卷5 新羅本紀 太宗武烈王條 참조. 善德王과 眞德王을 보필하여 국가의 위기를 극복하고 삼국통일을 도모하였다. 金庾信과 함께 一統三韓을 위해 큰 공을 세워 太宗이라는 廟號를 올렸다. 그런데 神文王 말년에 太宗號의 사용에 대한 唐의 항의가 있었으나 신라는 이 묘호를 계속 사용했다.

14) 卓文興葛文王 : [史] 卷5 太宗武烈王 元年條에는 '文興大王'이라고 하였다. 武烈王이 아버지 龍春에게 추봉한 것이다. 갈문왕이란 칭호를 붙인 경우는 여기에만 보인다.

〈고구려〉

1) 榮留王 : 고구려의 제27대 왕. 재위 618-642. [史] 卷20 高句麗本紀 榮留王條 참조. 嬰陽王의 이복동생이다.

2) □…□ 又建歲 : [史]에는 '建武〈또는 成〉'이라고 하였다.

3) 寶藏王 : 고구려의 제28대 마지막 왕. 재위 642-668. [史] 卷21 高句麗本紀 寶臧王條 참조. 이름은 臧〈또는 寶臧〉이고, 建武王의 동생 大陽王의 아들이다. 중국의 『舊唐書』・『新唐書』・『自治通鑑』 등에는 이름을 '藏'이라고 하였다.

〈백제〉

1) 義慈王 : 백제의 제31대 마지막 왕. 재위 641-660. [史] 卷28 百濟本紀 義慈王條 참조.

2) 武王子 : [史]에는 '武王의 元子'라고 하였다.

（中國）	羅	麗	濟
	妃訓帝夫人 諡文明王后 庾信[1]之妹 小名文熙也 甲寅立 治七年		
龍朔辛酉三 麟德甲子二 乾封丙寅二 總章戊辰二 咸亨庚午四 上元甲戌二 儀鳳丙子三 調露己卯 永隆庚辰	**第三十文武王** 名法敏 太[2]宗之子也 母訓帝夫人 妃慈義〈一作訥〉王后 善品海干之女 辛酉立 治二十年 陵在感恩寺東海中[3]	戊辰國除自東明甲申至戊辰 合七百五年	

1) 信：[正][晚] 立. [順] 信(가필). [品][斗]
   [六] 信.
2) 太：[正] 大.
3) 이 뒤에 [正]은 '戊辰滅麗 甲戌大奈麻德卟
   入唐 傳學曆術 還請改曆法 乙亥鑄百司郡印
   頒之'를 가필함.

(중 국)	신 라	고구려	백 제
	왕비는 훈제(訓帝)부인으로 시호는 문명(文明)왕후[1]이고, 김유신(庾信)의 누이동생이며, 어릴 때의 이름은 문희(文熙)이다. 갑인(654)에 즉위하여 7년간 다스렸다.		
용삭(龍朔)[1]은 신유(661)부터 3년간이다.	제30대 문무왕[2] 이름은 법민(法敏)이고 태종의 아들[3]이다. 어머니는 훈제부인이다. 왕비는 자의(慈義)〈또는 눌(訥)〉왕후[4]로 선품(善品)해간[5]의 딸이다. 신유(661)에 즉위하여 20년간 다스렸다. 능은 감은사(感恩寺) 동쪽 바다 중에 있다.[6]		
인덕(麟德)[2]은 갑자(664)부터 2년간이다.			
건봉(乾封)[3]은 병인(666)부터 2년간이다.			
총장(總章)[4]은 무진(668)부터 2년간이다.		무진(668)에 나라가 없어졌다. 동명왕 갑신(BC 37)으로부터 무진(668)에 이르기까지 합하여 705년간이다.	
함형(咸亨)[5]은 경오(670)부터 4년간이다.			
상원(上元)[6]은 갑술(674)부터 2년간이다.			
의봉(儀鳳)[7]은 병자(676)부터 3년간이다.			
조로(調露)[8]는 기묘(679)부터다.			
영륭(永隆)[9]은 경진(680)부터다.			

〈중국〉

1) 龍朔 : 唐 高宗의 연호(661-663).
2) 麟德 : 唐 高宗의 연호(664-665).
3) 乾封 : 唐 高宗의 연호(666-668).
4) 總章 : 唐 高宗의 연호(668-670).
5) 咸亨 : 唐 高宗의 연호(670-674).
6) 上元 : 唐 高宗의 연호(674-676).
7) 義鳳 : 唐 高宗의 연호(676-679).
8) 調露 : 唐 高宗의 연호(679-680).
9) 永隆 : 唐 高宗의 연호(680-681).

〈신라〉

1) 文明王后 : 金舒玄의 막내딸이고 金庾信의 둘째 여동생인 文熙. 어릴 때의 이
   름은 阿之였다. 문희가 김춘추의 옷고름을 달아준 것이 인연이 되어 결혼하게
   되었다. 김춘추와의 사이에서 法敏·仁問·文王·仁泰·老且·智鏡·愷元 등
   의 아들을 낳았다. [史] 卷6 新羅本紀 文武王條와 [遺] 卷1 紀異 太宗春秋公
   條 참조.
2) 文武王 : 신라의 제30대 왕. 재위 661-681. [史] 卷6·7 新羅本紀 文武王條
   참조.
3) 太宗之子 : [史]에는 '太宗王의 元子'라고 하였다.
4) 妃慈義〈一作訥〉王后 : [遺] 卷1 王曆 神文王條에는 '慈訥王后'로 되어 있으므
   로 [正]에서 본문으로 되어 있는 '一作訥'은 세주로 해야 할 것이다. 慈義를
   [史] 卷6 新羅本紀 文武王條에는 '慈儀'로, 卷8 新羅本紀 神文王條에는 '慈儀
   〈一作義〉'로 표기하였다.
5) 海干 : [史]에는 '波珍湌'이라고 하였다. 해간은 파진찬의 이칭이다.
6) 陵在感恩寺東海中 : [史]에는 「동해 어구 큰 바위 위에 장사지냈다.…그 바위
   를 가리켜 大王石이라고 한다」고 하였다. 文武王陵은 경북 경주시 양북면 봉길
   리 앞 바다에 있는 大王岩이다.

(中國)	羅
開耀辛巳 永淳壬午 **虎¹⁾后** 洪²⁾道癸未 文明甲申 垂拱乙酉四 永昌己³⁾丑一 **周** 天授庚寅二 長壽壬辰⁴⁾二 廷載甲午 天冊乙未 通天丙申 神功丁酉 聖曆戊戌二 久視庚子⁵⁾	**第三十一神文王** 金氏 名政明 字日炤 父文虎⁶⁾王 母慈訥王后 妃神穆王后 金運公之女 辛巳立 理十一年⁷⁾ **第三十二孝昭王** 名恒⁸⁾恭〈一⁹⁾作洪〉 金氏 父神文王 母神穆王后 壬¹⁰⁾辰立 理十年 陵在望德寺東

1) 虎 : 고려 惠宗의 이름 '武'의 피휘.
2) 洪 : [全] 弘.『舊唐書』『新唐書』弘.
3) 己 : [正][晚][順][石][品][斗][六] 乙. 己의 잘못.
4) 壬辰 : [리] 癸巳.
5) 庚子 : [正][晚][順][品][斗] 庚子二. [石] [六] 庚子.
6) 虎 : 주 1)과 같음.
7) 이 뒤에 [正]은 '丙戌遣使入唐 請禮典兼調章 則天令所司寫吉凶要禮幷采文詞涉於規誡者勤成五十卷賜之'를 가필함.
8) 恒 : [石][品][斗][六] 理.
9) 一 : [正][順] 판독미상. [晚] □. [石] 人 一. [品][斗][六] 一.
10) 壬 : [晚][順] □.

(중 국)	신 라
개요(開耀)[1]는 신사(681)부터다. 영순(永淳)[2]은 임오(682)부터다. 측천무후[3] 홍도(弘道)[4]는 계미(683)부터다. 문명(文明)[5]은 갑신(684)부터다. 수공(垂拱)[6]은 을유(685)부터 4 년간이다. 영창(永昌)[7]은 기축(689)부터다. 주[8] 천수(天授)[9]는 경인(690)부터 2 년간이다. 장수(長壽)[10]는 임진(692)부터 2 년간이다. 연재(延載)[11]는 갑오(694)부터다. 천책(天册)[12]은 을미(695)부터다. 통천(通天)[13]은 병신(696)부터다. 신공(神功)[14]은 정유(697)부터다. 성력(聖曆)[15]은 무술(698)부터 2 년간이다. 구시(久視)[16]는 경자(700)부터다.	**제31대 신문왕**[1] 김씨이며, 이름은 정명(政明)이고, 자는 일소(日炤)이다.[2] 아버지는 문무왕이고, 어머니는 자눌(慈訥)[3]왕후이다. 왕비는 신목(神穆)왕후로 김운(金運)공의 딸이다.[4] 신사(681)에 즉위하여 11년간 다스렸다. **제32대 효소왕**[5] 이름은 이공(悧恭)〈또는 홍(洪)〉[6]이며 김씨이다. 아버지는 신문왕이고, 어머니는 신목왕후[7]이다. 임진(692)에 즉위하여 10년간 다스렸다. 능은 망덕사(望德寺) 동쪽에 있다.

〈중국〉

1) 開耀 : 唐 高宗의 연호(681-682).
2) 永淳 : 唐 高宗의 연호(682-683).
3) 虎后 : 則天武后. 재위 684-705. 太宗의 才人. 高宗의 后. 국호를 周로 바꾸고, 연호는 光宅·垂拱·永昌·載初·天授·如意·長壽·延載·證聖·天冊萬歲·萬歲登封·萬歲通天·神功·聖曆·久視·大足·長安·神龍 등을 사용하였다.
4) 弘道 : 唐 高宗의 연호(683-684).
5) 文明 : 唐의 제5대 황제 睿宗의 연호(684).
6) 垂拱 : 則天武后의 연호(685-688).
7) 永昌 : 則天武后의 연호(689-690).
8) 周 : 則天武后가 바꾼 국호(690-705).
9) 天授 : 則天武后의 연호(690-692).
10) 長壽 : 則天武后의 연호(692-694).
11) 延載 : 則天武后의 연호(694).
12) 天冊 : 또는 天冊萬歲. 則天武后의 연호(695).
13) 通天 : 또는 萬歲通天. 則天武后의 연호(696-697).
14) 神功 : 則天武后의 연호(697).
15) 聖曆 : 則天武后의 연호(698-700).
16) 久視 : 則天武后의 연호(700).

〈신라〉

1) 神文王 : 신라의 제31대 왕. 재위 681-692. [史] 卷8 新羅本紀 神文王條 참조. 文武王의 長子이다.
2) 名政明 子日炤 : [史]에는 '이름은 貞明〈明의 자는 日怊〉'라고 하였다.
3) 慈訥 : [史]에는 '慈儀〈또는 義〉'라고 하였다.
4) 神穆王后 金運公之女 : [史]에는 '소판 欽突의 딸'라고 하였다.
5) 孝昭王 : 신라의 제32대 왕. 재위 692-702. [史] 卷8 新羅本紀 孝昭王條 참조. 神文王의 태자이다.
6) 悝恭〈一作洪〉 : [史]에는 '理洪〈또는 恭〉'이라고 하였다.
7) 神穆王后 : [史]에는 '일길찬 金欽運〈또는 雲〉의 딸 金氏 神穆王后'라고 하였다.

（中國）	羅
長安辛丑四	**第三十三聖德王** 名興光 本名隆基 孝昭之母弟也 先妃 陪¹⁾昭²⁾王后 諡嚴貞 元大阿干³⁾之女也 後妃占勿王后 諡炤德 順元⁴⁾角干之女 壬寅立 理三十五年 陵在東村南 一云楊長谷⁵⁾
中宗 　神龍乙巳二 　景龍丁未三 睿宗 　景雲庚戌二 玄宗 　先天壬子	
開元癸丑二十九	**第三十四孝成王** 金氏 名承慶 父聖德王 母炤德太⁶⁾后 妃惠明王后 眞宗角干之女 丁丑立 理五年 法流寺火葬 骨散東海
天寶壬午十四	**第三十五景德王** 金氏 名憲英 父聖德⁷⁾ 母炤德太⁸⁾后 先妃三毛夫人 出宮無⁹⁾後 後妃滿月夫人 諡景垂王后〈垂一作穆〉 依忠角干之女 壬午立 理二十三年 初葬頃只寺西岑 鍊石爲陵 後移葬楊長谷中
肅宗 　至德丙申二 　乾元戊戌二 　上元庚子二	

1) 陪 : [品] 陪.
2) 昭 : [正][晚][順] 판독미상. [石][리] 炤.
　　[品][斗][六] 昭.
3) 阿干 : [正][晚][順] □□. [石][品] □. [斗]
　　[六] 阿干.
4) 元 : [正][晚] 无. [石][品][斗][六] 元.
5) 이 뒤에 [正]은 '始造漏刻'을 가필함.
6) 太 : [正] 大.
7) 德 : [品] 德王.
8) 太 : 주 6)과 같음.
9) 無 : [正] 无(無와 동자). [六] 旡.

(중 국)	신 라
장안(長安)[1]은 신축(701)부터 4년간이다. 중종[2] 신룡(神龍)[3]은 을사(705)부터 2년간이다. 경룡(景龍)[4]은 정미(707)부터 3년간이다. 예종[5] 경운(景雲)[6]은 경술(710)부터 2년간이다. 현종[7] 선천(先天)[8]은 임자(712)부터. 개원(開元)[9]은 계축(713)부터 29년간이다.	**제33대 성덕왕**[1] 이름은 흥광(興光)이고, 본명은 융기(隆基)이며,[2] 효소왕의 동복동생이다. 처음 왕비는 배소왕후(陪昭王后)로 시호는 엄정(嚴貞)이니 원대(元大) 아간의 딸이다.[3] 다음 왕비는 점물(占勿)왕후로 시호는 소덕(炤德)이니 순원(順元) 각간의 딸이다.[4] 임인(702)에 즉위하여 35년간 다스렸다. 능은 동촌 남쪽에 있으니 또는 양장곡(楊長谷)이라고도 한다.[5]
	제34대 효성왕[6] 김씨이며, 이름은 승경(承慶)이다. 아버지는 성덕왕이고, 어머니는 소덕태후이다. 왕비는 혜명(惠明)왕후로 진종(眞宗) 각간[7]의 딸이다. 정축(737)에 즉위하여 5년간 다스렸다. 법류사(法流寺)에서 화장하여 뼈를 동해에 뿌렸다.
천보(天寶)[10]는 임오(742)부터 14년간이다. 숙종[11] 지덕(至德)[12]은 병신(756)부터 2년간이다. 건원(乾元)[13]은 무술(758)부터 2년간이다. 상원(上元)[14]은 경자(760)부터 2년간이다.	**제35대 경덕왕**[8] 김씨이며, 이름은 헌영(憲英)이다. 아버지는 성덕왕이고, 어머니는 소덕태후이다. 처음 왕비는 삼모(三毛)부인[9]으로 궁중에서 폐출되어 후사가 없다. 다음 왕비는 만월(滿月)부인으로 시호는 경수(景垂)왕후〈수(垂)는 목(穆)이라고도 한다.〉이니 의충(依忠) 각간의 딸이다.[10] 임오(742)에 즉위하여 23년간 다스렸다. 처음에 경지사(頃只寺) 서쪽 봉우리에 장사지내고 돌을 다듬어 능을 만들었으나 뒤에 양장곡(楊長谷)으로 이장하였다.[11]

〈중국〉

1) 長安 : 則天武后의 연호(701-705).
2) 中宗 : 唐의 제4대 황제. 재위 684-710. 이름은 顯. 高宗의 일곱째 아들.
3) 神龍 : 唐 中宗의 연호(705-707).
4) 景龍 : 唐 中宗의 연호(707-710)
5) 睿宗 : 唐의 제5대 황제. 재위 710-712. 이름은 但. 고종의 여덟째 아들. 연호는 景雲·太極 등을 사용하였다.
6) 景雲 : 唐 睿宗의 연호(710-711).
7) 玄宗 : 唐의 제6대 황제. 재위 712-756. 이름은 隆基. 睿宗의 셋째 아들. 연호는 先天·開元·天寶 등을 사용하였다.
8) 先天 : 唐 玄宗의 연호(712-713).
9) 開元 : 唐 玄宗의 연호(713-741).
10) 天寶 : 唐 玄宗의 연호(742-756).
11) 肅宗 : 唐의 제7대 황제. 재위 756-762. 이름은 亨. 玄宗의 셋째 아들. 연호는 至德·乾元·上元·寶應 등을 사용하였다.
12) 至德 : 唐 肅宗의 연호(756-758).
13) 乾元 : 建元. 唐 肅宗의 연호(758-760). '乾'은 고려 太祖의 이름 '建'의 피휘.
14) 上元 : 唐 肅宗의 연호(760-762).

〈신라〉

1) 聖德王 : 신라의 제33대 왕. 재위 702-737. [史] 卷8 新羅本紀 聖德王條 참조. 神文王의 둘째 아들이며, 孝昭王의 동생이다.
2) 名興光 本名隆基 : 『唐書』에는 '金志誠'이라고 하였다.
3) 先妃 陪昭王后 諡嚴貞 元大阿干之女也 : [史]에는 '승부령 소판 金元泰의 딸'이라고 하였다.
4) 後妃占勿王后 諡炤德 順元角干之女 : [史]에는 '이찬 順元의 딸 炤德王妃'라고 하였다.
5) 陵在東村南 一云楊長谷 : [史]에는 「移車寺 남쪽에 장사지냈다」라고 하였다.
6) 孝成王 : 신라의 제34대 왕. 재위 737-742. [史] 卷9 新羅本紀 孝成王條 참조. 聖德王의 둘째 아들이다.
7) 眞宗角干 : [史]에는 '이찬 順元'이라고 하였다.
8) 景德王 : 신라의 제35대 왕. 재위 742-765. [史] 卷9 新羅本紀 景德王條 참조.
9) 先妃三毛夫人 : [史]에는 '이찬 順貞의 딸'이라고 하였다.
10) 後妃滿月夫人 諡號景垂王后 垂一作穆 依忠角干之女 : [史]에는 '舒弗邯 金義忠의 딸'이라고 하였다.

11) 初葬頃只寺西岑 錬石爲陵 後移葬楊長谷中 : [史]에는 「毛祇寺 서쪽 산봉우
　　리에 장사지냈다」라고 하였다.

(中國)	羅
寶應壬寅一 **代宗** 　廣德癸卯二 　永泰乙巳 　大曆丙午十四 **德宗** 　建中庚申四 　興元甲子 　貞元乙丑二十 **順宗** 　永貞乙酉	**第三十六惠恭王** 金氏 名乾運 父景德 母滿月王后 先妃神巴¹⁾夫人 魏正角干之女 妃昌昌²⁾夫人 金 將角干之女 乙巳立 理十五年 **第三十七宣德王** 金氏 名亮相 父孝方海干 追封開聖大王 卽元訓角干之子 母四召夫人 諡貞³⁾懿太⁴⁾ 后 聖德王之女 妃具足王后 狼品角干之女 庚申立 理五年⁵⁾ **第三十八元聖王** 金氏 名敬愼 一作敬信 唐書云敬則 父孝讓大阿干 追封明德大王 母仁□ 一云知 烏⁶⁾夫人 諡昭文王后 昌近伊己⁷⁾之女 妃淑貞夫人 神述角干之女 乙丑立 理十四 年 陵在鵠寺 今崇福寺也 有⁸⁾致⁹⁾遠所立¹⁰⁾碑¹¹⁾ **第三十九昭聖王** 一作昭成王 金氏 名俊邕 父惠忠太¹²⁾子 母聖穆太¹³⁾后 妃桂花王后 夙明公女 己 卯立而崩 **第四十哀莊王** 金氏 名¹⁴⁾重熙 一云淸明 父昭聖 母桂花王后 庚辰¹⁵⁾立 理十年 元和四年己丑七 月十九日 王之叔父憲德興德兩伊干所害而崩¹⁶⁾

1) 巴：[石] 己.
2) 昌：[斗] 思.
3) 貞：[正][晚][順][石] □. [品][斗][六] 貞.
4) 太：[正] 大.
5) 이 뒤에 [正]은 '依佛制 燒骨東海'를 가필함.
6) 烏：[正][晚][順][品][斗] 鳥. [石][六] 烏.
7) 己：[正][晚][順][石][品] 已. [斗][六] 己.
8) 也 有：[正][晚][順][石][品][斗][六] 有也. '也 有'의 잘못이다.
9) 致：[正][晚][順][斗][相] 式. [石][品][六] 致.
10) 立：[正][晚][順] □立. [石][六] □. [品][斗] 立.
11) 이 뒤에 [正]은 '戊辰始定讀書出身法 燒樞奉德寺南'을 가필함.
12) 太：주 4)와 같음.
13) 太：주 4)와 같음.
14) 各：[斗] □.
15) 庚辰：[正][晚][順][品][斗][六] 辛卯. 庚辰의 잘못이다.
16) 이 뒤에 [正]은 '壬午創海印寺'를 가필함.

(중 국)	신 라
보응(寶應)[1]은 임인(761)부터다.	
대종[2] 광덕(廣德)[3]은 계묘(763)부터 2년간이다.	
영태(永泰)[4]는 을사(765)부터다. 대력(大曆)[5]은 병오(766)부터 14년간이다.	**제36대 혜공왕[1]** 김씨이며, 이름은 건운(乾運)이다. 아버지는 경덕왕이고, 어머니는 만월(滿月)왕후이다. 처음 왕비는 신파(神巴)부인으로 위정(魏正) 각간의 딸이고,[2] [다음] 왕비는 창창(昌昌)부인으로 금장(金將) 각간의 딸이다.[3] 을사(765)에 즉위하여 15년간 다스렸다.
덕종[6] 건중(建中)[7]은 경신(780)부터 4년간이다. 흥원(興元)[8]은 갑자(784)부터다.	**제37대 선덕왕[4]** 김씨이며, 이름은 양상(亮相)[5]이다. 아버지는 효방(孝方) 해간[6]이니 개성(開聖)대왕으로 추봉되었으며, 곧 원훈(元訓) 각간의 아들이다. 어머니는 사소(四召)[7]부인으로 시호는 정의(貞懿)태후이니 성덕왕의 딸이다. 왕비는 구족(具足)왕후로 낭품(狼品) 각간의 딸이다.[8] 경신(780)에 즉위하여 5년간 다스렸다.
정원(貞元)[9]은 을축(785)부터 20년간이다.	**제38대 원성왕[9]** 김씨이며 이름은 경신(敬愼)으로 또는 경신(敬信)이라고도 한다. 『당서(唐書)』에는 경칙(敬則)이라고 하였다.[10] 아버지는 효양(孝讓) 대아간이니 명덕(明德)대왕으로 추봉되었다. 어머니는 인□(仁□)으로 또는 지오(知烏)부인이라고도 하며, 시호는 소문(昭文)왕후로 창근이기(昌近伊己)의 딸이다.[11] 왕비는 숙정(淑貞)부인으로 신술(神述) 각간의 딸이다.[12] 을축(785)에 즉위하여 14년간 다스렸다. 능은 곡사(鵠寺)에 있으니 지금의 숭복사(崇福寺)이며[13] 최치원[致遠]의 입비(立碑)[14]가 있다.
	제39대 소성왕[15] 또는 소성왕(昭成王)이라고도 한다. 김씨이며, 이름은 준옹(俊邕)이다. 아버지는 혜충(惠忠)태자[16]이고, 어머니는 성목(聖穆)태후[17]이다. 왕비는 계화(桂花)왕후로 숙명(夙明)공의 딸이다.[18] 기묘(799)에 즉위하였으나 돌아갔다.
순종[10] 영정(永貞)[11]은 을유(805)부터다.	**제40대 애장왕[19]** 김씨이며, 이름은 중희(重熙)로 또는 청명(淸明)이라고도 한다. 아버지는 소성왕이고, 어머니는 계화왕후이다. 경진(800)에 즉위하여 10년간 다스렸다. 원화(元和) 4년 기축(809) 7월 19일에 왕의 숙부인 헌덕(憲德)·흥덕(興德) 두 이간에게 시해되었다.

〈중국〉

1) 寶應 : 唐 肅宗의 연호(762-763).
2) 代宗 : 唐의 제8대 황제. 재위 762-779. 이름은 豫. 숙종의 長子. 연호는 光
   德·永泰·大曆 등을 사용하였다.
3) 廣德 : 光德. 唐 代宗의 연호(763-764).
4) 永泰 : 唐 代宗의 연호(765).
5) 大曆 : 唐 代宗의 연호(766-779).
6) 德宗 : 唐의 제9대 황제. 재위 779-805. 이름은 适. 代宗의 첫째 아들. 연호는
   建中·興元·貞元 등을 사용하였다.
7) 建中 : 唐 德宗의 연호(780-783).
8) 興元 : 唐 德宗의 연호(784).
9) 貞元 : 唐 德宗의 연호(785-804).
10) 順宗 : 唐의 제10대 황제. 재위 805-805. 이름은 誦. 德宗의 長子. 연호는 永貞
   을 사용하였다.
11) 永貞 : 唐 順宗의 연호(805).

〈신라〉

1) 惠恭王 : 신라의 제36대 왕. 재위 765-780. [史] 卷9 新羅本紀 惠恭王條 참조.
   景德王의 嫡子이다.
2) 神巴夫人 魏正角干之女 : [史]에는 '이찬 維誠의 딸 新寶王后'라고 하였다.
3) 昌昌夫人 金將角干之女 : [史]에는 '이찬 金璋의 딸'이라고 하였다.
4) 宣德王 : 신라의 제37대 왕. 재위 780-785. [史] 卷9 新羅本紀 宣德王條 참조.
   奈勿王의 10대손이다.
5) 亮相 : [史]에는 '良相'이라고 하였다.
6) 孝方海干 : [史]에는 '孝芳 해찬'이라고 하였다.
7) 四召 : [史]에는 '四炤'라고 하였다.
8) 狼品角干之女 : [史]에는 '각간 良品의 딸〈또는 아찬 義恭의 딸〉'이라고 하였
   다.
9) 元聖王 : 신라의 제38대 왕. 재위 785-798. [史] 卷10 新羅本紀 元聖王條 참
   조. 奈勿王의 12세손이다.
10) 敬愼 一作敬信 唐書云敬則 : [史]에는 '敬信'이라고 하였다.
11) 仁□ 一云知烏夫人 諡號昭文王后 昌近伊己之女 : [史]에는 '朴氏 繼烏夫人'
   이라고 하였다.
12) 淑貞夫人 神述角干之女 : [史]에는 '神述角干의 딸 金氏'라고만 하였다.
13) 陵在鵠寺 今崇福寺也 : [史]에는 '奉德寺 남쪽에서 불태웠다'라고 하였다.
14) 立碑 : 崔致遠 四山碑의 하나인 崇福寺碑. 비신은 파손되었고, 비신을 받치고
   있던 雙龜趺는 경주박물관에 보관되어 있다.
15) 昭聖王 : 신라의 제39대 왕. 재위 799-800. [史] 卷10 新羅本紀 昭聖王條 참조.

16) 惠忠太子 : [史]에는 '元聖王의 태자 仁謙'이라고 하였다.

17) 聖穆太后 : [史]에는 '金氏 聖穆太后'라고 하였다.

18) 桂花王后 夙明公之女 : [史]에는 '대아찬 叔明의 딸 金氏 桂花夫人'이라고 하였다.

19) 哀莊王 : 신라의 제40대 왕. 재위 800-809. [史] 卷10 新羅本紀 哀莊王條 참조.

（中國）	羅
憲宗 元和丙戌十五 **穆宗** 長慶辛丑四 **敬宗** 寶曆乙巳二 **文宗** 太1)和丁未九 開成丙辰五	**第四十一憲德王** 金氏 名彦升 昭聖之母弟 妃貴勝娘 諡皇娥王后 忠恭角干之女 己丑立 理十九年 陵在泉林村北 **第四十二興德王** 金氏 名景暉2) 憲德母弟 妃昌花夫人 諡定穆王后 昭聖之女 丙午立 理十年 陵在 安3)康北比火壤 與妃昌花合葬 **第四十三僖康王** 金氏 名愷隆 一作悌顒 父憲貞4)角干 諡興聖大王 一作翌5)成 禮英匝干子也 母美 道夫人 一作深乃夫人 一云巴利夫人 諡順成太6)后 忠衍7)大阿干之女也 妃文穆王 后 忠孝角干之女 一云重恭角干 丙辰年立 理二年 **第四十四閔〈一作敏〉哀王** 金氏 名明 父忠恭角干 追封宣康大王 母追封惠忠王之女貴巴夫人 諡宣懿王后 妃無8)容皇后 永公角干之女 戊午立 至己未正月二十二日崩 **第四十五神虎9)王** 金氏 名佑徵10) 父均11)貞12)角干 追封成德大王 母貞矯13)夫人 追封祖禮英□爲14) 惠康大王 妃貞15)從16)〈一作繼17)〉太17)后 明18)海□之女 己未四月立 至十一月二19)十三 日崩

1) 太 : [正] 大.
2) 이 뒤에 [正]은 '一作徵初名秀宗'을 가필함.
3) 安 : [正][晚][順] 女. [石][品][斗][六] 安.
4) 貞 : [正][晚][順][石][品] 眞. [斗][六] 貞.
5) 翌 : [正][晚][順][石][品] □. [斗][六] 翌.
6) 太 : 주 1)과 같음.
7) 衍 : [品] 行.
8) 無 : [正] 无(無와 동자). [六] 无.
9) 虎 : 고려 惠宗의 이름 '武'의 피휘.
10) 徵 : [正][順] 徵(가필). [晚][石] □. [品] [斗][六] 徵.
11) 均 : [石] 均.

12) 貞 : [正][晚][石] 具. [順] 貞(가필). [品] [斗][六] 貞.
13) 矯 : [正][晚][順][石][品] □. [斗][六] 矯.
14) □爲 : [正][晚][順][品] □□. [石] □. [斗] [六] 爲.
15) 貞 : [正][晚][石] □. [順] 眞(가필). [品] 眞. [斗][六] 貞.
16) 從 : [石] 造.
17) 太 : 주 1)과 같음.
18) 明 : [正][晚][順][品] □明. [斗][六] 明.
19) 二 : [正][晚][順][品] 一. [石][斗][六] 二.

(중 국)	신 라
헌종[1] 원화(元和)[2]는 병술(806)부터 15년간이다. 목종[3] 장경(長慶)[4]은 신축(821)부터 4 년간이다. 경종[5] 보력(寶曆)[6]은 을사(825)부터 2 년간이다. 문종[7] 태화(太和)[8]는 정미(827)부터 9 년간이다. 개성(開成)[9]은 병진(836)부터 5 년간이다.	**제41대 헌덕왕[1]** 김씨이며, 이름은 언승(彦升)[2]이다. 소성왕의 동복동생이다. 왕비는 귀승(貴勝) 랑으로 시호는 황아(皇娥)왕후이니 충공(忠恭) 각간의 딸이다.[3] 기축(809)에 즉 위하여 19년간 다스렸다. 능은 천림촌(泉林村)의 북쪽에 있다.[4] **제42대 흥덕왕[5]** 김씨이며 이름은 경휘(景暉)[6]이다. 헌덕왕의 동복동생이다. 왕비는 창화(昌花)부 인으로 시호는 정목(定穆)왕후이니 소성왕의 딸이다.[7] 병오(826)에 즉위하여 10 년간 다스렸다. 능은 안강(安康) 북쪽 비화양(比火壤)에 있으니 왕비 창화부인과 합장되었다. **제43대 희강왕[8]** 김씨이며, 이름은 개륭(愷隆)[9]으로 또는 제옹(悌顒)이라고도 한다. 아버지는 헌 정(憲貞) 각간으로 시호는 흥성(興聖)대왕이니 또는 익성(翌成)이라고도 하며 예영(禮英) 잡간의 아들이다.[10] 어머니는 미도(美道)부인[11]으로 또는 심내(深乃) 부인·파리(巴利)부인이라고도 하며 시호는 순성(順成)태후로 충연(忠衍) 대아 간의 딸이다. 왕비는 문목(文穆)왕후로 충효 각간의 딸이니 또는 중공(重恭) 각 간이라고도 한다.[12] 병진(836)에 즉위하여 2년간 다스렸다. **제44대 민〈또는 민(敏)〉애왕[13]** 김씨이며, 이름은 명(明)이다. 아버지는 충공(忠恭) 각간이니 선강(宣康)대왕으 로 추봉되었다. 어머니는 추봉된 혜충왕(惠忠王)의 딸 귀파(貴巴)부인으로 시호 는 선의(宣懿)왕후이다.[14] 왕비는 무용(無容)황후로 영공(永公) 각간의 딸이 다.[15] 무오(838)에 즉위하여 기미(839) 정월 22일에 돌아갔다. **제45대 신무왕[16]** 김씨이며, 이름은 우징(佑徵)[17]이다. 아버지는 균정(均貞) 각간이니 성덕(成德) 대왕으로 추봉되었다. 어머니는 정교(貞矯)부인[18]이다. 할아버지 예영(禮英)을 혜강(惠康)대왕으로 추봉하였다. 왕비는 정종(貞從)〈또는 계(繼)〉태후라고도 하며 명(明) 해□(海□)의 딸이다.[19] 기미(839) 4월에 즉위하여 11월 23일[20]에 돌아갔 다.

〈중국〉

 1) 憲宗 : 唐의 제11대 황제. 재위 805-820. 이름은 純. 順宗의 長子. 연호는 元和
　　를 사용하였다.
 2) 元和 : 唐 憲宗의 연호(806-820).
 3) 穆宗 : 唐의 제12대 황제. 재위 820-824. 이름은 恒. 憲宗의 셋째 아들. 연호는
　　長慶을 사용하였다.
 4) 長慶 : 唐 穆宗의 연호(821-824).
 5) 敬宗 : 唐의 제13대 황제. 재위 824-826. 이름은 湛. 穆宗의 長子. 연호는 寶曆
　　을 사용하였다.
 6) 寶曆 : 唐 敬宗의 연호(825-826).
 7) 文宗 : 唐의 제14대 황제. 재위 826-840. 이름은 昂. 穆宗의 둘째 아들. 연호는
　　太和・開成 등을 사용하였다.
 8) 太和 : 唐 文宗의 연호(827-835)
 9) 開成 : 唐 文宗의 연호(836-840)

〈신라〉

 1) 憲德王 : 신라의 제41대 왕. 재위 809-826. [史] 卷10 新羅本紀 憲德王條 참
　　조.
 2) 彦升 : [史]에는 '彦昇'이라고 하였다.
 3) 貴勝娘 諡皇娥王后 忠恭角干之女 : [史]에는 '각간 禮英의 딸 貴勝夫人'이라
　　고 하였다.
 4) 陵在泉林村北 : [史]에는 「泉林寺 북쪽에 장사지냈다」고 하였다.
 5) 興德王 : 신라의 제42대 왕. 재위 826-836. [史] 卷10 新羅本紀 興德王條 참
　　조.
 6) 景暉 : [史]에는 '秀宗・景徽'라고 하였다.
 7) 昌花夫人 諡定穆王后 昭聖之女 : [史]에는 '章和夫人〈성은 金氏이고, 昭聖王
　　의 딸〉'이라고 하였다.
 8) 僖康王 : 신라의 제43대 왕. 재위 836-838. [史] 卷10 新羅本紀 僖康王條 참
　　조.
 9) 愷隆 : [史]에는 '悌隆'이라고 하였다.
10) 憲貞角干 諡興聖大王 一作翌成 禮英匝干子也 : [史]에는 '元聖大王의 손자
　　이찬 憲貞〈또는 草奴〉'라고 하였다.
11) 美道夫人 : [史]에는 '包道夫人'이라고 하였다.
12) 忠孝角干之女 一云重恭角干 : [史]에는 '갈문왕 忠恭의 딸'이라고 하였다.
13) 閔哀王 : 신라의 제44대 왕. 재위 838-839. [史] 卷10 新羅本紀 閔哀王條 참
　　조. 元聖大王의 증손이다.
14) 追封惠忠王之女貴巴夫人 諡宣懿王后 : [史]에는 '朴氏 貴寶夫人 宣懿太后'
　　라고 하였다.

15) 無容皇后 永公角干之女 : [史]에는 '金氏 允容王后'라고 하였다.

16) 神虎王 : 神武王. 신라의 제45대 왕. 재위 839. [史] 卷10 新羅本紀 神武王條
   참조. 僖康王의 從弟이다.

17) 佑徵 : [史]에는 '祐徵'이라고 하였다.

18) 貞矯夫人 : [史]에는 '朴氏 眞矯夫人 憲穆太后'라고 하였다.

19) 貞從〈一作繼〉太后 明海□之女 : [史] 卷11 新羅本紀 文聖王條에는 '貞繼夫人〈또
   는 定宗太后〉'라고 하였다.

20) 十一月二十三日 : [史]에는 '7월 23일'이라고 하였다.

（中國）	羅
虎¹⁾宗 　會昌辛酉六 宣宗 　大中丁卯十三 懿宗 　咸通庚辰十四 僖宗 　乾符甲²⁾午六 　廣明庚子 　中和辛丑四 　光啓乙巳三 昭宗 　文德戊申 　龍紀己酉	第四十六文聖王 金氏 名慶膺 父神虎³⁾王 母貞⁴⁾從太⁵⁾后 妃炤明王后 己未十一月立 理十九年⁶⁾ 第四十七憲安王 金氏 名誼靖 神虎⁷⁾王之弟 母昕明夫人 戊寅立 理三年 第四十八景文王 金氏 名膺廉 父啓明角干 追封義〈一作懿〉恭大王 卽僖康王之子也 母神虎⁸⁾王之女 光和夫人 妃文資王⁹⁾后 憲安王之女 辛巳立 理十四年 第四十九憲康王 金氏 名晸 父景文王 母文資皇后 妃懿明夫人¹⁰⁾ 一云義明王后 乙未立 理十一 年¹¹⁾ 第五十定康王 金氏 名晃 閔哀王之母弟 丙午立而崩 五十一眞聖女王 金氏 名曼憲 卽定康王之同母妹也 王之匹魏弘¹²⁾大角干 追封惠成大王 丁未立 理 十年 丁巳遜位于小子孝恭王 十二月崩 火葬散骨于牟¹³⁾梁西岳¹⁴⁾ 一作未黃山

(중 국)	신 라
무종[1] 회창(會昌)[2]은 신유(841)부터 6 년이다.	**제46대 문성왕[1]** 김씨이며, 이름은 경응(慶膺)이다. 아버지는 신무왕이고, 어머니는 정종(貞從)태 후이다. 왕비는 소명(炤明)왕후[2]이다. 기미(839) 11월에 즉위하여 19년간 다스렸 다.
선종[3] 대중(大中)[4]은 정묘(847)부터 13년간이다.	**제47대 헌안왕[3]** 김씨이며, 이름은 의정(誼靖)[4]이다. 신무왕의 동생[5]이며, 어머니는 흔명(昕明)부 인[6]이다. 무인(858)에 즉위하여 3년간 다스렸다.[7]
의종[5] 함통(咸通)[6]은 경진(860)부터 14년간이다.	**제48대 경문왕[8]** 김씨이고, 이름은 응렴(膺廉)[9]이다. 아버지는 계명(啓明) 각간으로 추봉된 의공 (義〈또는 의(懿)〉恭)대왕이니 곧 희강왕의 아들이다. 어머니는 신무왕의 딸 광화 (光和)부인[10]이다. 왕비는 문자(文資)왕후[11]로 헌안왕의 딸이다. 신사(861)에 즉 위하여 14년간 다스렸다.
희종[7] 건부(乾符)[8]는 갑오(874)부터 6 년간이다. 광명(廣明)[9]은 경자(880)부터. 중화(中和)[10]는 신축(881)부터 4 년간이다.	**제49대 헌강왕[12]** 김씨이며, 이름은 정(晸)이다. 아버지는 경문왕이고, 어머니는 문자황후이다.[13] 왕비는 의명(懿明)부인으로 또는 의명(義明)왕후라고도 한다. 을미(875)에 즉위 하여 11년간 다스렸다.
광계(光啓)[11]는 을사(885)부터 3 년간이다.	**제50대 정강왕[14]** 김씨이며, 이름은 황(晃)이다. 민애왕의 동생이다.[15] 병오(886)에 즉위하였으나 돌아갔다.[16]
소종[12] 문덕(文德)[13]은 무신(888)부터. 용기(龍紀)[14]는 기유(889)부터.	**제51대 진성여왕[17]** 김씨이며, 이름은 만헌(曼憲)[18]으로 곧 정강왕의 누이동생[19]이다. 왕의 배필은 위 홍(魏弘) 대각간이니[20] 혜성(惠成)대왕으로 추봉되었다. 정미(887)에 즉위하여 10년간 다스렸다. 정사(897)에 소자(小子) 효공왕(孝恭王)[21]에게 양위하였다. 12 월에 돌아가니 화장하여 뼈를 모량(牟梁) 서악(西岳) 또는 미황산(未黃山)에 뿌 렸다.[22]

⟨중국⟩

1) 虎宗 : 武宗. 唐의 제15대 황제. 재위 840-846. 이름은 炎. 穆宗의 다섯째 아들. 연호는 會昌을 사용하였다.

2) 會昌 : 唐 武宗의 연호(841-846).

3) 宣宗 : 唐의 제16대 황제. 재위 846-859. 이름은 忱. 憲宗의 열셋째 아들. 연호는 大中을 사용하였다.

4) 大中 : 唐 宣宗의 연호(847-859)

5) 懿宗 : 唐의 제17대 황제. 재위 859-873. 이름은 漼. 宣宗의 長子. 연호는 咸通을 사용하였다.

6) 咸通 : 唐 懿宗의 연호(860-873)

7) 僖宗 : 唐의 제18대 황제. 재위 873-888. 이름은 儇. 懿宗의 다섯째 아들. 연호는 乾符・廣明・中和・光啓・文德 등을 사용하였다.

8) 乾符 : 唐 僖宗의 연호(874-879).

9) 廣明 : 唐 僖宗의 연호(880).

10) 中和 : 唐 僖宗의 연호(881-884).

11) 光啓 : 唐 僖宗의 연호(885-887).

12) 昭宗 : 唐의 제19대 황제. 재위 887-904. 이름은 曄. 懿宗의 일곱째 아들. 연호는 龍紀・大順・景福・乾寧・光化・天復・天佑 등을 사용하였다.

13) 文德 : 唐 昭宗의 연호(888).

14) 龍紀 : 唐 昭宗의 연호(889).

⟨신라⟩

1) 文聖王 : 신라의 제46대 왕. 재위 839-857. [史] 卷11 新羅本紀 文聖王條 참조.

2) 炤明王后 : [史]에는 文聖王妃가 '朴氏'와 '이찬 魏昕의 딸'로 되어 있는데, 소명왕후는 이 중 어느 왕비를 말하는지 알 수 없다.

3) 憲安王 : 신라의 제47대 왕. 재위 857-861. [史] 卷11 新羅本紀 憲安王條 참조.

4) 誼靖 : [史]에는 '誼靖⟨또는 祐靖⟩'이라고 하였다.

5) 神虎王之弟 : [史]에는 '神武王의 이복동생'이라고 하였다.

6) 昕明夫人 : [史]에는 '宣康王의 딸 照明夫人'이라고 하였다.

7) 戊寅立 理三年 : [史]에는 憲安王의 재위는 857-861년으로 되어 있어 차이가 있다.

8) 景文王 : 신라의 제48대 왕. 재위 861-875. [史] 卷11 新羅本紀 景文王條 참조.

9) 膺廉 : [史]에는 '膺廉⟨膺은 또는 疑⟩'이라고 하였다.

10) 神虎王之女光和夫人 : [史]에는 '光和⟨또는 光義⟩夫人'이라고 하였다.

11) 文資王后 憲安王之女 : [史]에는 '金氏 寧花夫人'이라고 하였다. 景文王과의 혼인과정에 대해서는 [遺] 卷2 紀異 四十八景文大王條에 실려 있다.

12) 憲康王 : 신라의 제49대 왕. 재위 875-886. [史] 卷11 新羅本紀 憲康王條 참
    조.
13) 文資皇后 : [史]에는 '文懿王后'라고 하였다.
14) 定康王 : 신라의 제50대 왕. 재위 886-887. [史] 卷11 新羅本紀 定康王條 참
    조.
15) 閔哀王之母弟 : [史]에는 '景文王의 둘째 아들'이라고 하였다.
16) 丙午立而崩 : [史]에는 886년에 즉위하여 887년 7월 5일에 돌아간 것으로 되
    어 있어 차이가 난다.
17) 眞聖女王 : 신라의 제51대 왕. 재위 887-897. [史] 卷11 新羅本紀 眞聖王條
    참조. [史]에는 '眞聖王'으로 표기하였다.
18) 曼憲 : [史]에는 '曼'이라고 하였다. [史] 卷11 新羅本紀 眞聖王 즉위년조에
    인용된 崔致遠의 謝追贈表와 『東文選』 卷33에 실린 謝恩表에는 '坦'이라고 하
    였다.
19) 定康王之同母妹 : [史]에는 '憲康王의 여동생'이라고 하였다.
20) 王之匹魏弘大角干 : [遺] 卷2 紀異 眞聖女大王 居陀知條에는 魏弘을 '鳧好
    의 남편'으로 표기하였고, [史]에는 '평소 각간 魏弘과 정을 통해왔다'고만 하였
    다.
21) 小子孝恭王 : [史]에는 '太子嶢'라고 하였다.
22) 火葬散骨于牟梁西岳 一作未黄山 : [史]에는 「黄山에 장사지냈다」라고 하였
    다. 未黄山은 경남 합천군 가야면 야로에 있는 黄山으로 추정되기도 한다.

（中國）	羅	麗	濟
大順庚戌二¹⁾		後高麗 弓裔 大順庚戌 始投北⁹⁾原賊	
景福壬子二		良吉屯　丙辰都鐵圓城 〈今東州也〉　丁巳移都松 岳郡	後百濟 甄萱 壬子始都光州
乾寧甲寅四	第五十二孝恭王 金氏 名嶢 父憲康王²⁾ 母文³⁾資 王后 丁巳立 理十五年 火葬師		
光化戊午三	子寺北 骨藏于仇知堤東山脇		
天復辛酉三	.	辛酉稱高麗	
景宗 天祐甲子三		甲子改國號摩震　置元 虎¹⁰⁾泰	
朱梁 開平丁卯四			
乾化辛未四	第五十三神德王 朴氏 名景徽 本名秀宗 母貞⁴⁾花 夫人 夫人之父順弘角干 追謚成 虎⁵⁾大王 祖元隣⁶⁾角干 乃阿⁷⁾達⁸⁾ 王之遠孫	甲戌還鐵原	

1) 二：[正][晚][順] 一．[石][品][斗][六] 二．
2) 이 뒤에 [正]은 '庶子'를 가필함．
3) 文：[正][晚] 又．[順] 文(가필)．[石]
　 [品][斗][六] 文．
4) 貞：[正][晚][順][品] 眞．[斗][六] 貞．
5) 虎：고려 惠宗의 이름 '武'의 피휘．

6) 隣：[正][晚][順][石][品][斗][六] 厸(隣
　의 古字)．[리] 弘．
7) 阿：[正][晚][順][石][品] 何．[斗][六] 阿．
8) 達：[斗][六] 達羅．
9) 北：[石] 比．
10) 虎：주 5)와 같음．

(중 국)	신 라	후고구려	후백제
대순(大順)[1]은 경술(890)부터 2년간이다. 경복(景福)[2]은 임자(892)부터 2년간이다. 건령(乾寧)[3]은 갑인(894)부터 4년간이다. 광화(光化)[4]는 무오(898)부터 3년간이다. 천복(天復)[5]은 신유(901)부터 3년간이다.	제52대 효공왕[1] 김씨이며, 이름은 요(嶢)이다. 아버지는 헌강왕이고, 어머니는 문자왕후[2]이다. 정사(897)에 즉위하여 15년간 다스렸다. 사자사(師子寺) 북쪽에 화장하고 뼈는 구지제(仇知堤) 동쪽산 허리에 묻었다.[3]	**후고구려** **궁예[1]** 대순(大順) 경술(890)에 처음으로 북원(北原)의 도적 양길(良吉)에게 투항하였다. 병진(896)에 철원성(鐵圓城)[2]〈지금의 동주(東州)이다.〉에 도읍하였다. 정사(897)에 도읍을 송악군(松岳郡)[3]에 옮겼다. 신유(901)에 고려(高麗)라고 일컬었다.	**후백제** **견훤[1]** 임자(892)에 처음으로 광주(光州)에 도읍하였다.
경종[6] 천우(天祐)[7]는 갑자(904)부터 3년간이다.		갑자(904)에 국호를 고쳐 마진(摩震)이라고 하고 연호를 두어 무태[虎泰]라고 하였다.	
주량[8] 개평(開平)[9]은 정묘(907)부터 4년간이다.			
건화(乾化)[10]는 신미(911)부터 4년간이다.	제53대 신덕왕[4] 박씨이며, 이름은 경휘(景徽)[5]로 본래 이름은 수종(秀宗)이다. 어머니는 정화(貞花)[6]부인이고, 부인의 아버지는 순흥(順弘) 각간이니 시호를 성무[成虎]대왕으로 추증하였으며, 할아버지는 원린(元隣) 각간으로 곧 아달라왕의 원손(遠孫)이다.	갑술(914)에 철원(鐵原)으로 돌아갔다.	

〈중국〉

1) 大順 : 唐 昭宗의 연호(890-891).
2) 景福 : 唐 昭宗의 연호(892-893).
3) 乾寧 : 唐 昭宗의 연호(894-897).
4) 光化 : 唐 昭宗의 연호(898-900).
5) 天復 : 唐 昭宗의 연호(901-903).
6) 景宗 : 唐의 제20대 마지막 황제. 재위 904-907. 景宗은 哀帝의 묘호. 昭宗의 아홉째 아들. 연호는 天佑를 사용하였다.
7) 天祐 : 唐 哀帝의 연호(904-907).
8) 朱梁 : 또는 後梁. 朱全忠이 세운 나라(907-923).
9) 開平 : 後梁 太祖의 연호(907-910).
10) 乾化 : 後梁 末帝의 연호(911-914).

〈신라〉

1) 孝恭王 : 신라의 제52대 왕. 재위 897-912. [史] 卷12 新羅本紀 孝恭王條 참조. 憲康王의 庶子이다. 왕비는 이찬 乂謙의 딸이다.
2) 文資王后 : [史]에는 '金氏 義明王太后'라고 하였다.
3) 火葬師子寺北 骨藏于仇知堤東山脇 : [史]에는 「師子寺 북쪽에 장사지냈다」라고 하였다.
4) 神德王 : 신라의 제53대 왕. 재위 912-917. [史] 卷12 新羅本紀 神德王條 참조.
5) 景徽 : [史]에는 '景暉'라고 하였다.
6) 貞花 : [史]에는 '貞和'라고 하였다.

〈후고구려〉

1) 弓裔 : 후고구려의 건국자. 재위 901-908. [史] 卷50 列傳 弓裔條 참조. 태봉국의 임금으로 강원·경기·황해와 평안·충청의 일부를 점령하여 서남 행상권을 장악하였고, 국호를 후고구려·摩震이라고 하였으며, 鐵圓에 도읍하였다. 후에 정치가 문란하여 부하들의 이반으로 王建이 추대되자 궁예는 도망했으나 平康에서 피살되었다.
2) 鐵圓城 : 강원도 鐵原으로 추정된다.
3) 松岳郡 : 松嶽, 곧 開城을 말한다.

〈후백제〉

1) 甄萱 : 867-935. 후백제의 건국자. 재위 892-935. [史] 卷50 列傳 甄萱條와 [遺] 卷2 紀異 後百濟甄萱條 참조. 전주를 중심으로 세력을 규합하였으며, 중국과 국교를 맺기도 하였다. 한편 신라의 대야성을 비롯하여 여러 성을 빼앗고,

敬順王 1년(927)에는 경주를 공격하여 景哀王을 자진케 하였으며, 경순왕을 세
우기도 하였으나, 왕위계승에 불만을 품은 맏아들 神劍에 의하여 금산사에 유
폐되었다가 몰래 도망하여 935년 고려에 항복하였다.

(中國)	羅	麗	濟
	父文¹⁾元伊干 追封興廉大王 祖文官海干 義父銳謙角干 追封宣成大王 妃資成王后 一云懿成 又孝資 壬申立 理五年 火葬藏²⁾骨于箴峴南		
末帝 貞明乙亥六	**第五十四景明王** 朴氏 名昇英 父神德³⁾ 母資成妃長沙宅 大尊角干 追封聖僖大王之子⁴⁾ 大尊卽水宗伊干之子 丁丑立 理七年 火葬皇福寺 散骨于省等仍山西	**太⁵⁾祖** 戊寅六月裔死 太⁶⁾祖卽位于鐵原京 己卯 移都松⁷⁾岳郡 是年 創法王慈雲 王輪 內帝釋 舍那又創大⁸⁾禪院〈卽普濟⁹⁾〉新興 文殊 圓¹⁰⁾通 地藏□…□¹¹⁾前十大寺皆是年所創 庚辰乳岩下立油市 故今俗利市云乳下 十月創大興寺 或系壬午	
龍德辛巳二			

1) 文：[正][晚][順] 父. [石][品][斗][六] 文.

2) 藏：[斗] 蔬.

3) 德：[品] 德王.

4) 子：[리] 女.

5) 太：[晚] 大.

6) 太：[石] 大.

7) 松：[正][晚][石] 私. [順] 松(가필). [品][斗][六] 松.

8) 大：[正][晚][順][品] 天 [石][斗][六] 大.

9) 濟：[正][晚][順][品][斗] 贋. [石][六] 濟.

10) 圓：[正][晚][順][石][品] 없음. [斗][六] 圓.

11) □…□：[品] 없음.

(중 국)	신 라	후고구려	후백제
	아버지는 문원(文元) 이간이니 흥렴(興廉)대왕으로 추봉되었고, 할아버지는 문관(文官) 해간이며, 의부(義父)는 예겸(禮謙) 각간¹⁾이니 선성(宣成)대왕²⁾으로 추봉되었다. 왕비는 자성(資成)왕후로 또는 의성(懿成)·효자(孝資)라고도 한다.³⁾ 임신(912)에 즉위하여 5년간 다스렸다. 화장하여 뼈는 잠현(箴峴) 남쪽에 묻었다.⁴⁾		
말제¹⁾ 정명(貞明)²⁾은 을해(915)부터 6년간이다.	제54대 경명왕⁵⁾ 박씨이며, 이름은 승영(昇英)이다. 아버지는 신덕왕이고, 어머니는 자성⁶⁾왕후이다. 왕비는 장사댁(長沙宅)으로 대존(大尊) 각간, 추봉된 성희(聖僖)대왕의 자식이며, 대존은 곧 수종(水宗)이간의 아들이다. 정축(917)에 즉위하여 7년간 다스렸다. 황복사(皇福寺)에서 화장하여 뼈를 성등잉산(省等仍山)의 서쪽에 뿌렸다.⁷⁾	태조¹⁾ 무인(918) 6월에 궁예가 죽으니 태조가 철원경(鐵原京)에서 즉위하였다. 기묘(919)에 도읍을 송악군으로 옮겼다. 이해에 법왕(法王)²⁾·자운(慈雲)³⁾·왕륜(王輪)⁴⁾·내제석(內帝釋)⁵⁾·사나(舍那)⁶⁾ 등의 절을 세우고, 또 대선원(大禪院)〈곧 보제(普濟)⁷⁾〉·신흥(新興)⁸⁾·문수(文殊)⁹⁾·원통(圓通)¹⁰⁾·지장(地藏)¹¹⁾□…□ 등의 절을 세웠으니 앞의 10대 사찰은 모두 이해에 창건되었다. 경진(920)에 유암(乳岩) 아래에 유시(油市)를 설치하였다. 이 때문에 지금 항간에서는 이시(利市)를 유하(乳下)라고 한다. 10월에 대흥사(大興寺)를 세우니 또는 임오(922)의 일이라고도 한다.	
용덕(龍德)³⁾은 신사(921)부터 2년간이다.			

〈중국〉

1) 末帝 : 後梁의 제2대 황제. 재위 913-923. 이름은 友貞. 太祖의 셋째 아들. 연호는 乾化・貞明・龍德・同光 등을 사용하였다.
2) 貞明 : 後梁 末帝의 연호(915-920).
3) 龍德 : 後梁 末帝의 연호(921-922).

〈신라〉

1) 義父禮謙角干 : [史]에는 義父라는 기록은 없고 '아버지는 乂兼〈또는 銳謙〉'이라고 하였다.
2) 宣成大王 : [史]에는 '宣聖大王'이라고 하였다.
3) 資成王后 一云懿成 又孝資 : [史]에는 '憲康大王의 딸 金氏 義成王后'라고 하였다.
4) 火葬藏骨于箴峴南 : [史]에는 「竹城에 장사지냈다」고 하였다.
5) 景明王 : 신라의 제54대 왕. 재위 917-924. [史] 卷12 新羅本紀 景明王條 참조.
6) 資成 : [史]에는 '義成王后'라고 하였다.
7) 火葬皇福寺 散骨于省等仍山西 : [史]에는 「黃福寺 북쪽에 장사지냈다」라고 하였다.

〈후고구려〉

1) 太祖 : 고려의 제1대 왕. 재위 918-943. [麗史] 卷1 太祖條 참조. 성은 王이고, 이름은 建이다. 崇佛政策을 써서 불교를 국교로 삼았으며, 訓要十條・政戒・誡百寮書 등을 내어 왕권을 확립하였다.
2) 法王 : 法王寺. 고려 太祖 2년(919)에 건립된 10대 사찰 중의 하나. [麗史] 卷1 太祖 2年條 「三月創法王王輪等十寺于都內 兩京塔廟 肖像之廢缺者 並令修葺」, [勝覽] 卷5 「古基在延慶宮東」.
3) 慈雲 : 慈雲寺. 고려 太祖 2년(919)에 건립된 10대 사찰 중의 하나.
4) 王輪 : 王輪寺. 고려 太祖 2년(919)에 건립된 10대 사찰 중의 하나. [勝覽] 卷4 開城府條(上) 「在松岳山麓高麗爲大刹」.
5) 內帝釋 : 고려 太祖 2년(919)에 건립된 10대 사찰 중의 하나, 곧 內帝釋院.
6) 舍那 : 舍那寺. 고려 太祖 2년(919)에 건립된 10대 사찰 중의 하나.
7) 普濟 : 普濟寺. 고려 太祖 2년(919)에 건립된 10대 사찰 중의 하나, 곧 演福寺의 古名. [勝覽] 卷4 開城府條(上) 「演福寺 在都城中央 古名普濟 大殿曰能仁 其前門曰神通 有五層樓閣 歲久已頹 今城中富商 出財改構 金碧輝煌 鈴鐸聲聞數里」.
8) 新興 : 新興寺. 고려 太祖 2년(919)에 건립된 10대 사찰 중의 하나.
9) 文殊 : 文殊寺. 고려 太祖 2년(919)에 건립된 10대 사찰 중의 하나. 경기도 개풍군 聖居山 남쪽 萬景臺 곁에 있던 절.

10) 圓通 : 圓通寺. 고려 太祖 2년(919)에 건립된 10대 사찰 중의 하나.
11) 地藏 : 地藏寺. 고려 太祖 2년(919)에 건립된 10대 사찰 중의 하나. [勝覽] 卷
　　4 開城府條(上)「在府南三里」.

（中國）	羅	麗	濟
後唐 同光癸未三	**第五十五景哀王** 朴氏 名魏膺 景明之母弟也 母 資成[1) 甲申立 理二[2)年	壬午又創日月寺 或系辛 巳 甲申創外帝釋 神衆 院 興國寺 丁亥創妙[13) 寺 己丑創龜山 庚寅安 □…□[14)	
明宗 天成丙戌四 長興庚寅四	**第五十六敬順王** 金氏 名[3)傅 父孝宗伊干 追封神 興大王 祖官□[4)角干[5) 追[6)封懿 興大王 母桂娥太后[7) 憲[8)康王 之女也[9) 丁亥立 理八年[10) 乙未 納土歸于太祖 太平興國三年戊寅 薨[11) 陵在□□□[12)東向洞 自五鳳甲子至乙未　合九百九十 二年		
閔帝 末帝 清泰甲午二 **石晉** 天福丙申八		丙申統三[15)	乙未萱子神劍纂父自 立 是年國除自壬子至此 四十四年而亡[16)

1) 이 뒤에 [斗][六]은 '王后'를 추가함.
2) 二：[順] 三(가필). [品][斗] 三.
3) 名：[正][品] 없음. [斗][六] 名.
4) □：[石][品] 없음.
5) 干：[正][晚][順][石][品] 汗. [斗][六] 干.
6) 追：[正][晚][順][品] 없음. [石][斗][六] 追.
7) 太后：[正][晚][順][品] 없음. [石] □□. [斗][六] 大后.
8) 憲：[正][晚][順][石][品] □. [斗][六] 憲.
9) 女也：[正][晚][順][石][品] 없음. [斗][六] 女也.
10) 丁亥立 理八年：[正][晚][順][石][品] 없음. [斗] 丁亥立 理九年. [六] 丁亥立 理八年.
11) 太祖 太平興國三年戊寅薨 ：[正][晚][順] [石][品] □…□. [斗][六] 大祖 大平興國三 年戊寅薨.
12) 在□□□ ：[正][晚][石] □…□. [順] 在 □…□(가필). [品] 在□…□. [斗][六] 在 □□.
13) 妙：[斗] 智妙. [石][六] 妙□.
14) □…□：[斗] 和禪院.
15) 이 뒤에 [順]은 '韓'을 가필함.
16) 亡：[正][晚][順][品] 已. [石][斗][六] 亡.

(중 국)	신 라	후고구려	후백제
후당[1] 동광(同光)[2]은 계미(923)부터 3년간이다.	제55대 경애왕[1] 박씨이며, 이름은 위응(魏膺)이다. 경명왕의 동생이다. 어머니는 자성왕후이다. 갑신(924)에 즉위하여 2년간 다스렸다.	임오에 또 일월사(日月寺)[1]를 세우니 또는 신사(921)의 일이라고도 한다. 갑신(924)에 외제석(外帝釋)[2]·신중원(神衆院)[3]·홍국사(興國寺)[4]를 세우고, 정해(927)에는 묘사(妙寺),[5] 기축(929)에 귀산사[龜山][6]를 세우고, 경인(930)에 안□…□	
명종[3] 천성(天成)[4]은 병술(926)부터 4년간이다. 장흥(長興)[5]은 경인(930)부터 4년간이다.	제56대 경순왕[2] 김씨이며, 이름은 부(傅)이다. 아버지는 효종(孝宗) 이간이니 신흥(神興)대왕으로 추봉되었다. 할아버지는 관□(官□) 각간이니 의흥(懿興)대왕으로 추봉되었고, 어머니는 계아(桂娥)태후로 헌강왕의 딸이다. 정해(927)에 즉위하여 8년간 다스렸다. 을미(935)에 영토를 바치고 태조에게 귀순하였으며, 태평흥국(太平興國)[3] 3년 무인(978)에 죽었다. 능은 □□□ 동향동(東向洞)에 있다. 오봉(五鳳) 갑자(BC 57)로부터 을미(935)에 이르기까지 합하여 992년간이다.		
민제[6] 말제 청태(淸泰)[7]는 갑오(934)부터 2년간이다.			을미(935)에 견훤의 아들 신검(神劒)[1]이 아버지의 왕위를 빼앗아 스스로 즉위하다.
석진[8] 천복(天福)[9]은 병신(936)부터 8년간이다.		병신(936)에 삼국을 통일하였다.	이해(936)에 나라가 없어졌다. 임자(892)로부터 이에 이르기까지 44년만에 망하였다.

⟨중국⟩

1) 後唐 : 李存勗(莊宗)이 세운 나라(923-936).
2) 同光 : 後唐 莊宗의 연호(923-925).
3) 明宗 : 後唐의 제2대 황제. 재위 925-933. 이름은 嗣源. 太祖의 養子. 연호는 天成·長興 등을 사용하였다.
4) 天成 : 後唐 明宗의 연호(926-929).
5) 長興 : 後唐 明宗의 연호(930-933).
6) 閔帝 : 後唐의 제3대 황제. 재위 933-934. 이름은 從厚. 明宗의 다섯째 아들. 연호는 應順을 사용하였다.
7) 淸泰 : 後唐 廢帝의 연호(934-936).
8) 石晉 : 또는 後晉. 石敬瑭[高祖]이 세운 나라(936-946).
9) 天福 : 後晉 高祖의 연호(936-943).

⟨신라⟩

1) 景哀王 : 신라의 제55대 왕. 재위 924-927. [史] 卷12 新羅本紀 景哀王條 참조.
2) 敬順王 : 신라의 제56대 마지막 왕. 재위 927-935. [史] 卷12 新羅本紀 敬順王條 참조. 文聖王의 후손이다.
3) 太平興國 : 北宋 太宗의 연호(976-983).

⟨후고구려⟩

1) 日月寺 : 『勝覽』 卷5 開城府條(下) 「在松岳山麓 高麗太祖五年 創寺于宮城西北」.
2) 外帝釋院 : 경기도 개성 송악산에 있던 절.
3) 神衆院 : 경기도 개성 성 내에 있던 절.
4) 興國寺 : 『寺塔古蹟攷』「在京畿道開城府滿月町新村洞 有七重(現在五重)塔 側面刻天禧五年五月日也」.
5) 妙寺 : 미상.
6) 龜山 : 龜山寺. 『勝覽』 卷4 開城府條(上) 「在松岳山 昭格殿東旁 有仙月寺」.

⟨후백제⟩

1) 神劍 : 후백제의 제2대 왕. 甄萱의 長子. 견훤이 넷째 아들 金剛에게 왕위를 물려주려 하자 신검은 아버지를 금산사에 가두고 금강을 죽인 후 스스로 대왕이라고 하였으나, 다음 해(936) 王建에게 항복하였다.

(中國)
前漢　　高惠小文景虎[1]昭宣元成哀平孺
後漢　　光明章和[2]殤安順沖質[3]桓靈農獻
魏　晉　宋　齊　梁　陳　隋
李唐　　高[4]太[5]高則中睿玄肅代德順憲穆敬[6]文虎[7]宣懿[8]僖昭景
朱梁　　後唐　石晉　劉漢[9]　郭周
大宋

1) 虎：고려 惠宗의 이름 '武'의 피휘.
2) 章和：[正][順] 章和(가필). [晩] □. [石]
　　□□. [斗][六] 章和.
3) 沖質：[正][順] 沖質(가필). [晩][石] □…
　　□. [斗][六] 沖質.
4) 高：[正] 高(가필). [晩][順][石] □. [斗]
　　[六] 高.
5) 太：[正] 太宗 (가필). [晩][石] 大. [順] 太

　　(가필).
6) 敬：[正][順] 敬(가필). [晩][石] □. [斗]
　　[六] 敬
7) 虎：주 1)과 같음.
8) 懿：[正][順] 懿(가필). [晩][石] □. [斗]
　　[六] 懿
9) 劉漢：[六] 漢劉.

(중국)
전한   고조, 혜제, 소제, 문제, 경제, 무제, 소제, 선제, 원제, 성제, 애제, 평제, 유자영
후한   광무제, 명제, 장제, 화제, 상제, 안제, 순제, 충제, 질제, 환제, 영제, 홍농왕, 헌제
위, 진, 송, 제, 양, 진, 수
이당   고조, 태종, 고종, 측천무후, 중종, 예종, 현종, 숙종, 대종, 덕종, 순종, 헌종, 목종,   경종, 문종, 무종, 선종, 의종, 희종, 소종, 경종
주량, 후당, 석진, 유한[1], 곽주[2]
대송[3]

〈중국〉
  1) 劉漢 : 또는 南漢. 劉龑이 세운 나라로 5대 10국 중의 하나(916-971).
  2) 郭周 : 또는 後周. 郭威가 세운 나라로 5대 10국 중의 하나(951-959).

三國遺事 卷第一

紀異 第二

紀異 第二[1]

1. 敍[2]

敍曰 大抵古之聖人 方其禮樂興邦 仁義設敎 則怪力亂神 在所
不語 然而帝王之將興也 膺符命 受圖籙 必有以異於人者 然後能
乘大變 握大器 成大業也

故河出圖 洛出書 而聖人作 以至虹繞神母而誕羲[3] 龍感女登而
生[4]炎[5] 皇娥遊窮桑之野 有神童自稱白帝子 交通而生少[6]昊 簡
狄呑卵而生契 姜嫄履跡而生棄 胎孕十四月而生堯 龍交大澤而生
沛公 自此而降 豈可殫記

然則三國之始祖 皆發乎神異 何足怪哉 此紀[7]異之所以漸[8]諸篇
也 意在斯焉

---

1) 第二：[正][品] 卷第一. [斗][六] 第一. [浩] 第二.
2) 敍：[正]에는 없으나 편의상 추가함.
3) 羲：[東] 義.
4) 生：[正][晚][石][東] 注. [順] 生(가필). [品][斗][浩][六][民] 生.
5) 炎：[石] 없음.
6) 少：[正][晚][順][石][品][斗][六] 小. [浩][民] 少.
7) 紀：[六] 神.
8) 漸：[正][晚][順] 慚. [石][品][斗][浩][六] 漸.

기이[1] 제2[2]

머리말

머리말 : 대체로 옛날 성인이 바야흐로 예악(禮樂)으로써 나라를 일으키고, 인의(仁義)로써 가르침을 베푸는 데 있어 괴상한 힘과 어지러운 귀신에 대해서는 어디에서도 말하지 않았다.[3] 그러나 제왕(帝王)이 일어나려고 할 때에는 부명(符命)[4]을 받고 도록(圖籙)[5]을 얻게 된다고 하여 반드시 여느 사람과 다름이 있었다. 그런 후에야 능히 큰 변화를 타서 제왕의 지위[大器][6]를 잡고 큰 일[7]을 이룰 수가 있는 것이다.

---

1) 紀異 : [遺]의 篇名. 神異를 기록한다는 뜻이다. 紀異篇만이 아닌 [遺] 전체가 바로 이러한 방침 아래 저술되었다.(李基白,「三國遺事의 史學史的 意義」,『創作과 批評』, 1976 가을호 ;『韓國史學의 方向』, 一潮閣, 1978, p.43)

2) 紀異第二 : [遺]는 卷數와 篇目이 정확히 붙어 있지 않다. [正]에는 紀異卷第一로 기재되어 있으나, 卷一은 王曆 앞에 붙어야 하며 紀異 다음에는 第二가 오는 것이 옳다.

3) 怪力亂神 在所不語 :『論語』述而篇에서「子不語怪力亂神」이라고 하였다. 여기에서 怪力亂神은 怪異・用力・悖亂・鬼神이라고도 한다.

4) 符命 : 하늘이 帝王이 될 사람에게 祥瑞를 내려 天命을 받았음을 徵驗하게 하는 일.

5) 圖籙 : 圖讖과 같은 말. 미래의 길흉화복을 예언한 기록.

6) 大器 : 神器와 같은 말. 帝王의 지위라는 뜻이다.

7) 大業 : 나라를 일으키는 일.

그러므로 황하로부터 그림이 나왔고,8) 낙수로부터 글이 나옴으로
써9) 성인(聖人)이 일어났던 것이다. 무지개10)가 신모(神母)를 둘러
싸서 복희[羲]11)를 낳았고, 용이 여등(女登)12)에게 감응해서 염제
[炎]13)를 낳았고, 황아(皇娥)14)가 궁상(窮桑)15) 들에서 놀 때 백제
(白帝)16)의 아들이라고 자칭하는 신동(神童)과 사귀다가 정을 통하
고서 소호(少昊)17)를 낳았고,18) 간적(簡狄)19)은 알을 삼키고서 설

---

8) 河出圖 : 『周易』 繫辭(上)에 나오는 말이다. 河圖는 중국 伏羲時代에 黃河에
   서 龍馬가 가지고 나온 그림이다. 伏羲는 龍馬의 등에 그려진 이 河圖를 근거
   로 해서 『周易』의 八卦를 그렸다고 한다.
9) 洛出書 : 『周易』 繫辭(上)에 나오는 말이다. 중국 禹王이 홍수를 다스릴 때
   洛水에서 나온 神龜의 등에 쓰인 글을 洛書라고 한다. 禹王은 洛書를 근거로
   해서 『書經』의 洪範九疇를 만든 것으로 전해진다.
10) 虹 : 무지개. 무지개를 용에 빗대어 龍의 수컷을 虹이라고 하고, 암컷을 蜺라
    고 한다.
11) 羲 : 중국 上古時代의 帝王인 伏羲氏를 말한다. 『史記』 卷130 補史記 三皇本
    紀에 「太皥庖犧氏 風姓 代燧人氏 繼天而王 母曰華胥 履大人迹於雷澤 而生庖
    犧於成紀 蛇身人首」라고 하였다. 姓은 風氏이고 몸은 뱀의 모습이고 머리는 사
    람의 모습을 하고 있다. 그의 聖德이 日月의 밝은 것을 상징했다고 해서 太昊
    라고도 한다. 그는 三皇의 으뜸자리를 차지했으며 백성에게 고기잡이와 목축을
    가르쳤고 처음으로 八卦와 書契를 만들었다.
12) 女登 : 중국 上古時代 有嬌氏의 딸로 炎帝인 神農氏의 어머니이다.
13) 炎 : 중국 上古時代의 帝王인 炎帝 神農氏를 말한다. 『史記』 卷130 補史記
    三皇本紀에 「炎帝神農氏 姜姓 母曰女登 有嬌氏之女 爲少典妃 感神龍而生炎
    帝 人身牛首 長於姜水 因以爲姓 火德王 故曰炎帝」라고 하였다. 백성들에게 농
    업 · 의료 · 교역 등을 가르쳤다. 姜水에서 자라 姓을 姜氏라고 하였다.
14) 皇娥 : 少昊의 어머니. 窮桑의 들에서 白帝子와 놀았다는 전설이 있다.
15) 窮桑 : 山東省 曲阜 북쪽에 있는 지명. 小昊가 살았던 곳으로 전해진다.
16) 白帝 : 중국 上古時代 五帝 중의 하나. 五行에서 白은 金, 계절로는 가을에 해
    당한다. 白帝는 西方을 장악하였다.
17) 少昊 : 중국 上古時代의 帝王으로 金天氏이며, 이름은 玄囂 또는 摯이다. 帝
    摯라고도 한다. 黃帝의 아들이며 어머니는 嫘祖이다. 太昊 伏羲氏의 법을 계승
    했다고 해서 少昊라고 한다.
18) 皇娥遊窮桑之野…交通而生少昊 : 皇娥가 少昊를 낳는 설화에 대해서는 『拾
    遺記』 少昊條에 「少昊 以金德王 母曰皇娥 處璇宮而夜織 或乘桴木而晝遊 經

(契)20)을 낳았고,21) 강원(姜嫄)22)은 [거인의] 발자국을 밟고서 기
(棄)23)를 낳았고,24) [요의 어머니는] 잉태한 지 14개월만에 요(堯)를
낳았고,25) [패공의 어머니는] 용과 큰 연못에서 교접하여 패공(沛公)
을 낳기에 이르렀다.26) 이로부터 뒤로 [이같은 일을] 어찌 다 기록할
수 있겠는가?

歷窮桑滄茫之浦 時有神童 容貌絕俗稱爲白帝之子 卽太伯之精降乎水際 與皇
娥讌戲 奏嫂娟之樂遊漾忘歸」라고 하였다.

19) 簡狄 : 有娀氏의 장녀로서 帝嚳의 왕비가 되었다. 일찍이 玄丘의 물에 목욕하
  다가 玄鳥가 떨어뜨린 알을 얻어 잘못하여 삼켜서 임신이 되어 契을 낳았다고
  전한다.

20) 契 : 帝嚳의 아들. 舜임금 때 司寇가 되었다. 禹를 도와 물을 다스려 공을 세
  우고 商에 봉해져 殷의 시조가 되었다.

21) 簡狄呑卵而生契 : 簡狄이 契을 낳는 설화에 대해서는 『史記』 卷3 殷本紀에
  「殷契母曰簡狄 有娀氏之女 爲帝嚳次妃 三人行浴 見玄鳥墮其卵 簡狄取呑之
  因孕生契 契長而佐禹 治水有功 帝舜乃命契曰 百姓不親 五品不訓 汝爲司徒
  而敬敷五敎 五敎在寬 封於商 賜姓子氏」라고 하였다

22) 姜嫄 : 중국 上古時代 有邰氏의 딸로서 帝嚳의 왕비(元妃)이다. 일찍이 거인
  의 발자취를 보고 밟았더니 곧 잉태하여 后稷을 낳았다고 한다.

23) 棄 : 舜帝의 신하로서 후에 周의 시조가 된 后稷이다. 그의 어머니 姜嫄이 거
  인의 발자국을 밟고 임신해 아기를 낳았을 때, 상서롭지 못한 일이라고 해서 버
  리려고 하였다. 이런 까닭으로 이름을 棄라고 하였다.

24) 姜嫄履跡而生棄 : 姜嫄이 棄를 낳는 설화에 대해서는 『史記』 卷4 周本紀에
  「周后稷名棄 其母有邰氏女 曰姜原 姜原爲帝嚳元妃 姜原出野 見巨人跡 心忻
  然說 欲踐之 踐之而身動 如孕者 居期而生子 以爲不祥 棄之隘巷 馬牛過者 皆
  辟不踐 徙置之林中 適會山林多人 遷之而棄渠中氷上 飛鳥以其翼覆薦之 姜原
  以爲神 遂收養長之 初欲棄之 因名曰棄」라고 하였다.

25) 胎孕十四月而生堯 : 『帝王世紀』에는 「慶都孕十四月而生堯於丹陽」이라고 하
  였다. 堯는 중국 上古時代의 帝王인 陶唐氏를 말한다. 후세에 舜帝와 더불어
  聖君의 표본으로 여겨졌다.

26) 龍交大澤而生沛公 : 沛公은 漢高祖 劉邦을 말한다. 유방은 沛 땅에서 군사를
  일으켰으므로 沛公이라 한다. 前漢 高祖의 탄생설화에 대해서는 『史記』 卷8 高
  祖本紀에 「高祖 沛豊邑中陽里人 姓劉氏 字季 父曰太公 母曰劉媼 其先劉媼
  嘗息大澤之陂 夢與神遇 是時雷電晦冥 太公往視 則見蛟龍於其上 已而有身 遂
  産高祖」라고 하였다.

　그렇다면 삼국의 시조가 모두 신이[紀異]한 데서 나왔다고 해서 무엇이 괴이하겠는가? 이것이 기이편을 이 책의 처음에 실은 까닭이며, 그 의도가 여기에 있다.

2. 古朝鮮〈王儉朝鮮〉

魏書云　乃往二千載有壇1)君王儉立都阿斯達〈經云無葉山　亦云白岳
在白州地　或云在開城東　今白岳宮是〉開國號朝鮮　與高2)同時

古記云　昔有桓因3)〈謂帝釋也〉庶子桓4)雄　數意天下　貪求人世　父
知子意　下視三危太5)伯　可以弘益人間　乃授天符印三箇　遣往理之
雄率徒三千　降於太伯山頂〈卽太伯　今妙香山〉神壇6)樹下　謂之神市
是謂桓7)雄天王也　將風伯雨師雲師　而主穀主命主病主刑主善惡
凡主人間三百六十餘事　在世理化

時有一熊一虎　同穴而居　常祈于神雄願化爲人　時神遺靈艾一炷
蒜二十枚曰　爾輩食之　不見日光百日　便得人形

熊虎得而食之　忌三七日　熊得女身　虎不能忌　而不得人身　熊女
者無與爲婚　故每於壇8)樹下　呪願有孕　雄乃假化而婚之　孕生子

---

1) 壇：『帝王韻紀』및『世宗實錄』地理志에서 인용한『檀君古記』에는 檀.
2) 高：고려 定宗의 이름 '堯'의 피휘.
3) 因：[正][晩] 囙. [石][六] 囲. [順] 因(가필). [品][斗][浩] 因.『帝王韻紀』
　　및『世宗實錄』地理志에서 인용한『檀君古記』에는 因.
4) 桓：『帝王韻紀』및『世宗實錄』地理志에서 인용한『檀君古記』에는 '桓'이
　　없음.
5) 太：[正] 大.
6) 壇：주 1)과 같음.
7) 桓：주 4)와 같음.
8) 壇：주 1)과 같음.

號曰壇9)君王儉

以唐高10)卽位五十年庚寅〈唐堯卽位元年戊辰　則五十年丁巳　非庚寅也
疑其未11)實〉都平壤城〈今西京〉始稱朝鮮　又移都於白岳山阿斯達　又
名弓〈一作方〉忽山　又今彌12)達　御國一千五百年　周虎13)王卽位己卯
封箕子於朝鮮　壇14)君乃移於藏唐京　後還隱於阿斯達爲山神　壽一
千九百八歲

唐裴矩傳云　高麗本孤竹國〈今海州15)〉　周以封箕子爲朝鮮　漢分置
三郡　謂玄菟樂浪帶方〈北帶方〉

通典亦同此說〈漢書則眞臨樂玄四郡　今云三郡　名又不同　何耶〉

---

9) 壇：주 1)과 같음.
10) 高：주 2)와 같음.
11) 未：[正][晩] 末. [順] 未(가필). [石][品][斗][浩][六] 未.
12) 彌：[正][品][斗] 旀(彌와 상통). [浩][六] 彌.
13) 虎：고려 惠宗의 이름 '武'의 피휘.
14) 壇：주 1)과 같음.
15) 州：[正] 판독미상. [晩][石][品][斗][浩][六][民] 州.

고조선[1] 〈왕검조선〉

　『위서(魏書)』[2]에는 「지금으로부터 2천 년 전에 단군[3]왕검(壇君王儉)이 도읍을 아사달(阿斯達)[4]〈경(經)[5]에는 무엽산(無葉山)이라고 했고 또는 백악(白岳)이라고도 했는데, 백주(白州)[6] 땅에 있다. 혹은 개성(開城) 동쪽에 있다고도 하는데, 지금의 백악궁(白岳宮)이 이것이다.〉에 정하고, 나라를 열어 조선(朝鮮)이라고 불렀는데, [중국의] 요[高]와 같은 때이다」라고 하였다.

---

1) 古朝鮮 : 朝鮮의 명칭은 오래전 『史記』, 『山海經』 海內北經에 보인다. 古朝鮮은 王儉朝鮮으로 箕子朝鮮과 衛滿朝鮮에 앞서 있었던 조선이란 뜻에서 붙인 이름인 듯하다. [麗史]는 平壤府를 三朝鮮의 옛도읍이라고 하고, 단군조선을 前朝鮮, 기자조선을 後朝鮮으로 일컫고, 衛滿朝鮮을 끝에 들었다.([麗史] 卷8 地理志2) 「東海之內 北海之隅 有國名曰朝鮮」(『山海經』 卷18 海內經)

2) 魏書 : 北齊 魏收의 『魏書』(130권)는 29편이 망실된 것으로 전한다. 현존본에는 「乃往二千載有壇君王儉…」의 글이 보이지 않는다. 이 외에 魚豢의 『魏略』(50권), 王沈의 『魏書』(47권), 陳壽의 『三國志』 魏志(30권), 魏澹의 『魏書』(107권), 張大素의 『魏書』(100권), 裵安時의 『元魏書』(30권) 등이 있으나, 대부분이 전하지 않고, 逸文만 전하는 것과 책으로 傳存하는 것에서도 위의 기사는 찾아볼 수 없다.

3) 壇君 : 壇君의 '壇'은 『帝王韻紀』를 비롯한 다른 책에서는 '檀'으로 쓰고 있다. 단군은 무당의 이름인 '당굴'의 寫音으로 제사왕(Priestly King)을 의미한다고도 한다.(崔南善, 「壇君 及 其研究」, 『別乾坤』, 1928)

4) 阿斯達 : 『帝王韻紀』에는 「[아사달산은] 지금의 九月山이다. 또는 弓忽이라고 하였다. 또 三危라고도 이름하였다. [여기에 단군을 제사하는] 사당이 있다」고 하였다. 구월산은 황해도 文化縣의 서쪽 10리에 있다.([勝覽] 卷41 文化縣 山川條)

5) 經 : 『山海經』이라는 설이 있으나 확실하지 않다.

6) 白州 : 黃海道 白川郡의 옛이름.([勝覽] 卷43 白川郡)

『고기(古記)』[7]에는 다음과 같은 글이 있다.

「옛날에 환인(桓因)[8]〈제석(帝釋)[9]을 이른다.〉의 서자(庶子)[10] 환웅 (桓雄)이 천하에 자주 뜻을 두고 인간 세상을 탐하여 구하였다. 아버지[환인]가 아들의 뜻을 알고, 삼위태백(三危太伯)[11]을 내려다보니 인간 세상을 널리 이롭게 할 만하여, 이에 아들에게 천부인(天符印)[12] 3개를 주어 [그곳에] 가서 다스리게 하였다. 환웅은 무리 3천

---

7) 古記 : [勝覽] 卷54 寧邊都護府 古跡 太伯山條에도 비슷한 내용으로『古記』가 인용되어 있다. 이는 혹『檀君古記』를 이르는 것이 아닌가 한다.『帝王韻紀』에는『本紀』,『檀君本紀』가 각각 인용되어 있으나, 이것과의 관계는 분명하지 않다.

8) 桓因 :『帝王韻紀』의『本紀』인용문과 權擥의『應制詩註』의『古記』인용문에서는 '桓因上帝'로 썼고, 洪萬宗의『海東異蹟』에서는 '天神'으로 썼다.

9) 帝釋 : 환인은 하늘에 군림하여 땅 위의 인간에게 혜택을 주며, 또 경우에 따라서는 징계의 책벌을 내리기도 하는, 자비와 엄격의 양면을 가진 至高的 존재, 즉 '하느님'이다. 인간들은 祭儀와 기도로써 그에게 호소하고, 도움을 청할 수 있다. 여기서는 이에 상응하는 천신의 이름을 佛典에서 차용했는데, 이는 곧 釋提桓因으로, 원어는 Śakro devānām Indraḥ로서, 즉 '天帝인드라'이다. 漢譯하여 帝釋天이라고 한다. 梵天과 함께 불교의 수호신으로 알려져 있다. 玄奘은 帝釋·大梵天·堪忍界主·護世四王 등으로 번역하였다.『薩婆多毘尼毘婆沙』卷 1에는 「석제환인이 말하기를, '내가 布施를 제일로 삼는 것은 보시한 공덕으로 天王이 되어, 원하던 바를 뜻대로 하게된 연고라'고 하였다」로 되어 있다.

10) 庶子 : 여러 아들.

11) 三危太伯 :『書經』과『淮南子』에 의하면, 三危는 중국 서쪽 변방으로, 敦煌 남쪽에 있는 산의 이름이라고 한다.『山海經』에는 삼위산에 청조 3마리가 있으며, 산 둘레는 100리로, 鳥鼠山 서쪽에 있다고 하였다.『尚書』는 表注에서 戎人이 봉우리가 셋 있는 산을 가리켜 삼위라고 한다고 하였다.『帝王韻紀』의 註와 [勝覽] 卷42 文化縣 山川 九月山條에서 구월산, 즉 아사달산의 다른 이름을 든 가운데 삼위도 들었다. 太伯은 뒤에 나오는 太伯山을 가리킨 것 같다. 이는 平安道 寧邊府 동쪽 130리에 있는 妙香山이다.([勝覽] 卷54 寧邊都護府 古跡 妙香山條)

12) 天符印 : 天帝子의 성스러운 신분과 권위와 위력을 상징하는 符印을 이른다. 그 세 가지 내용은 밝혀져 있지 않으나, 崔南善은 동북아시아의 유형에서 미루어 鏡, 劍, 두 가지에 방울, 북, 冠 중의 하나를 포함시켰는데, 관을 유력시하였다.(崔南善, 「檀君古記箋釋」,『檀君神話研究』(이은봉 편), 온누리, 1986, p.24)

명을 거느리고[13] 태백산(太伯山) 정상〈태백은 곧 지금[14]의 묘향산(妙香山)
[15]이다.〉의 신단수(神壇樹)[16] 아래로 내려와 이곳을 신시(神市)라 이
르고 이분을 환웅천왕(桓雄天王)[17]으로 불렀다. [그는] 풍백(風伯)
·우사(雨師)·운사(雲師)를 거느리고, 곡식·생명·질병·형벌·선
악을 맡아서 관장하고, 인간 세상에 관한 3백 60여 가지 일을 관장하
면서[18] 세상에 머물러 다스리며 교화하였다.

　이때 곰 한 마리와 범 한 마리가 같은 굴에서 살았는데,[19] 늘 신령
스러운 환웅에게 변하여 사람이 되게 해달라고 빌었다. 이때에 신[桓
雄]이 영험스러운 쑥 한 줌과 마늘 20쪽을 주면서 이르기를, "너희들
이 이것을 먹고, 1백일 동안 햇빛을 보지 않으면 곧 사람의 모양이 될
수 있을 것이다"라고 하였다.

　곰과 범은 이것을 받아서 먹고 금기한 지 21일만에 곰은 여자의 몸

---

13) 率徒三千 : 『帝王韻紀』인용의 『本紀』는 '率鬼三千'으로 썼다.
14) 今 : [遺] 卷3 塔像 迦葉佛宴坐石條에 「今至元十八年辛巳歲」라고 한 것을
　　기준으로 하면, 고려 忠烈王 7년 신사년(1281)을 [遺]의 찬술연대로 볼 수 있
　　다.
15) 妙香山 : [勝覽] 卷54 寧邊都護府 古跡條에 「妙香山은 寧邊府 동쪽 130리에
　　있으며 太伯山이라고도 한다」고 하였다.
16) 神壇樹 : 『帝王韻紀』인용의 『本紀』,『應制詩註』인용의 『古記』는 '神檀樹'로
　　썼다. 신단수는 천·지·지하계의 접합점에 있는 성역이며, 만물이 생성되며, 太
　　儀를 재현하는 聖壇을 상징한다는 견해가 있다.(黃浿江,「檀君神話의 한 硏究」,
　　『檀君神話論集』(李基白 編), 새문사, 1988, p.78)
17) 桓雄天王 : 『帝王韻紀』인용의 『本紀』는 '檀雄天王'이라고 썼다.
18) 凡主人間三百六十餘事 : 李丙燾는 人間三百六十餘事를 주재했다는 것은 1년
　　360여 일에 관한 모든 인간사·인간행위를 관장한다는 것으로 해석하였다.(黃
　　浿江,「檀君神話의 解釋」,『檀君神話論集』(李基白 編), 새문사, 1988, p.59)
19) 時一熊一虎 同穴而居 : 같은 굴에 사는 곰과 호랑이를 토템동물로 간주하고,
　　북방민족에 있는 2개의 토템이 본래 같은 근원이었음을 말하려는 것으로 해석
　　한 견해도 있다.(崔南善, 앞의 책, p.33)

이 되었으나, 범은 금기하지 못해서 사람의 몸이 되지 못하였다.[20] 여자가 된 곰은 더불어 혼인할 상대가 없었으므로 매번 단수(壇樹) 아래에서 아이를 잉태하게 해달라고 빌었다. 환웅은 이에 잠시 [사람으로] 변하여 그와 혼인하여 [그가] 잉태하여 아들을 낳으니,[21] 이름을 단군왕검[22]이라고 하였다.

　[왕검은] 요임금이 왕위에 오른지 50년이 되는 경인(庚寅)[23]〈요임금이 왕위에 오른 원년은 무진(戊辰, BC 2333)[24]이므로 50년은 정사(丁巳)이지 경인이 아니다. 아마도 그것은 사실이 아닌 것 같다.〉에 평양성(平壤城)〈지금의 서경(西京)〉에 도읍하고 비로소 조선(朝鮮)이라고 불렀다. 또 도읍을 백악산(白岳山) 아사달(阿斯達)[25]로 옮겼는데, [그곳을] 또는 궁(弓)〈방(方)으로도 쓴다.〉홀산(忽山) 또는 금미달(今彌達)이라고도 부르니 [이

---

20) 時有一熊一虎…而不得人身 : 『帝王韻紀』인용의 『本紀』에는 「令孫女飲藥 成人身」이라고 하여 '곰과 범', '쑥과 마늘'의 소재는 보이지 않는다.

21) 熊女者…孕生子 : 환웅과 웅녀를 雙分體制上의 2개의 半族(moiety)을 대표하는 것으로 보았다.(金哲埈, 「新羅上代社會의 Dual Orientation 上」, 『歷史學報』 1, pp.16-19. 黃浿江, 앞의 책, p.9)

22) 壇君王儉 : 『應制詩註』인용의 『古記』는 단군이 非西岬河伯의 딸을 취하여 아들을 낳았는데, 이가 夫妻로서 東扶餘王이 되었고, 禹王이 諸侯를 塗山에 모을 때 단군이 부루를 보냈다고 하였다. [遺] 卷1 王曆에서는 고려 東明王 高朱蒙을 壇君의 아들이라고 하였고, 또 卷1 紀異 高句麗條에서 인용한 『壇君記』는 단군이 西河河伯의 딸을 취하여 부루를 낳았다고 하고, 부루는 解慕漱가 하백의 딸과 사통하여 낳은 朱蒙과 異母兄弟가 된다고 하였다.

23) 庚寅 : 『應制詩註』인용의 『古記』는 唐堯와 같은 날에 즉위했다고 하였고, 洪萬宗의 『海東異蹟』과 『東國歷代總目』은 당요 25년 무진년(BC 2332)에 즉위했다고 하였다.

24) 戊辰 : 李戊祥 著·張道斌 監修, 『最新 國史大年表』, 國史院, 1956, p.1 참조.

25) 阿斯達 : 李丙燾는 아사달을 陽達, 즉 朝陽, 朝光의 땅으로 이해하고, 조선의 原義일 것으로 보았다. 아사달은 우리말의 音寫로서 '앗달'로 읽힌다고 하였다.(李丙燾, 「檀君說話의 解釋과 阿斯達問題」, 『檀君神話研究』(이은봉 편), 온누리, 1986, p.60)

곳에서] 1천 5백 년 동안 나라를 다스렸다.26) 주(周)나라 무왕[虎王]
이 왕위에 오른 기묘(己卯, BC 1122)27)에 기자(箕子)를 조선에 봉하
니, 단군은 이에 장당경(藏唐京)28)으로 옮겼다가 뒤에 돌아와 아사달
에 숨어서 산신이 되었으니, 나이가 1천 9백 8세였다.29)」

당(唐)나라의 배구전(裵矩傳)30)에는 「고려(高麗)31)는 본래 고죽

---

26) 御國一千五百年 : 단군의 재위연간을 『海東異蹟』은 1202년, 『東國歷代總目』
  은 1017년으로 잡고 있다.

27) 己卯 : 단군 終位의 해를 『應制詩註』의 『古記』 인용문에서는 「商武丁八年乙
  未」, 『海東異蹟』에서는 「周武王元年」, 『東國歷代總目』에서는 「商武丁八年」으
  로 썼다.

28) 藏唐京 : [麗史]는 卷58 地理志3 儒州條에서 「九月山 : 세상에 전하기를 阿
  斯達山이라고 한다. 庄庄坪 : 세상에 전하기를 단군이 도읍한 곳으로, 곧 唐莊
  京을 잘못 쓴 것이다. 三聖祠 : 檀因ㆍ檀雄ㆍ檀君의 사당이 있다」고 하였다.
  [勝覽]은 卷42 文化縣 古跡條에서 「莊唐坪 : 문화현 동쪽 15리에 있다. 세상에
  전하기를, 단군이 도읍한 곳으로 그 터가 아직도 남아 있다고 한다」고 하였다.
  [麗史]는 「莊莊坪을 곧 唐藏京으로 간주하여 주장했다」고 하였다. 『世宗實錄』
  은 卷152 地理志 文化縣에서 「庄庄坪은 문화현 동쪽에 있다. 세상에 전하기를,
  조선의 단군이 도읍한 곳이라 한다. 이는 곧 唐莊京을 잘못 쓴 것이다」고 하였
  다.

29) 壽一千九百八歲 : 權踶의 『歷代世年歌』와 『應制詩註』 인용의 『古記』는 단군
  의 수명을 1048세, 『海東異蹟』은 1508세로 썼다. 이것은 [遺] 인용의 『古記』의
  연기(치세 1500년, 수명 1908세)와 『帝王韻紀』 인용의 『本紀』의 연기(치세
  1038년)와도 차이가 있다. 『東國通鑑』은 外紀에서 단군조선에 관한 『古記』의
  연기에 대해 다음과 같이 비판하였다. 「『古記』에 이르기를, 단군은 堯와 더불어
  무진년에 병립하고 虞夏를 거쳐 商나라 무정 8년 을미에 아사달산에 들어가 신
  선이 되고, 1048년 동안 살았다는 이 말은 의심스럽다. 상고하건대, 堯의 등극은
  上元 갑자, 갑진년이고, 단군의 등극은 그후 25년에 해당하는 무진년이다. 이는
  곧 요와 병립하지 않았음을 알 수 있다. 唐虞로부터 夏商에 이르기까지 세상이
  점점 요박(澆薄)하여 나라를 가장 오래 다스린 군왕이 50, 60년에 지나지 않았
  다. 어찌 단군만이 유독 1048년이나 살면서 나라를 다스렸겠는가. 그 말의 잘못
  을 알 수 있다. 옛사람이 말하는 1048년이라는 것은 단군이 世代를 전한 歷年의
  숫자이며, 단군의 나이가 아니라는 것이 이치에 맞다.」

30) 唐裵矩傳 : 『舊唐書』 卷63 列傳13 裵矩에 「高麗는 본래 孤竹國이다. 周代에
  箕子를 봉하고, 漢 때 나누어 세 군을 삼았다. 晉씨는 또한 遼東에 통합하였다」

국(孤竹國)〈지금의 해주(海州)32)〉으로 주나라가 기자를 봉해 조선이라고 하였다. 한(漢)나라 때 나누어 3군을 두어 현도(玄菟)·낙랑(樂浪)·대방(帶方)〈북대방(北帶方)〉이라 이른다33)」라고 하였다.

『통전(通典)』34)에도 이 설명과 같다.〈『한서(漢書)』35)에는 진번[眞]·임둔[臨]·낙랑[樂]·현도[玄] 4군으로 되어 있는데, 여기에서는 3군이라고 하고 이름도 같지 않으니 어찌된 일인가?〉

의 문면은 있으나, [遺]에 나타난 '謂玄菟·樂浪·帶方'의 대목은 보이지 않는다. 아마도 찬자가 덧붙인 것이 아닌가 한다.

31) 高麗 : 高句麗를 말한다. 중국 史書(『周書』·『隋書』·『舊唐書』·『新唐書』 등)에서는 흔히 高麗로서 高句麗를 일컬었다. 鄭求福, 「高句麗의 '高麗'國號에 대한 一考」, 『何山鄭起燉教授停年紀念論叢』, 湖西史學會, 1992 참조.

32) 海州 : [麗史] 卷58 地理志3에서 해주에 대해 「따로 大寧·西海로 부르고, 또 孤竹이라고 불렀다」고 썼다. [勝覽] 卷43 海州牧 郡名에 孤竹을 들고, 裴矩의 설을 소개하고, 「夷齊를 어찌 東夷사람으로 말했는가?」 하고, 또 해주를 고죽으로 말한 李詹의 설을 언급하고, 그 근거에 대해 회의를 나타냈다.

33) 高麗本孤竹國…謂玄菟樂浪帶方〈北帶方〉: [史] 卷20 高句麗本紀 嬰陽王 18年 條에도 裴矩가 隋 煬帝에게 한 말이 보인다. 「黃門侍郞裴矩說帝曰 高句麗本箕子所封之地 漢晉 皆爲郡縣 今乃不臣 別爲異域 先帝欲征之久矣 但楊諒不肖 師出無功 當陛下之時 安可不取 使冠帶之境 遂爲蠻貊之鄕乎 今其使者 親見啓民 擧國從化 可因其恐懼 脅使入朝 帝從之」

34) 通典 : 중국 唐 杜佑(735-812)의 찬술. 총 300권. 上古로부터 唐代까지의 제도의 연혁을 9부문, 즉 食貨·選擧·職官·禮·樂·兵·刑·州郡·邊防으로 나누어 기술하였다.

35) 漢書 : 後漢의 班固가 撰하고, 班昭가 補撰하였다. 내용은 12帝紀 8表 10志 70列傳 등으로 이루어져 있으며 총 120권이다. 『後漢書』와 구분하여 『前漢書』 또는 『西漢書』라 부른다.

3. 魏[1]滿朝鮮

前漢朝鮮傳云 自始燕時 嘗[2]略得眞番朝鮮〈師古曰 戰國時燕[3]因[4]始[5]略得此地也〉爲置吏築障 秦滅燕 屬遼東外徼 漢興 爲遠難守 復修遼東故塞 至浿水爲界〈師古曰 浿在樂浪郡〉屬燕

燕王盧綰反入匈[6]奴 燕人魏[7]滿亡命 聚黨千餘人 東走出塞 渡浿水 居秦故空地上下障 稍役[8]屬眞番朝鮮蠻夷 及故燕齊亡命者王之都王儉[9]〈李曰地名 臣瓚[10]曰 王儉城在樂浪郡浿水之東〉以兵威侵降其旁小邑 眞番臨屯皆來服屬 方數千里 傳子至孫右渠〈師古曰 孫名右渠〉眞番辰國欲上書見天子 雍閼不通〈師古曰 辰謂辰韓也〉元封二年 漢使涉何諭右渠 終不肯奉詔 何去至界 臨浿水 使馭[11]刺殺送何者朝鮮裨王長〈師古曰 送何者名也〉卽渡水 馳[12]入塞 遂歸報 天子

---

1) 魏：[史]『史記索隱』『漢書補注』『魏略』衛.
2) 嘗：[正][品][斗][六] 常. [浩][民] 嘗.『史記』『漢書』嘗.
3) 燕：[正] □. [品][斗][浩][六][民] 燕.『漢書』燕.
4) 因：[浩][民] 國. [六] 因.『漢書』因.
5) 始：[斗] 是.
6) 匈：[正][品] 凶. [斗][浩][六] 匈.
7) 魏：[順] 衛(가믈). [品] 衛. [史]『史記索隱』『漢書補注』『魏略』衛.
8) 役：[正][晚][順] 伇. [石] 設. [品][斗][浩][六][民] 役.
9) 儉：『史記』險.
10) 瓚：[正] 讚. [品][斗][浩][六] 瓚.『史記』瓚.
11) 馭：[品] 馳.
12) 馳：[正] 馭. [品][斗][浩][六][民] 馳.『史記』馳.

拜何爲遼東東13)部都尉 朝鮮怨何 襲攻殺何

　天子遣樓船將軍楊僕 從齊浮渤海 兵五萬 左將軍荀彘出遼
討右渠 右渠發兵距嶮 樓船將軍將齊七千人 先到王儉 右渠城守 規14)
知樓船軍少15) 卽出擊樓船 樓船敗走 僕失衆遁山中獲免 左將軍擊
朝鮮浿水西軍 未能破 天子爲兩將未有利 乃使衛山 因兵威 往諭
右渠 右渠請降 遣太16)子獻馬 人衆萬餘持兵 方渡浿水 使者及左
將軍疑其爲變 謂太17)子 已服宜毋18)持兵 太19)子亦疑使者詐之
遂不渡浿水 復引歸 報20)天子誅山 左將軍破浿水上軍 迺前至城下
圍其西北 樓船亦往會 居城南 右渠堅守 數月未能下

　天子以久不能決 使故濟南太21)守公孫遂往正22)之 有便宜得23)
以從事 遂至 縛樓船將軍 并其軍與左將軍 急擊朝鮮 朝鮮相路人
相韓陶24) 尼谿相參 將軍王唊25)〈師古曰 尼谿地名 四人也〉 相與謀欲
降 王不肯之 陶26)唊路人 皆亡降漢 路人道死 元封三年夏 尼谿相
參 使人殺王右渠 來降 王儉27)城未下 故右渠之大臣成己又反 左

---

13) 東：[正][六]之. [品][斗][浩]東.『史記』『漢書』東.
14) 規：[浩][民]窺.
15) 少：[正][品][斗][六]小. [浩][民]少.
16) 太：[正]大.
17) 太：주 16)과 같음.
18) 毋：[正][斗]母. [品][浩][六]毋.
19) 太：주 16)과 같음.
20) 報：[浩]山還報.『史記』山還報.『漢書』山報.
21) 太：주 16)과 같음.
22) 正：[浩][民]征.
23) 得：[正][品][斗][六]將. [浩][民]得.『史記』『漢書』得.
24) 陶：[品]陰.
25) 唊：[六]唊.
26) 陶：주 24)와 같음.
27) 儉：주 9)와 같음.

將軍使右渠子長　路人子最　告諭其民　謀殺成己　故遂定朝鮮　爲眞
番　臨屯　樂浪　玄菟　四郡

위만조선

『전한서[前漢]』조선전(朝鮮傳)[1]에는 다음과 같은 글이 있다.

「처음 연(燕)나라[2] 때부터 일찍이 진번(眞番)[3]·조선[4](朝鮮)〈안사고[師古][5]는 전국시대에 연나라가 처음으로 이 땅을 침략해서 차지했다고 하였다.〉을 침략해서 얻고 관리를 두어 요새를 쌓았다. 진(秦)나라[6]가 연

---

1) 前漢朝鮮傳 : 前漢은 『前漢書』를 말한다. 朝鮮傳은 卷95의 西南夷兩奧朝鮮傳에 실려 있다.

2) 燕 : 戰國 7雄 중의 하나로 河北省 동북부를 본거지로 해 薊(大興縣)에 도읍했던 나라이다. 『史記』는 周武王 때 殷을 멸망시키고 召公奭을 北燕에 봉하였으며, 43代 喜王 33年(BC 222)에 秦에 멸망되었다고 적고 있다.

3) 眞番 : 이미 古朝鮮시대에 眞番이 있었음을 이 기록을 통해 알 수 있다. 후에는 漢四郡의 하나로 眞番郡이 설치되었다. 위치에 대해서는 주로 3가지 설로 요약된다. ①遼東·高句麗地域·肅愼地域 등에 비정하는 在北說, ②忠淸道·全羅道에 비정하는 在南說, ③黃海道·京畿道·江原道의 일부에 비정하는 李丙燾의 설 등이 있다.

4) 朝鮮 : 朝鮮 명칭의 유래에 대해서 『史記集解』에는 3세기경의 張晏의 말을 인용하여 「朝鮮有濕水洌水汕水 三水合爲洌水 疑樂浪朝鮮取名於此也」라는 기사를 싣고 있다. 그리고 [勝覽]에는 해가 뜨는 동쪽 끝지역이므로, 또 『東史綱目』에는 鮮卑의 동쪽에 있으므로 朝鮮으로 불렀다고 각각 쓰여 있다.

5) 師古 : 顔師古. 중국 唐의 萬年縣 출생으로, 姓은 顔, 이름은 籀, 師古는 字이다. 관직은 唐 高祖 때 朝散大夫 中書舍人에 이르고 訓詁學에 정통하였다. 太宗 때 太子 承乾의 명을 받아 『漢書』100권에 注를 달았다.(『舊唐書』 卷73 顔籀傳 참조)

6) 秦 : 戰國 7雄 중의 하나(BC 249-BC 207). 처음에 도읍을 甘肅省 동부에 두었으나, 차츰 동으로 이동하여 渭水邊 咸陽에 두었으며, 중국 최초로 통일왕조를 이루었다. 燕을 멸망시킨 것은 31대 始皇帝 政 때의 일이다.

나라를 멸망시키고 요동(遼東)[7]의 변방[徼][8]에 소속시켰다. 한(漢)나라가 일어나서는 [이 땅이] 멀어서 지키기 어렵다고 하여[9] 다시 요동의 옛요새를 수축하고 패수(浿水)[10]에 이르러 경계를 삼고〈안사고는 패수가 낙랑군(樂浪郡)[11]에 있다고 하였다.〉 연나라에 소속시켰다.

연나라 왕 노관(盧綰)[12]이 [한나라를] 배반하여 흉노[13]로 들어가자, 연나라 사람 위만(魏滿)[14]은 망명하여 무리 1천여 명을 모아서 동쪽으로 요새를 빠져 달아나 패수를 건너 진나라 때의 옛 빈 땅[15]에 있던 상하 요새에서 살았다. [그는] 진번·조선의 오랑캐들과 옛 연나라와 제(齊)나라[16]의 망명자들을 점차 복속시키고 왕이 되어 왕검(王

---

7) 遼東 : 遼東郡. 秦代에 지금의 遼河 동쪽에 두었던 郡으로 治地는 襄平(지금의 遼陽)이다.(『漢書』地理志(下) 遼東郡條 참조)

8) 徼 : 『史記索隱』에 「徼는 塞이다. 木柵과 江으로 蠻夷와 경계를 이룬다」라는 기사가 있다. 顏師古는 『漢書』 鄧通傳에서 「東北에 있는 것을 塞라고 하고 西南에 있는 것을 徼라고 한다」고 하였다.

9) 爲遠難守 : 『史記』「爲其遠難守」.

10) 浿水 : 패수의 위치에 대해서는 漢魏 때는 鴨綠江(『史記』朝鮮傳), 隋唐 때는 大同江(『隋書』高麗傳), 百濟 때는 臨津江·禮成江([史]) 등으로 보았다. 그 외 여기의 浿水를 淸川江(李丙燾, 『韓國古代史硏究』, 博英社, 1976, p.87), 遼河, 大凌河, 灤河 등에 비정하는 설이 있다.

11) 樂浪郡 : 漢四郡 중의 하나. 313년에 高句麗에 의하여 축출되었다. 위치에 대해서는 遼寧說, 平壤說, 松花江流域說, 移動說 등 여러 학설로 갈려 있고, 최근 북한에 의해 新平壤說이 제출되었다.

12) 盧綰 : 漢高祖와 同鄕으로 같은 날에 출생했다고 한다. 將軍이 되어 臧荼를 격파하고 盧王이 되었으나 뒤에 陳豨일로 의심을 받자 BC 195년 匈奴로 달아나 東胡盧王으로 봉해졌다.

13) 匈奴 : BC 4세기 말부터 약 5백 년 동안 蒙古지역을 중심으로 중국 북방을 지배했던 騎馬民族. 漢과 오랫동안 대치했으나, 武帝 때는 衛靑, 霍去病 등에게 타격을 받았다.

14) 魏滿 : 秦 시기의 燕 사람. 秦末의 혼란을 틈타 군대를 일으켜 朝鮮을 격멸하고 스스로 왕이 되었다.(『漢書』참조)

15) 故空地 : 사람이 살지 못하게 금한 땅이며 일종의 완충지대이다. 위치에 대해서는 遼寧說과 平安道 博川說이 있다.

儉)17)〈이기[李]18)는 지명이라고 하고, 신찬(臣瓚)19)은 왕검성이 낙랑군의 패수 동쪽에 있다고 하였다.〉에 도읍하였다. 군대의 힘으로 곁에 있는 작은 읍20)들을 침략하여 항복시키니 진번과 임둔(臨屯)21)이 모두 와서 복속되어 영역이 수천 리나 되었다. [왕위를] 아들에게 전하고, 손자 우거(右渠)22)〈안사고는 손자의 이름이 우거라고 하였다.〉에 이르러 진번과 진국(辰國)23)이 국서를 올려 천자를 뵙고자 했으나 [우거가] 가로막아 통

---

16) 齊 : 중국 戰國 7雄 중의 하나. 周의 太公望의 分封地. 周의 安王 때 田敬仲에게 찬탈당하고 후에 秦에 병합되었다. 영역은 山東省 益都縣에서 歷城·聊城에 이르고 北은 河北省 景縣·滄縣을 포함하는 지역이다.

17) 王儉 : 『史記』·『漢書』에는 '王險'으로 되어 있다. 위치에 대해서는 遼寧說과 平壤說이 있다.

18) 李 : 『漢書』朝鮮傳에 注를 단 李奇를 지칭한다.([品] 上, p.317)

19) 臣瓚 : 晉代 사람으로 姓氏와 출생 郡縣은 알 수 없으나, 『史記』朝鮮傳에 실려 있고 『漢書集解音義』24권을 지었다.([品] 上, p.318)

20) 小邑 : 『說文解字』에 「邑은 國이다」라는 기사가 있고 [史]에는 高句麗가 「荇人國·北沃沮를 병합하여 城邑으로 삼았다」라는 기사가 있다.

21) 臨屯 : 古朝鮮 당시 존재하고 있었음을 이 기사를 통해 알 수 있다. 뒤에는 漢四郡 중의 하나로 등장한다. 위치에 대해서는 大關嶺以東-江陵一帶說([麗史]地理志), 李世龜의 江原道 全域說(『東國三韓四郡古今疆域說』), 丁若鏞의 京畿西部地域說(『我邦疆域考』), 李丙燾의 咸鏡南道·江原道北部地域說(『韓國古代史研究』, 博英社, 1976, pp.191-209) 등이 있다.

22) 傳子孫右渠 : 『史記』에는 右渠 다음에 「所誘漢亡人滋多 又未嘗入見」이 더 있다.

23) 眞番辰國 : 『史記』朝鮮列傳 通俗本에는 「眞番旁衆國」이라 되어 있다. 辰國에 대해서는 여러 학설이 있다. 李丙燾는 馬韓의 최대부족 君長이 辰王이고, 辰王은 目支國에 도읍하였고, 그가 통치하는 나라가 辰國이라고 하였다.(앞의 책, pp.238-241) 金貞培는 衛滿과 동시기에 남부에 있었던 나라라고 하였다.(『韓國古代의 國家起源과 形成』, pp.252-255) 千寬宇는 『三國志』韓傳의 기사를 취하여 北辰韓이 남하하면서 경상도지역에 정착하기 전 韓半島 중부지역에 일정기간 존재했던 나라라고 하였다.(『古朝鮮史·三韓史研究』, 一潮閣, 1989, pp.369-370) 李賢惠는 支石墓·石棺墓 및 靑銅器를 기반으로 해서 충청도·전라도지역에 있었던 다수의 정치집단들을 포괄한 나라라고 하였다.(『三韓社會形成過程研究』, 一潮閣, 1984, pp.37-47)

하지 못하였다.24)〈안사고는 진(辰)은 진한(辰韓)이라고 하였다.〉원봉(元封)25)
2년(BC 109)에 한나라가 섭하(涉何)26)를 시켜 우거를 타일렀으나27)
끝내 천자의 명령을 받들지 않았다. 섭하가 돌아가 경계에 이르러28)
패수에 다다르자, 마부[馭]29)를 시켜 자기를 배웅하는 조선의 장수
[裨王] 장(長)30)〈안사고는 섭하를 배웅하는 사람의 이름이라고 하였다.〉을 찔
러 죽이게 하고, 곧 패수를 건너 요새로 달려들어가 마침내 돌아와 보
고하였다. 천자(天子)31)가 섭하를 임명하여 요동의 동부도위(東部都
尉)로 삼자,32) 조선은 섭하를 원망하여 그를 습격하여 죽였다.

천자는 누선장군(樓船將軍) 양복(楊僕)33)을 보내 제(齊)나라로부
터 발해(渤海)로 출항하게 하니, 군사가 5만 명이었고, 좌장군 순체
(荀彘)34)는 요동으로 나와 우거를 치니, 우거는 군대를 일으켜 험한

---

24) 雍閼不通 : 『史記』「又擁閼不通」, 『漢書』「又雍閼弗通」.
25) 元封 : 중국 漢 武帝의 연호(BC 110-BC 105).
26) 涉何 : 『史記』와 『漢書』의 朝鮮傳에만 등장하는 인물로서 자세한 사항은 알
　　수 없다.
27) 涉何諭右渠 : 『史記』「涉何譙諭右渠」 혹은 「涉何誘諭右渠」.
28) 至界 : 『史記』「至界上」.
29) 馭 : 『史記』「御」.
30) 裨王長 : 『漢書』 衛靑傳에 衛靑이 匈奴 右賢王을 쫓을 때 右賢裨王을 잡았다
　　는 기사에 대해 顔師古는 小王이라고 하고 裨將이라는 말과 같다고 하였다. 한
　　편 長에 관해서는 裨王의 이름으로 보았으나(顔師古) 裨王과 壯士인 長의 두
　　사람으로 보는 설도 있다.(尹乃鉉)
31) 天子 : 여기서는 漢武帝를 가리킨다.
32) 天子拜何爲遼東東部都尉 : 都尉는 漢代에 각 郡에 설치한 郡將으로 북부·
　　남부·동부·서부都尉를 두었으며 邊方郡인 遼東郡에만 中央都尉를 더 두었
　　다.
33) 樓船將軍楊僕 : 樓船將軍은 漢代 將軍名號 중의 하나. 楊僕은 漢代 宜陽 사
　　람으로 漢 武帝 때 樓船將軍으로서 南越을 정벌한 공으로 將梁侯에 봉해졌으
　　나 朝鮮을 친 후에 죄를 얻어 庶人이 되었다.(『史記』 卷122)
34) 左將軍荀彘 : 左將軍은 漢代 將軍名號 중의 하나. 左右 前後 車騎 驃騎將軍

지형을 의지하여 막았다. 누선장군은 제나라 군사 7천 명을 거느리고
먼저 왕검성에 도착하였다.[35] 우거는 성을 지키면서 누선의 군대가
적은 것을 알아내고 즉시 나가서 누선을 치니 누선은 패하여 달아났
다.[36] [누선장군] 양복은 군사를 잃고 산속으로 도망하여 잡히지는
않았다.[37] 좌장군은 조선의 패수 서쪽 군대를 쳤으나 격파하지 못하
였다.[38] 천자는 두 장군이 유리하지 못하다고 여겨, 이에 위산(衛山)[39]
을 시켜 군대의 위엄으로써 가서 우거를 타일르게 하였다. 우거는 항
복을 청하고[40] 태자를 보내 말을 바치기로 하였다.[41] 무리 만여 명이
무기를 가지고 막 패수를 건너려 할 때, 사자[위산]와 좌장군[순체]은
그들이 변을 일으키지나 않을까 의심하여 태자에게 이르기를, "이미
항복[42]하였으니 마땅히 무기를 지니지 말라"고 하였다.[43] 태자도 사
자가 자기를 속일까 의심하여[44] 마침내 패수를 건너지 않고 다시 이
끌고 돌아갔다. [위산이] 천자에게 보고하니[45] 위산을 목베었다. 좌장

을 두었으나 항상 두지는 않았다.(『史記』) 筍彘는 漢代 太原廣武 사람으로 大
將軍 衛靑을 따라 匈奴를 격파했으나 武帝 때 朝鮮을 치면서 楊僕과 功을 다
투다가 처형되었다.(『史記』, 『漢書』)

35) 先到 : 『史記』「先至」.
36) 樓船敗走 : 『史記』「樓船軍敗散走」, 『漢書』「樓船軍敗走」.
37) 僕失衆遁山中獲免 : 『史記』「將軍楊僕失其衆 遁山中十餘日 稍求收散卒 復
聚」, 『漢書』「將軍楊僕失其衆」.
38) 未能破 : 『史記』「未能破自前」.
39) 衛山 : BC 111년에 北部都尉로서 霍去病이 匈奴를 칠 때 공을 세워 信陽侯에
봉해졌다.(『史記』, 『漢書』)
40) 右渠請降 : 『史記』「右渠見使者頓首謝 願降 恐兩將詐殺臣 今見信節 請服降」.
41) 獻馬 : 『史記』「入謝獻馬五千匹 及饋軍糧」.
42) 已服 : 『史記』「已服降」.
43) 宜毋 : 『史記』「宜命人毋」.
44) 太子亦疑使者詐之 : 『史記』「太子亦疑使者左將軍詐殺之」.
45) 報 : 『史記』「[衛]山還報天子」.

군은 패수가의 군대를 격파하고 전진하여[46] 성 아래에 이르러 그 서
북쪽을 포위하였다. 누선장군도 와서 [군사를] 모아 성 남쪽에 있었다.
우거가 [성을] 굳게 지키니[47] 여러 달이 되어도 함락시킬 수 없었다.

천자는 [전쟁이] 오랫동안 결판이 나지 않자,[48] 전 제남태수(濟南
太守) 공손수(公孫遂)[49]를 시켜 가서 치게 하되, 편의에 따라 일을
처리하도록 하였다. 공손수가 도착하여[50] 누선장군을 묶어 놓고[51] 그
의 군대를 합쳐 좌장군과 함께[52] 급히 조선을 쳤다.[53] 조선의 재상[54]
노인(路人)[55]과 한음[韓陶],[56] 이계(尼谿)의 재상[相][57] 삼(參),[58]

---

46) 酒前 : 『史記』「乃前」.

47) 右渠堅守 : 『史記』「右渠遂堅守城」.

48) 天子以久不能決 : 『史記』・『漢書』에는 다음과 같이 되어 있다. 「左將軍素侍
中 幸將燕代卒 悍乘勝 軍多驕 樓船將齊卒 入海固已多敗亡 其先與右渠戰 困
辱亡卒 卒皆恐 將心慙 其圍右渠 常持和節 左將軍急擊之 朝鮮大臣乃陰間使人
私約降樓船 往來言 尙未肯決 左將軍數與樓船期戰 樓船欲急就其約 不會 左將
軍亦使人求間郤降下朝鮮 朝鮮不肯 心附樓船 以故兩將不相能 左將軍心意樓
船前有失軍罪 今與朝鮮私善而又不降 疑其有反計 未敢發 天子曰 將率不能 前
乃使衛山諭降右渠 右渠遣太子 山使不能剸決 與左將軍計相誤 卒沮約 今兩將
圍城又乖異 以故久不決」

49) 公孫遂 : ?-BC 109.

50) 遂至 : 『史記』・『漢書』에는 「遂至 左將軍曰 朝鮮當下久矣 不下者有狀 言樓
船數期不會 具以素所意告遂曰 今如此不取 恐爲大害 非獨樓船 又且與朝鮮共
滅吾軍 遂亦以爲然 而以節召樓船將軍 入左將軍營計事 卽令左將軍麾下」로 되
어 있다.

51) 縛 : 『史記』「捕」.

52) 幷其軍與左將軍 : 『史記』・『漢書』「幷其軍 以報天子 天子誅遂 左將軍已幷
兩軍」.

53) 急擊朝鮮 : 『史記』・『漢書』「卽急擊朝鮮」.

54) 朝鮮相 : 李丙燾에 의하면 朝鮮相・尼谿相은 중국의 관직제도를 모방해 설치
한 것으로 중앙과 지방을 분간하지 않고 모두 相이라고 하였다고 한다.(『韓國
史』古代篇, 一潮閣, 1977, p.143)

55) 路人 : 右渠 때 衛滿朝鮮의 宰相. 자세한 사항은 알 수 없다.

56) 韓陶 : 『史記』・『漢書』에는 '韓陰'으로 되어 있다. 右渠 때 衛滿朝鮮의 宰相.

장군 왕협(王唊)[59]〈안사고는 이계는 지명이니 4명이라고 하였다.〉이 서로 모의하여 항복하려고 했으나, 왕은 이를 듣지 않았다.[60] 한음, 왕협, 노인은 모두 도망하여 한나라에 항복했는데, 노인은 길에서 죽었다. 원봉 3년(BC 108) 여름에 이계의 재상 삼은 사람을 시켜[61] 우거왕을 죽이게 하고 와서 항복했으나, 왕검성이 아직 함락되지 않았으므로 우거의 대신 성기(成己)[62]가 또 배반[63]하였다. 좌장군은 우거의 아들 장(長)[64]과 노인의 아들 최(最)를 시켜 그들의 백성을 타일러 성기를 모략으로 죽이게 하였다. 이 때문에 마침내 조선을 평정하고 진번·임둔·낙랑·현토의 4군으로 삼았다.[65]」

자세한 사항은 알 수 없다.

57) 尼谿相 : 앞의 주석 54) 참조.

58) 參 : 右渠 때 衛滿朝鮮의 尼谿지방의 宰相. 자세한 사항은 알 수 없다.

59) 王唊 : 右渠 때 衛滿朝鮮의 장군. 자세한 사항은 알 수 없다.

60) 相與謀欲降 王不肯之 : 『史記』·『漢書』에는 「相與謀曰 始欲降樓船 樓船今執 獨左將軍并將 戰益急 恐不能與戰 王又不肯降」으로 되어 있다.

61) 使人 : 『史記』·『漢書』「乃使人」.

62) 成己 : 右渠 때 衛滿朝鮮의 大臣. 자세한 사항은 알 수 없다.

63) 又反 : 『史記』·『漢書』에는 「又反 復攻吏 左將軍」으로 되어 있다.

64) 長 : 『史記』建元以來侯者年表에는 「長䧿」으로 되어 있다.

65) 四郡 : 『史記』·『漢書』에 四郡 다음에 다음의 기록이 더 있다. 「封參爲澅淸侯 陰爲秋苴侯 唊爲平州侯 長爲幾侯 最以父死頗有功 爲溫陽侯 左將軍徵至 坐爭功相疾乖計 棄市 樓船將軍 亦坐兵至列口 當待左將軍 擅先縱 失亡多 當誅 贖爲庶人」.

4. 馬韓

魏志云 魏[1]滿擊朝鮮 朝鮮[2]王準率宮人左右 越海而南至韓地 開國 號馬韓 甄萱上太[3]祖書云 昔馬韓先起 赫世勃興 於是 百濟 開國於金馬山

崔致遠云 馬韓麗也 辰韓羅也〈據本紀 則羅先起甲子 麗後起甲申 而此 云者 以王準言之耳 以此知東明之起 已幷馬韓而因之矣 故稱麗爲馬韓 今人或認 金馬山 以馬韓爲百濟者 蓋誤濫也 麗地自有馬邑山[4] 故名馬韓也〉

四夷 九夷 九韓 穢貊 周禮職方氏掌四夷 九貊者 東夷之種 卽 九夷也 三國史云 溟州古穢國 野人耕田 得穢王印 獻之 又春州古 牛首州古貊國 又或云今朔州是貊國 或平壤城爲貊國 淮南子注云 東方之夷九種 論語正義云 九夷者 一玄菟 二樂浪 三高麗 四滿飾 五鳧臾 六索[5]家 七東屠 八倭人 九天鄙 海東安弘記云 九韓者 一 日本 二中華 三吳越 四乇[6]羅 五鷹遊 六靺鞨 七丹國 八女眞[7] 九穢貊

---

1) 魏 : [浩] 衛. 『史記』『漢書』『三國志』衛.
2) 朝鮮 : [六] 없음.
3) 太 : [正] 大.
4) 馬邑山 : [正][品][斗][六] 邑山. [浩] 馬邑山. [史][勝覽] 馬邑山.
5) 索 : [正][品][斗][浩][六] 素. 『爾雅』李巡의 注에는 索.
6) 乇 : [遺] 卷3 塔像 皇龍寺九層塔條에는 托.
7) 眞 : [遺] 卷3 塔像 皇龍寺九層塔條에는 狄.

마한

[『삼국지』] 위지(魏志)[1]에는 「위만(魏滿)[2]이 조선을 치자, 조선왕
준(準)[3]은 궁인과 측근 신하[4]를 거느리고 바다를 건너 남쪽으로 한
(韓)의 땅[5]에 이르러 나라를 세우고 마한(馬韓)[6]이라고 하였다[7]」고

---

1) 魏志 : 중국 晉의 陳壽가 魏·吳·蜀 三國의 역사를 기록한 『三國志』의 魏
   志·吳志·蜀志 중의 하나. 魏志는 本紀 4권, 列傳 26권으로 총 30권으로 되어
   있다.
2) 魏滿 : [遺] 卷1 紀異 魏滿朝鮮條 참조.
3) 朝鮮王準 : 古朝鮮의 마지막 왕. 생몰년 미상. 위만에게 나라를 빼앗겼으나 馬
   韓을 공파하고 韓王이 되었다고 한다.(『後漢書』 東夷傳) 準王과 馬韓을 연관
   시키는 견해가 일반적이나, 辰國, 辰韓이 準王과 연관이 있는 것으로 보는 견해
   도 있다.(金貞培)
4) 宮人左右 : 궁 내에 있는 측근의 가족과 신하.
5) 韓地 : 앞의 주석 3) 참조.
6) 馬韓 : 馬韓·辰韓·卞韓의 三韓 중 馬韓은 50여 국으로 이루어졌다. 주민은
   농경을 주로 하고 部族에는 長帥가 있어 큰 이는 臣智 버금가는 이는 邑借라고
   하였다. 城郭은 없으며 大國은 1만여 家, 小國은 수천家로 총 10여 만호였다.
   辰王은 月支國(『後漢書』에는 目支國)을 다스리고 馬韓의 盟主역할을 하였다.
   (『三國志』 東夷傳 韓條) 馬韓은 韓半島의 서부인 지금의 京畿·忠清·全羅지
   역에 있었다. 3세기경 팽창하는 백제에 의해 남쪽으로 계속 밀리다가 소멸한 것
   으로 추정되고 있다. 目支國의 위치 내지 馬韓의 中心地에 대해서는 益山說
   ([麗史] 地理志 金馬郡條·『世宗實錄』 地理志 全羅道益山郡條·[勝覽] 全羅
   道 益山郡條 등), 廣州說(安在鴻), 公州說(申采浩), 서울說(申采浩·鄭寅普),
   稷山說(李丙燾), 仁川說(千寬宇), 禮山說(金貞培), 洪城說(千寬宇), 稷山에
   있다가 뒤에 羅州로 이동했다고 보는 說(崔夢龍), 錦江流域說(姜仁求) 등이
   있다.
7) 準率宮人左右 越海而南至韓地 開國 號馬韓 : 『三國志』 東夷傳 韓條에는 「
   將其左右宮人 走入海 居韓地 自號韓王」으로 되어 있다.

하였다. [후백제의] 견훤(甄萱)8)이 [고려] 태조(太祖)9)에게 올린 글에는 「옛날 마한이 먼저 일어나고 박혁거세[赫世]가 나라를 세우니, 10) 이즈음에 백제가 금마산(金馬山)11)에 나라를 세웠다」고 하였다.

최치원(崔致遠)12)이 말하기를, "마한은 고구려이고 진한은 신라이다"라고 하였다.〈[『삼국사기』] [신라]본기(本紀)에 의하면, 신라가 먼저 갑자(甲子, BC 57)에 일어나고 고구려는 그후 갑신(甲申, BC 37)에 일어났다고 하였다. 그런데 이렇게 [고구려가 먼저 일어났다고] 말한 것은 조선왕 준(準)을 두고 말한 것이다. 이로써 동명왕[東明]13)이 일어난 것은 이미 마한을 아울렀기 때문임을 알 수 있다. 이 때문에 고구려를 일컬어 마한이라고 한 것이다. 오늘날 사람들이 더러 금마산을 인정하여 마한이 백제가 되었다고 하는 것은 대체로 잘못된 것이다. 고구려땅에는 본래 마읍산(馬邑山)14)이 있으므로 이름을 마한이라고 한 것이다.〉

---

8) 甄萱 : 後百濟를 건국한 왕. 자세한 것은 [遺] 卷2 紀異 後百濟 甄萱條 참조.
9) 太祖 : 고려 太祖 王建.
10) 赫世勃興 : 朴赫居世가 일어나 나라를 세운 것을 가리킨다.
11) 金馬山 : 全羅北道 益山市 金馬面에 있는 산. 구체적으로 益山郡의 鎭山인 乾子山과 龍華山(彌勒山) 중의 하나로 추정된다.
12) 崔致遠 : 신라 말기의 학자이자 문인. 857-?. 慶州의 沙梁部에서 출생했고, 字는 孤雲·海雲이며, 諡號는 文昌侯이다. 12세에 唐에 유학하여 17세에 登科하고 벼슬이 累進하여 중국 天子로부터 紫金魚袋를 하사받았다. 黃巢의 난이 일어나자 高騈 휘하에 들어가 진압에 종사하고 '討黃巢檄文'을 지어 이름을 날렸다. 眞聖女王 때에 귀국해 벼슬길에 올라 富城郡太守가 되었다. 그러나 6頭品 출신으로 출신성분의 제약을 받자, 관직을 그만두고 오로지 학문에만 힘을 쏟다가 伽倻山에 들어가 세상을 등지고 살았다고 전한다. 저술로는 『四六集』과 『桂苑筆耕集』이 있고, 金石文으로는 四山碑銘(智異山 雙磎寺 眞鑑禪師大空塔碑·萬壽山 聖住寺 朗慧和尙白月葆光塔碑·初月山 大崇福寺碑·曦陽山 鳳巖寺 智證大師寂照塔碑)이 있다.
13) 東明 : 고구려의 始祖 東明聖王. 자세한 것은 [遺] 卷1 紀異 高句麗條 참조.
14) 馬邑山 : 馬邑山의 이름은 여러 책([史] 卷21·22 高句麗本紀 寶藏王條, [史] 地理志, [勝覽] 卷51 平壤府 古跡條, [遺] 卷1 紀異 太宗春秋公條 등)에 보인다. 平壤의 서남방에 있는 산으로 羅唐聯合軍이 平壤城을 공격할 때 唐將 蘇定方이 먼저 이 곳을 점령하였다고 한다. 여기에서는 馬邑山을 馬韓의 명칭 유래와 관련시키고 있으나 확실하지는 않다.

사이(四夷)15)는 구이(九夷)16)·구한(九韓)17)·예맥(穢貊)18)이니,
『주례(周禮)』19)에 「직방씨(職方氏)20)가 사이(四夷)와 구맥(九貊)을
관장하였다」라고 한 것은 동이(東夷)의 종족으로, 곧 구이(九夷)이다.
『삼국사(三國史)』21)에는 「명주(溟州)22)는 옛날의 예국(穢國)인데,
농부가 밭을 갈다가 예왕(穢王)의 인장을 발견하여 바쳤다23)」고 하

---

15) 四夷 : 고대 중국에서 주위에 있는 異民族을 일컫는 말. 東夷·西戎·南蠻·
   北狄 등을 四夷라고 하였다. 또 四裔라고도 하였다.(金庠基,『東方史論叢』)
16) 九夷 : 중국에서 말하는 많은 夷狄. 九種의 東夷.
17) 九韓 :『海東安弘記』에 보이는 九種의 種族을 가리킨다.
18) 穢貊 : 穢는『史記』에는 穢,『漢書』에는 穢, 또는 薉,『三國志』에는 濊로 되어
   있다. 현재는 일반적으로 濊라 쓴다. 穢貊은 고대 중국 동북지방과 한반도에 거
   주하던 종족으로서 穢貊을 연칭으로 해 하나의 종족으로 보는 견해(丁若鏞, 李
   丙燾 등), 穢族과 貊族을 별개의 종족으로 보는 견해(三上次男, 芮逸夫, 金貞
   培 등) 등이 있다. 또 後者의 견해는 두 가지로 나뉜다. 첫째로 穢族은 櫛文土
   器를 사용하던 종족이고, 貊族은 無文土器를 사용하던 종족으로 보는 견해(三
   上次男)가 있다. 둘째로 穢族은 松花江 嫩江유역과 韓半島에, 貊族은 山東半
   島·遼東半島 등지에 각각 달리 거주하나 결국 동일종족으로 봐야 한다는 견해
   가 있다.(芮逸夫, 金貞培) 요컨대 穢族과 貊族은 朝鮮族·夫餘族·韓族 등과
   함께 넓은 의미에서의 고대 朝鮮族을 구성한 같은 혈통의 종족으로 보아야 할
   것이다.
19) 周禮 : 周代의 官制를 기술한 책으로『周官』이라고도 하는데 周公 旦이 찬한
   것이라고 전한다. 내용은 6篇 360官으로 되어 있다. 後漢의 鄭康成이 注를 달고
   唐의 賈公彦이 疏를 지어 42권이 되었다.
20) 職方氏 : 周代의 관직 이름.『周禮』의 夏官소속으로 天下九州의 地圖를 장악
   하고 四方의 貢物을 취하였다.
21) 三國史 : 현존하지 않는다.『三國史』의 이름은『大覺國師文集』에는 海東三國
   史, 李奎報의『東明王篇』에는 舊三國史, [遺]에는 前三國史라고 하여 [史]와
   구별해 지칭하고 있다고 한다. 그러나 [史]를 三國史로 지칭한 용례가 [遺]와
  『世宗實錄』地理志에 보이므로 여기의『三國史』는 [史]를 지칭한 것으로 보는
   견해도 있다.(鄭求福,「高麗初期의 三國史編纂에 關한 一考」,『國史館論叢』
   45, 1993)
22) 溟州 : 지금의 江陵([勝覽] 卷44 江陵大都護府).
23) 穢王印 : [史] 卷1 新羅本紀 南解次次雄 16年 春2月條에 「北溟人耕田 得濊
   王印 獻之」라는 기사가 있다.

였다. 또 「춘주(春州)24)는 옛 [고구려 때의] 우수주(牛首州)25)로서 옛 맥국(貊國)이다26)」라고 하였다. 또는 「오늘날의 삭주(朔州)27)는 맥국이고, 혹은 평양성(平壤城)이 맥국이다」고 하였다. 『회남자(淮南子)』28)의 주(注)에는 「동방(東方)의 오랑캐는 9종족이다」고 하였다. 『논어정의(論語正義)』29)에는 「구이(九夷)는 (1)현도(玄菟) (2)낙랑(樂浪) (3)고려(高麗) (4)만식(滿飾)30) (5)부유(鳧臾)31) (6)색가(索家)32) (7)동도(東屠)33) (8)왜인(倭人) (9)천비(天鄙)34)이다」라고 하였다. 『해동안홍기(海東安弘記)』35)에는 「구한(九韓)은 (1)일본

---

24) 春州 : 지금의 春川. 고려 太祖 23년에 春州로 하였다는 기사가 있다.([勝覽] 卷46 春川都護府條)

25) 牛首州 : 지금의 春川.

26) 貊國 : 이와 관련해서 [史] 卷35 地理志2 朔州條에 「賈耽古今郡國志云 句麗之東南 濊之西 古貊地 蓋今新羅北朔州 善德王六年…爲牛首州置軍主…景德王改爲朔州 今春州」라는 기사가 있다.

27) 朔州 : 신라시대의 朔州는 지금의 春川이나 고려시대의 朔州는 지금의 平安北道 朔州郡이다. 지금의 朔州라는 지명은 고려 顯宗 9년(1020)에 시작되었다.([勝覽] 卷53 平安道 朔州都護府)

28) 淮南子 : 前漢의 淮南王 劉安이 撰하였으며, 原名은 『淮南鴻烈』로 20권으로 되어 있다. 後漢의 高誘가 注를 달았다.

29) 論語正義 : 『論語』에 魏의 何晏이 注를, 宋의 邢昺이 疏를 달았으며 20권으로 되어 있다.

30) 滿飾 : 『論語正義』와 『爾雅』 李巡의 注에 九夷의 하나로 滿飾을 들고 있다.

31) 鳧臾 : 夫餘와 음이 비슷해 夫餘의 다른 표기로 보고 있다.

32) 索家 : 『爾雅』 李巡의 注에도 索家를 九夷의 하나로 들고 있다.

33) 東屠 : 『論語正義』와 『爾雅』 李巡의 注에 九夷의 하나로 東屠를 들고 있다.

34) 天鄙 : 『論語正義』와 『爾雅』 李巡의 注에 九夷의 하나로 天鄙를 들고 있다.

35) 海東安弘記 : 安弘은 생몰년 미상이나 신라 眞平王 37년(615)에 佛法을 구하기 위해 隋에 유학했으므로 7세기 사람임을 알 수 있다. 여기의 『海東安弘記』는 安弘의 傳記인지, 아니면 安弘의 저술인 『東都成立記』를 지칭한 것인지 분명하지 않다. [遺] 卷3 塔像 黃龍寺九層塔條를 참조하면, 安弘의 저술인 『東都成立記』에 黃龍寺에 9層塔을 세우면 9韓을 진압할 수 있을 것이라는 내용이 보인다.

(日本)36) (2)중화(中華)37) (3)오월(吳越)38) (4)탁라(乇羅)39) (5)응유(鷹遊)40) (6)말갈(靺鞨)41) (7)단국(丹國)42) (8)여진(女眞)43) (9)예맥(穢貊)이다」라고 하였다.

---

36) 日本 : [史] 卷6 新羅本紀 文武王 10年條에는 「倭國更號日本 自言近日所出 以爲名」이라는 기사가 있다. 이와 비슷한 내용의 기사가 『舊唐書』 東夷倭國傳 에도 있는 것으로 보아 7세기 중엽경에는 日本이라는 국호가 사용되었음을 알 수 있다.

37) 中華 : 중국인은 고대에 黃河 중류지역을 개척하고 주위의 諸民族과 접촉하면 서 중국이 천하의 중앙에 위치하며 문화도 가장 발달되었다는 選民意識을 갖고 자기를 中華, 주변 민족을 오랑캐(東夷・西戎・南蠻・北狄)라고 하였다. 문헌 에 中華라는 말은 『三國志』 蜀志5 諸葛亮傳에 처음 보인다.

38) 吳越 : 중국 春秋時代의 吳와 越을 말한 것으로 보인다. 吳와 越은 물론 戰國 時代의 楚 역시 黃河유역의 中原人에 의해 蠻族으로 취급되었으므로, 크게 본 다면 南中國人을 지칭한 것으로도 추정된다. 그러나 『海東安弘記』에 보이는 나 라의 명칭이 安弘의 생존시의 것으로 보기에는 어려운 것도 있으므로, 여기의 吳越 역시 錢鏐가 907년에 건국한 5代 10國 중의 하나인 吳越을 말하는 것일 수도 있다.

39) 乇羅 : 지금의 濟州道. 제주도의 명칭을 역사적으로 보면, 州胡國(『後漢書』 魏志 韓傳), 耽牟羅(『北史』 百濟傳), 聃牟羅(『隋書』), 耽羅([史] 百濟本紀 東 城王 21年條・『隋書』・『元史』・『日本書紀』), 儋羅(『隋書』・『新唐書』), 屯羅 (『隋書』), 都耽羅(『日本書紀』), 担羅(『物名考』), 托羅(『東都成立記』), 乇羅(『 海東安弘記』) 등이 있다.([品] 上, p.336)

40) 鷹遊 : 江蘇省 東海縣의 東北 海中에 있는 산이름. 鶯遊山, 嚶遊山이라고도 한다.

41) 靺鞨 : [遺] 卷1 紀異 靺鞨 渤海條 참조.

42) 丹國 : 거란, 글안 등으로 불리는 나라. 蒙古族의 한 분파로 4세기 이후 시라 무렌河유역에 살면서 突厥, 回屹, 高句麗, 中國에 차례로 소속되었다가 10세기 경에 중국 북부에 大契丹國(遼)을 건설했고, 10세기 말부터 11세기 초까지 수 차례에 걸쳐 고려를 침입해 대전쟁을 치른 일도 있다.

43) 女眞 : 중국 동북지방에 거주하던 종족으로 肅愼・挹婁・勿吉・靺鞨 등의 후 신. 11세기 후반에 와서 完顔部의 추장 阿骨打가 나와 종족을 통합해 遼를 물 리치고 金을 건설하였다. 국력이 차츰 강대해지자 北宋을 타도해 華北지방을 확보하기도 하였으나 새로 일어난 蒙古에 멸망되었다. 元明교체기에는 建州 野 人출신의 누르하치가 일어나 전 女眞族을 통합해 後金을 건설하여 장차 淸으로 발전하는 기초를 확립하였다. 女眞族은 고려 후기와 조선 초기에 때로는 침입 하고 때로는 附庸하는 관계를 유지하면서 淸 건국까지 이른다.

5. 二府

前漢書 昭帝始元五年己亥 置二外府 謂朝鮮舊地平那及玄菟郡
等 爲平州都督府 臨屯樂浪等 兩郡之地 置東部都尉府〈私曰 朝鮮傳
則眞番玄菟臨屯樂浪等四 今有平那無眞番 蓋一地二名也〉

2부

　『전한서(前漢書)』에는 「소제(昭帝)[1] 시원(始元)[2] 5년 기해(己亥, BC 82)에 두 외부(外府)[3]를 두었다」고 하였는데, 조선의 옛땅이었던 평나(平那)[4]와 현도군(玄菟郡) 등을 평주도독부(平州都督府)로 삼고, 임둔(臨屯)과 낙랑(樂浪) 등 두 군의 땅에 동부도위부(東部都尉府)[5]를 둔 것을 말한다.〈내 생각으로는 [『전한서』] 조선전(朝鮮傳)에는 진번(眞番)·현도(玄菟)·임둔(臨屯)·낙랑(樂浪) 등 4개군으로 되어 있는데, 지금 [여기에는] 평나는 있고 진번은 없으니 아마 같은 지방의 두 이름일 것이다.〉

---

1) 昭帝 : 중국 前漢의 제8대 황제. 재위 BC 87-BC 74. 이름은 劉弗陵이고 武帝의 막내 아들이다. 연호는 始元·元鳳·元平 등 3개가 있다.
2) 始元 : 중국 前漢의 제8대 昭帝의 연호(BC 86-BC 81).
3) 二外府 : 본서에서는 平州都督府와 東部都尉府를 가리킨다. 그러나 4郡의 2郡으로의 통합기사는 보이나 二外府에 관한 기록은 오늘날 『漢書』에 보이지 않는다. 『漢書』 地理志에 昭帝 때 확대된 樂浪郡에 東部都尉府와 南部都尉府가 있었는데, 이것의 잘못으로 보인다.
4) 平那 : 지금의 平山. 고려 초기의 平州都護府를 가리키는 것으로 보인다. [勝覽] 平山都護府 建置沿革條에 牛峰縣 聖居山이 옛날 平那山이고 그로 인해 군명이 생겼다는 기사가 있다.
5) 東部都尉府 : [遺] 卷1 紀異 魏滿朝鮮條의 주석 32) 참조.

6. 七十八¹⁾國

通典云 朝鮮之遺民 分爲七十餘國 皆地方百里 後漢書云 西漢
以朝鮮舊地 初置爲四郡 後置二府 法令漸煩 分爲七十八國 各萬
戶〈馬韓在西 有五十四小邑 皆稱國 辰韓在東 有十二小邑 稱國 卞韓在南 有十
二小邑 各稱國〉

---

1) 八 : [正][品][斗][浩][六] 二. [民] 八. 馬韓・辰韓・弁韓의 小邑(小國)을
합하면 78國이다.

78국

『통전(通典)』[1]에는 「조선의 유민이 나뉘어 70여 국이 되었는데, 모두 땅은 사방 1백 리이다」라고 하였다. 『후한서(後漢書)』에는 「서한 (西漢)이 조선의 옛땅에 처음에는 4군을 두고 뒤에는 2부(府)[2]를 두었는데, 법령이 점차 번잡해지자 나뉘어 78국이 되고 각 국은 1만 호가 된다」고 하였다. 〈마한(馬韓)은 서쪽에 있어 54개의 소읍[3]이 있는데 모두 나라라고 불렀고, 진한(辰韓)은 동쪽에 있어 12개의 소읍이 있는데 [모두] 나라라고 불렀으며, 변한(卞韓)은 남쪽에 있어 12개의 소읍이 있는데 각각 나라라고 불렀다.〉

---

1) 通典 : 중국 唐의 杜佑가 768-771년간에 찬한 史書. 총 200권으로 되어 있다. 上古로부터 唐의 玄宗 天寶 연간까지 食貨·選擧·職官·禮·樂·兵·刑·州郡·邊防 등 9개 부문의 제도를 기록하였다. 본문에 「通典云…」이라 한 글은 오늘날 『通典』에는 보이지 않는다.

2) 二府 : 4郡의 2郡으로의 통합기사는 보이나 二府에 대한 언급은 지금의 『後漢書』에는 보이지 않는다. 아마도 2郡의 이름이 樂浪郡 내에 있었던 二府와 혼동됨에서 연유한 것으로 보인다. [遺] 卷1 紀異 二府條 참조.

3) 小邑 : 邑 중에서 작은 규모의 邑을 가리킨다. 이 당시의 邑은 곧 국가를 의미한다. 『三國志』東夷傳 韓條에는 大國은 1만여 家, 小國은 수천家라고 하였다. 小國은 지금의 1개 郡 정도의 면적으로 추측된다.

7. 樂浪國

　　前漢時　始置樂浪郡　應劭[1]曰　故朝鮮國也　新唐書注云　平壤城
古漢之樂浪郡也　國史云　赫居世三十年　樂浪人來投[2]　又第三弩禮
王十四[3]年　高麗第三無恤王　伐樂浪滅之　其國人與帶方〈北帶方〉投
于羅　又無恤王二十七年　光虎[4]帝遣使伐樂浪　取其地爲郡縣　薩水
已南屬漢〈據上諸文　樂浪卽平壤城　宜矣　或云樂浪中頭山下靺鞨[5]之界　薩水今
大同江也　未詳孰是〉

　　又百濟溫祚[6]之言曰　東有樂浪　北有靺鞨　則殆古漢時樂浪郡之
屬縣之地也　新羅人亦以稱樂浪　故今本朝亦因之　而稱樂浪郡夫人
又太[7]祖降女於金傅[8]　亦曰樂浪公主

1) 劭：[正][品][斗][浩][六] 邵．『漢書』地理志 樂浪郡條에는 劭．
2) 投：[史] 卷1 新羅本紀 始祖 赫居世居西干 30年條에는 侵．
3) 十四：[正][品][斗][浩][六] 四．[史] 卷1 新羅本紀 儒理尼師今條에는 十
　　四．
4) 虎：고려 惠宗의 이름 '武'의 피휘．
5) 靺：[斗][六] 羇．
6) 祚：[石] 詐．
7) 太：[正] 大．
8) 傅：[正] 傅．[品][斗][浩][六][民] 傅．

낙랑국[1)]

전한(前漢) 때 처음으로 낙랑군(樂浪郡)[2)]을 두었는데, 응소(應劭)[3)]
는 [이것을] 고조선국(故朝鮮國)이라고 하였고, 『신당서(新唐書)』[4)]
의 주에는 「평양성(平壤城)은 옛날 한(漢)나라의 낙랑군이다」라고 하
였다. 『국사(國史)』에는 「혁거세(赫居世) 30년(BC 28)에 낙랑인들이
[신라에] 와서 투항하였다」고 하였고,[5)] 또 「제3대 노례왕(弩禮王) 14
년(37)[6)]에 고구려 제3대 무휼왕(無恤王)[7)]이 낙랑을 정벌하여 멸망
시키니, 그 나라 사람이 대방(帶方)〈북대방(北帶方)〉 사람들과 더불어
신라에 투항하였다」[8)]고 하였다. 또 「무휼왕 27년(44)에 [후한(後漢)

---

1) 樂浪國 : 樂浪郡을 가리킨다. 그러나 따로 樂浪國이 있었는지에 대해서는 확
   실하지 않다. 樂浪國이라는 기사는 여기 외의 다른 문헌에는 나오지 않는다.
2) 樂浪郡 : [遺] 卷1 紀異 魏滿朝鮮條 참조.
3) 應劭 : 중국 後漢代의 汝南 사람. 字는 仲遠. 靈帝 때 太山太守와 獻帝 때 袁
   紹의 軍謀校尉를 지냈다. 저서로는 『漢官儀』 등이 있다.
4) 新唐書 : 중국 宋 嘉祐 연간(1056-1063)에 歐陽脩・宋祁 등이 仁宗의 명을
   받들어 찬한 사서. 『舊唐書』를 改修하였고, 후에 단순히 『唐書』로도 불렀다. 총
   225권으로 이루어졌다.
5) 國史云…來投 : [史] 卷1 新羅本紀 赫居世 30年條에는 「樂浪人將兵來侵」으
   로 되어 있다. 國史는 어떤 책인지 분명하지 않다.
6) 弩禮王十四年 : 弩禮王은 儒理尼師今. 원본에는 노례왕 4년으로 되어 있으나
   노례왕 14년이 옳다. [史] 卷1 新羅本紀 儒理尼師今 14年條 참조.
7) 無恤王 : 大武神王을 가리킨다.
8) 又第三弩禮王十四年…投于羅 : [遺] 卷1 紀異에는 '第三弩禮王', [史] 卷1
   新羅本紀에는 '儒理尼師今'으로 되어 있다. 樂浪관계기사는 [史] 卷1 新羅本紀

의] 광무제[光虎帝]가 사자를 보내 낙랑을 정벌하여 멸망시키고 그 땅을 취하여 군현으로 삼으니, 살수(薩水) 이남이 한나라에 속하게 되었다」9)고 하였다.〈앞의 여러 글에 의하면, 낙랑이 곧 평양성(平壤城)이라는 말은 옳다. 혹은 낙랑은 중두산(中頭山)10) 아래 말갈(靺鞨)11)의 경계이고 살수는 오늘날 대동강(大同江)이라고 하니, 어느 것이 맞는지 자세하지 않다.〉

또 백제 온조(溫祚)왕의 말에는「동쪽에 낙랑이 있고, 북쪽에 말갈(靺鞨)이 있다」고 하였으니,12) 아마 옛날 한나라 때 낙랑군 속현(屬縣)의 땅일 것이다. 신라인 역시 [이곳을] 낙랑으로 불렀으므로 오늘날 본조[고려] 역시 이로 인하여 낙랑군부인(樂浪郡夫人)13)이라고 부르고, 또 태조(太祖)가 김부(金傅)14)에게 딸을 내리시고 역시 낙랑

儒理尼師今 14年條에「高句麗王無恤襲樂浪滅之 其國人五千來投」로 기재되어 있으며,「與帶方〈北帶方〉」이라는 기사는 보이지 않는다.

9) 又無恤王…屬漢 : 이 기사는 [史] 卷14 高句麗本紀 大武神王 27年條에 보인다. 그런데 본문의 '遣使'는 [史]에는 '遣兵'으로 되어 있다. 薩水는 지금의 清川江이다.([勝覽] 卷52 安州牧 山川條)

10) 中頭山 : 어느 지방의 산이름인지 문헌에 나오지 않는다. 春川 牛頭山의 '牛'자가 '中'자로 잘못된 것이라는 견해가 있다.([品] 上, p.345)

11) 靺鞨 : [遺] 卷1 紀異 靺鞨條 참조.

12) 百濟溫祚之言曰…北有靺鞨 : 이 기사는 [史] 卷23 百濟本紀 百濟始祖 溫祚王 13年 夏5月條에 나온다.

13) 樂浪郡夫人 : 고려시대의 邑號. 고려시대의 읍호로 樂浪과 관계된 것으로는 樂浪侯・樂浪郡・開國伯・樂浪郡開國侯・樂浪郡開國公・樂浪伯・樂浪公・樂浪君・樂浪郡君・樂浪郡大夫人・樂浪郡夫人 등이 보인다. 樂浪郡夫人으로 불렸던 인물로 洪祿遵의 母 開寧 金氏와 洪文慶의 母 慶州 李氏(「朝鮮 太祖 2年(1393) 開城府 東部 上堤壹里 宋氏戶口」,『韓國中世社會史資料集』(許興植 編), 亞細亞文化社, 1976, pp.38-39)가 있다. 樂浪郡大夫人으로 불렸던 인물로는 李子淵의 妻 金氏와 顯宗의 妃 元和王后 崔氏의 母([麗史] 卷88 列傳 卷1 后妃1)가 있다.

14) 金傅 : 신라의 제56대 敬順王의 이름. 재위 927-935. 文成王의 후손으로 伊湌 孝宗과 桂娥太后의 아들이다. 935년 고려 太祖 王建에게 항복하여 신라의 마지막 왕이 되었다. 경순왕릉은 경기도 연천군 백학면 고랑포리에 있는데, 신라의

공주(樂浪公主)15)라고 하였다.

왕릉 중 유일하게 慶州를 벗어난 곳에 위치한다. 조선시대에 발견되어 英祖 23
년(1747)에 묘비가 세워졌다. 사적 제224호이다.

15) 樂浪公主 : 고려 太祖 王建의 딸. 安貞淑儀公主로 불렸으나, 敬順王이 고려에
항복하자 태조가 경순왕에게 출가시켰으며 결혼 후 樂浪公主로 불렸다.

8. 北帶方

北帶方　本竹軍[1]城　新羅弩禮王十四[2]年　帶方人與樂浪人投于羅
〈此皆前漢所置二郡名　其後僭稱國　今來降〉

---

1) 軍：[正][晩][順] 覃. [品][斗][浩] 覂. [石][六] 單. [史] 卷37 地理志4에
   는 軍.
2) 十四：[正][品][斗][浩][六] 四. [史] 卷1 新羅本紀 儒理尼師今條에는 十
   四.

북대방

　북대방(北帶方)[1]은 본래 죽군성(竹軍城)이다. 신라 노례왕(弩禮王) 14년(37)[2]에 대방 사람들이 낙랑 사람들과 더불어 신라에 투항하였다.[3]〈이것은 모두 전한(前漢)이 설치한 두 군의 이름인데, 그후 참람되게 나라라고 부르다가[4] 지금에 와서 항복하였다.〉

---

1) 北帶方 : 『三國志』東夷傳 韓條에 「建安中 公孫康 分屯有縣 以南荒地 爲帶方郡⋯」이라 한 기사의 帶方郡을 가리킨다. 北帶方郡이라 한 것은 [遺]에만 나오는 것으로 一然이 南帶方郡의 존재를 인정한 데서 나온 것으로 보인다. [遺] 卷1 紀異 南帶方郡條 참조.
2) 弩禮王十四年 : 弩禮王은 儒理尼師今. 원본에는 노례왕 4년으로 되어 있으나 노례왕 14년이 옳다. [史] 卷1 新羅本紀 儒理尼師今 14年條 참조.
3) 新羅弩禮王十四年⋯投于羅 : [遺] 卷1 紀異 樂浪國條 참조.
4) 僭稱國 : 前漢末, 新, 後漢末 등 혼란기에 本國의 통치력이 미치지 못할 때 樂浪郡이 스스로 나라라고 불렀을 가능성이 있다.

9. 南帶方

曹魏時 始置南帶方郡〈今南原府〉 故云 帶方之南海水千里 曰瀚海
〈後漢建安中 以馬韓南荒地爲帶方郡 倭韓遂屬 是也〉

남대방

조위(曹魏)1) 때 처음으로 남대방군(南帶方郡)〈지금의 남원부(南原府)2)〉
을 두었으므로 남대방3)이라고 하였다. 대방의 남쪽 바다 천리를 한해
(瀚海)4)라고 하였다.〈후한(後漢)의 건안(建安)5) 연간에 마한(馬韓) 남쪽 황무
지를 대방군으로 삼으니 왜(倭)와 한(韓)이 [여기에] 속하였다는 것이 이것이다.〉

---

1) 曹魏 : 중국 삼국시대의 魏. 남북조시대의 後魏와 구분하기 위해 사용한 이름
   이다.
2) 南原府 : 신라 景德王 16년(757)에 南原小京이라고 하고, 고려 太祖 23년
   (940)에 南原府라고 하였다.([勝覽] 卷39 南原都護府 建置沿革條)
3) 南帶方 : [遺]에만 나오는 이름으로, 曹魏 때에 南帶方이 설치되었다는 것은
   사실이 아니다. 羅唐연합군이 백제를 멸망시켰을 때 唐將 劉仁軌의 주재지를
   帶方州라 한 데서 나온 말이다.(丁若鏞, 「彊域考 帶方考」)
4) 瀚海 : 對馬島와 北九州 사이의 바다.(『三國志』 東夷傳 倭人條)
5) 建安 : 중국 後漢 獻帝의 연호(196-220).

10. 靺鞨〈一作勿吉〉 渤海

通典云 渤海本粟1)末2)靺鞨 至其酋祚3)榮立國 自號震旦4) 先天
中〈玄宗5)子〉 始去靺鞨號 專稱渤海 開元七年〈己未〉 祚6)榮死 諡
爲高王 世子襲位7) 明皇賜典冊襲王 私8)改年號 遂爲海東盛國 地
有五京十五府六十二州 後唐天成初 契丹攻破之 其後爲丹所制〈三
國史云 儀鳳三年 高宗戊寅 高麗殘孽9)類聚 北依太10)伯山下 國號渤海 開元二
十年間 明皇遣將討之 又11)聖德王三十二12)年 玄宗甲戌 渤海靺鞨 越海侵唐之
登州 玄宗討之 又新羅古記云 高麗舊將祚13)榮姓大氏 聚殘兵 立國於太14)伯山
南 國號渤海 按上諸文 渤海乃靺鞨之別種 但開合不同而已 按指掌圖15) 渤海在

---

1) 粟：[正] 粟. [品][斗][浩][六][民] 粟.
2) 末：[正] 未. [品][斗][浩][六][民] 末.
3) 祚：[正] 柞. [品][斗][浩][六][民] 祚.
4) 旦：[順] 國(가필). [品][浩] 國.
5) 壬：[正][六] 王. [品][斗][浩][民] 壬.
6) 祚：주 3)과 같음.
7) 位：[正][品][斗][浩][六] 立.
8) 私：[正][晚][順] 秘. [石][品][斗][浩][六][民] 私.
9) 孽：[正][晚][順][石] 孼. [品][斗][浩][六][民] 孽.
10) 太：[石] 大.
11) 又：[斗] 叉.
12) 二：[正] 판독미상. [晚][順][石][品][斗][浩][六] 二. [史] 卷8 新羅本紀
    聖德王 32年條에는 二.
13) 祚：주 3)과 같음.
14) 太：[正] 大.
15) 圖：[正] 啚(鄙와 동자, 圖의 속자). [品][斗][浩][六] 圖.

長城東北角外〉

賈耽郡國志云　渤海國之鴨淥南海扶餘橻16)城四府　幷是高麗舊地也　自新羅泉井郡〈地理志 朔州領縣 有泉井郡 今湧州〉至橻城府 三十九驛

又三國史云　百濟末年　渤海靺鞨新羅分百濟地〈據此 則鞨17)海又分爲二國也〉羅人云　北有靺鞨　南有倭人　西有百濟　是國之害也　又靺鞨地接阿瑟羅州

又東明記云　卒本城地連靺鞨〈或云今東眞〉羅第六祇麻18)王十四年〈乙丑〉靺鞨兵大入北境　襲大嶺柵　過泥河

後魏書　靺鞨作勿吉　指掌圖云　挹婁19)與勿吉皆肅愼也　黑水　沃沮　按東坡指掌圖　辰韓之北　有南北黑水

按東明20)帝立十年滅北沃沮　溫祚21)王四十二22)年　南沃沮二十餘家來投23)新羅　又赫居世五十二24)年　東沃沮來獻良馬　則又有東沃沮矣　指掌圖 黑水在長城北　沃沮在長城南

---

16) 橻 : [品] 柵.
17) 鞨 : [浩][六] 渤.
18) 麻 : [品][浩] 摩. [史] 卷1 新羅本紀 祇摩尼師今條에는 摩. [遺] 卷1 王曆에는 磨.
19) 婁 : [正][品][斗][六] 屢. [浩] 婁.『三國志』東夷傳에는 婁.
20) 明 : [正][晚] 판독미상. [順][石][品][斗][浩][六][民] 明.
21) 祚 : 주 3)과 같음.
22) 二 : [石] 三.
23) 投 : [正] 판독미상. [晚][順][石][品][斗][浩][六] 投.
24) 二 : [石][斗][浩][六] 三.

말갈〈또는 물길〉과 발해

『통전(通典)』에는 다음과 같은 글이 있다.

「발해(渤海)는 본래 속말말갈(粟末靺鞨)[1]로 추장 조영(祚榮)[2]에 이르러 나라를 세워 스스로 [국호를] 진국[震旦][3]으로 불렀고, 선천(先天)[4] 연간〈[당] 현종(玄宗)[5] 임자(壬子, 712)〉에 비로소 말갈[6]이라는

---

1) 粟末靺鞨 : 뒤의 주석 6) 참조.
2) 祚榮 : 大祚榮. 渤海의 건국자. 재위 698-719. 시호는 高王. 출신에 대해서는 高句麗의 유민이라는 설과 靺鞨 白山部의 사람이라는 설이 있는데, 乞乞仲象의 아들이라고 한다. 고구려 멸망 후 榮州로 옮겼다가 696년 契丹의 李盡忠의 반란을 틈타 동쪽으로 가서 靺鞨을 합해 東牟山 아래에 城을 쌓고 震國王으로 즉위하였다.(『舊唐書』 卷199 下 渤海靺鞨傳, 『新唐書』 卷219 渤海傳)
3) 震旦 : 震國, 振國. 앞의 주석 2) 참조.
4) 先天 : 중국 唐 玄宗 때의 연호(713).
5) 玄宗 : 중국 唐의 제6대 황제. 睿宗의 셋째 아들로 이름은 李隆基이며 685년에 출생해 762년에 사망하였다. 초기에는 정치를 혁신하고자 하여 징병제인 府兵制를 개혁하여 募兵制를 채용하고, 국경지방에 節度使제도를 두어 국방을 튼튼히 했으며, 전쟁을 억제해 농민생활을 안정시키기도 하였다. 그러나 말년에 楊貴妃를 총애해 失政을 하고 安史의 난을 유발하기도 하였다.
6) 靺鞨 : 滿洲지역에 광범위하게 퍼져 살던 퉁구스계의 종족이며, 고구려 종족과 크게 대별되고, 肅愼의 후신으로 보인다. 靺鞨이라는 종족이름이 문헌에 나타나는 것은 北齊 河淸 2년(563)이 처음이고, 다음 『隋書』에 자주 등장한다. 말갈은 거주지역에 따라 7부로 나뉜다. 粟末部, 白山部, 伯咄, 安車骨, 拂涅, 黑水, 号室이 그것이다. 粟末部는 松花江유역의 農安·吉林·敦化 등지에, 白山部는 粟末部의 서쪽 咸鏡道 북부 豆滿江유역 등지에 거주하였다. 粟末部와 白山部는 농경민으로서 민도가 비교적 높고, 넓은 의미에서 濊貊系에 포함된다. 그 외 伯咄은 北松花江과 拉林河유역에, 安車骨은 阿城방면을 중심으로 한 지역이며 勿吉의 핵심이다. 拂涅은 東京城을 중심으로 한 지역에서 東海까지이고, 黑水

이름을 버리고 오직 발해(渤海)로만 불렀다. 개원(開元)[7] 7년(719)〈기미(己未)〉에 조영이 죽으니 시호를 고왕(高王)이라고 하였고, 세자가 왕위를 이어 받자 명황(明皇)[8]은 [그를] 책봉하여 왕위를 잇게 하였는데, 사사로이 연호를 고치고[9] 마침내 해동의 성대한 나라[海東盛國][10]가 되었다. 그 국토에는 5경 15부 62주[11]가 있었다. 후당(後唐)[12]의 천성(天成)[13]

는 黑龍江과 松花江의 합류지역을 중심으로 한 지역이며, 号室은 黑龍江 하류지역에 각각 살고 있었다. 이들 5部는 민도가 낮고 수렵을 주로 하였다. 粟末과 白山은 고구려에 병합되었다가 고구려 멸망 후 고구려족과 함께 渤海國을 건국하였다.(『アジア歴史事典』8, 平凡社) 이상은 한반도 북부와 滿洲지방의 말갈에 관한 것이지만, 한반도의 남부지방에도 말갈의 존재는 인정된다. [史] 卷23 百濟本紀 百濟始祖 溫祚王 13年條에 「國家東有樂浪 北有靺鞨 侵軼疆境 少有寧日」이라는 기사가 있고, 실제로 말갈이 자주 침입하여 도성을 옮기기도 하였다. 말갈의 출현은 백제 前期에 계속해서 나타난다. 한편 [史] 新羅本紀에서도 신라 前期에는 말갈이 北境을 자주 침범하였다는 기사가 있다. 한반도 남부에 출몰한 말갈과 만주지역에 거주한 말갈과의 종족적 관계에 관한 연구는 아직 미진한 편이다.

7) 開元 : 중국 唐 玄宗 때의 연호(713-741).

8) 明皇 : 玄宗.

9) 明皇賜典冊襲王私改年號 : 중국 唐 玄宗이 渤海의 제2대 武王을 책봉한 사실과 武王이 연호를 仁安이라 개정한 사실을 가리킨다.(『新唐書』卷219 渤海傳)

10) 海東盛國 : 渤海를 가리킨다.

11) 五京十五府六十二州 : 5京의 위치에 대해서는 上京은 龍泉部 東京城에, 中京은 顯德部 西古城에, 東京은 龍原部 八連城에, 南京은 南海部 北青 부근에, 西京은 鴨淥部 集安에 비정된다.(林相先, 「渤海의 遷都에 관한 考察」, 『淸溪史學』5, 韓國精神文化研究院 淸溪史學會, 1988) 15府와 62州는 『新唐書』渤海傳에 나온다.

12) 後唐 : 중국 唐末 五代의 한 나라(923-936). 後唐 왕실의 本姓은 朱邪氏이나 唐末에 李克用이 黃巢의 난을 평정하는데 공을 세워 李氏를 받고, 李克用은 晉王이 되었다. 그의 아들 存冒力 때에 後梁과 싸워 이기고, 河南省 開封에 도읍해 唐이라고 하였다. 이를 역사에서는 後唐이라고 한다. 영토는 河南・山東・山西・河北・陝西・甘肅・湖北・四川・安徽의 북부지역을 포함하였고, 4대 12년만에 멸망하였다.

13) 天成 : 중국 後唐 明宗(李嗣源)의 연호(926-930).

초에 거란(契丹)14)이 이를 공격하여 깨뜨리니 그후에는 거란에게 지
배되었다」〈『삼국사(三國史)』에는 「의봉(儀鳳)15) 3년 [당] 고종(高宗) 무인(戊寅,
678)16)에 고구려의 남은 서자들이 무리를 모아 북쪽으로 태백산(太伯山)17) 아래에
의지하여 국호를 발해라고 하였고, 개원(開元) 20년(732)에 명황이 장수를 보내 이를
토벌하였다. 또 [신라] 성덕왕(聖德王)18) 32년(733) [당] 현종 갑술(甲戌, 734)19)에
발해와 말갈이 바다를 건너 당의 등주(登州)20)를 침략하니 현종이 이를 토벌하였
다.21)」고 하였다. 또 신라『고기(古記)』22)에는 「고구려의 구장(舊將) 조영은 성이
대씨(大氏)인데, 남은 병력을 모아 태백산 남쪽23)에 나라를 세워 국호를 발해라고 하
였다」고 하였다. 위의 여러 글을 살펴보면, 발해는 말갈의 별종인데, 다만 분리와 통
합이 같지 않을 뿐이다. 『지장도(指掌圖)』24)를 살펴보면, 발해는 장성(長城)25)의 동
북쪽 모서리 밖에 있다.〉

　　　가탐(賈耽)26)의 『군국지(郡國志)』27)에는 「발해국의 압록(鴨淥)28)

---

14) 契丹 : [遺] 卷1 紀異 馬韓條 참조.
15) 儀鳳 : 중국 唐 高宗(李治)의 연호(676-679).
16) 儀鳳三年高宗戊寅 : 『舊唐書』에는 「則天武后 聖歷 2年(699)」으로 되어 있다.
17) 太伯山 : 太白山과 같다. 지금의 白頭山.
18) 聖德王 : 신라의 제33대 왕. 재위 702-736. 神文王의 둘째 아들. 본래의 이름은
　　隆基이나 唐 玄宗의 이름과 같아 志誠으로 고쳤다. [史] 卷8 新羅本紀 聖德王
　　條 참조.
19) 聖德王三十二年玄宗甲戌 : 성덕왕 32년은 733년으로 간지로는 癸酉에 해당된
　　다. 현종 갑술년은 734년이므로 1년의 차이가 있다.
20) 登州 : 唐代의 지명으로 山東省 牟平縣이다.
21) 玄宗甲戌…玄宗討之 : 이와 같은 내용이 [史] 卷8 新羅本紀 聖德王 32年條에
　　있다.
22) 新羅古記 : 현재는 전하지 않는 기록으로서 상세한 것은 알 수 없다.
23) 太白山南 : 『新唐書』 卷219 渤海傳에는 「太白山東北」으로 기재되어 있다. 발
　　해가 건국한 곳은 지리상 태백산 북쪽일 가능성이 크다.
24) 指掌圖 : 宋의 蘇軾이 지은 책.(李丙燾, 『譯註 三國遺事』, 東國文化社, 1969,
　　p.187)
25) 長城 : [史] 卷20 高句麗本紀 榮留王 14年 2月條에 「王動衆築長城 東北自扶
　　餘城 東南至海 千有餘里 凡一十六年畢功」이라는 기사가 있는데, 여기서는 이
　　長城을 가리킨다.

·남해(南海)29)·부여(扶餘)30)·추성(柵城)31) 4부(府)는 모두 고구려의 옛땅이며, 신라의 천정군(泉井郡)〈『지리지(地理志)』32)에는 삭주(朔州)의 영현(領縣)으로 천정군이 있었으니 지금의 용주(湧州)33)라고 하였다.〉으로부터 추성부(柵城府)에 이르기까지 39역(驛)이 있다」고 하였다.34)

또『삼국사』에는「백제 말년에 발해·말갈·신라가 백제의 땅을 나누었다」고 하였다.35)〈이에 의하면 말갈과 발해가 또 나뉘어 두 나라가 된 것이다.〉신라 사람이 말하기를,「북쪽에는 말갈이 있고, 남쪽에는 왜인이 있으며, 서쪽에는 백제가 있으니 이것이 나라의 해가 된다. 또 말갈땅은 아슬라주(阿瑟羅州)에 접해 있다36)」고 하였다.

또『동명기(東明記)』37)에는「졸본성(卒本城)38)이 있는 땅은 말갈〈또는 지금의 동진(東眞)39)〉과 연접하였고, 신라 제6대 지마왕(祇麻王) 14

---

26) 賈耽 : 唐의 관리·학자. 河北省 南陂 출생으로, 자는 敦詩, 시호는 元靖이다. 벼슬이 順宗 때 左僕射에 이르고, 지리와 음양에 정통했다고 한다.(『唐書』卷166)
27) 郡國志 : 賈耽이 지은 지리서.
28) 鴨淥 : 鴨淥府. 압록강의 북안, 지금의 吉林省 臨江鎭에 있던 渤海의 府.
29) 南海 : 南海府. 지금의 함경남도 北靑·新浦 부근에 있던 渤海의 府.
30) 扶餘 : 扶餘府. 지금의 吉林省 農安 부근에 있던 渤海의 府.
31) 柵城 : 柵城府. 지금의 吉林省 琿春에 있던 渤海의 府.
32) 地理志 : 같은 내용이 [史] 卷35 地理志2 朔州條에 보인다.
33) 湧州 : 고려시대 德源都護府에 있던 지명([勝覽] 卷49 德源都護府 建置沿革條). 지금의 함경남도 文川郡 德源面에 해당된다.
34) 賈耽郡國志云…三十九驛 : [史] 卷37 地理志4에「賈耽古今郡國志…」로 나오는 기사이다.
35) 又三國史云…分百濟地也 : 이 내용은 [史] 卷28 百濟本紀 義慈王 20年條에도 보인다.
36) 又靺鞨地接阿瑟羅州 : 같은 내용이 [史] 卷35 地理志2 溟州條에 나온다. 阿瑟羅는 지금의 江陵이다.
37) 東明記 : [遺] 卷1 紀異 高句麗條 참조.
38) 卒本城 : [遺] 卷1 紀異 高句麗條 참조.

년(125)〈을축(乙丑)〉에 말갈의 군사가 북쪽 국경으로 대거 들어와 대령
(大嶺)의 성책[柵]을 습격하고 이하(泥河)를 건넜다[40]」고 하였다.

『후위서(後魏書)』에는 「말갈은 물길(勿吉)이다」고 하였고, 『지장
도』에는 「읍루(挹婁)와 물길은 모두 숙신(肅愼)[41]이다」고 하였다. 흑
수(黑水)[42]와 옥저(沃沮)[43][44]는 동파(東坡)[45]의 『지장도』를 살펴보
면, 「진한(辰韓)의 북쪽에 남북의 흑수(黑水)가 있다」고 하였다.

살피건대, 동명왕[東明帝]이 왕위에 오른 지 10년(BC 28)에 북옥
저(北沃沮)를 멸망시켰고,[46] 온조왕(溫祚王) 42년(24)에 남옥저(南
沃沮)의 20여 집이 신라에 와서 투항하였고,[47] 또 혁거세(赫居世)왕

---

39) 東眞 : 東女眞의 준말. 고려시대 함경남도지방에 나타나던 여진이다.

40) 羅第六祗麻王…襲大嶺柵 過泥河 : 같은 내용이 [史] 卷1 新羅本紀 祗麻尼師
今 14年 正月條와 7月條에 나온다. 大嶺柵과 泥河의 위치는 확실히 밝혀지지
않았는데, 다음과 같은 전제가 먼저 고려돼야 할 것이다. 첫째, 靺鞨이 북쪽에서
남쪽의 新羅를 향해 나가는 것이기 때문에 大嶺柵이 북쪽에 있고, 泥河는 그
남쪽에 있어야 한다. 둘째, 祗麻王 때의 기사이므로 이때 신라의 北境이 어디까
지였는가를 염두에 두어야 한다. 현재는 永興과 그 북쪽지방으로 비정하는 견해
(池內宏)와 江陵지방으로 비정하는 견해(三品彰英)가 있다.

41) 肅愼 : 중국 동북지방에 거주하던 퉁구스계통의 종족명. 지금의 松花江유역,
특히 吉林·長春을 중심으로 한 지역에 거주하였으며, 그 지역의 石棺墓문화를
그들의 유적·유물로 추정하기도 한다. 중국의 『國語』·『左氏傳』·『史記』·『
山海經』등에 나오며, 역사상 挹婁·靺鞨의 전신이라고도 한다.

42) 黑水 : 앞의 주석 6) 참조.

43) 沃沮 : 강원도 북부와 咸興지방에 있던 小國名. 본래 古朝鮮 소속이었다가 漢
四郡 설치 후 樂浪郡의 예하 東部都尉의 七縣의 하나로 편입되었고, 후에 다시
고구려의 城邑이 되었다. 東沃沮·南沃沮·北沃沮 등의 이름이 기록에 보이나,
한 종족을 가리켜서 그렇게 다르게 불렸는지에 관해서는 확실히 알 수 없다.

44) 黑水沃沮 : '黑水沃沮'를 이하 '按東坡指掌圖'로 이어지는 다음 기사의 表題로
보는 견해도 있다.

45) 東坡 : 宋의 학자인 蘇軾의 호.

46) 滅北沃沮 : 같은 내용이 [史] 卷13 高句麗本紀 始祖 東明聖王 10年 冬11月條
에 보인다.

47) 溫祚王…來投新羅 : 이 내용은 [史] 新羅本紀에 보이지 않는다. [史] 卷23 百

52년(BC 6)에 동옥저(東沃沮)가 와서 좋은 말을 바쳤다[48]고 하였으
니, 또 동옥저도 있는 것이다. 『지장도』에는 「흑수는 장성(長城) 북쪽
에 있고 옥저는 장성 남쪽에 있다」고 하였다.

濟本紀 百濟始祖 溫祚王 43年 10月條에 있는 「南沃沮仇頗解等二十餘家 至斧
壤納款 王納之 安置漢山之西」라는 기록이 아마도 來投新羅로 잘못 기록된 듯
하다.

48) 赫居世五十二年 東沃沮來獻良馬 : 같은 내용이 [史] 卷1 新羅本紀에는 始祖
赫居世居西干 53年條에 실려 있다. 「東沃沮使者來 獻良馬二十匹」

11. 伊西國

弩禮王十四年　伊西國人來攻金城　按雲門寺古傳諸寺納田記云
貞觀六年壬辰　伊西郡今郚村零味寺納田　則今郚村今淸道地　卽淸
道郡　古伊西郡1)

---

1) 郡：[正][晚][順][品] 郡一. [民] 郡也. [石][斗][浩][六] 郡.

이서국

노례왕(弩禮王)[1] 14년(37)[2]에 이서국(伊西國)[3] 사람이 와서 금
성(金城)을 공격하였다.[4] 운문사(雲門寺)[5]에 옛부터 전해내려오는
『제사납전기(諸寺納田記)』[6]를 살펴보면, 정관(貞觀) 6년 임진(壬辰,
632)[7]에 이서군 금오촌(今部村)[8]의 영미사(零味寺)[9]가 토지를 바쳤

---

1) 弩禮王 : [遺] 卷1 紀異 第三弩禮王條 참조.

2) 弩禮王十四年 : 弩禮王을 儒禮尼師今의 잘못으로 보고 儒禮尼師今 14년
   (297)으로 비정하기도 한다.

3) 伊西國 : [史] 卷2 新羅本紀 儒禮尼師今 14年條에는 '伊西古國'으로 되어 있
   다. 지금의 경북 청도군(淸道郡)에 있었던 辰韓 小國 중의 하나이다.

4) 弩禮王…功金城 : 이와 같은 내용이 [遺] 卷1 紀異 未鄒王 竹葉軍條와 [史]
   卷2 新羅本紀 儒禮尼師今 14年 春正月條에도 나온다. 이들 기사에는 제14대
   儒禮王(儒理王) 때의 일로 되어 있다. 그런데 [遺] 卷1 紀異 第三弩禮王條에
   는 이 사건때문인지는 몰라도, 42년에 伊西國을 정벌해 멸망시켰다고 일관되게
   기록되어 있어 伊西國의 金城 공격 시기는 확실하지 않다. 金城은 신라가 건국
   후 최초(BC 37)로 축성한 도성이다.([史] 卷1 新羅本紀 始祖 赫居世居西干 21
   年條 참조)

5) 雲門寺 : 경상북도 淸道郡 雲門面 新院洞 虎距山에 있는 신라시대에 창건한
   사찰. 본래는 鵲岬寺로 불리다가 고려 太祖가 雲門禪寺라는 寺名을 賜額하면
   서 雲門寺로 불렸다. 寺內에는 신라시대의 石燈・石造如來坐像・四天王石柱,
   고려시대 文宗 때의 銅壺・仁宗 때의 圓應國師碑 등이 남아 있다.

6) 諸寺納田記 : 신라시대부터 사찰에 시주한 토지문서를 기재한 책으로 생각되
   나 자세한 것은 알 수 없다. [遺] 卷4 義解 寶壤梨木條의 諸公文에 관한 기사
   들은 이와 관련이 있는 것으로 짐작된다.([遺] 卷4 義解 寶壤梨木條 참조)

7) 貞觀六年壬辰 : 貞觀은 중국 唐 太宗 때의 연호(627-649). 정관 6년 임진은
   632년으로 신라 善德女王 元年에 해당된다.

8) 今部村 : 신라시대부터 고려시대까지 雲門寺가 있던 淸道郡의 한 지명으로

다고 하였는데, 금오촌은 지금의 청도(淸道) 땅이니, 곧 청도군(淸道
郡)10)은 옛 이서군이다.

생각된다.

9) 零味寺 : 신라시대 淸道郡에 있던 사찰로 추측된다.

10) 淸道郡 : 지금의 경상북도 淸道郡. 고려 초기에 淸道郡으로 되었다.([勝覽]
    卷26 淸道郡 建置沿革條)

12. 五伽耶〈按駕洛記贊云 垂一紫纓 下六圓卵 五歸各邑 一在玆城 則一爲首露王 餘五各爲五伽耶之主 金官不入五數 當矣 而本朝史略 幷數金官 而濫記昌寧 誤〉

阿羅〈一作耶〉伽耶〈今咸安〉 古寧伽耶〈今[1)咸寧〉 大伽耶〈今高靈〉 星山伽耶〈今京山 云[2)碧珍〉 小伽耶〈今固城〉 又本朝史略云 太[3)祖天福五年庚子 改五伽耶名 一金官〈爲金海府〉 二古寧〈爲加利縣〉 三非火[4)〈今昌寧 恐高靈之訛〉餘二阿羅星山〈同前 星山或作碧珍伽耶〉

---

1) 今 : [正][晚][順][品] 本. [石][斗][浩][六][民] 今.
2) 云 : [石][斗][浩][六][民] 一云.
3) 太 : [正] 大.
4) 火 : [正][晚][順] 大. [石][品][斗][浩][六][民] 火.

5가야

〈가락기(駕洛記)1)의 찬(贊)을 살펴보면, 「한 줄기의 자주색 끈이 드리워져 6개의 둥근 알이 내려왔는데, 5개는 각 읍으로 돌아가고 1개는 이 성에 남아 있어서 이 1개가 수로왕(首露王)2)이 되었고, 나머지 5개는 각기 5가야의 주가 되었다」고 했으니, 금관(金官)3)을 5의 수에 넣지 않는 것이 마땅하다. 『본조사략(本朝史略)』4)에서 금관을 아울러 헤아리고 창녕(昌寧)을 함부로 기록한 것은 잘못이다.5)〉

아라(阿羅)〈또는 야(耶)〉가야(伽耶)〈지금의 함안(咸安)〉6) · 고령가야(古寧伽耶)〈지금의 함녕(咸寧)〉7) · 대가야(大伽耶)〈지금의 고령(高靈)〉8) · 성산

---

1) 駕洛記 : [遺] 卷2 紀異 駕洛國記를 가리킨다. 자세한 것은 그 항을 참조.

2) 首露王 : [遺] 卷2 紀異 駕洛國記條 참조.

3) 金官 : 지금의 경상남도 金海에 있었던 伽耶의 하나. 首露王이 창건하고 초기 伽耶聯盟의 맹주국이었다. 『三國志』 東夷傳 韓條에 보이는 拘邪國은 金官伽耶에 비정된다. [遺] 卷2 紀異 駕洛國記條 참조.

4) 本朝史略 : 고려 시기에 편찬된 고려시대의 역사에 관한 저술로 보이나, 여기에만 나오는 책이름이기 때문에 자세한 것은 알 수 없다.

5) 濫記昌寧誤 : 昌寧은 지금의 경상남도 昌寧郡으로 신라 때 比自火郡이었다가 고려 太祖 때 昌寧이 되었다.([勝覽] 卷27 昌寧 建治沿革條) 본문의 뒷부분에 나오는 非火〈今昌寧 恐高靈之訛〉라는 기사와 연관시켜 생각해보면, 一然은 非火伽耶를 인정한 듯하나 大伽耶의 다른 이름쯤으로 생각한 것으로 보인다.

6) 阿羅〈一作耶〉伽耶〈今咸安〉 : 지금의 경상남도 咸安郡에 있던 伽耶聯盟 중의 하나. 阿尸良國, 阿那伽倻라고도 한다. 咸安이라는 이름은 신라 景德王 때부터 붙여진 이름이다.([勝覽] 卷32 咸安郡 建治沿革條)

7) 古寧伽耶〈今咸寧〉 : 지금의 경상북도 尙州市 咸昌邑에 있던 伽耶聯盟 중의 하나. 경상남도 晉州로 비정하는 견해도 있다.

8) 大伽耶〈今高靈〉 : 지금의 경상북도 高靈에 있었던 伽耶聯盟 중의 하나. 6세기 後期伽耶聯盟의 맹주국이었다.(千寬宇, 『加耶史研究』, 一潮閣, 1991. 金泰植, 『加耶聯盟史』, 一潮閣, 1993) 始祖는 伊珍阿豉이며 眞興王 때 신라에게 멸망하였다. 高靈郡은 본래 大伽倻郡였다가 신라 景德王 때 高靈으로 개명되었

가야(星山伽耶)〈지금의 경산(京山)으로 벽진(碧珍)이라고도 한다.9)〉·소가야
(小伽耶)〈지금의 고성(固城)10)〉이다. 또『본조사략』에는「태조(太祖) 천
복(天福) 5년 경자(庚子, 940)11)에 5가야12)의 이름을 고쳤으니,13) 하
나는 금관〈김해부(金海府)14)가 되었다.〉, 둘은 고령〈가리현(加利縣)15)이 되었
다.〉, 셋은 비화(非火)〈지금의 창녕으로 아마도 고령(高靈)의 잘못인 듯하다.〉,
나머지 둘은 아라와 성산〈앞과 같이 성산은 벽진가야(碧珍伽耶)라고도 한다.〉
이다」라고 하였다.

다.([勝覽] 卷29 高靈縣 建治沿革條)

9) 星山伽耶〈今京山 云碧珍〉: 지금의 경상북도 星州郡에 있었던 伽耶聯盟 중의 하
나. 星山이라는 지명은 신라 景德王 때 생긴 이름이므로([史] 卷34 地理志1)
伽耶時代의 이름으로 볼 수 없다. 신라에서는 本彼縣이라고 하고 景德王 때 新
安이라 고쳐 星山郡에 소속시켰다가 후에 碧珍郡이라 고쳤다.(金泰植,『加耶聯
盟史』) 京山은 고려 太祖 때에 고친 이름이다.([勝覽] 卷28 星州牧 建治沿革條)

10) 小伽耶〈今固城〉: 지금의 경상남도 固城郡에 있었던 伽耶聯盟 중의 하나. 固城
은 본래 古自郡이었다가 景德王 때에 固城으로 고쳤다.([勝覽] 卷32 固城縣
建治沿革條)

11) 天福五年庚子 : 天福은 중국 後晉 高祖의 연호(936-944). 천복 5년 경자년은
940년으로 고려 太祖 23년에 해당된다. 이 해는 고려의 법제적인 군현개편이 일
단 정비된 해이기도 하다.(박완기,「고려 태조 23년 군현개편에 대한 연구」,『한
국사론』19, 서울대, 1988)

12) 五伽耶 : 5伽耶의 명칭에는 약간의 차이가 있다. 駕洛國記에서는 首露王의
金官伽耶를 제외한 나머지를 5伽耶라고 하였고, 本朝『史略』에서는 大伽耶를
제외한 나머지를 5伽耶라고 하고 있다. 이는 각각 金官伽耶와 大伽耶가 맹주국
이었던 시기의 사실이 반영된 것으로 생각된다.(李丙燾,『韓國古代史硏究』, 博
英社, 1976, pp.311-313)

13) 改五伽耶名 : 伽耶時代의 5伽耶지역에 있는 郡縣名을 새로 고쳤다는 뜻이다.

14) 金海府 : 지금의 경상남도 金海市. 首露王이 金官伽耶國을 세웠던 곳이다. 본
래 金官郡이었던 것을 景德王 때 金海로 고쳤다.([勝覽] 卷32 金海都護府 建
治沿革條)

15) 加利縣 : 지금의 경상북도 星州郡에 있었던 縣이름. 신라시대에는 一利郡이었
다가 景德王 때 星山郡으로 고쳤으며, 고려 太祖 때 加利縣이 되었고 顯宗 때
京山府에 소속되었다.([勝覽] 卷28 星州牧 建治沿革條)

13. 北扶餘

　古記云　前漢[1])宣帝神爵三年壬戌四月八日　天帝子[2])降于訖升骨[3]) 城〈在大遼醫州界〉乘五龍車　立都稱王　國號北扶餘　自稱名解慕漱　生 子名扶婁　以解爲氏焉　王後因上帝之命　移都于東扶餘　東明帝繼北 扶餘而興　立都于卒本州[4])　爲卒本扶餘　卽高句麗之始〈見下[5])〉

1) 前漢：[正][品][斗][六] 前漢書. [浩] 前漢. '書'는 衍文이다.
2) 子：[正][品][斗][浩][六] 없음. [遺] 卷1 紀異 高句麗條에는 子.
3) 訖升骨：[斗] 升紇骨. [相] 紇升骨.
4) 州：[順] 川.
5) 見下：[順] 祖(가필). [品] 祖.

북부여

『고기(古記)』1)에는 「전한 선제(宣帝) 신작(神爵) 3년 임술(壬戌, BC 58) 4월 8일2)에 천제자(天帝子)3)가 흘승골성(訖升骨城)4)〈대료 (大遼)의 의주(醫州) 지경에 있다.〉에 오룡거(五龍車)5)를 타고 내려와서

---

1) 古記 : 『帝王韻紀』註에서 인용한 이 기사는 『舊三國史』 本紀에서의 인용을 나타낸 것인 듯하다.

2) 神爵三年壬戌四月八日 : 史實的인 年記는 아닌 듯하며, 天帝子 解慕漱의 降臨을 釋迦의 降誕日에 附會한 것이 아닌가 한다.

3) 天帝子 : 天帝는 天의 主宰者, 造化의 神, 上帝를 말한다. 여기서 天帝子는 解慕漱를 이른다.

4) 訖升骨城 : 中國 遼寧省 桓仁縣 桓仁鎮 柳家溝村 동쪽 五女山城으로 비정되고 있다.(서길수, 『高句麗城』, 한국방송공사, 1994, pp.24-43 참조) 『魏書』 列傳 88 高句麗條에 「朱蒙至紇升骨城 遂居焉」, [史] 卷37 地理志4 高句麗條에는 「按 通典云 朱蒙以漢建昭二年 自北扶餘東南行 渡普述水 至紇升骨城居焉 號曰句 麗 以高爲氏 古記云 朱蒙自扶餘逃難至卒本 則紇升骨城 卒本似一處也 漢書志 云 遼東郡距洛陽三千六百里 屬縣有無慮 則周禮北鎮醫巫閭山也 大遼於其下 置醫州 玄菟郡距洛陽東北四千里 所屬三縣 高句麗是其一焉 則所謂朱蒙所都 紇升骨城 卒本者 蓋漢玄菟郡之界 大遼國東京之西 漢志所謂玄菟屬縣高句麗 是歟 昔大遼未亡時 遼帝在燕景 則吾人朝聘者 過東京涉遼水 一兩日行至醫州 以向燕薊 故知其然也」라고 하였다. 李丙燾는 '訖升骨'을 '升訖骨'이 顚倒된 것으로, '솔골(首府)', '수릿골(高句麗)'의 音譯이라고 하였다.(震檀學會, 『韓國史』 古代篇, 1959, pp.228-229 참조) 그러나 이는 音相으로 유추한 假說로서 쉽사리 단정하기 어렵지 않은가 한다.

5) 五龍車 : 五龍軏라고도 한다. 여기서는 天子가 타는 수레를 가리킨다. 東明王 篇에는 「海東解慕漱 眞是天之子 初從空中下 身乘五龍軏 從子百餘人」이라고 하였고, 註에서 「天帝遣太子 降遊夫餘王古都 號解慕漱 從天而下 乘五龍車 從 者百餘人皆騎白鵠」이라고 하였다.

도읍을 정하여 왕이라 일컫고, 국호를 북부여(北扶餘)6)라고 하고, 스스로 이름을 해모수(解慕漱)라고 하였다.7) 아들을 낳아 이름을 부루(扶婁)8)라고 하고 해(解)9)로써 씨(氏)를 삼았다. 왕은 후에 상제(上帝)의 명령으로 동부여(東扶餘)로 도읍을 옮기고,10) 동명제(東明帝)가 북부여를 이어 일어나, 졸본(卒本)11)주(州)에 도읍을 정하고 졸본

---

6) 北扶餘 : 당초 夫餘로 부른 나라로, 일찍이 『後漢書』, 『三國志』 등에 상세한 기록이 보인다. 『三國志』 卷30 魏書에 나타난 것을 보면 「夫餘在長城之北 去玄菟千里 南與高句麗 東與挹婁 西與鮮卑接 北有弱水 方可二千里 戶八萬 其民土著 有宮室倉庫牢獄 多山陵廣澤 於東夷之域最平敞 土地宜五穀 不生五果…蓋本濊貊之地也」라고 소개하고, 漢末에 夫餘王 尉仇台의 뒤를 이어 簡位居, 麻余, 位居로 계승되었음을 밝혔다. 고구려는 東明의 전승으로 미루어 부여의 분파로 보인다. [史] 高句麗本紀에는 扶餘, 北扶餘의 두 가지 명칭이 쓰이고 있다.

7) 前漢宣帝神爵三年…國號北扶餘 自稱名解慕漱 : 이 대목을 李奎報의 東明王篇 註에는 「漢神雀三年壬戌歲 天帝遣太子 降遊夫餘王古都 號解慕漱 從天而下 乘五龍車…止熊心山 經十餘日始下」로 썼다.

8) 扶婁 : 여기서는 解慕漱의 자식이라고 하였는데, [遺] 卷1 紀異 高句麗條 註에 인용한 『壇君記』에 「君與西河河伯之女要親 有産子 名曰夫婁 今按此記 則解慕漱私河伯之女 而後產朱蒙 壇君記云 產子名曰 夫婁 夫婁與朱蒙異母兄弟也」라고 하고, [勝覽] 卷54 寧邊都護府 古跡 太白山條에 「檀君娶非西岬河伯之女 生子曰夫婁」라고 하고, [遺] 卷1 王曆에 「第一東明王…名朱蒙 一作鄒蒙 壇君之子」라고 한 것에서 夫婁가 解慕漱와 西河河伯(또는 非西岬河伯)의 딸과의 사이에서 태어난 자식이며, 따라서 朱蒙과는 同父異母의 兄弟요, 解慕漱와 檀君이 동일시되고 있는 것도 주목된다. '解夫婁'의 이름은 '解=해(日)'에 '夫婁=부루=불(光)'이 결합한 말로 赫居世(弗矩內)와 통한다. 즉 天帝子, '하늘(태양신)의 아들'을 의미한 것으로 해석된다.

9) 解 : '해'(日, 太陽)를 의미한다. 이로써 天帝의 子孫임을 나타냈던 것으로 보인다.

10) 因上帝之命 移都于東扶餘 : [遺] 卷1 紀異 東扶餘에서 「북부여왕 해부루의 재상 阿蘭弗이 꿈에 천제가 내려와 이르기를, '장차 나의 자손이 나라를 세울 것이니 그대는 이곳을 피하여 동해 물가 迦葉原에 옮겨가 王都를 세움이 마땅하다'고 하므로 아란불이 왕에게 권하여 都邑을 옮기고, 나라이름을 '東扶餘'라 했다」고 하였다.

11) 卒本 : 평안남도 成川의 옛이름. BC 37년에 고구려의 始祖 주몽이 이 지방에

부여(卒本扶餘)가 되었으니, 곧 고구려의 시조이다.12)〈아래에 나타난
다.〉13)」라고 하였다.

서 건국하여 AD 3년 瑠璃王 22년에 國內城으로 옮길 때까지의 國都로서 원래
이 지방은 고구려를 이룬 五部族 중의 하나인 桂婁部가 있던 곳이라고 하고,
桂婁部는 太祖때부터 가장 강력한 부족으로 대두하여 마침내 고구려를 대표하
게 되었다고 하였다.([樹], p.58 참조) 그러나 지금은 中國 遼寧省 渾江流域 桓
仁地方으로 간주되고 있다. 廣開土王陵碑에 「於沸流谷忽本西城山上 而建都焉」
의 忽本이 이곳이다.

12) 東明帝繼北扶餘而興 立都于卒本州 卽高句麗之始 : 이 대목은 朱蒙 東明王
이 北扶餘의 왕위를 계승한 것같은 인상을 주지만, 실은 朱蒙이 東扶餘王 金蛙
에게 收養되었고, 성장한 뒤 그곳을 떠나 남쪽 卒本州에 가서 立都하고, 卒本扶
餘를 세웠다. 이는 고구려이다.([遺] 卷1 紀異 高句麗條 참조) [史] 高句麗本
紀에서는 扶餘王 扶婁가 東海 물가 迦葉原으로 나라를 옮긴 뒤 그 扶餘 땅에
自稱의 天帝子 解慕漱가 와서 서울을 세웠다고 하였다. 東明이 解慕漱의 所生
임으로 해서 解慕漱의 일이 東明에게 附會되었던 것이 아닌가 한다. 三品彰英
은 「南走한 朱蒙이 扶餘의 正統을 繼承했다고 보는 입장에서 한 主張」이라고
하였다.([品] 上, p.376)

13) 見下 : '아래를 보라' 혹은 '아래에 나타난다'로 풀이되나, '祖'자가 올 자리에
잘못 들어온 글자로 보는 견해가 지배적이다. 그래야만 「東明帝…卽高句麗之始
祖」의 문맥이 성립되기 때문인 듯하다. 그러나 같은 문장에서 「立都于卒本州
爲卒本扶餘 卽高句麗之始」가 성립될 뿐더러, '그 자세한 사실을 아래의 기사에
서 보라'로 이해할 수 있으므로 위의 주장을 고집할 수도 없다.

14. 東扶餘

北扶餘王 解夫婁之相阿蘭弗夢 天帝降而謂曰 將使吾子孫立國
於此 汝其避之〈謂東明將興之兆也〉 東海之濱有地 名迦葉原 土壤膏
腴 宜立王都 阿蘭弗勸王 移都於彼 國號東扶餘 夫婁老無子 一日
祭山川求嗣 所乘馬至鯤淵 見大石 相對淚1)流 王怪之 使人轉其
石 有小兒 金色蛙形 王喜曰 此乃天賚我令胤乎 乃收而養之 名曰
金蛙 及其長 爲太子 夫婁薨 金蛙嗣位爲王 次傳位于太2)子帶素
至地皇三年壬午 高麗王無恤伐之 殺王帶素 國除

---

1) 淚：[正][晚][順] 俠. [品] 峽. [石][斗][浩][六][民] 淚.
2) 太：[正] 大.

동부여

　북부여왕(北扶餘王)　해부루(解夫婁)[1]의　재상　아란불(阿蘭弗)의
꿈에 천제(天帝)[2]가 내려와서 이르기를, "장차 내 자손을 시켜 이곳
에 나라를 세우려 하니, 너는 이곳을 피해 가거라.[3]〈동명(東明)이 장차
일어날 조짐을 이른다.〉 동해의 물가에 가섭원(迦葉原)[4]이란 곳이 있는데

---

1) 解夫婁 : [遺] 卷1 紀異 北扶餘條에는 神爵 3년 4월 8일에 訖升骨城에 강림
　하여 北扶餘國을 세운 解慕漱가 낳은 자식으로 되어 있다.

2) 天帝 : 天上의 主宰者. 上帝.

3) 天帝降而謂曰…汝其避之 : [史] 高句麗本紀, [遺] 卷1 紀異 北扶餘條・高句
　麗條에 의하면, 扶餘王 解夫婁는 天帝(혹은 上帝)의 命(夢示)에 따라 강림하
　는 天帝의 자손을 위해 扶餘 땅을 비우고 迦葉原(東扶餘)으로 나라를 옮겼다.
　앞의 北扶餘條에 의하면, 당초 扶餘王 解夫婁는 神爵 3年(BC 59)에 이 땅(訖
　升骨城)에 降臨한 天帝子 解慕漱의 아들이다. 그 역시 天帝의 자손이나, 장차
　東明(朱蒙)이 立都, 開國할 땅으로 扶餘國(北扶餘)을 天帝가 점지함으로써 解
　夫婁를 東扶餘로 옮겨가게 했던 것으로 이해된다. 위의 사실로 미루어 볼 때 解
　夫婁와 東明은 解慕漱를 아버지로 한 異母兄弟(西河河伯之女, 河伯女 柳花)
　인 셈이다.([遺] 卷1 紀異 高句麗條 참조) 東明이 태어나 자란 곳은 東扶餘의
　金蛙王宮이었겠으나, 성장한 다음 그곳을 떠나 나라(고구려)를 세운 卒本扶餘
　는 당초 解慕漱가 天降했던 訖升骨城으로, 곧 北扶餘의 땅이었다. 이로써 미루
　어 阿蘭弗에 夢示한 天帝의 命은 朱蒙이 이 땅에서 興國할 사실을 豫徵했다고
　할 수 있다. 위와 같은 國讓의 모티브는 日本神話에서 出雲國의 大國主神이 장
　차 降臨할 天孫에게 國土를 讓步하고 자신은 天日隅宮(根の國底の國)에 隱退
　하는 대목에서 볼 수 있다.(『古事記』上卷 「僕之不違 此葦原中國者 隨命旣獻
　也…」 참조)

4) 迦葉原 : 音借訓讀하여 '갓벌' 즉 邊地로 이해하는 설도 있으나 확실하지 않
　다. 東扶餘를 '東海濱'이라 한 데서 江原道 江陵으로 보고, '迦葉原'을 '河西良'
　의 聲轉한 것으로 인정하는 견해(權相老, 『韓國地名沿革考』, 東國文化社, 1961,

땅이 기름지니 왕도를 세울 만하다"고 하였다. 아란불은 왕에게 권하여 그곳으로 도읍을 옮기고, 국호를 동부여(東扶餘)[5]라고 하였다. 부루가 늙고 아들이 없어서 하루는 산천에 제사지내 후사를 구하였다. [이때] 탔던 말이 곤연(鯤淵)[6]에 이르러 큰 돌을 보고 마주 대하여 눈물을 흘렸다.[7] 왕은 이것을 이상히 여겨 사람을 시켜 그 돌을 굴리게 하니 금빛 개구리모양의 어린아이가 있었다.[8] 왕은 기뻐하며 말하

---

5) 東扶餘 : 北扶餘王 解夫婁가 天帝의 夢示를 받은 阿蘭弗의 말에 따라 東海 물가 迦葉原에 옮겨가서 세운 나라. 阿蘭弗에 대해서는 宰相이라는 사실 이상으로 알려진 것이 없다. 迦葉原의 위치나 유래는 알 수 없다. 東扶餘의 위치를 東海의 물가로 밝혔으나, 解夫婁가 鯤淵에서 金蛙를 발견했고, 또 그의 뒤를 이은 金蛙王이 太白山 南의 優渤水에서 柳花를 만났던 것으로 미루어 볼 때, 太白山과 優渤水를 포괄한 지역, 아마도 白頭山과 鴨綠江이 잇닿은 일대를 중심으로 한 지역으로 추정되나, 확실한 것은 알 수 없다.

6) 鯤淵 : 큰 못을 말하며, 일설에는 白頭山의 天池라고도 하나 확실하지 않다. (袁珂 著·鄭錫元 譯,『中國의 古代神話』, 文藝出版社, 1992(7쇄), pp.235-244 참조)

7) 淚流 : [史] 卷13 高句麗本紀에는 「至鯤淵見大石相對流淚」,『東國李相國集』東明王篇에는 「本記云 夫余王解夫婁老無子 祭山川求嗣 所御馬至鯤淵 見大石流淚」로 되어 있다.(위에서 '本記'는『舊三國史』東明王本紀인 듯함.) 三品彰英은 「見大石相對峽流」로 보고, 풀이하여 「왕은 큰 돌을 발견하였다. 이 돌은 좁아진 물흐름과 마주하고 있었는데」로 읽었다.([品] 上, p.377 참조) 그러나 위의 여러 문헌의 기록으로 보아 잘못 읽은 것이다.

8) 有小兒 金色蛙形 : 설화에서 개구리 모양의 인물이 非俗의 英雄이나 神聖王으로 형상화되는 경우가 있다. 여기 金蛙도 그런 유형으로 보인다. 일례로 우리 民譚 '개구리 新郞'에서 가난한 漁夫 夫婦의 양육을 받아서 크게 성장한 개구리가 이웃 부자집의 셋째 딸과 혼인하여, 그녀의 도움으로 개구리의 껍질을 벗고, 훌륭한 대장부로 나타나, 마침내는 아내와 함께 승천하였다고 한 것도 그런 류이다.(Zŏng In-sŏb, *FOLK TALES FROM KOREA*, HOLLYM CORPORATION : PUBLISHERS, 1970, pp.175-178, 'The Toad-Bridegroom' 참조) 三品彰英은 이것이 유럽 민족의 전승설화 9개구리 王子를 연상케 하나, 이를 곧바로 扶餘의 金蛙와 역사적으로 링크시키려 드는 것은 성급하다고 하고, 天神과 水神과의 결합으로 생각하여, 개구리를 水神의 출현형상으로 볼 수 있고, 또 古代王者의 水神的 靈能을 神話하는 것과도 관련된다고 하고, 朱蒙說

기를, "이는 곧 하늘이 나에게 아들을 주심이로다"고 하고, 이에 거두
어 기르고 이름을 금와(金蛙)9)라고 하였다. 그가 자라자 태자로 삼고,
부루가 세상을 떠나자 금와는 자리를 이어 왕이 되었다. 다음 왕위를
태자 대소(帶素)10)에게 전하였다. 지황(地皇)11) 3년 임오(壬午, 22)
에 고구려왕 무휼(無恤)12)이 이[동부여]를 쳐서 왕 대소를 죽이니 나
라가 없어졌다.13)

話와 同系인 淸祖 누루하치전설의 異傳에는 여인과 神婚하는 청개구리의 경우
가 있음을 들었다.([品] 上, p.386 참조) 그러나 여기의 金蛙의 경우, 이른바 '금
빛 개구리의 형상'은 다만 '金蛙'라는 命名 動機로서만 한 번 언급되었을 뿐이
라는 인상을 준다. 金蛙의 '개구리 형상'은 어느 문헌 기술에서도 그 이상의 설
화적 전개를 볼 수 없다. 물론 水神으로서의 성격도 확실하지 않다.

9) 金蛙 : 鯤淵 연못가에서 얻은 금빛 개구리모양의 어린 아이로, 후에 夫妻를
계승하여 東扶餘王이 되었고, 太伯山 남쪽 優渤水에서 河伯의 딸 柳花를 만나
그녀에게서 朱蒙을 얻었다. 李丙燾는 '金蛙'를 「金蝸라고도 書稱하니, 모두 고
마[族名]의 寫音」이라고 하였다.

10) 帶素 : 東扶餘 金蛙王의 長子. 일찍이 父王에게 朱蒙을 제거하여 후환을 없이
할 것을 제안하였으나 父王이 듣지 않고 朱蒙에게 말을 치게 하였다. 金蛙王이
죽자 扶餘王이 되어, 고구려 유리왕 14년에는 고구려에 質子교환을 청하였으나,
고구려가 보내지 않자 분개하였다. 군사 5만으로 고구려에 쳐들어갔으나, 大雪
로 다수의 凍死者를 내고 물러났다. 유리왕 28년에는 고구려에 사신을 보내어
事大의 禮로써 扶餘國 섬기기를 요구하여, 고구려 왕자 無恤에게 자신의 나라
를 다스림만 같지 않음을 설파당하였다. 유리왕 32년 扶餘人이 고구려를 침입
하였으나 왕자 무휼에게 대패하였다. 고구려 大武神王(無恤) 3년에 帶素가 머
리 하나에 몸집이 둘인 붉은 까마귀를 고구려에 보냈더니, 고구려에서는 이를
瑞鳥로 받아들임에 帶素가 듣고, 놀라 뉘우쳤다. 대무신왕 5년 2월 고구려 군사
가 부여국 남쪽에 진을 치니, 부여군이 그 不備한 틈을 노려 쳐들어갔다가 計略
에 빠져 꼼짝못하게 되었는데, 이 북새통에 부여왕 帶素의 목이 잘렸다. 대소가
죽은 뒤 금와왕의 季子이며, 帶素의 아우가 되는 曷思가 鴨淥谷에 이르러 海頭
國王을 죽이고, 그 백성을 거두어 都邑하여 왕이 되니 曷思王이다.([史] 高句
麗本紀 참조)

11) 地皇 : 중국 新 王莽의 연호(20-23).

12) 無恤 : 고구려 琉璃明王의 셋째 아들. '大武神王' 또는 '大解朱留王'으로 불린
다. ([史] 卷14 高句麗本紀 大武神王條 참조)

13) 高麗王無恤伐之 殺王帶素 國除 : 「[大武神王] 五年春二月 王進軍於扶餘國

南 其地多泥塗 王使擇平地爲營 解鞍休卒 無恐懼之態 扶餘王擧國出戰 欲掩其
不備 策馬以前 陷濘不能進退 王於是揮怪由 怪由拔劍號吼擊之 萬軍披靡不能
支 直進執扶餘王斬頭…秋七月 扶餘王從弟 謂國人曰 我先王身亡國滅 民無所
依 王弟逃竄 都於曷思 吾亦不肖 無以興復 乃與萬餘人來投 王封爲王 安置掾
那部 以其背有絡文 賜姓絡氏」([史] 卷14 高句麗本紀 大武神王條)

15. 高句麗

高句麗 卽卒本扶餘也 或云今和州 又成州等 皆誤矣 卒本州在
遼東界 國史高麗本記云 始祖東明聖帝 姓高[1]氏 諱朱蒙 先是 北
扶餘王解夫婁 旣避地于東扶餘 及夫婁薨 金蛙嗣位 于時得一女子
於太[2]伯山南優渤水 問之 云我是河伯之女 名柳花 與諸弟出遊
時有一男子 自言天帝子解慕漱 誘我於熊神山下鴨淥邊室中 私[3]
之而往不返〈壇君記云 君與西河河伯之女要親 有産子 名曰夫婁 今據[4]此記
則解慕漱私河伯之女 而後産朱蒙 壇君記云 産子名曰夫婁 夫婁與朱蒙異母兄弟
也〉父母責我無媒而從人 遂謫居于此 金蛙異之 幽閉[5]於室中 爲
日光所照 引身避之 日影又逐而照之 因而有孕 生一卵 大五升許
王棄之與犬猪 皆不食 又棄之路 牛馬避之 棄之野 鳥獸覆之 王欲
剖之而不能破 乃還其母 母以物裹[6]之 置於暖處 有一兒破殼而出
骨表英奇 年甫七歲 岐[7]嶷異常 自作弓矢 百發百中 國俗謂善射
爲朱蒙 故以名焉 金蛙有七子 常與朱蒙遊戲 技能莫及 長子帶素

---

1) 高：[正] 言. [石][品][斗][浩][六][民] 高.
2) 太：[正] 大.
3) 私：[正] 知. [石][品][斗][浩][六][民] 私.
4) 據：[品][斗][浩][六][歡] 按. [石][曉] 據.
5) 閉：[晚] 閑.
6) 裹：[正][晚][石] 裵. [品][斗][浩][六][民] 裹.
7) 岐：[正][晚][順][石] 跂. [品] 峻. [斗][浩][六][民][歡] 岐.

言於王曰 朱蒙非人所生 若不早圖 恐有後患 王不聽 使之養馬 朱蒙知其駿者 減食令瘦 駑者善養令肥 王自乘肥8) 瘦者給蒙 王之諸子與諸臣將謀害之 蒙母知之 告曰 國人將害汝 以汝才略何往不可 宜速圖之 於是9)蒙與烏伊等三人爲友 行至淹水〈今未詳〉告水曰 我是天帝子河伯孫 今日逃遁 追者垂及 奈何 於是 魚鼈成橋 得渡而橋解 追騎不得渡 至卒本州〈玄菟郡之界〉遂10)都焉 未遑作宮室但結廬於沸流水上居之 國號高句麗 因以高爲氏〈本姓解也 今自言是天帝子 承日光而生 故自以高爲氏〉時年十二歲 漢孝元帝 建昭二年甲申歲 卽位稱王 高麗全盛之日二十一萬五百八戶

珠琳傳第二十一卷載 昔寧稟離王 侍婢有娠 相者占之曰 貴而當王 王曰 非我之胤也 當殺之 婢曰 氣從天來 故我有娠 及子之產 謂爲不祥 捐圈則猪噓 棄欄則馬乳 而得不死 卒爲扶餘之王〈卽東明帝爲卒本扶餘王之謂也 此卒本扶餘 亦是北扶餘之別都 故云扶餘王也 寧稟離乃夫婁王之異稱也〉

---

8) 肥：［浩］肥者.
9) 是：［浩］［六］時.
10) 遂：［正］逐.［順］遂(가필).［石］［品］［斗］［浩］［六］［民］［歡］［曉］遂.

고구려

　　고구려(高句麗)[1]는 곧 졸본부여(卒本扶餘)[2]이다. 혹은 지금의 화주
(和州)[3] 또는 성주(成州)[4] 등이라고 하나 모두 잘못이다. 졸본주는

---

1) 高句麗 : 일찍이『漢書』卷28 地理志8 下에 玄菟郡의 三縣을 든 가운데 '高
句驪'가 머리에 나타나 있다. 즉「高句驪 遼山遼水所出 西南至遼隊入大遼水
又有南蘇水 西北經塞外」라고 썼다.『後漢書』卷85 東夷列傳75에는「高句驪
在遼東之東千里…北與夫餘接地方二千里…凡有五族 有消奴部・絶奴部・灌奴
部・桂婁部…本消奴部爲王 稍微弱後 桂婁部代之…武帝滅朝鮮 以高句驪爲縣
使屬玄菟」라고 썼다.「高句麗者出於夫餘」(『魏書』卷100 列傳88),「五代史曰
高句麗扶餘別種也」(『帝王韻紀』卷下 高句麗紀)라고 하였듯이 고구려는 扶餘
의 別派가 세운 古代王國으로, 卒本夫餘가 그 발상지이다.

2) 卒本扶餘 : [史]에는「卒本者 蓋漢玄菟郡之界 大遼國東京之西 漢志所謂玄
菟屬縣 高句麗是歟」(卷37 地理志4 高句麗條), [遺]에는「卒本州在遼東界」,「卒
本州 玄菟郡之界」,「卒本扶餘 亦是北扶餘之別都」(卷1 紀異 高句麗條),『魏書
』에「朱蒙遂至普述水…朱蒙至紇升骨城 遂居焉 號曰高句麗 因以爲氏焉」(卷
100 列傳88 高句麗), 廣開土王陵碑에「然後 造渡於沸流谷 忽本西城山上 而建
都焉」으로 쓴 것으로 미루어 볼 때 卒本州는 玄菟郡에 속했던 遼東地方으로,
沸流水(혹은 普述水) 流域의 紇升骨城(혹은 忽本西城)에 해당한다. 沸流에 관
해서는『遼史』에「正州本沸流王故地 國爲公孫康所倂 渤海置沸流郡 有沸流水
戶五百 隸淥州 在西北三百八十里」(卷38 地理志2 京東道 淥州)라고 썼다. 현
지 답사결과, 遼寧省 桓仁縣 桓仁鎭 동북쪽 劉家溝村 동쪽에 있는 五女山城이
紇升骨城, 그 남으로 흐르는 渾江이 沸流水에 비정되고 있다.(서길수,『高句麗
城』, 한국방송공사, 1994, pp.24-43 참조)

3) 和州 : 지금의 永興지방. 고구려의 長嶺鎭 혹은 唐文(혹은 堂文), 博平郡으로
일컬었는데, 고려 초에 和州가 되었다.([勝覽] 卷48 永興 참조) 永興으로 불리
게 된 것은 朝鮮 世宗 8년 永興大都護府로 되면서부터이다.(『世宗實錄』卷155
地理志 참조)

4) 成州 : 지금의 平安南道 成川郡의 땅. 본래 沸流王 松讓의 故都로, 고구려 東

요동(遼東) 경계에 있다. 『국사(國史)』 고구려본기[高麗本記]5)에는 「시조 동명성제(東明聖帝)의 성은 고(高)씨6)요, 이름은 주몽(朱蒙)7) 이다. 이보다 앞서 북부여의 왕 해부루(解夫婁)8)가 동부여(東扶餘)9)

明王이 北扶餘로부터 와서 卒本川에 都邑을 잡은 뒤 松讓王이 항복하니 이곳 에 多勿都를 두고, 松讓을 多勿侯로 봉하였다. 고려 顯宗 9년에 成州, 조선 太 宗 15년에 成川으로 불러 내려왔다.([勝覽] 卷54 成川都護府 참조)

5) 國史 高麗本記 : [史] 高句麗本紀를 이른다.

6) 姓高氏 : [正]의 '言'자는 '高'자라야 옳다. [史] 卷13 高句麗本紀 始祖 東明 王聖條에 「始祖東明聖王姓高氏 諱朱蒙」이라 되어 있다. 그러나 [遺] 卷1 王曆 에서는 「姓高」라고 하면서 本條 註에서는 「本姓解也」라고 하였다. 其子 瑠璃 와 其子 大武神王, 其子 閔中王의 姓은 모두 解氏라고 하며, [史] 高句麗本紀 에서도 大武神王을 「或云大解朱留王」, 閔中王의 諱를 「解邑朱」, 慕本王의 諱 를 「解愛」, 「一云解愛婁」라고 하여 한결같이 '解'와의 관련이 보이고, 다음 國 祖王(大祖王)부터 姓氏를 쓰지 아니한 것을 보면, 國祖王 이전에는 夫餘의 解 氏를 冒稱하다가 國祖王으로부터 高氏로 개칭한 것이 아닌가 한다. 그러나 '解' 씨는 실상 夫餘의 解夫婁, 解慕漱의 '解'자를 취한 것 같고, '高'씨는 高句麗의 '高'자에서 유래된 것이다.

7) 朱蒙 : '鄒牟'(廣開土王陵碑, 牟頭婁墓誌, [史] 百濟本紀, 『新撰姓氏錄』), '鄒 蒙'([遺] 卷1 王曆), '仲牟王'(『日本書紀』 卷27 天智天皇 7年 10月), 「朱蒙 一 云鄒牟 一云象解」([史]) 등으로 쓰였다. '朱蒙'의 이름은 [史]·[遺]를 비롯하 여 新羅文武王陵碑, 『帝王韻紀』 卷下, 『世宗實錄』 卷148 地理志, 『周書』 卷49 列傳41, 『後漢書』 卷85 東夷列傳75, 『北史』 卷94 列傳82, 『唐書』 卷220 東夷列 傳145 등에 나타나 있다. '朱蒙', '鄒牟'를 일본 문헌에 보이는 백제 시조 '都慕' 와 함께 모두 '東明'의 異記로 보고, 이로써 扶餘族 사회에 공통적으로 광범위 하게 분포했던 東明 崇拜로 이해하고, 波狀으로 진행된 扶餘族의 분열·이동의 결과로 간주하는 견해도 있다.(盧明鎬, 「百濟의 東明神話와 東明廟」, 『歷史硏 究』 10, 1981, pp.39-89) 한편, 백제가 始祖로 모신 '東明'과 고구려의 始祖 '朱 蒙'을 역사적으로 별개의 존재로 보는 견해도 있다.(鄭璟喜, 『韓國古代社會文 化硏究』, 一志社, 1990, p.126)

8) 解夫婁 : 天帝子 解慕漱(혹은 檀君)가 扶餘땅에 내려와 非西岬河伯의 딸을 취하여 낳은 자식으로, 扶餘(혹은 北扶餘)의 왕이 되었으나, 후에 天帝의 지시 로 동해변 迦葉原에 나라를 옮겨 東扶餘의 국명을 가졌다. 늙도록 無嗣하더니, 산천에 빌어서 金蛙를 얻었고, 그의 뒤를 이어 金蛙가 東扶餘의 왕이 되었다. 解夫婁는 朱蒙과 異母兄弟라고도 한다.([遺] 卷1 紀異 古朝鮮條 所引 壇君記 참조) '解夫婁'의 이름은 '해(日)'에 '夫婁=부루=불(光)'이 결합한 말로 赫居 世(弗矩內)와 통하며, 天帝子 혹은 '하늘(太陽神)의 아들'을 의미하는 것으로

로 땅을 옮기고, 부루가 죽자 금와(金蛙)[10]가 왕위를 이었다. 이때
[금와가] 태백산(太伯山)[11] 남쪽 우발수(優渤水)[12]에서 한 여자를

___

이해된다.

9) 東扶餘 : 지금의 함경남도지방에 있던 東濊. 高句麗人은 자기네와 同種인 북
방의 濊貊을 北扶餘, 동쪽의 濊貊을 東扶餘 혹은 東濊라고 하였던 것 같다. 東
夫餘의 稱은 일찍이 廣開土王陵碑에 「東夫餘 舊是鄒牟王之屬民」이라고 한 데
서 보인다. [史]는 解夫婁가 鯤淵에서 金蛙를 얻은 것을 東扶餘 遷都記事에
앞서 서술하였고, [遺]는 遷都後 東扶餘에서 얻은 것으로 기술하였다. [史]에
나타난 金蛙王의 활동은 東扶餘王으로서 서술되어 있으므로 金蛙王 설화는 일
종의 東扶餘 건국설화의 성격을 지닌다고 하겠다. 東扶餘의 성립은 3세기 말, 4
세기 초 이후로, 東扶餘 건국설화 형성 시기도 이 무렵이었을 것으로 짐작된
다.(盧泰敦,「朱蒙의 出自傳承과 桂婁部의 起源」,『韓國古代史論叢』5, pp.43-
44)

10) 金蛙 : 東扶餘王 解夫婁가 늙도록 後嗣가 없어 산천에 빌어 鯤淵의 큰 돌 밑
에서 얻은 자식으로, 금빛나는 개구리형상을 하고 있었으므로 '金蛙'라 명명하
였다. 夫婁가 죽은 뒤 왕위를 이은 후, 優渤水에서 天帝子 解慕漱와의 私通으
로 쫓겨난 河伯의 딸 柳花를 얻어 궁에 가두었는데, 유화는 햇빛에 感應하여
알을 낳았다. 왕은 이를 상서롭지 못하다고 여겨서 버리게 하였으나, 결국 알에
서 朱蒙의 탄생을 본다. 이 일련의 이야기는 본조의 내용이다. 金蛙의 뒤를 이
은 帶素王은 고구려와 반목한 끝에 고구려 군사에게 참수당하여 죽고, 弟와 從
弟가 각각 무리를 이끌고 고구려에 來屬하였던 바, 文咨明王 3년(494)에 부여
왕은 처자를 이끌고 나라를 들어 來降함으로써 고구려에 병합되었다.

11) 太伯山 : 여기서는 白頭山을 가리킨다. 원문과 마찬가지로 [史] 高句麗本紀도
「大白山」으로 썼다. 天帝 桓因의 庶子로서 率徒三千하고 太伯山에 降臨한 桓
雄과 熊女 사이에서 탄생한 檀君은 非西岬河伯의 딸을 취하여 夫婁를 낳았다
고 하는 異傳이 있다.([勝覽] 卷54 寧邊都護府 古跡 太伯山條) 그러나 [遺]
卷1 紀異 古朝鮮條의 古記 인용문에서는 桓雄이 降臨한 '太伯山'을 '今妙香山'
이라 註記하고 있다. 위의 [勝覽]에서는 漫濊水에 註記하기를,「漫濊水 澤名
在太伯山南」(卷54 寧邊都護府 古跡條)이라고 하였다. 당초 산에 대한 太伯 명
명은 道敎의 영향으로 보이며, 신라 때 太伯山을 일컬은 것은 江原道 慶尙北
道에 걸쳐 있는 太白山이며, 中祀 五岳中의 北岳으로, 山頂에는 오래전부터 太
白王堂祠가 있어서 春秋로 제사를 지내오고 있다. 현재 江原道 太白市 소도동
소재 해발 1566.7m의 太白山 정상 白石坪에 天祭壇이 있다.

12) 優渤水 :『舊三國史』에「優渤 澤名 今在太伯山南」이라고 하였다. 일설에는
'우스벌 못' 곧 上坪池라고도 한다.([樹] p.61)「自靑河出遊熊心淵上」도 같은
못을 이르는 것이 아닌가 한다. 優渤水의 확실한 소재는 알 수 없다.

만나 물으니, [그 여자가] 말하기를, "저는 본래 하백(河伯)13)의
딸14)로 이름은 유화(柳花)15)입니다. 여러 아우들16)과 함께 나와 놀
았는데, 그때 한 남자가 스스로 천제의 아들 해모수(解慕漱)17)라고 하

13) 河伯 : '冰夷', '馮夷', '无夷'라고도 하며, 그 모양을 '人面'(『海內北經』), '人面
   魚身'(『酉陽雜俎』), '白面長人魚身'(『尸子』)으로 말한다. 『抱朴子』는 「馮夷가
   8月 上庚日에 물을 건너다 빠져 죽으니, 天帝가 그를 河伯으로 署任했다」고 하
   였다. 『卜辭』에 '河妾'이란 말이 있는 것으로 미루어 이미 오래전에 河伯의 娶
   妻, 納妾에 대한 전설과 그에 얽힌 人贄의 俗이 행해졌던 것을 알 수 있다. 중
   국에서는 河伯 곧 黃河의 神으로, 殷商 이래 周末에 이르기까지 사람들이 제사
   를 받들어왔다고 한다. 중국 신화에 白龍이 되어 물에서 놀고 있는 河伯을 羿가
   활로 쏘아 왼눈을 멀게 하였다. 하백이 억울함을 천제에게 호소하였더니, 천제
   는 사냥군이 짐승을 쏘는 것을 나무랄 수 없고, 짐승의 형상을 하고 물에서 노
   닥거린 河伯을 탓했다고 하였다.(『淮南子』 卷13 氾論訓 참조) 여기의 河伯은
   靑河(鴨綠江)의 河神이다.(東明王篇 「城北有靑河〈靑河今鴨綠江也〉河伯三女
   美〈長曰柳花 次曰萱花 季曰葦花〉擘出鴨頭波 往遊熊心涘〈自靑河出遊熊心淵
   上〉」)
14) 河伯之女 : 河伯의 세 딸(柳花・萱花・葦花) 중 맏딸 柳花를 가리킨다.(『東
   國李相國集』 東明王篇 「河伯三女美〈長曰柳花 次曰萱花 季曰葦花〉擘出鴨頭
   波 往遊熊心涘 鏘琅佩玉鳴 綽約顔花媚」)
15) 柳花 : 河伯의 세 딸 중 맏딸로, 解慕漱와 私通한 뒤 優渤水에서 金蛙王에게
   거두어졌고, 해 그림자가 몸에 비춘 일로 인해 잉태하여 卵生의 영웅 朱蒙을 낳
   았다. 朱蒙(東明聖王)이 고구려를 건국한 뒤 同王 14년 8월 柳花는 東扶餘에
   서 죽었다. 金蛙王은 그를 大后의 예로 장례지내고, 神廟를 세웠다. 『北史』의
   기록에 고구려에 神廟가 2개소 있음을 소개하고, 여기에 모신 신은 각각 扶餘神
   과 高登神이라고 하였는데, 이는 곧 柳花와 始祖 朱蒙이라고 하였다.(『北史』
   卷94 列傳82 참조) 고구려에서 유화와 주몽은 오래도록 숭앙받아 온 사실을 알
   수 있다.
16) 諸弟 : 萱花와 葦花를 가리킨다.
17) 解慕漱 : 天帝의 아들로 河伯의 딸 柳花를 熊心山 아래 鴨淥邊의 집에 유인
   하여 私通한 뒤, 떠나서 돌아오지 않았다. 그 뒤에 金蛙王에게 거두어진 유화는
   햇빛을 몸에 받고 잉태하여 朱蒙을 낳았다. 解慕漱가 柳花와 私通하고 結緣하
   는 일련의 사건을 『舊三國史』는 아래와 같이 敍事文學化하고 있다. 「漢神雀三
   年壬戌歲 天帝遣太子降遊扶余王古都 號解慕漱 從天而下 乘五龍車 從者百餘
   人 皆騎白鵠 彩雲浮於上 音樂動雲中 止熊心山 經十餘日始下 首戴烏羽之冠
   腰帶龍光之劒 朝則聽事 暮卽升天 世謂之天王郞 自靑河出 遊熊心淵上 神姿艶
   麗 雜佩鏘洋 與漢皐無異 王謂左右曰 得而爲妃 可有後胤 其女見王 卽入水 左

며 저를 웅신산(熊神山)[18] 아래 압록(鴨淥)강가 집 안으로 꾀어 사통하고 가서는 돌아오지 않았습니다.〈『단군기(壇君記)』에는 「군(君)[19]이 서하(西河) 하백의 딸과 친하여 아들을 낳아 부루라고 이름하였다」고 하였는데, 지금 이 기록을 살펴보면 해모수가 하백의 딸과 사통하여 후에 주몽을 낳았다고 하였다. 『단군기』에는 「아들을 낳아 부루라고 이름하였다」고 하니, 부루는 주몽과 어미가 다른 형제이다.〉[20] 부모님이 제가 중매도 없이 사람을 따른 것을 꾸짖어, 마침내 [저는] 여기 귀양와서 있게 되었습니다"고 하였다. 금와가 이상히 여겨 방 속에 깊숙이 가두었더니 햇빛이 [그를] 비쳤다.[21] 몸을 이

右曰 大王何不作宮殿 俟女入室 當戶遮之 王以爲緣 以馬鞭畵地 銅室俄成壯麗
於室中 設三席 置樽酒 其女各坐其席 相勸飮酒大醉云云 王俟三女大醉急出 遮
女等驚走 長女柳花 爲王所止 河伯大怒 遣使告曰 汝是何人 留我女乎 王報云
我是天帝之子 今欲與河伯結婚 河伯又使告曰 汝若天帝之子 於我有求昏者 當
使媒云云 今輒留我女 何其失禮 王慙之 將往見河伯 不能入室 欲放其女 女旣
與王定情 不肯離去 乃勸王曰 如有龍車 可到河伯之國 王指天而告 俄而五龍車
從空而下 王與女乘車 風雲忽起 至其宮 河伯備禮迎之 坐定 謂曰 婚姻之道 天
下之通規 何爲失禮 辱我門宗云云 河伯曰 王是天帝之子 有何神異 王曰 唯在
所試 於是 河伯於庭前水 化爲鯉 隨浪而游 王化爲獺而捕之 河伯又化爲鹿而走
王化爲豺逐之 河伯化爲雉 王化爲鷹擊之 河伯以爲誠是天帝之子 以禮成婚 恐
王無將女之心 張樂置酒 勸王大醉 與女入於小革輿中 載以龍車 欲令升天 其車
未出水 王卽酒醒 取女黃金釵 刺革輿 從孔獨出升天 河伯大怒其女曰 汝不從我
訓 終欲[sic 辱]我門 令左右絞挽女口 其脣吻長三尺 唯與奴婢二人 貶於優渤水
中」(『東國李相國集』卷3 東明王篇)

18) 熊神山 : '고마뫼' 곧 蓋馬山으로 보고, 白頭山의 일명 蓋馬山으로 일컫는 것으로 미루어 白頭山으로 간주하는 설이 있다. [史] 高句麗本紀와 『舊三國史』 (東明王篇 所引) 등에서는 '熊心山'으로 나타난다.
19) 君 : 壇君.
20) 壇君記云…夫婁與朱蒙異母兄弟也 : 위의 기록들을 따라 세워본 계보는 아래와 같다.

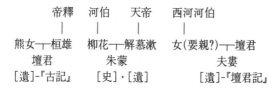

끌어 피하니, 햇빛이 또 쫓아와 비추었다. 그로 인해 잉태하여[22] 한
개의 알을 낳으니[23] 크기는 닷 되 쯤 되었다. 왕이 그것을 버려 개,
돼지에게 주었으나 모두 먹지 않았다. 또 길에 버리니 소와 말이 이를
피해 다녔고, 들에 버리니 새와 짐승이 이를 덮어 주었다. 왕이 그것
을 깨뜨리려고 했으나 깨뜨릴 수가 없었다. 이에 그 어미에게 돌려주
었다. 어미가 물건으로 감싸서 따뜻한 곳에 두었더니 한 아이가 껍질

---

21) 幽閉於室中 爲日光所照 :『魏書』卷100 列傳88 高句麗에「朱蒙母河伯女 爲
　　夫餘王閉於室中 爲日所照」로,『周書』卷49 列傳41 高麗에「始祖曰 朱蒙 河伯
　　女感日影所孕也」라고 되어 있다.

22) 幽閉於室中…因而有孕 : 柳花의 幽閉, 避日은 桓雄神話에서의 熊虎의 入窟,
　　日光禁忌와 대응되는 바, 古代社會에서 成女過程(成人入社式, initiation)에서
　　과하던 禁忌로 보인다. 사춘기 소녀들을 일정기간 日光照射로부터 격리하는 관
　　습은 원시인들에게 있어서 보편적으로 나타나고 있다. 많은 종족들은 이 금기를
　　위하여 이들을 일상의 거처로부터 격리하여 日光을 차단한 특별한 장소에 수용
　　하기도 한다. 이 기간에는 日光照射를 피하는 금기 외에도 많은 제약이 있다.(J.
　　Frazer, *The Golden Bough*, abridged ed. in one volume, London, 1959, pp.595-
　　607. Roland B. Dixon, 'Shasta Puberty Ceremonies for Girls', *Primitive Heritage*,
　　ed.by M. Mead & N. Calas, New York, 1953, p.176 참조) 柳花型의 日光禁忌
　　와 日光照射에 의한 孕胎의 사례는 Siberia Kirghiz의 민담(J. Frazer, *The Golden
　　Bough*, p.603 참조), 그리스의 Danae설화(Ibid., p.602 참조)에서 볼 수 있다.

23) 生一卵 : 신성한 始祖王이 알에서 탄생했다는 '卵生型 神話'는 東北·東南아
　　시아에 널리 분포되어 있다. 설화에 나타난 것을 보면, 주변의 사람들이 卵生을
　　혐오하고 배척하나, 결국 卵生의 인물이 비상한 영웅임이 증명되고 있다. 이때
　　의 '알'은 여러 특징으로 보아 태양을 상징한 것이며, 태양숭배와 관련된 신화적
　　형상으로 보인다.「漢神雀四年癸丑夏四月 生朱蒙 啼聲甚偉…初從左腋生一大
　　卵 容五升許…雲陰之日 卵上恒有日光」(『世宗實錄』卷148 地理志 平壤府) 朱
　　蒙의 출생을 日光所照에 의한 잉태, 生卵으로 설화한 한편「氣從天來 故我有
　　娠 及子之産」([遺] 本條)이라 한 경우도 비록 난생은 아니나, 이 역시 新羅始
　　祖 赫居世王의「異氣如電光垂地…有一紫卵」([遺] 卷1 紀異 新羅始祖 赫居世
　　王條), 金閼智의「見大光明於始林中…雲中有黃金樻」([遺] 卷1 紀異 金閼智
　　脫解王代條), 駕洛國 始祖 首露王의「紫繩自天垂而着地…有黃金卵六 圓如日
　　者」([遺] 卷2 紀異 駕洛國記條) 등의 경우와 마찬가지로 태양과 관련된 인물-
　　日子의 출생을 형상화한 것으로 이해된다.

을 깨고 나왔는데,24) 골격과 외모가 영특하고 기이하였다. 나이 겨우
7살에 매우 숙성하여25) [보통아이들과] 달라 스스로 활과 화살을 만
들어 백 번 쏘면 백 번 다 적중하였다. 나라 풍속에 활 잘 쏘는 이를
주몽(朱蒙)26)이라고 하므로 그렇게 이름하였다. 금와는 일곱 아들이
있었는데, 항상 주몽과 함께 놀았으나 재주가 [주몽에] 미치지 못하였
다.27) 장자인 대소(帶素)28)가 왕에게 말하기를, "주몽은 사람의 소생
이 아니니 만약 일찍 도모하지 않으면 후환이 있을까 두렵습니다"고

---

24) 解慕漱…有一兒破殼而出 : 柳花의 朱蒙 출산을 '自發天生的 人間(卵) 起源
　論과 男女 兩性의 결합에서 인간이 탄생된다는 사실에 대한 지식과를 융화시킨
　데서 생겨난 傳承'의 성격을 말하는 견해도 있다.(金烈圭,「民譚의 傳記的 類型」,
　『韓國民俗과 文學硏究』,一潮閣, 1971, p.73 참조)

25) 岐嶷 : 뛰어나게 영리함. 어릴 때부터 才智가 특출함.「童幼而岐嶷 弱冠而著
　德」(『晉書』)

26) 朱蒙 : '鄒牟'(廣開土王陵碑・牟頭婁墓誌・[史] 高句麗本紀), '象解'([史] 高
　句麗本紀), '仲牟'(『日本書紀』卷27 天智天皇 7年 10月) 등의 異記가 있다. 朱
　蒙이 어려서부터 활을 잘 쏘았으므로 부여말로 '활 잘 쏘는 이'를 가리키는 '朱
　蒙'으로 이름을 삼았다.「按今滿州語 稱善射者謂之卓琳奔阿 卓與朱音相近 琳
　則齒舌之餘韻也 莽阿二字急呼之音近蒙 是傳寫雖訛 音解猶有可考也」(『滿洲
　源流考』卷1 部族)라고 하였다. 朱蒙의 善射를 말하는 설화도 볼 수 있다. 즉
　「[朱蒙]謂母曰 群蠅噆目不能睡 母爲我作弓矢 其母以蓽作弓矢與之 自射紡車
　上蠅 發矢卽中 扶餘謂善射曰朱蒙」(東明王篇 所引『舊三國史』)

27) 金蛙有七子 常與朱蒙遊戱 技能莫及 : 이것을 『舊三國史』는 소상하게 기술하
　고 있다.「金蛙有子七人 常共朱蒙遊獵 王子及從者四十餘人 唯獲一鹿 朱蒙射
　鹿至多 王子妬之 乃執朱蒙縛樹 奪鹿而去 朱蒙發樹而去」(東明王篇 註)

28) 帶素 : 東扶餘 金蛙王의 7명의 아들 중 맏아들로, 金蛙가 죽자 왕이 되었다.
　金蛙王 재위시는 고구려와 우호관계가 유지되었으나, 帶素王은 瑠璃王 14년 고
　구려에 交質할 것을 요구하였으나 받아들여지지 않자 노하여 5만군으로 고구려
　에 처들어 갔으나, 大雪로 많은 凍死者를 내고 물러났다. 同王 28년 帶素는 고
　구려에 事大의 예를 요구하였으나, 왕자 無恤이 帶素의 前過를 따져 물리쳤다.
　同王 32년 11월 扶餘軍이 고구려에 침입하니, 無恤이 대패케 하였다. 無恤이 瑠
　璃王의 뒤를 이어 大武神王이 된 후 3년에 帶素王이 一頭二身의 붉은 까마귀
　를 고구려에 보내왔다. 同王 5년(22) 大武神王은 扶餘國에 進軍하여 싸우는 가
　운데 帶素王은 참수당하여 죽었다.

하였다. 왕은 듣지 않고 주몽을 시켜 말을 기르게 하였다. 주몽은 준
마를 알아서 먹이를 적게 주어 야위게 하고, 둔한 말은 잘 먹여 살찌
게 하였다. 왕이 자기는 살찐 말을 타고 야윈 말은 주몽에게 주었
다.29) 왕의 여러 아들과 신하들은 장차 주몽을 해할 것을 도모하였다.
주몽의 어머니가 그것을 알고 고하기를, "나라 사람들이 장차 너를 해
하려 하니, 너의 재략으로 어디 간들 무엇을 못하겠느냐? 빨리 도모하
는 것이 좋겠다"고 하였다.30) 이에 주몽은 오이(烏伊) 등 세 사람31)
과 벗을 삼아 엄수(淹水)32)〈지금은 자세하지 않다.〉에 이르러, 물에게 고
하기를, "나는 천제의 아들이며 하백의 손자다.33) 오늘 도망하는데 쫓

---

29) 王不聽 使之養馬…王自乘肥 瘦者給蒙 : 이 대목을 『舊三國史』는 아래와 같
이 기술하고 있다. 「王使朱蒙牧馬 欲試其意 朱蒙內自懷恨 謂母曰 我是天帝之
孫 爲人牧馬 生不如死 欲往南土造國家 母在不敢自專…其母曰 此吾之所以日
夜腐心也 吾聞士之涉長途者 須憑駿足 吾能擇馬矣 遂往馬牧 卽以長鞭亂捶 群
馬皆驚走 一騂馬跳過二丈之欄 朱蒙知馬駿逸 潛以針捶馬舌根 其馬舌痛 不食
水草 甚瘦悴 王巡行馬牧 見群馬悉肥大喜 仍以瘦錫朱蒙 朱蒙得之 拔其針加餧
云」(『東國李相國集』卷3 東明王篇 註)

30) 蒙母知之 告曰…宜速圖之 : 東明王篇에 引註한 『舊三國史』 記文에는 「朱蒙
臨別不忍睽違 其母曰 汝勿以一母爲念 乃裹五穀種以送之 朱蒙自切生別之心
忘其麥子 朱蒙息大樹之下 有雙鳩來集 朱蒙曰 應是神母使送麥子 乃引弓射之
一矢俱擧 開喉得麥子 以水噴鳩 更蘇飛去」라고 부연되어 있다. 「土地宜五穀」
(『魏志』扶餘傳)이라 한 것과 아울러서 이 무렵 扶餘의 농경의 수준을 시사받
는다. 위의 기사로 朱蒙의 어머니인 柳花의 穀母的 성격을 논하는 경우도 있
다.([品] 上, p.390 참조)

31) 烏伊等三人 : 東明王篇의 註와 [史] 卷13 高句麗本紀 始祖 東明聖王條에는
각각 「朱蒙乃與烏伊·摩離·陜父等三人」이라고 하여 3사람의 이름을 밝혔다.
여기 烏伊 외의 두 사람은 摩離와 陜父이다. 『魏書』에서는 烏引·烏違 2人을
들었다.(卷100 列傳88 高句麗)

32) 淹水 : 지금의 위치는 알 수 없다. [史]는 「淹㴲水一名 盖斯水 在今鴨綠東北」,
『帝王韻紀』는 「盖斯水今大寧江也」, 東明王篇은 「淹滯一名 盖斯水 在今鴨綠
東北」, 『論衡』은 掩淲水, 『後漢書』는 淹淲水, 『魏略』은 施掩水, 『梁書』에는 淹
滯水, 廣開土王陵碑는 奄利大水, 『魏書』·『北史』·『隋書』 등은 모두 一大水라
고 하였다.

는 자에게 거의 잡히게 되었으니 어찌하리오?"라고 하였다. 이에 물고
기와 자라가 다리를 만들어 건너자 다리가 없어지니[34] 뒤쫓던 말탄
자는 건너지 못하였다. 졸본주(卒本州)〈현도군(玄菟郡) 경계〉에 이르러
드디어 도읍하였다.[35] 궁실을 지을 겨를이 없어 다만 비류수(沸流
水)[36] 위에 풀집을 엮어 살며 국호를 고구려라고 하였다. 이로 인해

---

33) 我是天帝子 河伯孫 : 廣開土王陵碑는 「我是皇天之子 母河伯女郞」, 『北史』는
　　 「我是日子 河伯外孫」이라고 하였다. 日本의 初代王 神武가 東征 길 바다에서
　　 폭풍을 만나 배가 漂蕩하니, 神武의 兄 稻飯命이 歎하여 말하기를, "아아, 나의
　　 한아비는 天神, 母親은 海神이다. 어찌 우리를 뭍에서 괴롭히며, 또 바다에서
　　 괴롭히느냐"라고 하고, 칼을 뽑아들고 바다에 들어가 鋤持神이 되었다. 이렇듯
　　 두 형이 바다에 뛰어든 뒤 신무는 무사히 荒坂津에 도착하였다.(『日本書紀』 卷
　　 3 神武 卽位前紀 戊午 6月 丁巳 참조)
34) 於是魚鼈成橋 得渡而橋解 : 河伯女를 어머니로 둔 朱蒙은 水神의 도움으로
　　 위기를 벗어나는데, 그 뒤 주몽은 沸流王 松讓의 도읍을 水沒케 하고, 葦索을
　　 건네어 백성을 건져줌으로써 松讓을 굴복시키는데, 이 대목에서도 물을 임의로
　　 할 수 있었던 河伯의 外孫다운 면목이 완연하다. 일본신화에서 海神의 딸과 성
　　 혼한 火遠理命(山幸彦)이 海神이 준 鹽盈珠, 鹽乾珠로써 자기를 괴롭히던 兄
　　 火照命을 물에 빠지게도 하고, 또 건져주기도 하여 그로 하여금 굴복케 하는 것
　　 과도 대비된다.(『古事記』 上卷 참조)
35) 至卒本州 遂都焉 : 朱蒙이 卒本扶餘에서 國基를 잡은 경위에 대해 아래와
　　 같은 異傳이 있다. 「朱蒙 自北扶餘逃難 至卒本扶餘 扶餘王無子 只有三女子
　　 見朱蒙 知非常人 以第二女妻之 未幾扶餘王薨 朱蒙嗣位」([史] 百濟本紀) 『遼
　　 史』는 '東京道 淥州'에 대해 쓰기를, 「正州本沸流國王故地 國爲孫康所倂 渤海
　　 置沸流郡 有沸流水 戶五百 隷淥州 在西北三百八十里」(卷38 地理志2)라고 하
　　 였다.
36) 沸流水 : [勝覽] 卷54 成川都護府 山川 沸流江에 「卽卒本川 俗稱遊車衣津
　　 在客館西三十步 其源二 一出陽德縣 吳江山 一出孟山縣 大母院洞 至府北三十
　　 里合流 歷紇骨山下 山底有四石穴 水入穴中 通流沸騰西出 故名沸流江 又與慈
　　 山郡 禹家淵 合入于大同江」이라 한 것으로 미루어 平安道 成川府 북쪽 30리에
　　 흐르던 江으로 짐작된다. 『魏書』에는 「至普述水」, 廣開土王陵碑에는 「…渡於
　　 沸流谷忽本西城山…」이라 되어 있다. 한편 滿洲 佟佳江 상류로 추측하는 설도
　　 있으나 확실하지 않다. 최근에는 中國 遼寧省 桓仁縣의 五女山城을 紇升骨城
　　 으로 비정하는 견지에서는 渾江을 沸流水로 인정하고 있다.(서길수, 『고구려성
　　 』, 한국방송공사, 1994, p.24 참조)

고(高)로 성씨를 삼았다.〈본성은 해(解)다. 지금 자신이 천제의 아들로 햇빛을 받고 태어났다고 하여 스스로 고로 성씨를 삼았다.〉[37] 이때 나이 12살로[38] 한 (漢)나라 효원제(孝元帝) 건소(建昭) 2년 갑신(甲申, BC 37)[39]에 즉 위하여 왕이라 일컬었다. 고구려가 전성한 때에는 21만 5백 8호였 다[40]」라고 하였다.

『주림전(珠琳傳)』[41] 제21권에는 「옛날 영품리왕(寧禀離王)[42]의

---

37) 本姓解也…以高爲氏 : 본문에는 「國號高句麗 因以高爲氏」라고 하였으나, 국 호로 인해 高氏를 일컬은 것은 아닌 듯하다. 『宋書』에 「高句驪國 今治漢之遼 東郡 高句驪王高璉 晉安帝義熙九年 遣長史高翼奉表獻赭白馬」(卷97 列傳57) 라고 한 데서 高璉(長壽王)의 高氏로 일컬음이 처음으로 나타났다. 고구려왕이 高氏를 일컫게 된 것을 北燕王의 高氏에서 유래했다고 하는 설도 있다. 「[廣開 土王 17年] 春三月 遣使北燕 且敍宗族 北燕王雲 遣侍御史李拔報之 雲祖父高 和 句麗之支 自云高陽氏之苗裔 故以高爲氏焉」(『史』 卷18 高句麗本紀 廣開土 王 17年條) 그러나 당초에는 解慕漱, 解夫婁에서와 같이 解明(瑠璃王의 太子), 大解朱留王(大武神王), 解色朱(閔中王), 解憂(解愛婁慕本王) 등에서 보듯이 전설적인 고구려왕의 경우 '解'를 머리에 쓰는 경우가 많았던 것으로 보아 혹 美稱을 겸한 姓이 아니었던가 한다. 高氏를 쓰게 된 것은 후대의 사실로 보이 며, 중국문헌에만 보인다.

38) 時年十二歲 : [史] 卷13 高句麗本紀 始祖 東明聖王條에는 22세로 되어 있다.

39) 漢孝元帝建昭二年甲申歲 : 신라 朴赫居世王 21년에 해당한다.

40) 高麗全盛之日 二十一万五百八戶 : 이 통계는 未詳이다. [史]는 고구려가 망 할 때의 民戶만도 총 69만 7천호라고 하였다. 『舊唐書』에 「高麗國 舊分爲五部 有城百七十六 戶六十九萬七千 乃分其地 置都督府九 州四十一 縣一百 又置安 東都護府以統之」(卷199 上 列傳149)라고 하였다.

41) 珠琳傳 : 『法苑珠林』을 말한다. 당나라 西明寺 僧 道世가 지은 것으로 120권 으로 되어 있다. 전체를 100편으로 나누고, 각편을 細別하여 668部를 만들었다. 불교의 故實을 분류・排纂한 것으로, 佛典의 訓詁를 아는데 편리한 책이다. 「又 寧禀離王侍婢有娠 相者占之 貴而當王 王曰 非我之胤 便欲殺之 婢曰 氣從天 來故我有娠 及子之産 王謂不祥 捐圈則猪噓 棄欄則馬乳而得不死 卒爲夫餘之 王 故知業緣命運定於冥兆 終然不改弗可與奪也 故知作善得福爲惡受殃 業果 不謬斯理皎然 如何封愚 抱迷不寤」(『法苑珠林』 卷21 歸信篇 11 述意部)

42) 寧禀離王 : 『後漢書』에 「北夷索離國王」(卷85 東夷列傳75 夫餘國),『梁書』에 「北夷櫜離王」(卷54 列傳48 高句麗),『魏略』・『搜神記』(卷14)에 각각 「櫜離之 國(王)」(『三國志』 卷30 魏書30 夫餘傳),『論衡』에 「北夷橐離國王」(卷2),『隋

시비가 임신하자 점장이가 점쳐 말하기를, "귀하여 왕이 된다"고 하
니, 왕이 말하기를, "나의 자식이 아니니, 마땅히 죽여야 하리라"고 하
였다. 시비가 말하기를, "어떤 기운이 하늘로부터 와서 그 때문에 제
가 임신하였습니다"고 하였다. 아이를 출산함에 미쳐 상서롭지 못하
다고 하여 우리에 버리니, 돼지가 입김을 불어주고, 마굿간에 버리면
말이 젖을 주어 죽음을 면하더니, 끝내는 부여(扶餘)의 왕이 되었다」
고 하였다.43)〈곧 동명왕이 졸본부여의 왕이 된 것을 말한 것이다.44) 이 졸본부여
는 또한 북부여의 별도(別都)이므로 부여왕이라 이른 것이다. 영품리는 부루왕의 다
른 칭호이다.45)〉

書』에 「高麗國(王)」(卷81 列傳46 百濟), 『北史』에 「索離國(王)」(卷94 列傳82
百濟之國), 『通典』에 「北夷槀離國王」(卷185 邊方1 夫餘國) 등으로 기록되어
있다.

43) 昔寧稟離王侍婢有娠…卒爲扶餘之王 : 東明帝가 卒本扶餘의 왕이 된 사실을
말한다. 卒本扶餘가 北扶餘의 別都이므로 '扶餘의 王'이라 썼는데, 卒本扶餘
(고구려)로써 扶餘의 정통을 삼고 있던 고구려인의 의식이 간취되는 대목이 아
닌가 한다.

44) 東明帝爲卒本扶餘王之謂也 : [史]와 [遺] 이래 전통적으로 '朱蒙 곧 東明王'
으로 표현하고 그렇게 이해해오고 있으나, 中國의 문헌에 나타난 두 계열의 설
화, 즉 부여의 東明說話와 고구려의 朱蒙說話가 구조적으로는 일치함에도 불구
하고, 부여의 시조를 東明王, 고구려의 시조를 朱蒙王으로 표현하고 있음에 유
의하여, 백제가 시조로 모신 東明과 고구려의 시조 朱蒙과는 역사적으로 서로
다른 존재였다는 설이 제기되고 있다. 이에 따르면 백제는 고구려와 더불어 부
여에서 나왔던 바, 부여의 시조는 東明이며, 부여에서 나와 卒本扶餘(고구려)를
세운 시조가 朱蒙이라는 것이다.(鄭璟喜, 『韓國古代社會文化硏究』, 一志社,
1990, pp.121-127)

45) 寧稟離 乃夫婁王之異稱也 : 일련의 『珠琳傳(法苑珠林)』 계통의 所傳은 非常
人의 출생을 卵生으로서가 아니라 感精出生의 人物로 서술하고 있는 점이 다
르다. 그리고 英雄譚의 경우 흔히 보이는 棄兒모티브가 동명왕 출생담에서도
나타나고 있다. 이것은 朱蒙의 卵生에 대하여도 '棄兒모티브'가 '알'로 轉移되어
나타나고 있다. 설화상 이렇게 버려진 아이는 온갖 불리한 여건 속에서도 기적
적으로 살아남을 뿐만 아니라 온갖 시련에도 불구하고 타고난 영웅적 능력과
자질을 발휘하여, 결국 출세하고 성공하게 된다.(예: 道詵, 均如, 바리공주 등)

東明王의 출생담에 나타난 두 가지 설화 모티브를 이른바 '日光感生型'과 '卵生型'으로 파악하고, 前者를 滿蒙系의 北方的 모티브로, 後者를 南方系로 이해하는 견해가 있다. 그리하여 前者를 朱蒙傳說의 古型으로, 뒤에 南韓의 卵生要素와 습합한 것이 [史] 계통의 所傳일 것으로 추측하고, 이를 고구려가 남하하여 반도 내의 왕국이 된 사실과 관련지어 생각하는 견해가 있다.([品] 上, pp.394-395 참조) 그러나 日光感生과 卵生을 인류보편적인 신화적 모티브의 하나로 생각하는 입장에서는 위와 같은 지역적 성격화에 회의가 없을 수 없다.(黃浿江, 『韓國敍事文學硏究』, 檀大出版部, 1972, pp.368-382)

16. 卞韓 百濟〈亦云南扶餘 卽泗沘¹⁾城也〉

　新羅始祖　赫居世卽位十九年壬午　卞韓人以國來降　新舊唐書云
卞韓苗裔在樂浪之地　後漢書云　卞韓在南　馬韓在西　辰韓在東　致
遠云　卞韓　百濟也　按本記²⁾　溫祚之起　在鴻嘉四年甲辰　則³⁾後於
赫世⁴⁾東明之世四十餘年　而唐書云　卞⁵⁾韓苗裔在樂浪之地云者　謂
溫祚之系　出自東明　故云耳　或有人出樂浪之地　立國於卞韓　與馬
韓等并峙者　在溫祚之前爾　非所都在樂浪之北⁶⁾也　或者濫九龍山
亦名卞那山　故以高句麗爲卞韓者　蓋謬　當以古賢之說爲是　百濟地
自有卞山　故云卞韓　百濟全盛之時　十五萬二千三百戶

---

1) 沘 : [正][六] 泚. [品][斗][浩] 沘. [史] 卷26 百濟本紀 聖王 16年條에는 泚.
2) 記 : [品][斗][浩][六] 紀.
3) 則 : [浩][六] 卽.
4) 赫世 : [品][斗][浩][六] 赫居世.
5) 卞 : [六] 下.
6) 北 : [浩][民] 地.

변한·백제⟨또한 남부여(南扶餘)[1]라고도 하니, 즉 사비성(泗沘城)이다.⟩

신라의 시조인 혁거세(赫居世)왕이 즉위한 지 19년 임오(壬午, BC 39)에 변한(卞韓)[2] 사람이 나라를 바쳐 항복해왔다.[3] 『신당서(新唐書)』와 『구당서(舊唐書)』에는 「변한의 후예는 낙랑(樂浪) 땅에 있다」고 하였다.[4] 『후한서(後漢書)』에는 「변한은 남쪽에 있고, 마한(馬韓)은 서쪽에 있으며, 진한(辰韓)은 동쪽에 있다」고 하였다. 최치원 [致遠]은 「변한은 백제이다」라고 하였다. 『본기(本記)』를 살펴보면, 온조(溫祚)가 일어난 때는 [한나라 성제] 홍가(鴻嘉) 4년 갑진(甲辰, BC 17)[5]이니 혁거세[赫世]나 동명(東明)의 시대보다 40여 년 뒤인데,

---

1) 南扶餘 : 백제 聖王 때에 일시적으로 사용된 국명이다. [史] 卷26 百濟本紀 聖王 16年條에 「移都於泗沘⟨一名所夫里⟩ 國號南扶餘」라는 기사가 보인다.

2) 卞韓 : 卞韓은 [史] 卷1 新羅本紀 始祖 赫居世居西干 19年條에 나오며, 弁辰 (『三國志』 東夷傳 卞辰條·『後漢書』 東夷傳 韓條), 弁韓(『三國志』 東夷傳 韓 條)이라고도 한다. 한반도 남부 洛東江 연안에 있던 나라로 12개의 小國으로 이루어졌다.

3) 新羅始祖…以國來降 : [史] 卷1 新羅本紀 始祖 赫居世居西干 19年 春正月 條에 「卞韓以國來降」이라는 기사가 있는데, 본문과는 달리 '人'자가 빠져 있다.

4) 新舊唐書…樂浪之地 : 같은 내용의 기사가 『舊唐書』·『新唐書』 東夷傳 新羅 條에 나온다.

5) 鴻嘉四年甲辰 : [史] 卷23 百濟本紀 百濟始祖 溫祚王條 序說에는 「溫祚都河 南慰禮城 以十臣爲輔翼 國號十濟 是前漢成帝鴻嘉三年也」라고 하여 본문의 기록과 1년의 오차를 보인다. 鴻嘉는 중국 漢 제11대 황제인 成帝의 연호(BC 20-BC 17)이며, 홍가 4년은 BC 17년에 해당된다.

『당서(唐書)』에서 「변한의 후예는 낙랑 땅에 있다」고 한 것은 온조의
계통이 동명으로부터 나왔기 때문에 그렇게 말했을 뿐이다. 혹 어떤
사람이 낙랑 땅에서 나서 변한에 나라를 세워 마한 등과 대립한 것이
온조 이전에 있었을 뿐이고, 도읍이 낙랑의 북쪽에 있었던 것은 아니
다. 어떤 사람은 함부로 구룡산(九龍山)을 또한 변나산(卞那山)[6]이
라고 하기 때문에 고구려를 변한이라고 하는데, 이것은 잘못이다. 마
땅히 옛날 현자[古賢][7]의 말이 옳다고 할 것이다. 백제 땅에는 본래
변산(卞山)[8]이 있었으므로 변한이라고 한 것이다. 백제 전성 시기에
는 15만 2천 3백 호였다.[9]

---

6) 九龍山亦名卞那山 : 九龍山은 한반도 내 여러 곳에 있으나, 고구려와 관련이
   있는 것은 平壤의 동북에 있는 지금의 大成山을 가리킨다. 그러나 卞那山은 어
   디에 있는 산인지 알 수 없다.([勝覽] 卷51 平壤 山川條)

7) 古賢 : 여기서는 崔致遠을 말한다.

8) 卞山 : [勝覽] 卷34 扶安 山川條에 「或云卞山 語轉而爲邊 卞韓之得名以此
   未知是否」라는 기사가 있다.

9) 百濟…三百戶 : [史] 卷37 地理志4에는 「七十六萬戶」로 나온다. 여기의 「十
   五萬二千三百戶」는 어디서 나온 것인지 알 수 없다.

17. 辰韓〈亦作秦韓〉

後漢書云 辰韓耆老自言 秦之亡人來[1]適韓國 而馬韓割東界地
以與之 相呼爲徒 有似秦語 故或名之爲秦韓 有十二小國 各萬戶
稱國 又崔致遠云 辰韓本燕人避之者 故取涿水之名 稱所居之邑里
云沙涿漸涿等〈羅人方言 讀涿音爲道 故今或作沙梁 梁亦讀道〉

新羅全盛之時 京中十七萬八千九百三十六戶 一千三百六十坊 五
十五里 三十五金入宅〈言富潤大宅也〉 南宅 北宅 于[2]比所宅 本彼宅
梁宅 池上[3]宅〈本彼部〉 財買井宅〈庾信公祖宗[4]〉 北維宅 南維宅〈反香
寺下坊〉 隊宅 賓支宅〈反香寺北[5]〉 長沙宅 上櫻宅 下櫻宅 水望宅 泉
宅 楊上宅〈梁南〉 漢歧[6]宅〈法流寺南〉 鼻穴宅〈上同〉 板積宅〈芬皇寺上
坊〉 別教宅〈川北〉 衙南宅 金楊宗宅〈梁官寺南〉 曲水宅〈川北〉 柳也宅
寺下宅 沙梁宅 井[7]上宅 里南宅〈于[8]所宅〉 思內曲宅 池宅 寺上宅
〈大宿宅〉 林上宅〈青龍之寺東方有池〉 橋南宅 巷叱宅〈本彼部〉 樓上宅
里上宅 椧南宅 井下宅

---

1) 來：[斗] 없음.
2) 于：[正][晩][順][石][品][斗][浩][六] 亐.
3) 上：[石] 工.
4) 宗：[品] 家.
5) 北：[正] 犯. [品][斗][浩][六][民] 北.
6) 歧：[品] 岐(歧와 동자).
7) 井：[浩][六] 非.
8) 于：주 2)와 같음.

진한〈또는 진한(秦韓)〉

『후한서(後漢書)』에는 「진한(辰韓)[1]의 늙은이가 스스로 말하기를, "진(秦)의 망명인이 한국(韓國)에 오니[2] 마한(馬韓)이 동쪽 경계의 땅을 떼어 그들에게 주어 서로 부르기를 도(徒)라고 하며, 진나라 말과 비슷하므로 혹은 진한(秦韓)이라고 이름했다[3]"고 하였다. 12개의

---

1) 辰韓 : 한반도 내에 있던 三韓 중의 하나. 위치에 대해서는 몇 개의 견해가 있다. ①洛東江 동쪽의 경상남·북도지방에 있었다는 견해로 李基東 등 다수의 학자가 지지하고 있다. ②禮成江 이남의 경기도와 春川 이서의 강원도 서부지방으로 보는 李丙燾의 견해가 있다. ③이동설로서 申采浩, 千寬宇 등은 중국 동북지방으로부터 경상도지방까지 점차 이동해왔다고 하는 견해를 냈다. 金貞培는 辰韓의 淵源은 古朝鮮의 末王 準王系의 辰國으로 益山지역으로 1차 南下했다가 이후 馬韓 目支國에 밀려 낙동강유역으로 이동한 것으로 보고 있다. 한편, [史] 卷1 新羅本紀 始祖 赫居世居西干條에서 徐羅伐六村을 辰韓의 六部라고 한 것을 보면, 辰韓의 중심은 慶州지방의 斯盧國이었던 것으로 생각된다. 辰韓人이 秦役을 피해왔다고 한 기록의 秦役에 대해서는 몇 가지 견해가 있다. ①項羽와 劉邦 등이 등장하는 秦末의 내란과 그에 따른 유민의 고된 流離를 지칭하는 것으로 보는 견해, ②秦始皇(BC 246-BC 210) 때의 萬里長城 축조의 苦役(白南雲,『朝鮮社會經濟史』, 東京, 改造社, 1933. 千寬宇,「三韓의 成立 過程」,『史學研究』26, 1976)으로 보는 견해, ③燕 昭王代(BC 312-BC 279)의 秦開의 戰役(千寬宇,「韓國史의 潮流(3)」,『新東亞』, 1972. 7)으로 보는 견해 등이 있다. 이에 따라 秦役을 피해온 사람은 BC 4-BC 3세기의 사람으로 볼 수 있다.

2) 秦之亡人適韓國 :『三國志』東夷傳 辰韓條에「古之亡人避秦役來適韓國」으로 나오고,『後漢書』東夷傳 韓條에는「秦之亡人避苦役適韓國」으로 나온다.

3) 馬韓割東界地…故或名之爲秦韓 :『三國志』東夷傳 辰韓條에는「馬韓割其東界地 與之 有城柵 其言語不與馬韓同 名國爲邦 弓爲弧 賊爲寇 行酒爲行觴 相呼皆爲徒 有似秦人」으로,『後漢書』東夷傳 韓條에는「馬韓割東界地 與之 其名國爲邦 弓爲弧 賊爲寇 行酒爲行觴 相呼爲徒 有似秦語 故或名之爲秦韓」이

소국이 있어, 각각 만 호로 나라라고 불렀다4)」고 하였다. 또 최치원(崔致遠)은 "진한은 본래 연나라 사람5)들이 피난해온 것이므로 도수(涿水)6)의 이름을 취해 거주하는 읍리(邑里)를 사도(沙涿),7) 점도(漸涿)8) 등으로 불렀다.〈신라 사람의 방언에 탁(涿)의 음을 도(道)로 읽었으므로 오늘날 혹은 사량(沙梁)이라고 쓰고 양(梁)을 또한 도(道)로 읽는다.〉"고 하였다.

신라의 전성 시기9)에 서울에는 17만 8천 9백 36호, 1천 3백 60방,

라고 되어 있다.

4) 有十二小國 各萬戶 稱國 : 『三國志』東夷傳 辰韓條에는 「始有六國 稍分爲十二國」이라고 하고 『後漢書』 東夷傳 韓條에는 「辰韓在東 十有二國」으로 되어 있다.

5) 燕人 : 燕人은 이어지는 글로 보아 涿水유역에 거주하던 사람들이므로 崔致遠이 말하는 燕人은 『三國志』에서 말하는 秦役을 피해온 古之亡人과 동일한 것으로 풀이된다. 따라서 燕人은 燕나라 사람이라는 말이 아니라 秦나라 때에 燕地에 거주하던 사람들이라는 의미이다. 『史記』 朝鮮列傳에 「朝鮮王滿者 故燕人也」라는 기사에서 燕人은 燕나라에 정복되기 이전에 이 지역에 先住하던 原住民(東夷族)으로 보는 견해(李丙燾, 「衛氏朝鮮興亡考」, 『韓國古代史硏究』, 博英社, 1976)가 있듯이, 아직 漢化되기 이전의 東夷族이었던 것으로 보인다.

6) 涿水 : 河北省 涿鹿縣의 涿鹿山에서 발원해 지금의 河北省 涿縣을 흐르는 北拒馬河가 되고 白溝河와 합류해 海河로 흘러든다.

7) 沙涿 : 斯盧六村의 하나로 沙梁部이며 고려 초기에 南山部가 되었다. 사량부에 대해서는 [遺] 卷1 紀異 桃花女 鼻荊郞條의 주석 8) 참조.

8) 漸涿 : 斯盧六村의 하나로 漸梁部 또는 牟梁部이며 고려 초기에 長福部가 되었다. 모량부에 대해서는 [遺] 卷1 紀異 智哲老王條의 주석 7) 참조.

9) 新羅全盛之時 : 憲康王代로 보는 견해가 일반적이다.(李丙燾, 『韓國史』古代篇, 1959, p.631. [品] 上, pp.404-405) 이의 근거는 [遺] 卷1 紀異 又四節遊宅條의 「第四十九憲康大王代 城中無一草屋 接角連墻 歌吹滿路 晝夜不絶」, [遺] 卷2 紀異 處容郞望海寺條의 「第四十九憲康大王之代 自京師至於海內 比屋連墻 無一草屋 笙歌不絶道路 風雨調於四時」, [史] 卷11 新羅本紀 憲康王 6年 九月 九日條의 「王與左右登月上樓 四望 京都民屋相屬 歌吹連聲 王顧謂侍中敏恭曰 孤聞今之民間 覆屋以瓦 不以茅 炊飯以炭 不以薪 有是耶 敏恭對曰 臣亦嘗聞之如此 因奏曰 上卽位以來 陰陽和 風雨順 歲有年 民足食 邊境謐靜 市井歡娛 此聖德之所致也」라는 기사이다. 한편, 李基東은 [遺] 卷3 塔像 皇龍

55리,[10] 35개의 금입댁(金入宅)[11]〈부유한 큰 집을 말한다.〉이 있었으니,

寺鐘 芬皇寺藥師 奉德寺鐘條에 「新羅第三十五景德大王 以天寶十三甲午(754) 鑄皇龍寺鐘…匠人里上宅下典」이라고 하여 里上宅의 이름이 景德王代에 등장하는 것에 근거해 金入宅의 전성 시기는 憲康王代이나 기원은 신라 中代(654-780)로 올려볼 수 있다고 하였다.(李基東, 「新羅 金入宅考」, 『震檀學報』 45, 1978)

10) 京中十七萬八千九百三十六戶 一千三百六十坊 五十五里 : 이 기사는 어디서 나왔는지 알 수 없으나, [遺] 卷5 避隱 念佛師條에는 「十七萬戶 三百六十坊」으로 되어 있다. 17만호는 호구수로 보지 않고 인구수로 보는 견해가 있다.(李丙燾, 『韓國史』古代篇, 1959, pp.702-703) 한편, 坊數에 대해서는 본문의 1360坊을 긍정하는 견해(藤島亥治郎, 「朝鮮建築史論(其二)」(1930年), 『朝鮮建築史論』, 景印文化社, 1969, pp.91-100)와 念佛師條의 360坊을 긍정하는 견해(李丙燾, 위의 글, p.631)가 있다. 또 坊數는 念佛師條의 것이 옳은 것으로 보는 한편, 55坊 360里가 倒置되어 기록된 것으로 보는 견해([品] 上, pp.404-405)가 있다. 본문에 보이듯이 京中에만 6部 아래에 坊里制가 시행되었고 地方 郡縣은 村落 단위의 村制가 실시되었을 것으로 보고 있다.(李基東, 「新羅 金入宅考」, 『震檀學報』 45, 1978) 坊里制의 시행은 5세기 이전으로 추정되는데 [史] 卷3 新羅本紀 慈悲麻立干 12年 春正月條에 「定京都坊里名」이라 한 기사가 보인다.

11) 金入宅 : 신라통일기 眞骨貴族들의 막대한 재력을 바탕으로 한 대저택을 가리킨다. 39기(또는 35기)의 金入宅의 위치에 대해서는 李基東의 견해에 따라 위치가 추정되는 것만을 소개한다.(李基東, 「新羅 金入宅考」, 『震檀學報』 45, 1978) ①梁宅 沙梁宅 本彼宅 漢岐宅 등은 신라 六部에 있었던 宮 혹은 대저택. ②于比所宅은 潭陽 開仙寺 石燈記에 慶州의 지명으로 烏平比所里가 보인다. 현재 위치는 알 수 없다. ③金楊宗宅은 憲德王 초기에 時中이었던 金亮宗 후손의 宗家를 가리킨다. 현재 위치는 알 수 없다. ④里上宅은 [遺] 卷3 塔像 皇龍寺鐘 芬皇寺藥師 奉德寺鐘條에 「…匠人里上宅下典…」이라는 기사가 나온다. 현재의 위치는 알 수 없다. ⑤長沙宅은 [遺] 卷1 王曆 景明王條에 「妃長沙宅…」라는 기사가 보인다. [遺] 卷1 紀異 奈勿王 金堤上條에 「…望德寺門南沙上…因名其沙曰長沙…」라는 기사로 보아 현재의 위치는 배반동의 望德寺址 남쪽으로 추정된다. ⑥財買井宅은 金庾信 후손의 宗家로서, 현재 慶州市 校洞 91번지에 井址가 유존되어 史蹟 246호로 지정 보호되고 있다. ⑦楊上宅은 楊上을 楊長으로 해석해 聖德王陵·景德王陵 부근으로 보고 慶州 동남쪽 변두리 계곡으로 추정하였다.(李基東) 그러나 姜仁求는 두 왕릉을 南山洞 傳憲康王陵·傳定康王陵으로 추정한 바 있다.(姜仁求, 「新羅王陵의 再檢討」, 『三國遺事의 綜合的 檢討』, 1987) ⑧漢岐宅·鼻穴宅은 法流寺南으로 北川의 북쪽으로 추정된다. ⑨思內曲宅은 詞腦曲의 詞腦와 동어로 추정되고, 또 詞腦는 동방뜰이라는 뜻으로 해석해 慶州市 동쪽으로 추정하기도 한다.(三品彰英) ⑩橋南宅은 景德王

남댁(南宅)·북댁(北宅)·우비소댁(于比所宅)·본피댁(本彼宅)·양 택(梁宅)·지상택(池上宅)〈본피부(本彼部)〉·재매정댁(財買井宅)〈유신 공(庾信公)의 조종(祖宗)〉·북유댁(北維宅)·남유댁(南維宅)〈반향사(反香寺) 하방(下坊)〉·대댁(隊宅)·빈지댁(賓支宅)〈반향사 북쪽〉·장사댁(長沙宅) ·상앵댁(上櫻宅)·하앵댁(下櫻宅)·수망댁(水望宅)·천댁(泉宅)· 양상댁(楊上宅)〈양부(梁部)의 남쪽〉·한기댁(漢歧宅)〈법류사(法流寺) 남쪽〉 ·비혈댁(鼻穴宅)〈위와 같다.〉·판적댁(板積宅)〈분황사(芬皇寺) 상방(上坊)〉 ·별교댁(別教宅)〈내의 북쪽〉·아남댁(衙南宅)·김양종댁(金楊宗宅)〈양 관사(梁官寺) 남쪽〉·곡수댁(曲水宅)〈내의 북쪽〉·유야댁(柳也宅)·사하댁 (寺下宅)·사량댁(沙梁宅)·정상댁(井上宅)·이남댁(里南宅)〈우소댁 (于所宅)〉·사내곡댁(思內曲宅)·지댁(池宅)·사상댁(寺上宅)〈대숙댁(大 宿宅)〉·임상댁(林上宅)〈청룡(青龍)이라는 절의 동쪽에 연못이 있다.〉·교남댁 (橋南宅)·항질댁(巷叱宅)〈본피부(本彼部)〉·누상댁(樓上宅)·이상댁 (里上宅)·명남댁(椧南宅)·정하댁(井下宅)이었다.

때의 日精橋·月精橋의 남쪽 校洞일대로 추정된다. ⑪椧南宅은 金時習의 詩에 南山에 北椧寺가 있는 것으로 짐작됨으로 그 위치는 南山의 남방으로 추정된 다. ⑫仇知宅은 [遺] 卷1 王曆 孝恭王條에「火葬師子寺北 骨藏于仇知堤東山 脇」라는 기사가 보이나 獅子寺址의 위치는 확실하지 않다. 한편, 본문에 35金入 宅이라고 하고 실제로는 39金入宅을 열거하고 있는 것에 대해서 李基東은 部 名을 갖는 梁宅·沙梁宅·本彼宅·韓岐宅은 왕실의 離宮일 것으로 추정하였 다.

18. 又¹⁾四節遊宅

春東野宅 夏谷良宅 秋仇知宅 冬加伊宅 第四十九憲康大王代²⁾
城中無一草屋 接角連墻 歌吹滿路 晝夜不絶

---

1) 又 : 衍文이거나, 아니면 앞에 辰韓條의 三十五金入宅 記事에 이어진 記事가
   잘못 분리된 듯하다.([品])
2) 代 : [正] 伐. [石][品][斗][浩][六][民] 代.

또 사절유댁[1]이 있다

봄에는 동야댁(東野宅), 여름에는 곡량댁(谷良宅), 가을에는 구지댁(仇知宅), 겨울에는 가이댁(加伊宅)이다.[2] [신라] 제49대 헌강대왕(憲康大王) 때에는 성 안에 초가집이 하나도 없었고, 집의 처마가 서로 닿고, 담장이 이어져 있었으며, 노래와 피리소리가 길에 가득차서 밤낮으로 끊이지 않았다.[3]

---

1) 四節遊宅 : 4계절에 따라 遊興하는 집.
2) 春東野宅…冬加伊宅 : 東野宅, 谷良宅, 仇知宅, 加伊宅은 慶州의 어느 지점에 있었는지 알 수 없다.
3) 第四十九憲康大王…晝夜不絶 : [遺] 卷2 紀異 處容郎望海寺條에는 「第四十九 憲康大王之代 自京師至於海內 比屋連墻 無一草屋 笙歌不絶道路 風雨調於四時」라고 하였다. [史] 卷11 新羅本紀 憲康王 6年 9月 9日條에는 「王與左右 登月上樓 四望 京都民屋相屬 歌吹連聲 王顧謂侍中敏恭曰 孤聞今之民間 覆屋以瓦 不以茅 炊飯以炭 不以薪 有是耶 敏恭對曰 臣亦嘗聞之如此 因奏曰 上卽位以來 陰陽和 風雨順 歲有年 民足食 邊境謐靜 市井歡娛 此聖德之所致也」라고 하였다.

19. 新羅始祖 赫居世王

　　辰韓之地　古有六村　一曰閼川楊山村　南今曇嚴寺　長曰謁平　初
降于瓢嵓峰　是爲及梁部李氏祖〈弩1)禮王九年置　名及梁部　本朝太2)祖天福
五年庚子　改名中興部　波潛3)東山彼上東村屬焉〉　二曰突山高墟村　長曰蘇
伐都利　初降于兄山　是爲沙梁部〈梁讀云道　或作涿　亦音道〉　鄭氏祖　今
曰南山部　仇良伐麻等烏道北廻德等南村屬焉〈稱今曰者　太祖所置也　下
例如4)〉　三曰茂山大樹村　長曰俱〈一作仇〉禮馬　初降于伊山〈一作皆比山〉
是爲漸梁〈一作涿〉部　又车梁部孫氏之祖　今云長福5)部　朴谷村等西
村屬焉　四曰觜山珍支村〈一作賓之　又賓子　又氷6)之〉　長曰智伯虎　初降
于花山　是爲本彼部崔氏祖　今曰通仙部　柴巴等東南村屬焉　致遠乃
本彼部人也　今皇龍寺南味吞寺南有古墟　云是崔侯古宅也　殆明矣
五曰金山加利村〈今金剛山栢栗寺之北山也〉　長曰祗沱〈一作只他〉初降于
明活山　是爲漢歧7)部〈又作韓歧8)部9)〉裴氏祖　今云加德部　上下西知

---

1)　弩：[正][晚][順] 奴(아래쪽이 없음). [品] 奴. [石][斗][浩][六] 弩. [遺]
　　卷1 王暦과 [遺] 卷1 紀異 樂浪國條에는 弩.
2)　太：[正][晚] 大.
3)　潛：[正][晚][品][斗] 替. [石][浩][六] 潛.
4)　如：[正][晚] 知. [品][斗][浩][六][民] 如.
5)　福：[勝覽] 德.
6)　氷：[正][晚] 水. [品][斗][浩][六] 氷.
7)　歧：[品] 岐(歧와 동자).
8)　歧：주 8)과 같음.

乃兒10)等東村屬焉 六曰明活11)山高耶村 長曰虎珍 初降于金剛山 是爲習比部薛氏祖 今臨川部 勿伊村仍仇彌12)村闕谷〈一作葛13)谷〉 等 東北村屬焉 按上文此六部之祖 似皆從天而降 弩禮王九年 始 改六部名 又賜六姓 今14)俗中興部爲母 長福部爲父 臨川部爲子 加德部爲女 其實未詳

前漢地節元年壬子〈古本云建虎15)元年 又云建元三年等 皆誤〉 三月朔 六部祖各率子弟 俱會於閼川岸上 議曰 我輩上無君主臨理蒸民 民 皆放逸 自從所欲 盍覓有德人 爲之君主 立邦設都乎 於是乘高南 望 楊山下蘿井傍 異氣如電光垂地 有一白馬跪拜之狀 尋撿之 有 一紫卵〈一云靑大卵〉 馬見人長嘶上天 剖其卵得童男 形儀端美 驚異 之 浴16)於東泉〈東泉寺在詞腦野北〉 身生光彩 鳥獸率舞 天地振動 日 月清明 因名赫居世王〈蓋鄉言也 或作弗矩內王 言光明理世也 說者云 是西 述聖母之所誕也 故中華人讚仙桃17)聖母有娠賢肇邦之語是也 乃至雞龍現瑞 産 閼英 又焉知非西述聖母之所現耶〉 位號曰居瑟邯〈或作居西干 初開口之時 自 稱云 閼智居西干一起 因其言稱之 自後爲王者之尊稱〉 時人爭賀曰 今天子 已降 宜覓有德女君配之 是日沙梁里閼英井〈一作娥利英井〉 邊有雞 龍現 而左脇誕生童女〈一云龍現死而剖其腹得之〉 姿容殊麗 然而脣似

---

9) 又作韓歧部 : [正][晚][石][品][斗][浩][六]에는 본문으로 기재되어 있으나, [民]은 세주로 보았다. 세주로 보는 것이 옳다.
10) 兒 : [浩] 活. [石] 兒.
11) 活 : [正][晚] 佸. [石][品][斗][浩][六][民] 活.
12) 彌 : [正][斗][浩][六] 𣲏(彌와 상통). [品] 於.
13) 葛 : [正][晚][順] 판독미상. [石][品][斗][浩][六][民] 葛.
14) 今 : [正][晚] 令. [品][斗][浩][六][民] 今.
15) 虎 : 고려 惠宗의 이름 '武'의 피휘.
16) 浴 : [正] 俗. [石][品][斗][浩][六][民] 浴.
17) 桃 : [正][晚][順][石] 桅. [品][斗][浩][六] 桃.

雞觜 將浴於月城北川 其觜撥落 因名其川曰撥川 營宮室於南山西
麓〈今昌林寺〉 奉養二聖兒 男以卵生 卵如瓠 鄕人以瓠爲朴 故因姓
朴 女以所出井名名之 二聖年至十三歲 以五鳳元年甲子男立爲王
仍以女爲后 國號徐羅伐 又徐伐〈今俗訓京字云徐伐 以此故也〉 或云斯
羅 又斯盧 初王[18)生於雞井 故或云雞林國 以其雞龍現瑞也 一說
脫解王時 得金閼智 而雞鳴於林中 乃改國號爲雞林 後世遂定新羅
之號 理國六十一年 王升于天 七日後遺體散落于地 后亦云亡 國
人欲合而葬之 有大蛇[19)逐禁 各葬五體爲五陵 亦名蛇[20)陵 曇嚴
寺北陵是也 太[21)子南解王繼位

---

18) 王：[浩] 王后.
19) 蛇：[正] 虵.
20) 蛇：주 19)와 같음.
21) 太：주 2)와 같음.

신라시조[1] 혁거세왕

진한(辰韓)의 땅에 옛날 여섯 마을이 있었다.[2] 첫째는 알천(閼川)
양산촌(楊山村)[3]이니 그 남쪽은 지금의 담엄사(曇嚴寺)[4]이다. 촌장

---

1) 新羅始祖 : [遺]와 아울러 [史]에서도 「始祖姓朴氏 諱赫居世」(卷1 新羅本紀
始祖 赫居世居西干條)라고 하여 朴赫居世를 始祖로 기술하고 있다. 신라왕조
의 王室·王族 계보의 역사적 과정에서 보면, 奈勿王을 始祖로 하고 있으며, 7
세기부터 9세기에 걸쳐 성행하는 신라왕실의 始祖廟에는 未鄒王이 奉祀되고
있다. 더욱이 王室 金氏의 始祖로서 金石文에 보이는 이는 金閼智의 아들 熱漢
이다. 이처럼 신라시조로 된 이는 다수이며, 이들은 그 나름의 始祖의 의미 및
성격 등의 相異, 민간신앙이나 신선사상의 도입 등으로 전승면에서 변화를 가져
왔던 것으로 이해된다.([品] 上, pp.413-414 참조)

2) 辰韓之地 古有六村 : [史]는 「先是朝鮮遺民分居山谷之間 爲六村」(新羅本
紀)이라고 하여 六村民을 古朝鮮과 관련지어 기술하였다. 이는 「辰韓 在馬韓
之東 其耆老傳世自言 古之亡人避秦役 來適韓國 馬韓割其東界地與之…始有
六國 稍分爲十二國」(『三國志』卷30 魏書 辰韓傳)이라 한 中國史書에 의거한
기술로, 여기의 六村은 辰韓 12國 안의 斯盧國의 여섯 마을을 가리킨 것으로,
당초의 辰韓 六國과는 다르다. 이에 반해 [遺]의 기술은 민족 고유의 전승을 기
술했던 것으로 보인다. 또 다음과 같은 異說도 볼 수 있다. 「漢武帝討右渠 置四
郡 至昭帝始元五年 分爲二府 自是朝鮮遺民分居山谷間 爲六村 又曰 辰韓六部」
[外記](『大東韻府群玉』卷18), 「新羅國…漢時樂浪之地 或稱斯羅 魏將田丘儉
討高麗破之 奔沃沮 其後復歸故國 留者遂爲新羅焉 故其人雜 有華夏高麗百濟
之屬 兼有沃沮不耐韓獩之地 其王本百濟人 自海逃入新羅 遂王其國 傳祚至金
眞平」(『隋書』卷81 東夷傳 新羅)

3) 閼川楊山村 : 慶州府 남쪽에 있는 月南·南建 등지로, 본래 楊山部였으나, 儒
理王 9년에 謁平에게 李氏로 賜姓하면서 及梁部로 개명하였고, 고려 太祖 23
년에 다시 中興部로 개명하였다.(『慶州邑誌』卷3 辰韓六部 참조)

4) 曇嚴寺 : 경상북도 경주시 塔里 五陵 남쪽에 있던 절. [勝覽]과 『東京雜記』에
는 '曇巖寺'의 異記가 보인다. 지금 五陵 남쪽에 그 당간지주가 있다.([樹] p.66

은 알평(謁平)5)이다. 처음에 [하늘에서] 표암봉(瓢嵓峰)6)에 내려오
니 이가 급량부(及梁部) 이(李)씨의 조상이 되었다.〈노례왕(弩禮王) 9년
(32)에 [부를] 두어 급량부라 했는데7) 고려 태조(太祖) 천복(天福) 5년 경자(庚子,
940)에 이름을 중흥부(中興部)로 고쳤다. 파잠(波潛), 동산(東山), 피상(彼上), 동촌
(東村)이 이에 속한다.〉 둘째는 돌산(突山) 고허촌(高墟村)이니 촌장은
소벌도리(蘇伐都利)이다. 처음에 형산(兄山)8)에 내려오니 이가 사량
부(沙梁部)〈양(梁)은 도(道)로 읽고 혹은 탁(涿)이라고도 쓰나, 역시 도로 발음한
다.〉9) 정(鄭)씨의 조상이 되었다. 지금은 남산부(南山部)라고 하니,

참조)「曇嚴寺 舊址在蛇陵南」([勝覽] 卷21 慶州府 古跡).「曇嚴寺 一云曇嚴
   舊址在蛇陵南」(『東京雜記』卷2 古跡).「曇嚴寺 卽今之府南 月南・南建等村」
   (上同)

5) 謁平 :「一作閼平 李氏祖」(『瓢嚴誌』上編)

6) 瓢嵓峰 : 경주부의 동북쪽 5리에 있는데, 李謁平이 탄강한 곳이다. 전설에 '신
   라 때 이 바위가 국도에 해를 끼친다고 하여 박씨를 심어 이 바위를 덮었으므로
   이 이름이 생겼다'고 한다.「瓢嚴在府東北五里 李謁平所降處 俗傳 新羅時 以
   此嚴有害於國都 種瓢 以覆故名焉」(『東京雜記』卷1).「瓢嚴…以瓢爲名者 世
   傳 新羅時 此嚴瞰下月城 有威壓之像 國人種瓢以覆之故云云 未可信否耳」(『瓢
   嚴誌』下編). '박바위'(崔常壽,『韓國民間傳說集』, 通文館, 1958, pp.286-287 참
   조).

7) 弩禮王九年置 名及梁部 :「[儒理尼師今] 九年春 改六部之名 仍賜姓 楊山部
   爲梁部 姓李 高墟部 爲沙梁部 姓崔 大樹部爲漸梁部 姓孫 于珍部爲本彼部 姓
   鄭 加利部爲漢祇部 姓裴 明活部爲習比部 姓薛」([史] 新羅本紀▽)

8) 兄山 : 安康縣 동쪽 21리에 있다. 신라에서는 北兄山이라 일컫고, 中祀를 지
   냈다.([勝覽] 卷21 慶州府 山川,『東京雜記』卷1 山川 참조) 그러나 이 땅은
   경주 북방으로 [遺]의 高墟村과는 방향이 전혀 걸맞지 않으므로 신라의 西兄山
   (西嶽, 西述, 西兄, 西鳶, 仙桃山)을 이에 비정하는 견해도 있다. 서형산은 경주
   읍의 서방에 있고, 沙梁部에 가깝다.([品] 上, pp.420-421 참조)

9) 沙梁部 : '沙梁'은 '새도'(새터・新址). [遺]의 註記에「梁讀云道 或作涿 亦音
   道」라고 하였는데, 眞興王 諸碑에는 '梁・沙梁'을 '喙・沙喙'으로,『日本書紀』
   에도 '梁'을 '喙'으로 記寫하였다.(卷19 欽明天皇條 참조) '梁・喙・涿' 내지
   '吐・隄' 등의 原語는 '터'(基)이므로 '沙梁・沙喙'은 '새터'이나, 古音이 氣音을
   피하는 터이므로 '도'로 발음되었다.(梁柱東,『古歌硏究』, p.89 참조)

구량벌(仇良伐)10), 마등오(麻等烏)11), 도북(道北), 회덕(廻德) 등 남촌(南村)이 이에 속한다.〈지금이라고 한 것은 고려 태조 때에 설치한 것으로, 아래도 이와 같다.〉셋째는 무산(茂山) 대수촌(大樹村)이니, 촌장은 구(俱)〈또는 구(仇)〉례마(禮馬)이다. 처음에 이산(伊山)〈또는 개비산(皆比山)〉에 내려오니, 이가 점량(漸梁)〈또는 탁(涿)〉부(部) 또는 모량부(牟梁部) 손(孫)씨의 조상이 되었다. 지금은 장복부(長福部)라고 하니, 박곡촌(朴谷村) 등 서촌(西村)이 이에 속한다. 넷째는 자산(觜山) 진지촌(珍支村)〈또는 빈지(賓之), 빈자(賓子), 빙지(氷之)〉이니 촌장은 지백호(智伯虎)12)다. 처음에 화산(花山)에 내려오니, 이가 본피부(本彼部)13) 최(崔)씨의 조상이 되었다. 지금은 통선부(通仙部)라고 하니, 시파(柴巴) 등 동남촌(東南村)이 이에 속한다. 최치원[致遠]은 본피부 사람이다. 지금 황룡사(皇龍寺)14) 남쪽 미탄사(味呑寺)15) 남쪽에 옛터가

---

10) 仇良伐 : '仇良火村'으로도 썼다.(『東京雜記』卷2 古蹟, [勝覽] 卷21 慶州府驛院 참조) 지금의 蔚山郡 斗西面 九良里에 해당한다. 신라 王都의 남쪽에 위치한다.

11) 麻等烏 : 남산의 남쪽에 있는 高位山麓에 있던 天龍寺와 北接한 땅이었던 듯하다. '馬等烏'([遺] 卷3 塔像 天龍寺條,『東京雜記』卷2 古蹟)로도 썼다.「高位山 在府南 二十五里」([勝覽] 卷21 慶州府 山川)

12) 智伯虎 : 未詳. [遺]에서 '智惠虎'의 명칭을 볼 수 있는데, 措語上 兩者間의 관련여부는 알 수 없다.「曉日 葬智惠虎於智惠林中 不亦宜乎」([遺] 卷4 義解 蛇福不言條) 혹 '智伯武'의 '武'를 避諱하여 '智伯虎'로 썼던 것이 아닌가 한다. 확실한 것은 알 수 없다.

13) 本彼部 : 신라 6部의 하나로 眞興王의 四碑에 그 이름이 보이고, 梁部나 沙梁部에 비해 그 수도 적고 官位도 낮은 것이 주목된다. [史]에서 祭祀志·職官志 등에 그 이름이 보이고, 신라 최성기의 三五金入宅中에도 그 이름이 보인다. 이로 미루어 本彼部는 王都 안의 지역구분임을 알 수 있다. 그러나 [史] 地理志에는 康州 星山郡의 屬縣 新安縣의 古名으로 本彼縣이 있는데, 이는 지금의 星州에 비정된다.([品] 上, p.325 참조)

14) 皇龍寺 : 경상북도 경주시 月城의 동쪽에 있던 절. 慶州市 九黃洞에 寺址가 있는데, 丈六尊像의 臺石만 남아 있다. 신라 眞平王이 해당 관청에 명하여 월성

있는데, 이것은 최후(崔侯)[16]의 옛집임이 분명하다. 다섯째는 금산 (金山) 가리촌(加利村)〈지금의 [경주 북쪽의] 금강산(金剛山)이니 백률사(栢 栗寺)의 북쪽 산이다.〉 촌장은 기타(祇沱)〈또는 지타(只他)〉다. 처음에 명활 산(明活山)[17]에 내려오니, 이가 한기부(漢歧部)〈또는 한기부(韓歧部)〉[18] 배(裵)씨의 조상이 되었다. 지금은 가덕부(加德部)라고 하니, 상서지 (上西知)·하서지(下西知)·내아(乃兒) 등 동촌(東村)이 이에 속한 다. 여섯째는 명활산(明活山) 고야촌(高耶村)이니, 촌장은 호진(虎 珍)이다. 처음에 금강산(金剛山)[19]에 내려오니, 이가 습비부(習比部)

동쪽에 새 궁전을 짓게 하였는데, 그곳에서 黃龍이 나타났다. 왕이 의심하여 고 쳐서 절을 만들고 이름을 黃龍寺라고 하였다.(『東京雜記』卷2 古蹟 참조) [遺] 는 위의 사실을 眞興王 때의 일로 기술하고 있다. 「新羅第二十四眞興王卽位十 四年癸酉二月 將築紫宮於龍宮南 有黃龍現其地 乃改置爲佛寺 號黃龍寺 至己 丑年 周圍墻宇 至十七年方畢…寺記云 眞平五年甲辰 金堂造成」(卷3 塔像 皇 龍寺丈六條)

15) 昧呑寺 : 경상북도 경주시 구황동 狼山 서쪽에 있던 절. 현재 3층석탑을 복원 한 사지를 이곳으로 추정하고 있다.

16) 崔侯 : 崔致遠.

17) 明活山 : 경주부 동쪽 11리에 있다. 산 아래 언덕이 있어, 이름을 閑地原이라 했는데, 곧 府城의 來脈이다. 예로부터 나무를 심어 숲을 이루었는데, 嘉靖 壬 午(1522)로부터 백성들이 함부로 경작하여 산맥을 잘라 끊어 물을 끌어 논에 댔다. 天啓 癸亥(1623)에는 沙里驛의 驛卒이 馬位田으로써 民田과 바꾸어, 이 곳에 이사를 와서 살았다. 그런데 1919년에 邑人이 訴狀을 관청에 올려 그 논들 이 內脈을 상했다고 하므로 監司에게 신청하여 沙里의 舊驛을 철수하여 이동 시켰다.(『慶州邑誌』卷3 山川 참조) 1988년 9월 경주시 보문동 明活山城 城壁 터에서 5세기 말경에 제작된 것으로 보이는 '明活山城作城碑'를 발견하였다. 높 이 66.8cm, 최대 폭 31cm, 최대 두께 16.5cm의 장방형 화강암으로 된 비석에는 총 148자의 명문이 새겨져 있다. 이에는 축성책임자(上人邏頭), 분담집단(抽一 下干支徒, □□一一伐徒, □□□波日徒), 축성시작일(辛未年 11월 15日)와 종 료일(12월 20日) 및 축성기간(30日), 立碑 관계자 등이 밝혀져 있다.

18) 又作韓歧部 : 이는 '漢歧部' 밑에 붙을 雙行註로서 잘못 본문으로 처리된 것이 다.

19) 金剛山 : 경주부의 북쪽 7리에 있다. 신라에서는 北嶽이라 불렀다.(『東京雜記』

설(薛)씨의 조상이 되었다. 지금은 임천부(臨川部)로 물이촌(勿伊村) · 잉구미촌(仍仇彌村) · 궐곡(闕谷)〈또는 갈곡(葛谷)〉 등 동북촌(東北村)이 이에 속한다. 위의 글을 살펴본다면 이 6부의 조상들은 모두 하늘에서 내려온 것 같다. 노례왕 9년(32)에 비로소 6부의 이름을 고치고, 또 여섯 성[20]을 주었다. 지금 풍속에는 중흥부를 어머니라고 하고, 장복부를 아버지라고 하고, 임천부를 아들이라고 하고, 가덕부를 딸이라고 하는데, 그 이유는 자세히 알 수 없다.

전한(前漢) 지절(地節) 원년[21] 임자(壬子, BC 69)〈고본에는 건무[建虎][22] 원년(25)이라 했고, 또 건원(建元)[23] 3년(BC 138)이라고도 했으나 모두 잘못이다.〉 3월 초하루에 6부의 조상들은 각기 자제들을 거느리고 알천(閼川)[24]의 언덕 위에 모여 의논하였다. "우리들은 위로 백성[蒸民][25]을 다스릴 임금님이 없으므로 백성들이 모두 방자하여[26] 제 마음대로 하게 되었소. 어찌 덕있는 사람을 찾아 군주를 삼아 나라를 세우고 도읍을 정하지 않겠소!" 이에 높은 곳에 올라, 남쪽을 바라보니, 양산(楊山) 밑 나정(蘿井)[27] 곁에 이상한 기운이 전광처럼 땅에 비치는데 흰

卷1 山川 참조)
20) 又賜六姓 : 朴·昔·金은 모두 신라의 宗姓이다. 李(及梁), 崔(沙梁), 鄭(本彼), 孫(牟梁), 裴(漢祇), 薛(習比) 이상 6부의 姓은 신라 儒理王 때에 내려준 것이다.([勝覽] 卷21 姓氏 참조)
21) 前漢 地節 : 중국 漢 宣帝의 연호(BC 69).
22) 建虎 : 중국 後漢 光武帝의 연호(25-56).
23) 建元 : 중국 漢 武帝의 연호(BC 140-BC 135).
24) 閼川 : 경주부 동쪽 5리에 있으며, 楸嶺에서 발원하여 堀淵에 들어간다. 東川, 北川 등의 異名이 있었으나([勝覽] 卷21 慶州府 山川 참조), 지금의 경주 北川을 가리킨다.
25) 蒸民 : 蒸은 烝과 같으니, 蒸民은 衆人과 같다.
26) 放逸 : 放恣와 같은 말이다.
27) 楊山下蘿井 : 경주부 남쪽 7리에 있다.([勝覽] 卷21 慶州府 古跡 참조)

말 한마리가 꿇어 앉아 절하는 형상을 하고 있었다. 그곳을 찾아가 살
펴보니 보라빛 알 한 개〈또는 푸른 큰 알〉가 있는데, 말은 사람을 보자
길게 말울음을 울고 하늘로 올라가 버렸다. 그 알을 깨보니 사내아이
가 나왔는데,28) 모양이 단정하고 아름다웠다. 놀라고 이상히 여겨 그
아이를 동천(東泉)〈동천사(東泉寺)는 사뇌야(詞腦野) 북쪽에 있다.〉에서 목욕
시켰다. 몸에서 광채가 나고, 새와 짐승이 따라 춤추며 천지가 진동하
고 해와 달이 청명해지므로, 그 일로 인해 그를 혁거세왕(赫居世
王)29)이라 이름하였다.〈아마 우리말일 것이다. 혹은 불구내왕(弗矩內王)이라고
도 하니, 밝게 세상을 다스림을 말하였다. 해설하는 이는 말하기를, "이는 서술성모
(西述聖母)가 낳은 바이다. 그러므로 중국 사람들이 선도성모(仙桃聖母)를 찬양하여
'현인을 낳아 나라를 세웠다'는 말이 있음이 이것이다"라고 하였다. 계룡(雞龍)이 상
서를 나타내 알영(閼英)을 낳았다는 이야기도 또한 서술성모의 현신을 말한 것이 아
니겠는가?〉30) 위호(位號)를 거슬한(居瑟邯)이라고 하였다.〈또는 거서간
(居西干)이라고도 하니, 이것은 그가 처음 말할 때에 스스로 일컬어, "알지거서간(閼

---

28) 剖其卵得童男 : Passarge는 '청춘기에 달하지 않은 아이들은 아직 땅에 뿌려
   지지 않은 씨에 비유되고 있다. 성인이 못된 아이들은 씨와 같은 상태, 즉 활동
   이 없는 죽음의, 그러나 생명의 가능성을 품은 죽음의 상태에 있다'고 하였다.
   박혁거세의 紫卵은 활동이 없는 씨와 같은 상태인 바, 剖卵은 곧 죽음과 신생을
   가져온 성인의 의식을 상징한다고 해석하는 견해도 있다.(黃浿江, 「朴赫居世
   神話 論考」, 『韓國敍事文學硏究』, 단국대학교출판부, 1972 참조)
29) 赫居世王 : '赫居世'는 순수한 우리말 '弗矩內(불ㄱ뉘)'의 한역어로, '光明理
   世'의 의미를 갖는다. '赫'은 '붉', '-居世'는 '居西干(ㄱ한)'의 '居西'에 해당한다.
   'ㄱ한'은 '始祖'의 의미를 갖는다. 따라서 왕의 諱는 '赫(붉)'뿐이다.(梁柱東, 『古
   歌硏究』, 博文出版社, 1957, p.313 참조)
30) 是西述聖母之所誕也…焉知非西述聖母之所現耶 : 西述聖母(仙桃聖母)에 대
   한 설화는 [遺] 卷5 感通 仙桃聖母隨喜佛事條에 상세하다. 西述聖母系의 박혁
   거세 탄생신화는 楊山에서의 卵生神話가 농경문화적인데 대하여 北方 巫系的
   인 수렵문화를 배경에 갖고 있다고 보고, 박혁거세신화의 두 가지 계통을 말하
   는 견해도 있다.(黃浿江, 앞의 논문, pp.164-167 참조)

智居西干)이 한번 일어났다"고 했으므로, 그 말로 인해 부른 것인데, 이로부터 왕자의 존칭이 되었다.〉 그때를 당해 사람들은 서로 다투어 치하해 말하기를, "이제 천자(天子)가 이미 [하늘에서] 내려왔으니, 마땅히 덕있는 왕후를 찾아서 배필을 삼아야 할 것이요"라고 하였다. 이날 사량리(沙梁里) 알영정(閼英井)〈또는 아리영정(娥利英井)〉가에 계룡이 나타나 왼쪽 겨드랑이에서 계집아이를 낳았는데31)〈혹은 용이 나타나서 죽었는데 그 배를 갈라서 계집아이를 얻었다고도 하였다.〉 모습과 얼굴은 유달리 고왔으나, 입술이 닭의 부리와 같았다. 월성(月城) 북천(北川)에 가서 목욕시키니 부리가 떨어졌다.32) 그 때문에 그 내를 발천(撥川)이라고 한다. 남산 서쪽 기슭〈지금의 창림사(昌林寺)33)〉에 궁실을 짓고, 두 성스러운 아이를

31) 左脇誕生童女 : [遺]에서는 左脇으로 기술하였으나, [史]는 右脇으로 기술하였다. 즉, 五年春正月 龍見於閼英井 右脇誕生女兒(新羅本紀) 신화에서 '脇生'은 聖潔한 탄생을 의미한다. 釋迦의 탄생에 대하여 佛經은 右脇으로 母胎에 들어가 속세의 더러움을 입지 않고, 右脇으로 걸어나왔다고 표현하였다.(『八相錄』第2 毘藍降生相 참조) 樂園 Eden에서 Eve가 Adam의 갈비뼈로 만들어졌다는 것도 脇生과 마찬가지로 순결한 탄생을 의미한다.(『舊約聖經』創世記, 2:21-22 참조) 고구려 시조 高朱蒙도 卵生으로 左脇에서 나왔다.(『帝王韻紀』卷下 참조) 聖潔한 출생을 말하는 脇出은 임신과 출산의 원인을 精靈인 힘으로 생각했던 원시적 사고에 그 原型이 있을 듯하다. 閼英의 출생을 右脇이냐 左脇이냐는 문헌에 두 가지로 기술되어 있어 명확한 단정을 내리기 어려우나, 閼英과 朴赫居世가 대표하는 二分體制的인 상징성으로 미루어 左脇을 말한 [遺]의 견해가 옳을 듯하다.(黃浿江, 앞의 논문 참조)

32) 唇似雞觜…其觜撥落 : 閼英의 입부리가 북천에서의 목욕을 통해 떨어져 나갔다는 것은 그 川浴 자체 再生的 意義를 가진 祭儀였음을 말해 준다. 動物態로부터 人間態로의 재생은 원시사회의 成人入社式의 原型을 보여준다. Lévy-Bruhl는 原始社會에서 成人入社前의 소년소녀들이 인격을 인정 받지 못하고 動物視되고 있는 사실을 보고하고 있다. 聖域 閼川에서의 목욕은 '물에 잠김으로써 (옛사람은) 죽고, 그로부터 새로운 再生의 存在가 탄생한다'는 再生祭儀의 의의가 확인된다고 보는 견해도 있다.(黃浿江, 앞의 논문, p.158 참조)

33) 昌林寺 : 「金鰲山麓 有新羅時宮殿遺基 後人卽其地建此寺 今廢 有古碑 無字 元學士趙子昻 昌林寺碑跋云 右唐新羅僧金生所書 其國昌林寺碑 字畵深有典

받들어 길렀다. 사내아이는 알에서 나왔으며, 그 알은 박과 같았다. 향
인(鄕人)들은 박[瓠]을 박(朴)이라고 하므로 그 성을 박(朴)이라고
하였다. 계집아이는 그가 나온 우물 이름으로써 이름을 지었다. 두 성
인의 나이 13살이 되자 오봉(五鳳)34) 원년 갑자(甲子, BC 57)에 남
자는 왕이 되고, 그 여자로 왕후를 삼았다. 나라 이름을 서라벌(徐羅
伐) 또는 서벌(徐伐)〈지금 세간에서 경(京)자를 훈독하여 서벌이라고 하는 것은
이 때문이다.〉이라고 하고, 혹은 사라(斯羅) 또는 사로(斯盧)라고도 하
였다. 처음에 왕이 계정(雞井)에서 탄생했기35) 때문에 혹은 계림국
(雞林國)이라고도 하니, 계룡이 상서를 나타내기 때문이었다. 일설에
는 탈해왕(脫解王) 때에 김알지(金閼智)를 얻을 때 닭이 숲 속에서
울었으므로 이에 국호를 고쳐 계림(雞林)이라고 했다36)고 하는데, 후
세에 와서 신라(新羅)의 국호를 정하였다.37) 나라를 다스린 지 61년

刑 雖唐人名刻 無以遠過之也 古語云 何地不生才 信然」([勝覽] 卷21 慶州府
古跡)
34) 五鳳 : 중국 前漢 孝宣帝의 연호(BC 57-BC 54).
35) 初王生於雞井 : 이는 閼英井의 雞龍에서 閼英이 출생한 것과 대응하는 것으
로 혹 '王后'라고 할 것을 '王'이라 잘못 쓴 것이 아닌가 회의할 수 있다. 그러나
閼英井이 아닌 雞井으로 지칭하고 있는 것으로 보아, 전혀 별개의 사실을 말했
다고 할 수 있다. 雞에 관하여 '雞曰喙'(『雞林類事』), 또 雞의 訓이 tark이며, 六
喙評의 喙, 沙喙部·喙部의 喙 등으로 미루어 喙으로 읽히는 雞는 아마도 '村
落'을 의미하는 것일 수 있다. 그렇다면 '雞井'은 '마을의 聖井'으로, 閼英井 傳
說 이전의 민속전승으로 내려온 始祖王 出誕과 관련된 太儀의 자리로 이해해
야 하지 않을까 한다.([品] 上, p.446 참조)
36) 乃改國號爲雞林 : [遺] 卷1 王曆과 [史]에는 脫解王 때 국호를 雞林으로 바
꾸었다고 하였다. 「國號徐羅伐 又徐伐 或斯[盧] 或雞林 一說 至脫解王時 始
置雞林之號」([遺] 卷1 王曆 赫居世條)
37) 後世遂定新羅之號 : 지증왕 4년(517)에 신라의 국호가 확정되었다. 「四年冬十
月 群臣上言 始祖創業已來 國名未定 或稱斯羅 或稱斯盧 或言新羅 臣等以爲
新者德業日新 羅者網羅四方之義 則其爲國號宜矣 又觀自古有國家者 皆稱帝
稱王 自我始祖立國 至今二十二世 但稱方言 未正尊號 今群臣一意 謹上號新羅

만에 왕은 하늘로 올라가고, 7일 후에 그 몸뚱이가 땅에 흩어져 떨어
졌는데, 왕후도 세상을 떠났다고 한다. 나라 사람들이 [흩어져 떨어진
몸뚱이를] 합하여 장사지내려고 하니 큰 뱀이 쫓아와서 방해하였다.
머리와 사지를 각각 장사지내 오릉(五陵)이 되었고,[38] 또한 사릉(蛇
陵)이라고 이름하니, 담엄사(曇嚴寺)의 북쪽 능이 이것이다. 태자 남
해왕(南解王)이 왕위를 계승하였다.

國王 王從之」([史] 卷4 新羅本紀 智證麻立干)

38) 七日後遺體散落于地…各葬五體爲五陵 : 赫居世王의 分屍 埋葬은 이집트의
    Osiris의 경우와 대비된다. 시체를 이집트의 각처에 分葬했다고 하는 Osiris의 祭
    儀는 씨를 뿌리는 시기에 행해진 播種의 祭儀였다. 이 경우 흙과 낟알로 만든
    穀物神(Corn-god)의 像이 장례의식을 통해 땅에 매장되었다. 그렇게 죽은 神
    (穀物神)은 다시 새 곡물로 재생된다는 기대를 가지고 의식이 행해졌다. 切斷
    된 시체가 나라 안에 散落하여 각각 다른 곳에 매장되었다는 전설은 곡물을 뿌
    리는 곡물재배민의 생활을 신화적으로 형상화하고 있다. 이와 같은 신화형상은
    실제로 밭을 비옥하게 할 목적으로 穀物靈을 대표하는 人間犧牲을 죽여, 그의
    살점이나 재를 밭에 뿌리던 原古의 祭儀的 實修를 시사하고 있기도 하다.(J.
    Frazer, The Golden Bough, abridged ed. in one volume, London, 1959, pp.377-
    378 참조) H. Straube는 古層栽培民의 신화를 말하면서, 原古에 인간이 죽인
    神格의 시체의 여러 부분에서 최초의 유용식물이 돋아나왔다고 하였다. 최초에
    있었던 '原古의 殺害'는 세계의 존재질서의 기초가 되었고, 이로써 인간은 죽는
    운명을 갖게 되었으며, 또 증식할 능력을 갖게 되었고, 생명을 보전하기 위해서
    는 神의 죽음으로 생겨난 식물에 의존하지 않으면 안되게 되었다는 것이다. 그
    들은 이 종교적 사건-原古의 神의 殺害-을 제의에 의해 거듭 재현하면서 이를
    기념하고, 추체험한다고 하였다. 朴赫居世의 屍體散落과 分葬은 절단된 神君의
    시체가 토지의 豊穰豊作을 가져온다는 원시제의적 발상과 관련된 것이 아닌가
    한다. 朴赫居世의 죽음과 장례가 죽음과 부활이 교체하는 봄 3월에 있었다([史]
    新羅本紀 참조)는 것도 시사적이다.(黃浿江, 앞의 논문, pp.159-160 참조)

20. 第二南解王

南解居西干¹⁾ 亦云次次雄 是尊長之稱 唯此王稱之 父赫居世 母閼英夫人 妃雲帝夫人〈一作雲梯 今迎日縣西有雲梯山聖母 祈旱有應〉 前漢平帝元始四²⁾年甲子 卽位 御理二十一年 以地皇四年甲申崩 此王乃三皇之第³⁾二⁴⁾云

按三國史云 新羅稱王曰居西干 辰言王也 或云呼貴人之稱 或曰次次雄 或作慈充 金大問云 次次雄方言謂巫也 世人以巫事鬼神尙祭祀 故畏敬之 遂稱尊長者爲慈充 或云尼師今 言謂齒理也 初南解王薨 子弩禮讓位於脫解 解云 吾聞 聖智人多齒 乃試以餅噬之 古⁵⁾傳如此 或曰麻立干〈立一作袖〉 金大問云 麻立者 方言謂橛也 橛標准位而置 則王橛爲主 臣橛列於下 因以名之

史論曰 新羅稱居西干 次次雄者一 尼師今者十六 麻立干者四 羅末名儒崔致遠 作帝王年代曆 皆稱某王 不言居西干等 豈以其言鄙野不足稱之也 今記新羅事 具存方言 亦宜矣 羅人凡追封者 稱葛文王 未詳

---

1) 干：[石] 千.
2) 四：[斗] 元.
3) 第：[正][品][斗][六] 弟. [浩][民] 第.
4) 二：[正][品][斗][浩][六] 一. 文理로 보아 '二'가 옳다.
5) 古：[正][晚][石] 占. [順][品][斗][浩][六][民] 古.

此王代樂浪國人來侵金城　不克而還　又天鳳五年戊寅　高麗之裨屬七國來投

제2대 남해왕

남해거서간(南解居西干)1)은 또는 차차웅(次次雄)2)이라고도 하는
데, 이것은 존장의 칭호이며, 오직 이 왕만을 그렇게 불렀다. 아버지는
혁거세(赫居世)이고, 어머니는 알영부인(閼英夫人)이며, 비는 운제부
인(雲帝夫人)3)이다.〈또는 운제(雲梯)라고도 한다. 지금 영일현(迎日縣)의 서쪽
에 운제산(雲梯山) 성모(聖母)가 있어4) 가뭄 때 기원하면 응함이 있다.〉[중국]

---

1) 南解居西干 : 신라의 제2대 왕. 재위 4-24. 始祖 赫居世만이 居西干으로 불렸
   다고 알려져 있으나([史] 卷1 新羅本紀 始祖 赫居世居西干條) 南解王도 居西
   干이라 불렸다고 한다.([遺] 卷1 王曆 新羅 南解次次雄條) 또한 居西干의 다른
   표기로 居瑟邯이라 한 것이 보인다.([遺] 卷1 紀異 新羅始祖 赫居世王條) 干이
   나 邯은 大人, 君長의 의미로 풀이되고 있으나 居西의 의미는 아직 분명하지 않
   다. 梁柱東은 이를 '웃한'이라 읽고 의미는 始祖王이라고 하였다.(『朝鮮古歌研
   究』, 博文出版社, 1944) 이에 대해 居西干 역시 '잇건'이라 읽을 수 있는 것으로
   서 尼師今의 다른 표기에 지나지 않는다고 하여 嗣王으로 파악하는 견해도 있
   다.(辛兌鉉,「三國王名位號考」,『文理學叢』1, 慶熙大, 1961) 史書에는 居西干
   이 貴人의 칭호(본문과 [史] 卷1 新羅本紀 始祖 赫居世居西干 序說), 王者의
   칭호(본문과 [遺] 卷1 紀異 新羅始祖 赫居世王)라고만 되어 있다.
2) 次次雄 : 신라 제2대 남해왕에게만 붙여진 王號로 일명 慈充이라고도 한다.
   金大問은 무당을 가리키는 방언이었는데 의미가 전성되어 尊長者를 가리키는
   용어로 쓰였다고 한다. 본문과 같은 글이 [史] 卷1 新羅本紀 南解次次雄 序說
   에 실려 있다. 「次次雄 或云慈充 金大問云 方言謂巫也 世人以巫事鬼神 尙祭
   祀 故畏敬之 遂稱尊長者 爲慈充」
3) 雲帝夫人 : 신라 제2대 南解王의 妃. 阿婁夫人([史] 卷1 新羅本紀 南解次次
   雄條)이라고도 한다.
4) 今迎日縣西有雲梯山聖母 : 迎日縣은 현 경상북도 浦港市 迎日이며, 雲梯山
   은 조선시대 迎日縣의 鎭山으로, 迎日郡 大松面 大覺洞에 있으며 해발 475m이

전한(前漢) 평제(平帝) 원시(元始)5) 4년 갑자(甲子, 4)에 즉위하여 21년 동안 다스리고, 지황(地皇) 4년 갑신6)(甲申, 23)에 돌아가니, 이 왕을 삼황(三皇) 중의 둘째7)라고 한다.

『삼국사(三國史)』를 살펴보면 다음과 같다.

「신라에서는 왕을 거서간(居西干)으로 불렀으니, 진한의 말[辰言]로 왕이란 말이며, 또는 귀인(貴人)을 부르는 칭호라고도 한다. 또는 차차웅(次次雄) 또는 자충(慈充)8)이라고도 한다. 김대문(金大問)9)

다. 聖母신앙은 慶州의 仙桃山에 있었으며([遺] 卷5 感通 仙桃聖母隨喜佛事條), 雲梯山의 聖母는 南解王妃와 관련을 갖고 전승되어온 것으로 짐작된다.

5) 平帝元始 : 平帝는 중국 前漢의 제13대 황제. 재위 BC 1-AD 5. 元始는 平帝의 연호(1-4).

6) 地皇四年甲申 : 地皇은 중국 新 王莽의 연호(20-23). 地皇 4년은 23년이다. 甲申年은 24년이므로 1년의 오차가 있다. [史] 年表에는 更始 2年 甲申(24)으로 되어 있으나 [遺] 卷1 紀異 第三弩禮王條에 「劉聖公 更始元年癸未 卽位〈年表云 甲申 卽位〉」로 되어 있다. 一然이 他書에 근거해 年表와는 달리, 南解王이 癸未年에 죽은 것으로 보는 설을 취하고 있으므로 甲申年을 癸未年으로 고쳐야 할 것이다.

7) 三皇之第二 : 三皇은 중국 고대의 전설에 나오는 帝王으로 天皇·地皇·人皇, 또는 燧人·伏羲·神農, 또는 伏羲·女媧·神農을 가리킨다. 여기서는 赫居世王·南解王·弩禮王을 가리키는 것으로 보고 있다. [正]에는 '三皇之弟一'로 되어 있다. 이것을 安在鴻은 '三皇之第一'로 보고 南解王은 '三皇의 하나'로 풀이하여 赫居世王, 南解王, 弩禮王이 각각 天皇氏, 地皇氏, 人皇氏에 해당된다고 하였다.(安在鴻, 『朝鮮上古史鑑』, 1948; 『民世安在鴻選集』 3, 知識産業社, 1991, pp.135-138) 그러나 뜻으로 보아 三皇 중 둘째라는 것이 더 합리적이다.

8) 慈充 : 李丙燾는 慈充이 무당을 의미한다는 金大問의 설에 따라 祭政一致시대의 君長의 호칭이라고 풀이하였다.(「新羅의 起源問題」, 『震檀學報』 8, 震檀學會, 1937; 『韓國古代史研究』, 博英社, 1976) 그러므로 慈充 등은 제정일치시대의 원시사회 首長을 가리키는 여러 말, 즉 居西干·麻立干 등과 같은 뜻의 하나라고 생각된다.

9) 金大問 : 신라의 貴族文人으로서 생몰연대와 家系에 대해서는 알 수 없다. [史] 卷8 新羅本紀 聖德王 3년에 漢山州都督이 되었고, 저서로는 『高僧傳』·『花郎世紀』·『樂本』·『漢山記』 등이 있었다고 한다.([史] 卷46 列傳 薛聰條)

은 말하기를, "차차웅은 방언에 무당을 이르는 말이다. 세상 사람들이
무당은 귀신을 섬기고 제사를 숭상하므로 그를 두려워하고 공경하게
되어 마침내 존장자를 자충(慈充)10)이라고 하였다. 또는 이사금(尼師
今)11)이라고도 하였으니 잇금을 이른 말이다"라고 하였다. 처음에 남
해왕이 돌아가고 아들 노례(弩禮)가 왕위를 탈해(脫解)에게 사양하니
탈해가 말하기를, "내가 듣기로는 성스럽고 지혜로운 사람은 이가 많
다고 한다"고 하고 이에 떡을 물어서 시험해보았다. 옛부터 이와 같이
전한다. 어떤 이는 왕을 마립간(麻立干)12)〈입(立)은 수(袖)라고도 한다.〉
이라고도 하니, 김대문이 말하기를, "마립(麻立)이라는 것은 방언으로
궐(橛)이라고 하고, 궐표(橛標)는 벼슬에 따라 설치되는데, 왕의 궐은

---

10) 慈充 : 무당.

11) 尼師今 : [遺]에는 尼叱今, 尼師今, 齒叱今의 표기가 보이며 [史]에는 尼師今
   의 표기만이 보인다. 金大問 이래의 전통적인 학설은 '잇금'(齒理)의 이두식 표
   기로 연장자를 지칭하는 용어로 본다.(「金大問則云 尼師今方言也 謂齒理 昔南
   解將死 謂男儒理壻脫解曰 吾死後 汝朴昔二姓 以年長而嗣位焉 其後金姓亦興
   三姓以齒長相嗣 故稱尼師今」[史] 卷1 新羅本紀 儒理尼師今條 序說) 이에
   대해 李丙燾(「新羅의 起源問題」, 『震檀學報』 8, 震檀學會, 1937; 『韓國古代史
   硏究』, 博英社, 1976), 梁柱東(『朝鮮古歌硏究』, 博文出版社, 1944), 辛兌鉉(「三
   國王名位號考」, 『文理學叢』 1, 慶熙大, 1961) 등은 齒叱, 尼叱, 尼師 등은 繼承
   을 의미하는 '잇', '이스'의 對譯으로 보아 尼師今을 嗣王으로 보는 설을 낸 바
   있다. 今은 독립되어 사용된 용례가 없으나 고대에 있어서 「금」의 표기인 이 어
   사도 존칭어였을 것으로 보는 견해(鮎貝房之進, 「新羅王位號와 追封王號에 就
   하여」, 『雜攷』 第1輯)를 고려한다면 尼師今은 잇금, 즉 嗣王의 의미가 될 수도
   있을 것이다.

12) 麻立干 : 신라의 왕호. 제17대 奈勿麻立干([遺] 卷1 王曆) 또는 제19대 訥祗
   麻立干([史] 卷3)으로부터 제22대 智證麻立干까지 사용되었다. 麻立干은 고대
   사회의 首長을 가리키는 용어로 보고 있다. 본문과 대동소이한 글이 [史] 卷3
   新羅本紀 訥祗麻立干 元年條(「金大問云 麻立者 方言謂橛也 橛謂誠操 准位而
   置 則王橛爲主 臣橛列於下 因以名之」), 『櫟翁稗說』 前集一(「麻立方言橛也
   新羅之初君臣 聚會立橛 爲其君位 因號其君曰 麻立干 爲當橛者也 干則 新羅
   俗相尊之辭」)에 실려 있다.

주가 되고 신하의 궐은 아래에 배열하게 되어, 이로 인하여 이름지어
진 것이다"라고 하였다.

사론(史論)13)에는 「신라에는 거서간과 차차웅으로 부른 이가 하
나,14) 이사금으로 부른 이가 열여섯,15) 마립간으로 부른 이가 넷이
다.16) 신라 말기의 이름난 학자 최치원(崔致遠)이 『제왕연대력(帝王
年代曆)』17)을 지으면서 모두 무슨 왕[某王]으로 부르고 거서간 등으
로는 말하지 않았으니, 혹시 그 말이 야비해서 부르기에 적당하지 않
아서 그렇게 한 것일까? 오늘날 신라 때의 일을 기록하면서 방언을
그대로 두는 것도 또한 옳은 일이다. 신라 사람들은 무릇 추봉(追封)
된 자를 갈문왕(葛文王)18)이라고 불렀는데, 자세히는 알 수 없다」고
하였다.

이 왕대에 낙랑국(樂浪國) 사람들이 와서 금성(金城)을 침범했으
나 이기지 못하고 돌아갔다.19) 또 천봉(天鳳) 5년 무인(戊寅, 18)에는

---

13) 史論 : 역사사실에 대해 史家가 논평한 것을 가리킨다. [遺]에는 본문과 卷2
   紀異 金傅大王條와 後百濟 甄萱條에 史論이 실려 있고, [史]에는 「論曰…」로
   시작하는 金富軾의 史論이 많이 실려 있다.
14) 新羅稱居西干 次次雄者一 : 앞의 주석 1), 2) 참조.
15) 尼師今者十六 : [史] 卷1에는 제3대 儒理王부터 제18대 實聖王까지 모두 16
   왕을 尼師今으로 기록하고 있으나, [遺] 卷1 王曆에는 제3대 儒理王부터 제16
   대 乞解王까지 모두 14왕을 尼師今으로 기록하고 있다.
16) 麻立干者四 : 앞의 주석 12) 참조.
17) 帝王年代曆 : 崔致遠의 저작이라고 하나 내용에 대해서는 알 수 없고 연대기
   적인 글로 추정된다.
18) 葛文王 : 신라 中古시대에 왕의 父·弟·王母의 父·王妃의 父·女王의 夫
   등 왕실귀족 중 왕에 버금가는 지위에 주어진 尊號의 일종이나, 어의에 관해서
   는 알 수 없다.
19) 此王代樂浪國人來侵金城 不克而還 : [史] 卷1 新羅本紀 南解次次雄 11年條
   에 樂浪國人의 침입에 관한 기사가 있다.

고구려의 속국 일곱이 와서 투항하였다.[20]」

---

20) 天鳳五年戊寅 高麗之裨屬七國來投 : 天鳳은 중국 新 王莽의 연호(14-19). 천
　봉 5년은 18년에 해당된다. 이 해에 句麗侯 騊가 王莽에게 살해당했다는 기사
　가 『漢書』(卷99 王莽傳)에 보이며 [史]에는 琉璃王 31년條에서 왕이 아닌 고
　구려의 將帥 延丕가 살해된 것으로 기록하고 있다. 이때에 고구려의 7개 속국이
　신라에 와서 항복했다는 내용인데 [史]에는 이 기록이 보이지 않는다.

21. 第三弩禮王

　　朴弩禮尼叱今〈一作儒禮1)王〉初王與妹夫脫解讓位 脫解云 凡有德
者多齒 宜以齒理試之 乃咬餠驗之 王齒多 故先立 因名尼叱今 尼
叱今之稱 自此王始 劉聖公更始元年癸未卽位〈年表云甲申卽位〉改正
六部號 仍賜六姓 始作兜率歌 有嗟辭 詞腦格 始2)製犁3)耟及藏氷
庫 作車乘 建虎4)十八年 伐伊西國滅之 是年 高麗兵來侵

---

1) 禮 : [浩] 理. [史] 卷1 新羅本紀 儒理尼師今에는 理.
2) 始 : [正] □始. [浩] 없음. [六] □. [品][斗] 始.
3) 犁 : [正][晩][順][石] 黎. [品][斗][民] 犂. [浩][六] 犁.
4) 虎 : 고려 惠宗의 이름 '武'의 피휘.

제3대 노례왕

박노례니질금[朴弩禮尼叱今][1]〈또는 유리왕[儒禮王]〉. 처음에 왕이 매부
인 탈해(脫解)에게 왕위를 사양하였다. 탈해가 말하기를, "무릇 덕이
있는 자는 이가 많으니, 마땅히 잇금으로 시험해봅시다"고 하고, 이에
떡을 물어 시험해보았더니 왕의 이가 많았으므로 먼저 왕위에 올랐다.
이로 인해 이름을 니질금이라고 하니 니질금이란 칭호는 이 왕 때부터
이다. [중국 후한의] 유성공(劉聖公) 경시(更始) 원년 계미(癸未, 23)[2]
에 즉위하여〈연표에는 갑신(甲申)에 즉위하였다고 하였다.[3]〉 6부(部)의 이름
을 고치고, 6성(姓)을 내렸으며,[4] 비로소 도솔가(兜率歌)[5]를 지으니

---

1) 尼叱今 : 신라의 고대 왕호 중의 하나로 尼師今과 같은 뜻. 叱이나 師는 '사이
   시옷'에 해당하므로 잇금이라고 읽는다.
2) 劉聖公更始元年癸未 : 劉聖公은 중국 後漢의 劉玄을 가리킨다. 光武帝의 族
   兄으로 그와 함께 군대를 일으켜 王莽을 파하고 長安에 입성해 天子가 되었으
   나, 酒色에 빠져 정사를 돌보지 않아 赤眉에게 살해되었다. 뒤에 光武帝가 추봉
   해 淮陽王이라고 하였다. 聖公은 그의 字이며 更始는 淮陽王의 연호(23-25)이
   다. 更始 元年은 23년에 해당된다.
3) 年表云甲申創位 : 연표는 [史]의 年表를 가리킨다. 年表에는 儒理尼師今이
   更始 2년 甲申(24)에 즉위한 것으로 되어 있다.
4) 改正六部號仍賜六姓 : 斯盧國六村을 六部로 개정한 기사는 [史] 卷1 新羅本
   紀 儒理尼師今 9年 春條에 「改六部之名仍賜姓 楊山部爲梁部姓李 高墟部爲沙
   梁部姓崔 大樹部爲漸梁部〈一云牟梁〉姓孫 于珍部爲本彼部姓鄭 加利部爲漢祇
   部姓裵 明活部爲習比部姓薛」이라고 나온다.
5) 兜率歌(도솔가) : 佛家에서 兜率은 도솔로 읽으며 兜率天의 준말로 쓰인다.
   그러므로 제목상 도솔가는 兜率天에 대한 노래라 할 수 있다. 그러나 기록상 1

슬픔을 표현하는 말[嗟辭][6)]과 사뇌격(詞腦格)[7)]이 있었다. 비로소 보
습과 얼음창고를 만들고, 수레를 만들었다.[8)] 건무[建虎] 18년(42)[9)]에
이서국(伊西國)을 정벌하여 멸망시켰으며,[10)] 이해에 고구려의 군대가
와서 침범하였다.[11)]

세기경은 불교가 신라사회에 전래되었다고 보기 어려운 시기이다. 따라서 兜率
은 佛典의 '도솔'이 아니고 우리말 '두솔'의 借字일 수도 있을 것이나 정확한 의
미는 아직 확실하지 않다.

6) 嗟辭 : 슬퍼하는 말이란 뜻으로서, 鄕歌에 나오는 阿耶·阿也·阿耶也 등이
嗟辭에 해당된다.

7) 詞腦格 : 詞腦는 鄕歌의 본래 이름이므로 詞腦格이란 鄕歌의 格式을 말하는
듯하다.

8) 始製…作車乘 : [史] 卷1 新羅本紀 儒理尼師今條에는 이와 관련된 내용의 기
사는 나오지 않는다. 그러나 [史] 卷4 新羅本紀 智證麻立干 3年 春3月條에「始
用牛耕」이라는 기사가 있고, 또 6年 冬11月條에「始命所司藏氷 又制舟楫之利」
라는 기사가 있다.

9) 建虎十八年 : 建虎는 建武. 고려 惠宗의 이름인 '武'를 피휘하였다. 중국 後漢
光武帝의 연호(25-56). 건무 18년은 신라 儒理王 19년(42)에 해당된다.

10) 建虎十八年 伐伊西國滅之 : [遺] 卷1 紀異 伊西國條의 주석 4) 참조.

11) 是年高麗兵來侵 : [史] 卷1 新羅本紀 儒理尼師今 19年條에는 고구려의 침입
에 관한 기사는 보이지 않는다.

22. 第四脫解王

脫解齒叱今〈一作吐解尼師今〉 南解王時〈古本云壬寅年至者謬矣 近則後
於弩禮卽位之初 無爭讓之事 前則在於赫居之世 故知壬寅非也〉 駕洛國海中
有船來泊 其國首露王 與臣民鼓譟而迎 將欲留之 而船乃飛走 至
於雞林東下西知村阿珍浦〈今有上西知下西知村名〉 時浦邊有一嫗 名阿
珍義先 乃赫居王之海尺之母 望之謂曰 此海中元無石嵒 何因鵲集
而鳴 拏船尋之 鵲集一船上 船中有一櫝1)子 長二十尺 廣十三尺
曳其船置於一樹林下 而未知凶乎吉乎 向天而誓爾 俄而乃開見 有
端正男子 幷七寶奴婢滿載其中 供給七日 迺言曰 我本龍城國人〈亦
云正明國 或云琓夏國 琓夏或作花厦國2) 龍城在倭東北一千里〉 我國嘗有二
十八龍王 從人胎而生 自五歲六歲繼登王位 敎萬民修正性命 而有
八品姓骨 然無揀3)擇 皆登大位 時我父王含達婆 娉4)積女國王女
爲妃 久無子胤 禱祀求息 七年後産一大卵 於是大王會問群臣 人
而生卵古今未有 殆非吉祥 乃造櫝5)置我 幷七寶奴婢載於船中 浮

---

1) 櫝 : [正][石][東] 槓. [品][斗][浩][六][民] 櫝. [史] 卷1 新羅本紀 脫解尼
   師今條에는 櫝.
2) 厦國 : [正][晚][順][石] 厦國. [品] 國厦. [相] 厦國. [斗][浩][六][民] 厦
   國. [遺] 卷1 王曆에는 夏國.
3) 揀 : [正][石][品][東] 棟. [斗][浩][六][民] 揀.
4) 娉 : [리] 聘.
5) 櫝 : 주 1)과 같음.

海而祝曰 任到有緣之地 立國成家 便有赤龍 護船而至此矣 言訖
其童子曳杖率二奴 登吐含山上 作石塚 留七日 望城中可居之地
見一峰如三日月 勢可久之地 乃下尋之 即瓠公宅也 乃設詭計 潛
埋礪炭於其側 詰朝至門云 此是吾祖代家屋 瓠公云否 爭訟不決
乃告于官 官曰 以何驗是汝家 童曰 我本冶6)匠 乍出隣鄉 而人取
居之 請堀7)地撿看 從之 果得礪炭 乃取而居焉8) 時南解王知脫解
是智人 以長公主妻之 是爲阿尼夫人 一日吐解登東岳 廻程次 令
白衣索水飲之 白衣汲水 中路先嘗而進 其角盃貼於口不解 因而噴
之 白衣誓曰 爾後若近遙不敢先嘗 然後乃解 自此白衣 讋9)服 不
敢欺罔10) 今東岳中有一井 俗云遙乃井是也

及弩禮王崩 以光虎11)帝中元二12)年丁巳六月 乃登王位 以昔是
吾家取他人家 故因姓昔氏 或云 因鵲開櫃13) 故去鳥字 姓昔氏 解
櫃14)脫卵而生 故因名脫解

在位二十三年 建初四年己卯崩 葬疏川丘中 後有神詔 愼埋葬我
骨 其髑髏周三尺二寸 身骨長九尺七寸 齒凝如一 骨節皆連瑣15)
所謂天下無敵力士之骨 碎爲塑像 安闕內 神又報云 我骨置於東岳
故令安之〈一云 崩後二十七世文虎16)王代 調露二年庚辰三月十五日辛酉 夜見

---

6) 冶: [正][晚][東] 治. [石][品][斗][浩][六][民] 冶. [勝覽] 冶.
7) 堀: [斗][浩][六] 掘.
8) 焉: [正][晚][品][六][東] 爲. [斗][浩][民] 焉.
9) 讋: [曉] 襲.
10) 罔: [石] 誷.
11) 虎: 고려 惠宗의 이름 '武'의 피휘.
12) 二: [正][晚][石][品][樹] 六. [斗][浩][六][民] 二.
13) 櫃: 주 1)과 같음.
14) 櫃: 주 1)과 같음.
15) 瑣: [正][晚][順][石] 璅. [浩] 鎖. [民] 鑚. [品][斗][六] 瑣.

夢於太¹⁷⁾宗 有老人貌¹⁸⁾甚威猛 曰我是脫解也 拔我骨於踈川丘 塑像安於土¹⁹⁾含

山 王從其言 故至今國祀不絶 卽東岳神也云〉

16) 虎 : 주 11)과 같음.

17) 太 : [正] 大.

18) 貌 : [正][石][曉] 皃(貌와 동자). [品][斗][浩][六][民] 貌.

19) 土 : [正][東] 工. [石][品][斗][浩][六] 土.

제4대 탈해왕

탈해니질금[脫解齒叱今]1)〈또는 토해니사금(吐解尼師今)〉은 남해왕(南解王) 때에〈고본에 임인년(壬寅年)에 왔다고 한 것은 잘못이다. 이를 가깝게 잡으면 노례왕[弩禮] 즉위 후의 일이므로 왕위를 서로 다투어 사양한 일이 없었을 것이고, 먼저의 것이라면 혁거세왕[赫居] 때이므로 임인년이 아님을 알 수 있다.2)〉 가락국(駕洛國) 바다 가운데 배가 와서 머물렀다. 그 나라의 수로왕(首露王)이 신하와 백성들과 함께 북을 울리면서 맞아서 머물도록 하였으나,3) 배는 그만 빨리 달아나 계림(雞林)의 동쪽 하서지촌(下西知村)

---

1) 齒叱今 : 尼叱今, 尼師今과 같은 말. 곧 닛금의 漢字借用表記. [遺] 卷1 紀異第三 弩禮王條에 「初王與妹夫脫解讓位 脫解云 凡有德者多齒 宜以齒理試之 乃咬餠驗之 王齒多故先立 因名尼叱今 尼叱今之稱 自此王始」라고 하고, 또 [遺] 卷1 紀異 第二南解王條에 「次次雄 或作慈充 金大問云 次次雄方言謂巫也 世人以巫事鬼神尙祭祀 故畏敬之 遂稱尊長者爲慈充 或云尼師今 言謂齒理也」라고 하였다. 『櫟翁稗說』前集1에 「新羅之時 其君稱痲立干」이라고 하고, 그 註에 「痲立方言橛也 新羅之初 君臣聚會 立橛爲其君位 因號其君曰痲立干 謂當橛者也 干則新羅俗相尊之辭」라고 하였다.

2) 壬寅年 : 여기서의 두 壬寅年은 赫居世 즉위 39년(BC 19)과 弩禮王 즉위 19년(42)을 가리킨다.

3) 其國首露王…將欲留之 : [史] 卷1 新羅本紀 脫解尼師今 卽位年條에는 「初至金官國海邊 金官人怪之不取」로 되어 있다. 또 [遺] 卷2 紀異 駕洛國記條에는 아래와 같은 異說이 보인다. 「…逮甲辰二月而成 [首露王]涓吉辰御新宮 理萬機而懃庶務 忽有琓夏國含達王之夫人姙娠 彌月生卵 卵化爲人 名曰脫解 從海而來 身長三尺 頭圍一尺 悅焉詣闕 語於王云 我欲奪王之位故來耳 王答曰 天命我俾卽于位 將令安中國而綏下民 不敢違天之命 以與之位 又不敢以吾國吾民 付囑於汝 解云 若爾可爭其術 王曰可也 俄頃之間 解化爲鷹 王化爲鷲 又

아진포(阿珍浦)에 이르렀다.4)〈지금도 상서지(上西知), 하서지(下西知)라는 마을 이름이 있다.〉 그때 갯가에 한 노파가 있어 이름은 아진의선(阿珍義先)이라고 하였다. 혁거세왕의 고기잡이[海尺]5) 어멈이다. 배를 바라보고 말하기를, "이 바다 가운데 원래 바위가 없었는데 어찌하여 까치가 모여 울고 있는가?"고 하고, 배를 끌어 당겨 살펴보니, 까치가 배 위에 모여 있었고, 배 안에 궤 하나가 있었는데 길이는 20자요, 폭은 13자였다. 그 배를 끌어서 한 나무 숲 아래 두었는데, 흉한 지 길한 지 알 수 없어서 하늘을 향해 맹세하였다. 조금 있다가 열어 보니 단정한 사내 아이가 있고, 7가지 보물6)과 노비가 함께 그 안에 가득 실려 있었다.7) 7일 동안 대접하였더니,8) 이에 [사내 아이는] 다음과 같이 말하였다. "나는 본래 용성국(龍城國)9) 사람이다.〈또는 정명국(正明國), 혹

解化爲雀 王化爲鷂 于此際也 寸陰未移 解還本身 王亦復然 解乃伏膺曰 僕也
適於角術之場 鷹之鷙 雀之於鷂 獲免焉 此盖聖人惡殺之仁而然乎 僕之與王 爭
位良難 便拜辭而出 到麟郊外渡頭 將中朝來泊之木[sic 水]道而行 王竊恐滯留
謀亂 急發舟師五百艘而追之 解奔入雞林地界 舟師盡還 事記所載多異與新羅」

4) 船乃飛走…阿珍浦 : 이와 같은 내용이 [史]에는 朴赫居世 39년에 있었던 일로 기록되어 있다.(卷1 新羅本紀 脫解尼師今 卽位年條) 아진포는 지금의 慶尙北道 月城郡 陽南面 下西里이다.([品] 上, p.488)

5) 海尺 : 해변에서 고기잡는 것을 업으로 하는 사람. '歌尺, 舞尺, 水尺' 등의 용례에서 보면 尺은 기술자를 뜻하는 접미사인 듯하다.

6) 七寶 : 佛家에서 말하는 일곱 가지 보물.『般若經』에는 금, 은, 琉璃, 硨磲, 瑪瑙, 琥珀, 珊瑚를 七寶라고 하였다. 그 외에 여러 설이 있다.

7) 七寶奴婢滿載其中 : 金首露王의 부인 許王后가 올 때의 사실과 유사한 면이 보인다. 「臧獲幷計二十餘口 所賫錦繡綾羅 衣裳疋段 金銀珠玉瓊玖服玩器 不可勝記」([遺] 卷2 紀異 駕洛國記條)

8) 供給七日 : 이와는 다른 기사를 볼 수 있다. 즉, 「有童男自稱脫解 託村嫗爲母 學書史 兼通地理 體貌雄傑」(『三國史節要』卷2 新羅脫解王 元年)

9) 龍城國 : 전라도 南原의 옛이름이 龍城인데, 혹 용성국은 이와 관련이 있는지 알 수 없다. [史] 新羅本紀에는 「脫解本多婆那國所生也 其國在倭國東北一千里」라고 되어 있어 신라 동방의 대해 가운데 있었던 나라로 시사되고 있으나,

은 완하국(琓夏國)이라고도 한다. 완하는 혹 화하국(花厦國)이라고도 한다. 용성국은 왜의 동북쪽 1천 리에 있다.〉 우리 나라에는 일찍이 28용왕(龍王)[10]이 있었는데, 사람의 태(胎)에서 태어났고, 5, 6세부터 왕위에 올라 만민을 교화하여 성명(性命)을 닦아 바르게 하였습니다. 8품의 성골(姓骨)[11] 이 있으나 선택하는 일이 없이 모두 왕위에 올랐습니다. 그때 나의 부왕인 함달파(含達婆)[12]가 적녀국(積女國)[13]의 왕녀를 맞아 비를 삼았는데, 오래도록 자식이 없었으므로 기도하여 자식을 구하더니, 7년 후에 큰 알 하나를 낳았습니다. 이에 대왕은 여러 신하를 모아 묻기를, '사람으로서 알을 낳은 일은 고금에 없으니, 아마도 좋은 일이 아닐

확실한 소재는 현재 알 수 없다. 다파나국은 西域의 소국이며, 함달파는 불교의 음악신인 점을 미루어 용성국을 서역에 있었던 나라로 보는 견해도 있다. 탈해 신화 속에는 북방적인 冶匠說話와 남방적인 卵生說話가 모두 들어 있는데, 그 두 요소가 함께 들어올 수 있는 경유지가 중국 중남부 해안지역이 된다. 다만, 왜의 소재지가 확실하지 않기 때문에 용성국이 동해 안에 있었는지는 의문이다. 위의 사실을 받아들인다면, 용성국은 서역으로부터 중국 중남부 해안지역을 경유하여 해로로 신라에 도달하기까지의 어느 지역에 위치한 소국이 아니었던가 하는 추론도 가능하다.(姜仁求, 「新羅王陵의 再檢討2-脫解王陵-」, 『尹武炳博士回甲紀念論叢』, 1984)

10) 二十八龍王 : 왕위계승문제와 연관시켜 볼 때, 이곳에서의 왕위는 세습되는 것이 아닌 것으로 보이며, 왕위에 오른 자를 龍王으로 별칭했던 것이 아닌가 한다.

11) 八品姓骨 : 신라에는 聖骨, 眞骨, 6頭品, 5頭品, 4頭品의 骨品制度가 있었고, 그 외에 3·2·1頭品이 있었을 것으로 보이며, 이상의 2骨과 6개의 品을 합해서 8品姓骨이라고 하였을 것으로 보인다. 신라 초기에 있었던 8품을 이에 부회한 것으로 보인다.(邊太燮, 「新羅官等의 性格」, 『三國史記研究論選集』 Ⅱ, 1985, pp.263- 264 참조)

12) 含達婆 : 帝釋天 아래에서 음악을 주관하는 神인 乾達婆(서역지방에서는 주술적 악사, 배우를 칭하는 말로 쓰임)와 연관지어 含達婆(ham-tär-pha)를 불교의 음악신이라고 한다.

13) 積女國 : 그 위치를 알 수 없다. [史] 新羅本紀에는 '女國'으로 기록되어 있다. 『後漢書』 卷85 東夷列傳 75 北沃沮에 「又說 海中有女國 無男人 或傳 其國有 神井 闚之輒生子云」이라고 하였다.

것이다'라고 하고, 이에 궤를 만들어 나를 [그 안에] 넣고 칠보와 노
비를 함께 배에 실어14) 바다에 띄우면서 빌기를, '인연 있는 땅에 이
르러 나라를 세우고 집을 이루라'고 하였습니다. 문득 붉은 용이 나타
나 배를 호위하여15) 여기에 이르게 되었습니다." 말을 마치고 그 동
자는 지팡이를 끌고 두 종을 거느리고 토함산(吐含山)16) 위에 올라가
석총(石塚)17)을 쌓았다. [그곳에서] 7일을 머물면서 성 안에 살 만한
땅이 있는가 하고 바라보았다. 초승달18) 같은 한 산 봉우리가 보이는
데 지세가 오래 살 만한 땅이었다. 이에 내려가 그곳을 찾으니 바로
호공(瓠公)19)의 집이었다. 이에 속이는 꾀를 써서 숫돌과 숯을 그 집

---

14) 乃造櫃置我 幷七寶奴婢載於船中 : 이것은 棄兒 motif의 일종으로 볼 수 있다.
朱蒙의 경우에는 왕이 버려 개, 돼지에게 주어도 먹지 않으며, 길에 버리니 소
와 말이 피해 가고, 들에 버리니 새와 짐승이 덮어주었다. 바리공주설화에서나
모세의 경우는 탈해와 비슷한 棄兒 motif가 보인다.

15) 便有赤龍 護船 : 居陁知 설화에서도 이와 비슷한 기사를 찾아볼 수 있다. 「二
龍捧居陁 趁及使船 仍護其船 入於唐境」([遺] 卷2 紀異 眞聖女大王 居陁知
條)

16) 吐含山 : 경주의 동남쪽에 있는 영산. [勝覽] 卷21 慶州府에는 「吐含山 在府
東三十里 新羅稱東岳爲中祀」라고 하였다. 탈해는 해룡계의 신인으로 [史]와
[遺]는 '吐解'로도 썼다. '吐'와 '脫'은 유사음의 차용표기로, '吐解'와 '吐含'은 같
은 말로서 각각 인명과 산명이 되었다.

17) 石塚 : 산이나 수림 혹은 마을 입구에서 볼 수 있는 민속신앙의 대상이 되어온
累石壇과 같은 것으로 보는 견해도 있다.(孫晉泰, 「朝鮮の累石壇と蒙古の鄂博
に就いて」, 『民俗學』, pp.5-12) 그러나 '돌무덤'(石塚)이라는 점에서 이른바의
누석단과 구별하여, '무덤형의 돌무지'로 보고, 탈해가 이 안에 머물렀다는 사실
을 죽음과 재생을 표상하는 入社式으로 이해하는 견해도 있다.(金烈圭, 「民譚
과 就任 모티브」, 『韓國民俗과 文學硏究』, 1971, pp.109-110 참조) 이와 같은
유형은 熊女의 굴 안에서의 日光禁忌, 金首露의 合子 안에서의 過浹辰 등에서
도 볼 수 있다.(黃浿江, 「檀君神話 試考」, 『韓國敍事文學硏究』, 1972, pp.125-
129 참조)

18) 三日月 : [史] 新羅本紀에 「其地後爲月城」이라 기록하고 있다.

19) 瓠公 : [史] 新羅本紀에 「瓠公者 未詳其族姓 本倭人 初以瓠繫腰度海而來 故
稱瓠公」이라고 하고, 시조 혁거세왕의 사자로서 馬韓에 가서 辰, 卞韓의 소속

곁에 몰래 묻어 놓고, 이튿날 아침[詰朝]20) [그 집] 문 앞에 가서 말하기를, "이는 우리 조상 때의 집이다"고 하니, 호공은 그렇지 않다고 하여 서로 다투었으나 결판을 못냈다. 이에 관가에 고하니, 관에서 말하기를, "무엇으로 이것이 너의 집이라는 것을 증명하겠느냐?"고 하니, 동자가 말하기를, "우리는 본래 대장장이[冶匠]21)였는데 잠시 이웃 마을에 나간 사이에 다른 사람이 차지하여 살고 있으니, 땅을 파서 조사해보기를 청합니다"고 하였다. 그 말대로 하니 과연 숫돌과 숯이 나왔으므로 이에 그 집을 빼앗아 살게 되었다. 이때 남해왕은 탈해가 지혜로운 사람임을 알고 맏공주를 그의 아내로 삼게 하니, 이가 아니부인(阿尼夫人)22)이다. 하루는 토해(吐解)23)가 동악(東岳)24)에 올라갔다가 돌아오는 길에 하인[白衣]25)에게 시켜 물을 구해오라고 하였

을 놓고 마한 왕과 다투었으며, 탈해가 왕위에 오르자 大輔가 되었다. 탈해왕 치세인 永平 3년(60) 8월 4일에 始林에서 황금궤를 발견하여 왕께 아뢰어 그 안에서 신라 金氏王의 始祖 金閼智를 얻게 하였다.([遺] 卷1 紀異 金閼智 脫解王代條)

20) 詰朝 : 이튿날 아침(『小爾雅』). 詰은 본래 喆로 썼다. 옛날에 '喆'로써 '哲'의 字, '明'의 義에 차용했던 때문에 明朝를 '喆朝'라 썼던 바, 지금은 이를 잘못 '詰朝'라 써오고 있다(『說文長箋』). 「詰朝相見」(『左傳』 僖公 14年). 「詰朝之事 爾無與焉」(『左傳』 襄公 14年)

21) 冶匠 : 원시사회 내지 고대사회에서의 대장장이(冶匠)의 王權과의 연관성을 전제로, 탈해의 '冶匠'을 '冶巫'視하고, 그가 이른바 '此是吾祖代家屋'의 발언을 冶金業의 세습적 계승을 말한 것으로, 그가 비록 도래한 異客이라 해도 신라라는 전통사회에 받아들여질 때에는 세습적 계승의 맥락 속에 동화되어 흡수되었음을 말해 주는 사실로 해석한 견해도 있다.(金烈圭, 「民譚과 就任 모티브」, 『韓國民俗과 文學硏究』, 1971, pp.108-109 참조)

22) 阿尼夫人 : [史] 卷1 新羅本紀 脫解尼師今條에는 '阿孝夫人', [遺] 卷1 王曆에는 '阿老夫人'으로 썼다.

23) 吐解 : '脫解'의 異記. [遺] 卷1 王曆에는 「第四脫解〈一作吐解〉」라고 하였다.

24) 東岳 : 吐含山. 「吐含山 在府東三十里 新羅稱東嶽 爲中祀」([勝覽] 卷21 慶州府)

다. 하인이 물을 떠오다가 도중에 먼저 마시고 [탈해에게] 드리려고
했더니 물잔이 입에 붙어 떨어지지 않았다. [탈해가] 이로 인해 꾸짖
으니, 하인이 맹세하기를, "이후에는 가깝거나 멀거나 감히 먼저 마시
지 않겠습니다"고 하니, 그제야 [물그릇이] 떨어졌다. 이로부터 하인
은 [탈해를] 두려워하여 감히 속이지 못하였다. 지금 동악에 우물 하
나가 있어, 사람들이 요내정(遙乃井)26)이라고 하는 것이 이것이다.

　노례왕이 세상을 떠나니, 광무제[光虎帝]27) 중원(中元) 2년 정사
(丁巳, 57) 6월에 [탈해가] 왕위에 올랐다.28) 옛날 내집이라고 하면서
남의 집을 빼앗은 까닭으로 성을 석(昔)씨29)라고 하였다. 혹은 까치
로 인해 궤를 열었으므로 [작(鵲)자에서] 조(鳥)자를 떼어버리고 성

---

25) 白衣 : 하인을 뜻한다. 옛날 賤役에 종사한 자를 말하는데, 이들은 모두 白衣
　　를 입었기 때문에 이렇게 말한 것이다.
26) 遙乃井 : 지금 정확하게 알 수는 없으나, 전설에는 토함산 석굴암 밑의 甘露井
　　이라 한다. 탈해왕의 이 사건이 있은 뒤 지금까지 '長幼有序의 訓井'이라는 별
　　칭으로 불리며, 버릇없는 아이들도 이 약수만은 먼저 마시지 않는다고 한다.(李
　　無影, 『古都勝地大觀』, 1947, p.83) 석탈해를 濊系의 출신으로 보고, 요내정을
　　예내우물(濊家井)로 말하는 설도 있다.([樹], p.74)
27) 光虎帝 : 光武帝. 後漢의 제1대 황제. 재위 25-57.
28) 中元二年丁巳六月 乃登王位 : 後漢 光虎帝는 中元 2년 丁巳(57)에 몰하였으
　　므로 中元은 2년으로 끝난다. [史] 年表는 脫解王의 즉위를 중원 2년, [遺] 卷1
　　王曆에서도 丁巳年에 즉위했다고 하므로 [正]의 6년은 잘못된 것이다. 유리왕
　　이 죽은 것은 동왕 34년(중원 2년 정사) 동10월로 석탈해는 왕의 遺詔로 등위
　　하였다. 따라서 석탈해왕의 즉위는 中元 2년 10월 이후로 보아야 하므로 6월 즉
　　위도 잘못된 것이다.
29) 昔氏 : 昔은 그 훈 '예'의 表音字로 濊의 예를 이르고, 脫解는 '따개', 곧 땋기,
　　지방 首長을 이른다는 설이 있다. 석탈해의 설화는 濊系의 한 지방 首長이 멀
　　리 해양의 각 방면을 廻航하여 가락국을 거쳐서 신라에까지 찾아왔음을 의미한
　　다는 해석이 있다.([樹] pp.73-74) 또 神鵲緣起로 인하여 鵲字의 鳥를 떼고 성
　　을 昔氏로 했다는 설([史]에도 이와 같이 기록됨)은 신라 중엽 이후 한자 破字
　　法에 의하여 구성되었을 것이라는 견해도 있다.([浩] p.123)

을 석씨라고 했고, 궤를 열고 알을 벗고 나왔으므로 이름을 탈해(脫解)[30]라고 했다고도 한다.

왕위에 있은 지 23년만인 건초(建初) 4년 기묘(己卯, 79)[31]에 세상을 떠났다. 소천구(疏川丘) 속에 장사를 지냈는데,[32] 후에 신의 명령이 있어 "내 뼈를 조심해서 묻으라"고 하였다. 그 두개골의 둘레는 3자 2치이고, 몸의 뼈 길이는 9자 7치였다. 이는 엉켜 하나로 된 듯하고, 뼈마디는 모두 연결되어 있어 이른바 천하 무적의 역사(力士)다운 골격이었다. 뼈를 부셔 소상(塑像)을 만들어[33] 대궐 안에 모셔 두었

---

30) 脫解 : 古代史學에서는 같은 昔氏로서 제9대인 伐休王을 昔脫解王과 동일한 인물로 추정하고 있다.(金哲埈,「新羅上古世系와 그 紀年」,『韓國古代社會研究』, 1975)

31) 建初四年己卯 : 建初는 중국 後漢 章帝의 연호(76-84). [史] 年表에는 건초 5년 庚辰으로 되어 있다.

32) 葬疏川丘中 : [遺] 卷1 王曆에는「水葬未[召] 疏井丘中」으로 기록하였다. ([召]는 石南本에 의함) [史] 新羅本紀에는「葬城北壤井丘」라고 기록하였다. 현재 脫解王陵은 慶州市 東川洞 山17번지에 있는 小形古墳으로 인정되고 있다.(史蹟 제174호) 그러나 위치와 지형으로 보아 신라고분 중기, 즉 통일기 전후의 고분이며, 1세기경의 고분으로 인정하기 어렵고, [遺] 卷1 紀異의「碎爲塑像」, 挾註의「調露二年…拔我骨於疏川丘 塑像安於土含山」이라 한 것으로 미루어 脫解王陵은 調露 2년(680) 開塚時 이미 해체되었던 터이므로 東川洞陵이 脫解王陵은 아니라고 하고, '水葬', '疏井丘' 등의 사실을 종합해 볼 때 탈해왕의 出自는 西域으로부터 中國 중부해안지역을 경유하여 해로로 신라에 도달한 것이라는 설도 제기되고 있다.(姜仁求,「新羅王陵의 再檢討(2)-脫解王陵-」,『尹武炳博士回甲紀念論叢』, 1984, pp.301-307, p.309 참조) 脫解王陵의 구조와 장법은 遺骨埋葬, 拔骨, 水葬 등의 실을 종합해 볼 때 '언덕에 土壤을 파고 물을 넣은 후 遺骨만 取骨하여 水中에 매장한 일종의 複葬(二次葬)의 형태'로 보는 견해가 있다.(姜仁求, 위의 논문, p.306)

33) 碎爲塑像 : 塑像은 찰흙으로 만든 인물의 모형. 화장한 뼈를 부수어 肖像이나 佛像을 만드는 것은 불교의 영향이라 한다. [遺] 卷4 義解 元曉不羈條에「선사가 입적하매 설총이 遺骸를 갈아서 산 모습을 塑成하여 분황사에 봉안하고 죽을 때까지 敬慕하는 뜻을 표하였다. 언젠가 설총이 옆에서 절을 하니 塑像이 홀연히 돌아보았는데, 지금도 돌아본 채 있다고 한다」고 하였다.

더니, 신이 또 말하기를, "내 뼈를 동악에 안치하라"고 하였으므로 그 곳에 모시게 하였다.〈혹은 왕이 세상을 떠난 뒤 그 27대 문무왕[文虎王]34) 때인 조로(調露)35) 2년 경진(庚辰, 680) 3월 15일 신유(辛酉) 밤에 태종(太宗)36)의 꿈에 모습이 몹시 사나운 노인이 나타나 말하기를, '나는 탈해인데, 내 뼈를 소천구에서 파 내 소상을 만들어 토함산에 안치하라'고 하여 왕이 그 말대로 했다고 한다. 그런 까닭에 지금까지 국사(國祀)가 끊이지 않았으니, 곧 [이를] 동악신(東岳神)이라고 한다.〉

---

34) 文虎王 : 文武王. 신라의 제30대 왕. 재위 661-681. 그는 제4대 탈해왕으로부터 27世에 해당한다.
35) 調露 : 중국 唐 高宗의 연호(679-680).
36) 太宗 : 太宗 武烈王은 이때 이미 죽었으므로 文武王의 誤記로 보인다.

23. 金閼智 脫解王代

永平三年庚申〈一1)云中元六年誤矣 中元盡二年而已〉八月四日 瓠公夜行月城西里 見大光明於始林中〈一作鳩林〉 有紫雲從天垂地 雲中有黃金櫃2)掛於樹枝 光自櫃3)出 亦有白雞鳴於樹下 以狀聞於王 駕幸4)其林 開櫃5)有童男 臥而卽起 如赫居世之故事 故因其言 以閼智名之 閼智卽鄉言小兒之稱也 抱載還闕 鳥獸相隨 喜躍蹌蹌 王6)擇吉日 冊位太7)子 後讓於8)婆娑 不卽王位 因金櫃9)而出 乃姓金氏 閼智生熱漢 漢生阿都 都生首留 留生郁部 部生俱道〈一作仇刀〉 道生未10)鄒 鄒卽王位 新羅金氏自閼智始

---

1) 一：[晚][曉] □. [順][石][品][斗][浩][六] 一.
2) 櫃：[正][晚][石][東] 樻. [品][斗][浩][六][民] 櫃. [史] 卷1 新羅本紀 脫解尼師今條에는 櫝.
3) 櫃：주 2)와 같음.
4) 幸：[斗] 行.
5) 櫃：주 2)와 같음.
6) 王：[正][晚][東][樹] 土. [石][品][斗][浩][六][民] 王.
7) 太：[正][晚][石] 大.
8) 於：[正][晚][東][리] 故. [石][品][斗][浩][六][民] 於.
9) 櫃：주 2)와 같음.
10) 未：[正][石] 末. [品][斗][浩][六] 未.

김알지 - 탈해왕대

영평(永平)[1] 3년 경신(庚申, 60)〈또는 중원(中元)[2] 6년이라고 하나 잘못

이다. 중원은 모두 2년뿐이었다.〉 8월 4일[3]에 호공(瓠公)[4]이 밤에 월성(月

城)[5] 서쪽 마을을 가다가 시림(始林)[6]〈또는 구림(鳩林)〉 가운데에 큰

밝은 빛을 보았다. 자주색 구름이 하늘로부터 땅에 뻗쳤고, 구름 속에

는 황금궤가 나뭇가지에 걸려 있었고, 빛이 궤로부터 나왔다. 또한 흰

---

1) 永平 : 중국 後漢 明帝의 연호(58-75).

2) 中元 : 중국 後漢 光武帝의 연호(56-57).

3) 永平三年庚申 八月四日 : [史]는 脫解尼師今 9年(65) 春3月로 기술하고 있
   어 이것과 5년의 차가 있다. 월도 차이가 있다. 본래 金閼智 강탄설화는 본조의
   표제와 같이 단순히 탈해왕대의 일로 전하던 것이 역사적 기술화하는 과정에서
   [遺]와 [史] 사이에 위와 같은 연기상의 착오가 생겼던 것이 아닌가 한다.

4) 瓠公 : 族姓은 未詳이다. 본래 倭人으로 박을 허리에 차고 바다를 건너왔기
   때문에 '瓠公'으로 불렀다고 한다.([史] 新羅本紀 참조) [遺]에는 일찍이 昔脫
   解가 詭計로써 호공의 家宅을 빼앗은 일이 기술되어 있다.(卷1 紀異 第四脫解
   王條)

5) 月城 : 「初赫居世 二十一年 築宮城 號金城」([史] 卷34 地理志1 新羅疆界條)
   의 기록이 보이고, 또 연이어 「婆娑王 二十二年 於金城東南 築城 號月城 或號
   在城 周一千二十三步」라고 하였다. 이것으로 미루어 보면 월성은 탈해왕 이후
   에 축성된 것이 된다. 신화전승의 기술에서 年記의 附會는 흔히 있는 사실이므
   로 절대성은 기대하기 어렵다고 하겠다.

6) 始林 : [勝覽]에 의하면 경주부 남쪽 4리에 있으며, 석탈해왕이 김알지를 시
   림에서 얻은 후 계림으로 개칭하고, 이로써 국명을 삼았다고 하였다. 그 수풀 안
   에 석자 높이로 쌓은 석축이 있는데, 김알지 脫胎時 가위를 두었던 곳으로 그
   흔적이 남아 있다고 전한다.(卷21 慶州府 古跡 참조)

닭이 나무 아래에서 울고 있었다. [호공이 이러한] 상황을 왕에게 아
뢰자, 왕이 그 숲에 행차하여 그 궤를 열어보니, 동자가 있어 누워 있
다가 바로 일어났다. 혁거세(赫居世)의 고사(故事)와 같으므로[7] 그
말로 인해 알지(閼智)라고 이름하였다.[8] 알지는 곧 우리말의 어린 아
기를 말하는 것이다. [그를] 안고 대궐로 돌아오는데 새와 짐승들이
서로 뒤따르며 기뻐서 뛰며 춤을 췄다.[9] 왕이 길일을 택하여 [그를]
태자로 책봉했으나, 후에 파사(婆娑)[10]에게 사양하고 왕위에 오르지
않았다. 금궤에서 나왔으므로 성을 김(金)씨라고 하였다. 알지는 열한
(熱漢)[11]을 낳고, 열한은 아도(阿都)[12]를 낳고, 아도는 수류(首留)를

---

7) 如赫居世之故事 : [遺]에 赫居世王 誕降에 관하여 「初開口之時 自稱云 閼智
居西干一起 因其言稱之 自後爲王者之尊稱」(卷1 紀異 新羅始祖 赫居世王條)
이라 한 것을 가리킨다.

8) 永平三年庚申…以閼智名之 : [史] 卷1 新羅本紀 脫解尼師今 9年條에는 「王
夜聞金城西 始林樹間 有鷄鳴聲 遲明遣瓠公視之 有金色小櫝掛樹枝 白鷄鳴於
其下 瓠公還告 王使人取櫝開之 有小男兒在其中 姿容奇偉 上喜謂左右曰 此豈
非天遺我以令胤乎 乃收養之 及長聰明多智略 乃名閼智 以其出於金櫝姓金氏
改始林名鷄林 因以爲國號」로 기록되어 있다. 閼智의 智는 존칭어미이고 閼은
'알(卵)', '곡물', '곡식 껍질을 벗겨낸 것'을 가리킨다. 알이나 곡물은 그 안에 신
비한 靈力을 지니며 생명력의 용기라고 생각되어 흔히 원시사회에서는 神靈의
상징으로 숭앙되었다. 오늘날에도 祭儀에서 櫃子나 황금궤가 聖器로서 이를 대
신하는 것을 볼 수 있다. '閼智'는 神靈 그 자체이거나 神과의 매개체를 가리키
는 것으로, 우리 신화에서는 國祖神, 혹은 王者의 始祖와 관련지어지는 경우를
볼 수 있다.

9) 蹌蹌 : 춤추는 모양. 『書經』 益稷條에 「鳥獸蹌蹌」이라고 하고, 그 註에 「鳥獸
化德 相率而舞蹌蹌然」이라고 하였다.

10) 婆娑 : 婆娑王. [遺] 卷1 王曆에 「성은 朴씨이고 아버지는 弩禮王이고, 어머
니는 辭要王의 딸이다. 왕비는 史肖夫人이다. 庚辰年에 왕위에 올라 32년 동안
다스렸다」고 하였다.

11) 熱漢 : [史] 卷2 新羅本紀 味鄒尼師今條에는 '勢漢', 文武王의 碑(『朝鮮金石
總覽』 上, p.109)에는 「十五代祖星漢王」이라고 하여 '星漢'으로 기록되었다.

12) 阿都 : [史] 卷2 新羅本紀 味鄒尼師今條에는 '阿道'로 되어 있다.

낳고, 수류는 욱부(郁部)13)를 낳고, 욱부는 구도(俱道)14)〈또는 구도(仇刀)〉를 낳고, 구도는 미추(未鄒)15)를 낳아, 미추가 왕위에 오르니, 신라의 김씨는 알지로부터 시작되었다.

---

13) 郁部 : [史] 卷2 新羅本紀 味鄒尼師今條에는 '郁甫'로 되어 있다.

14) 俱道 : [史] 卷2 新羅本紀 味鄒尼師今條에는 '仇道'로 되어 있다.

15) 未鄒 : [史] 卷2 新羅本紀 味鄒尼師今條에는 '味鄒'로 되어 있다. [遺] 卷1 王曆 未鄒尼叱今條에는 '味炤, 未祖, 未召'라고도 한다고 하였다.

24. 延烏郎 細烏¹⁾女

第八阿達羅王卽位四年丁酉 東海濱有延烏郎細烏女夫婦而居 一
日延烏歸海採藻 忽有一巖〈一云一魚〉負歸日本 國人見之曰 此非常
人也 乃立爲王〈按日本帝記²⁾ 前後無新羅人爲王者 此乃邊邑小王 而非眞王
也〉細烏怪夫不來歸尋之 見夫脫鞋 亦上其巖 巖亦負歸如前 其國
人驚訝 奏獻於王 夫婦相會 立爲貴妃 是時新羅日月無光 日者奏
云 日月之精 降在我國 今去日本 故致斯怪 王遣使求³⁾二人 延烏
曰 我到此國 天使然也 今何歸乎 雖然 朕之妃有所織細綃 以此祭
天可矣 仍賜其綃 使人來奏 依其言而祭之 然後日月如舊 藏其綃
於御庫爲國寶 名其庫爲貴妃庫⁴⁾ 祭天所名迎日縣 又都祈野

---

1) 烏：[石] 鳥.
2) 記：[遺] 卷2 紀異 元聖大王條에는 紀.
3) 求：[正][晚] 來. [石][品][斗][浩][六][民][리] 求.
4) 庫：[東] 없음.

연오랑과 쎄오녀

제8대 아달라왕(阿達羅王)[1]이 즉위한 지 4년 정유(丁酉, 157)에 동해 가에 연오랑(延烏郎)과 세오녀(細烏女)[2]라는 부부가 살고 있었다. 어느 날 연오가 바다에 나가 해조(海藻)를 캐던 중에 갑자기 바위 하나〈또는 물고기 한 마리〉가 [그를] 싣고 일본으로 가버렸다. 그 나라 사람들이 보고 말하기를, "이는 비상한 사람이다"고 하고, 곧 [그를] 세워 왕으로 삼았다.〈『일본제기(日本帝記)』[3]를 보면, 그 앞이나 뒤에 신라 사람으

---

1) 阿達羅王 : 신라의 제8대 왕. 재위 154-184.
2) 延烏郎細烏女 : 延烏郎과 細烏女의 渡日說話는 『日本書紀』,『古事記』등 일본문헌에 보이는 신라왕자 天日槍(天之日矛) 부부의 渡日과 대비되는 점이 있다.(『日本書紀』卷6 垂仁 3年 春3月條 참조) 「昔有新羅國主之子 名謂天之日矛 是人參渡來也 所以參渡來者 新羅國有一沼 名謂阿具奴摩 此沼之邊 一賤女 晝寢 於是日曜如虹 指其陰上…是女人 自其晝寢時 妊娠 生赤玉…天之日矛將來其玉 置於床邊 卽化美麗孃子 仍婚爲嫡妻 爾其孃子 常設種種之珍味 恒食其夫 故 其國主之子 心奢詈妻 其女人言 凡吾者 非應爲汝妻之女 將行吾祖之國 卽竊乘小船 渡遁渡來 留于難波 於是天之日矛 聞其妻遁 乃追渡來 將到難波之間 其渡之神 塞以不入 故更還泊多遲摩國 卽留其國…」(『古事記』中卷) 인명 延烏, 細烏의 '烏'는 고대 신라인의 이름에 붙던 접미어의 한자 차용 표기로 보인다. 예) 得烏, 起烏, 谷烏.
3) 日本帝記 : [遺] 卷2 紀異 元聖大王條에는 『日本帝紀』로 나온다. 즉 '日本王文慶'에 붙인 雙行註에 「按日本帝紀 第五十五主文德王疑是也 餘無文慶 或本云是王太子」로 되어 있다. 또한 日本의 『古事記』序文에는 『帝紀』로 나온다. 즉 「天皇詔之 朕聞 諸家之所賚帝紀及本辭 旣違正實 多加虛僞…」(『古事記』上卷 序)로 되어 있다. 日本帝記는 書名으로 미루어 일본의 역사서인 듯하나, 『日本帝記』・『日本帝紀』・『帝紀』가 모두 같은 책인지는 알 수 없다.

로 [일본]왕이 된 자가 없으니, 이것은 변두리 고을의 작은 왕으로 참왕[眞王]은 아니다.4)〉 세오는 남편이 돌아오지 않는 것을 괴이히 여겨 나가 찾다가, 남편이 벗어 놓은 신발을 발견하고 그 바위에 올라가니, 바위가 또한 전처럼 [그를] 싣고 갔다. 그 나라 사람들이 놀랍고 의아하여 왕께 아뢰어 부부가 서로 만나게 되어 [그를] 귀비(貴妃)로 삼았다. 이때 신라에서는 해와 달이 광채를 잃게 되자, 일관[日者]5)이 아뢰기를, "일월의 정기가 우리 나라에 강림하였던 것이 이제 일본으로 가버렸으므로 이러한 괴변이 일어난 것입니다"6)라고 하였다. 왕은 사자를 보내 두 사람을 찾았더니, 연오가 말하기를, "내가 이 나라에 이른 것은 하늘이 그렇게 시킨 것이니, 이제 어찌 돌아갈 수 있으랴. 그러나 짐의 비가 손수 짠 비단이 있으니,7) 이것으로 하늘에 제사를 지내면 잘될

4) 此乃邊邑小王而非眞王也 : 延烏夫婦가 漂着한 곳을 日本國 小島로, 따라서 이들은 日本國王 夫婦가 된 것이 아니라, 日本國 小島의 王夫婦가 되었다는 異傳도 있다. 「新羅殊異傳云 東海濱有人 夫曰迎烏 妻曰細烏 一日迎烏採藻海濱 忽漂至日本國小島 爲主 細烏尋其夫 又漂至其國 立爲妃 是時 新羅日月無光 日者奏曰 迎烏細烏 日月之精 今去日本 故有斯怪 王遣使求二人 迎烏曰 我到此天也 乃以細烏所織絹 付送使者曰 以此祭天可矣 遂名祭天所 曰迎日 仍置縣 是斯羅阿達王四年也 我國人之爲王於日本者 止此耳 但未知其說之是非也…」(「大東野乘」卷1 筆苑雜記)

5) 日者 : 天文을 보거나 점치는 일을 맡은 사람. 비슷한 말로 '日官'이 있다. 「王異之 命日官金春質占之」([遺] 卷2 紀異 萬波息笛條). 「集解曰 古人占候卜筮 通謂之日者 索隱曰 案名卜筮曰 日者 以墨所以卜筮占候時日 通名日者故也」(「史記」 日者傳 注). 「日者 占候時日者也」(「名義考」).

6) 日月之精 降在我國 今去日本 故致斯怪 : '太陽의 失踪과 暗黑世界의 到來'의 話素는 일본신화에서 天照女神(太陽神)의 天岩戶(窟)로의 隱身으로 초래된 세계의 암흑화에서도 볼 수 있다.(「日本書紀」 卷1 神代(上) 참조) 그러나 일본의 경우 太陽의 失踪이 天照의 자율적인 隱身이었던 반면, 신라의 延烏, 細烏는 본의 아닌, 타율적인 失踪이었다는 점에서 차이가 있다. 그리고 天照 즉 太陽神이 最高神임에 대하여 韓國의 太陽神 延烏는 最高神의 지배를 받는 下位神이라는 점에서 다르다.

7) 朕之妃有所織細絹 : 細烏妃가 짠 비단은 神에의 祭儀(神衣)와 관련된 것으

것이다"고 하고, 그 비단을 주었다. 사자가 돌아와 아뢰어 그 말을 좇
아 제사를 지냈더니,[8] 해와 달이 전과 같아졌다. 그 비단을 어고(御庫)
에 간직하여 국보로 삼고 그 창고를 귀비고(貴妃庫)라고 하였고, 하
늘에 제사지낸 곳을 영일현(迎日縣)[9] 또는 도기야(都祈野)[10]라고 하
였다.

로 俗된 것에 의하여 汚穢되거나 침해될 수 없는 것이다. 日本 天照女神의 齋
服殿에서의 機織도 이와 상통한다. 일상적인 織布와는 구별된다. 「天照大神 方
織神衣 居齋服殿」(『日本書紀』卷1 神代(上)) 神衣를 짜는 女神像은 仙桃聖母
에게서도 볼 수 있다. 「嘗使諸天仙織羅 緋染作朝衣 贈其夫 國人因此 始知神
驗」([遺] 卷5 感通 仙桃聖母隨喜佛事條)

8) 依其言而祭之 : 「如其言而祭之於池上 日月復光 遂藏綃於御庫 因名其池日
   日月池 縣名曰迎日」([勝覽] 卷23 迎日縣 古跡 日月池). 日月池는 현재 迎日
   郡 烏川面 日月洞에 있다.

9) 迎日縣 : 본래는 신라의 斤烏支縣(일명 烏良友縣)으로 景德王 때 臨汀으로
   개칭하여 義昌郡의 領縣으로 하였고, 고려 때 迎日縣으로 고쳤다.([勝覽] 卷23
   迎日縣 建置沿革 참조) '迎日'의 현명은 신라 阿達羅王 때 시작된 것이 아니
   다.([勝覽] 卷23 日月池 참조)

10) 都祈野 : 지금의 迎日郡 東海面 都邱洞. 근처 烏川面 日月洞에 貴妃庫址인
   日月池가 있다.

25. 未¹⁾鄒王 竹葉軍

第十三未²⁾鄒尼叱今〈一作未³⁾祖 又未⁴⁾古〉 金閼智七世孫 赫世紫纓 仍有聖德 受禪于理⁵⁾解 始登王位〈今俗稱王之陵爲始祖堂 蓋以金氏⁶⁾始 登王位故 後代金氏諸王 皆以未⁷⁾鄒爲始祖宜矣〉 在位二十三年而崩 陵在 興輪寺東

第十四儒理⁸⁾王代 伊西國人來攻金城 我大擧防禦 久不能抗 忽 有異兵來助 皆珥竹葉 與我軍幷力 擊賊破之 軍退後 不知所歸 但 見竹葉 積於未⁹⁾鄒陵前 乃知先王陰隲有功 因呼竹現陵

越三十七世惠恭王代 大曆十四年己未四月 忽有旋風 從庾信公 塚起 中有一人乘駿馬如將軍儀狀 亦有衣甲器仗者 四十許人 隨從 而來 入於竹現陵 俄而陵中 似有振動哭泣聲¹⁰⁾ 或如告訴之音 其

---

1) 未 : [正][晩][順][石] 末. [品][斗][浩][六] 未. [史] 卷2 新羅本紀 味鄒尼
   師今條에는 味.
2) 未 : 주 1)과 같음.
3) 未 : 주 1)과 같음.
4) 未 : 주 1)과 같음.
5) 理 : [斗][浩] 沾. [史] 卷2 新羅本紀 沾解尼師今條에는 沾.
6) 氏 : [正][晩][順][石][東] 始. [品][斗][浩][六][民] 氏. 文理로 보아 '氏'가
   옳다.
7) 未 : 주 1)과 같음.
8) 理 : [浩] 禮. [遺] 卷1 王曆과 [史] 卷1 新羅本紀 儒禮尼師今條에는 禮.
9) 未 : 주 1)과 같음.
10) 聲 : [正][晩][順][石] 拜. [品][斗][浩][六] 聲.

言曰 臣平生有輔時 救難匡合之功 今爲魂魄 鎭護邦國 攘11)災12)
救患之心 暫無渝13)改 往者庚戌年 臣之子孫無罪被誅 君臣不念我
之功烈 臣欲遠移他所 不復勞勤 願王允之 王答曰 惟我與公不護
此邦 其如民庶何 公復努力如前 三請三不許 旋風乃還

　王聞之懼 乃遣工14)臣金敬信 就金公陵謝過焉 爲公立功德寶田
三十結于鷲仙寺 以資冥福 寺乃金公討平壤後 植福所置故也 非
未15)鄒之靈 無以遏金公之怒 王之護國 不爲不大矣 是以邦人懷德
與三山同祀而不墜 躋秩于五陵之上 稱大廟云

---

11) 攘：[民] 禳.
12) 災：[正][晩] 災. [順][石] 災. [品][斗][浩][六] 災.
13) 渝：[斗][浩] 偸.
14) 工：[品][斗] 上. [浩] 大.
15) 未：주 1)과 같음.

미추왕 죽엽군

제13대 미추니질금(未鄒尼叱今)〈또는 미조(未祖) 또는 미고(未古)〉은 김알지(金閼智)의 7대손이다.[1] 누대에 높은 귀족으로서 겸하여 성스러운 덕이 있었다. 이해니질금(理解尼叱今)[2]으로부터 선위를 받아 비로소 왕위에 올랐다.〈지금 세상에서 왕의 능을 시조당(始祖堂)이라고 하는 것은 김씨로서 처음으로 왕위에 올랐기 때문이며, 후대의 모든 김씨 왕들이 미추로서 시조를 삼는 것은 당연하다.〉 왕위에 오른 지 23년만에 죽었으며, 능은 흥륜사(興輪寺)[3]의 동쪽에 있다.

제14대 유리왕(儒理王) 때 이서국(伊西國)[4] 사람들이 금성(金城)[5]

---

1) 金閼智七世孫 : [遺] 卷1 紀異 金閼智 脫解王代條에 閼智는 熱漢을 낳고, 한은 阿都를 낳고, 도는 首留를 낳고, 류는 郁部를 낳고, 부는 俱道(혹은 仇刀)를 낳고, 도는 未鄒를 낳았다고 하였다. 미추는 시조 알지의 7세손이 된다. 신라 김씨왕실의 시조전승으로 세 가지가 있었다. 곧 閼英 시조전승과 알지 및 星漢 시조전승이다. 그 중 알지 시조전승은 김씨 왕실의 세습과 연관하여 성립되었다.

2) 理解尼叱今 : [史] 卷2 新羅本紀 沾解尼師今條 참조.

3) 興輪寺 : 신라의 불교전래 및 공인과정과 연관되어 가장 일찍 국가적 사찰로 창건되었으며, 신라 京都 내 七處伽藍터 중의 하나인 天鏡林에 건립되었다. 我道本碑에는 흥륜사가 미추니사금대에 창건되었다고 기록되어 있지만 믿을 수 없고, 異次頓이 殉敎한 法興王 14년(527)에 공사를 시작하여 眞興王 5년(544)에 완성되었다. 흥륜사의 主尊은 彌勒佛로 모셔졌으며, 善德王代에는 金良圖가 흥륜사 내에 吳堂을 세워 彌勒尊 및 좌우 菩薩을 塑像으로 안치하고 金畫로 그 안을 장식하였다.

4) 伊西國 : 지금의 慶北 淸道에 있었던 국가. 통일 전 신라에 伊西郡이 있었는데, [遺] 卷1 紀異 伊西國條에는 「淸道郡이 옛날의 伊西郡이다」라고 하였다.

을 공격해왔다. 신라는 크게 군사를 동원하여 막았으나 오랫동안 저항
할 수가 없었다. 홀연히 이상한 군사가 와서 도왔는데, 그들은 모두
댓잎을 귀에 꽂고 있었으며, 신라 군사와 힘을 합쳐 적을 격파하였다.
군사가 물러간 후에는 이들이 어디로 갔는지 알 수가 없었다. 다만 댓
잎만이 미추왕의 능 앞에 쌓여 있음을 보고, 비로소 선왕의 음덕의 공
로인 것을 알게 되었다. 이리하여 그 능을 죽현릉(竹現陵)이라고 불
렀다.

　먼 뒷날 제37대6) 혜공왕(惠恭王) 대력(大曆) 14년 기미(己未, 779)7)
4월에 갑자기 회오리바람이 유신(庾信)공의 무덤8)에서 일어났다.9) 그

---

5) 金城 : 지금의 慶州지역을 가리키지만, 엄밀한 의미에서는 朴赫居世王代에 쌓
　은 宮城을 말한다. [史] 卷34 地理志1 新羅疆界條에 「初赫居世二十一年 築宮
　城 號金城 婆娑王二十二年 於金城東南築城 號月城 或號在城」이라고 하였다.
6) 越三十七世惠恭王 : 惠恭王은 신라의 제36대 왕이다.
7) 大曆十四年己未 : 大曆은 중국 唐 代宗의 연호(768-779). 大曆 14년은 신라
　惠恭王 15년(779)에 해당한다.
8) 庾信公塚 : 현재 경주시 忠孝洞의 松花山에 金庾信墓가 있는데, 封墳은 圓形
　이며 十二支像을 조각한 護石으로 둘러져 있다. 그런데 이 무덤에 대해서는 金
　庾信墓가 아니라 神武王墓라는 주장도 있다.(李丙燾, 「金庾信墓考」, 『金載元
　博士回甲紀念論叢』, 1969;『韓國古代史硏究』, 1976, pp.733-734) 그 이유는 元
　聖·聖德·景德·興德 등 諸王陵의 十二支像이 武裝을 하고 있음에 비해 이
　무덤의 十二支像은 平服으로서 武器를 가지고 있기 때문이다. 또한 삼국통일사
　업을 주도한 武烈王陵의 구조가 이 무덤에 비해 소박하기도 하다. 그러나 김유
　신이 興德王([遺]에는 景明王) 때에 興武大王으로 추봉됨에 따라 당시 朝廷이
　나 또는 그의 門中은 人臣으로서 특수한 勳功에 의해 대왕으로 신분이 바뀌어
　진 만큼, 그의 무덤도 그러한 신분에 맞도록 왕릉의 儀物을 갖추어 놓았을 것으
　로 추측된다. 따라서 송화산의 이 무덤은 金庾信墓로 파악되었다.(金庠基, 「金
　庾信墓의 異說에 대하여」, 『考古美術』 101, 1989;『東方史論叢』, 1974)

가운데 한 사람이 날쌘 말을 탔는데 그 모양이 장군과 같았고, 또한 갑옷을 입고 무기를 든 40명 가량의 군사가 그 뒤를 따라 죽현릉으로 들어갔다. 조금 있더니 왕릉 속에서 왁자지껄하면서 우는 듯한 소리가 났으며, 혹은 하소연하는 듯한 소리가 났다. 그 말소리는 "신이 정치를 돕고 평생동안 어려운 시국을 구하고 삼국을 통일한 공을 세웠습니다. 이제 혼백이 되어서도 나라를 수호하며, 재앙을 물리치고 환난을 구제하려는 마음은 잠시도 변함이 없습니다. 하오나 지난 경술년에 신의 자손이 아무런 죄도 없이 죽음을 당하였고,[10] 임금이나 신하들은 저의 공적을 생각지 않습니다. 신은 차라리 멀리 다른 곳으로 옮겨가서 다시는 [나라를 위해] 애쓰지 않을까 하니, 바라옵건대 왕께서는 허락해 주십시오"라고 하였다. 왕이 대답하기를, "오직 나와 공이 이 나라를 지키지 않는다면 저 백성들을 어떻게 할 것인가? 공은 이전과 다름없이 힘쓰도록 하오"라고 하였다. 세 번이나 청해도 세 번 다 듣지 않자, 회오리 바람이 돌아가고 말았다.

---

9) 從庾信公塚起 : [史] 卷9 新羅本紀 惠恭王 15年條에 이를 알려주는 내용은 보이지 않으나, 「春三月 京都地震 壞民屋 死者百餘人 太白入月 設百座法會」가 참고될 수 있다. 다만 같은 책 卷43 列傳 金庾信條(下)에는 「[혜공왕 15년] 4월에 회오리 바람이 일어나서 金庾信墓로부터 始祖大王陵에 이르렀는데, 먼지와 안개가 어두컴컴하여 인물을 분별할 수 없었다. 守陵人이 들으니 그 속에서 哭泣하고 悲嘆하는 소리가 있는 것 같았다. 혜공대왕이 듣고 恐懼하여 대신을 보내어 제사지내면서 사과하고, 인하여 鷲仙寺에 田 30結을 바쳐 冥福을 빌게 하였다」고 하였다.

10) 庚戌年 臣之子孫無罪被誅 : [史] 卷9 新羅本紀 惠恭王 6年(770) 秋8月條에 「大阿湌金融叛伏誅」라고 하였다. 혜공왕 6년에 김유신의 자손이 죽임을 당하였다는 것은 김융의 복주사실을 가리킨다. 김융은 反惠恭王의 입장에서 난을 일으켰다. 그는 김유신의 후손일 수 있으며, 그렇지 않다 하더라도 김유신의 후손이 그의 난에 가담하여 죽임을 당하였다.(李基白,「新羅 惠恭王代의 政治的 變革」,『社會科學』 2, 1958;『新羅政治社會史研究』, 1974, p.232)

　　왕은 이 소식을 듣고 두려워하여 이내 대신[11] 김경신(金敬信)[12]을
보내 김공의 무덤에 가서 사과하였으며,[13] 공을 위해 공덕보(功德
寶)[14]를 세우고 그 밑천으로 밭 30결을 취선사(鷲仙寺)[15]에 내려서
공의 명복을 빌게 하였다. 이 절은 김공이 평양을 토벌한 후에 복을
빌기 위하여 세웠던 것이었기 때문이다. 미추의 영혼이 아니었던들 김
공의 노여움을 막지 못했을 것이므로, 왕이 나라를 수호한 힘은 크다
고 아니할 수 없다. 그러므로 나라 사람들이 그 덕을 생각하여 삼산
(三山)[16]과 함께 제사지내기를 조금도 게을리 하지 않고, 그 서열을

---

11) 大臣 : 上臣의 잘못으로 파악되기도 한다. 상신은 上大等을 말한다. 宣德王이
　　즉위하면서 金敬信은 上大等으로 임명되었다. 한편 大臣의 잘못이라고도 한다.
　　같은 내용에 대해 [史] 卷43 列傳 金庾信條(下)에서는 「惠恭大王聞之恐懼 遣
　　大臣致祭謝過」라고 하였다.

12) 金敬信 : 제38대 元聖王의 諱. 김경신은 金周元과 더불어 왕위를 다투었으며
　　그 싸움에 승리하여 등극하였으나, 패배한 김주원은 서울에 있지 못하고 연고지
　　인 江陵지역으로 물러나 地方豪族이 되었다.

13) 就金公陵謝過焉 : 金庾信 후손의 申寃運動을 시사해 준다. 그것은 혜공왕 15
　　년(779)에 김유신의 曾孫인 金巖 등에 의해 일어났으며, 그 운동에 反惠恭王派
　　의 우두머리인 金敬信(元聖王)이 가담하였을 것으로 추측된다.(李基白, 「新羅
　　惠恭王代의 政治的 變革」, 앞의 책, p.249)

14) 功德寶 : 寶는 錢穀을 쌓아두고 그 이식으로써 사회사업을 행하는 일종의 재
　　단인데, 고려시대에 여러 종류의 보가 있었다. [麗史] 卷80 食貨志3 賑恤條에
　　「寶者方言 以錢穀施納 存本取息 利於久遠 故謂之寶」라고 하였다. 공덕보는
　　귀족이 공덕을 쌓기 위해 사원에 토지나 재산을 기탁한 것으로 보이며, 이 외에
　　신라시대에는 占察寶 등이 설치되어 있었다.

15) 鷲仙寺 : [史] 卷43 列傳 金庾信條(下)에도 「是寺庾信平麗濟二國 所營立也」
　　라고 하였다. 취선사는 고구려가 멸망한 668년에서 김유신이 죽는 673년 사이에
　　창건되었겠지만, 어디에 세워졌는지는 분명하지 않다.

16) 三山 : [史] 卷32 祭祀志에 「大祀 三山 一奈歷 二骨火 三穴禮」라고 하였다.
　　삼산은 각각 習比部와 切也火郡 및 大城郡에 있었던 나력과 골화, 혈례의 세곳
　　을 가리키는데, 신라의 祭典 중 大祀에 속해 있었다. 또한 삼산의 護國神이 여
　　자의 몸으로 나타나서, 첩자인 白石의 꼬임에 빠져 고구려로 유인되어 가던 김
　　유신을 구하였다.([遺] 卷1 紀異 金庾信條) 곧 삼산과 김유신 및 미추왕은 호

오릉17)의 위에 두어 대묘(大廟)18)라고 불렀다.

국신앙으로 얽혀 있다.
17) 五陵 : 朴赫居世王陵. 박혁거세왕이 나라를 다스린지 61년에 이르러 하늘에
   올라갔는데, 7일만에 遺體가 흩어져 땅에 떨어졌다. 나라 사람들이 그것을 모아
   合葬하려 했으나 큰 뱀이 있어 이를 방해하므로, 五體를 각각 오릉에 장사하였
   다.([遺] 卷1 紀異 新羅始祖 赫居世王條)
18) 大廟 : 味鄒王을 제사하였으며, 신라의 가장 큰 국가적 祭祀인 五廟 중 가장
   으뜸의 위치에 있었다. [史] 卷32 祭祀志에「至第三十六代惠恭王 始定五廟 以
   味鄒王爲金姓始祖 以太宗大王 文武大王 平百濟高句麗 有大功德 並爲世世不
   毀之宗 兼親廟二爲五廟」라고 하였다.

26. 奈勿王〈一作那密王〉 金堤上

第十七那密王 卽位三十六年庚寅 倭王遣使來朝曰 寡君聞大王
之神聖 使臣等以告百濟之罪於大王也 願大王遣一王子 表誠心於
寡君也 於是 王使第三子美海〈一作未吐[1]喜〉 以聘於倭 美海年十歲
言辭動止猶未備具 故以內臣朴娑覽 爲副使而遣之 倭王留而不送
三十年

至訥祇[2]王卽位三年己未 句麗長壽王遣使來朝云 寡君聞大王之
弟寶海秀智才藝 願與相親 特遣小臣懇請 王聞[3]之幸甚 因此和通
命其弟寶海 道於句麗 以內臣金武[4]謁爲輔而送之 長壽王又留而
不送

至十年乙丑 王召集群臣 及國中豪俠 親賜御宴 進酒三行 衆樂
初作 王垂涕而謂群臣曰 昔我聖考 誠心民事 故使愛子東聘於倭
不見而崩 又朕卽位已來 隣兵甚熾 戰爭不息 句麗獨有結親之言
朕信其言 以其親弟聘於句麗 句麗亦留而不送 朕雖處富貴 而未嘗
一日暫忘而不哭 若得見二弟 共謝於先主[5]之廟 則能報恩於國人

---

1) 吐 : [正][晩][順][石][斗][浩][六] 吐. [東] 吐. [品][會][리] 叱.
2) 祇 : [品] 祇.
3) 聞 : [品] 門.
4) 武 : [正] 正. 고려 惠宗의 이름 '武'의 결획피휘.
5) 主 : [浩][民] 王.

誰能成其謀策

　　時百官咸奏曰　此事固非易也　必有智勇方可　臣等以爲歃羅郡太[6])
守堤上可也　於是王召問焉　堤上再拜對曰　臣聞主憂臣辱　主辱臣死
若論難易而後行　謂之不忠　圖死生而後動　謂之無勇　臣雖不肖　願
受命行矣　王甚嘉之　分觴而飲　握手而別

　　堤上簾前受命　徑趨北海之路　變服入句麗　進於寶海所　共謀逸期
先以五月十五日　歸泊於高城水口而待　期日將至　寶海稱病　數日不
朝　乃夜中逃[7])出　行到高城海濱　王知之　使數十人追之　至高城而
及之　然寶海在句麗　常施恩於左右　故其軍士憫傷之　皆拔箭鏃[8])而
射之　遂免而歸

　　王旣見寶海　益思美海　一欣一悲　垂淚而謂左右曰　如一身有一臂
一面一眼　雖得一而亡一　何敢不痛乎　時堤上聞此言　再拜辭朝而騎
馬　不入家而行　直至於栗浦之濱　其妻聞之　走馬追至栗浦　見其夫
已在船上矣　妻呼之切懇　堤上但搖手而不駐

　　行之倭國　詐言曰　雞林王以不罪殺我父兄　故逃來至此矣　倭王信
之　賜室家而安之　時堤上常陪美海遊海濱　逐捕魚鳥　以其所獲　每
獻於倭王　王甚喜之而無疑焉

　　適曉霧濛晦　堤上曰　可行矣　美海[9])曰　然則偕行　堤上曰　臣若行
恐倭人覺而追之　願臣留而止其追也　美海曰　今我與汝如父兄焉　何
得棄汝[10])而獨[11])歸　堤上曰　臣能救公之命　而慰大王之情則足矣

---

　6)　太：[正][晚][石][東][會] 大.
　7)　逃：[正][晚][石] 迖. [順] 逃(가믈). [東] 迖. [品][斗][浩][六][民] 逃.
　8)　鏃：[正][晚][順][石] 鏃. [品][斗][浩][六][民] 鏃.
　9)　海：[正][晚][順] 侮. [石][品][斗][浩][六] 海.
10)　汝：[正][晚][順] 仗. [石][品][斗][浩][六][民] 汝.

何願生乎 取酒獻美海

時雞林人康仇麗在倭國 以其人從而送之 堤上入美海房 至於明
旦 左右欲入見之 堤上出止之曰 昨日馳走於捕獵 病甚未起 及乎
日昃12) 左右怪之而更問焉 對曰 美海行已久矣 左右奔告於王 王
使騎兵逐之 不及 於是囚堤上問曰 汝何竊遺汝國王子耶 對曰 臣
是雞林之臣 非倭國之臣 今欲成吾君之志耳 何敢言於君乎 倭王怒
曰 今汝已爲我臣 而言雞林之臣 則必具五刑 若言倭國之臣者 必
賞重祿 對曰 寧爲雞林之犬独 不爲倭國之臣子 寧受雞林之箠楚
不受倭國之爵祿

王怒 命屠剝堤上脚下之皮 刈蒹葭使趣其上〈今蒹葭上有血痕13) 俗云
堤上之血〉 更問曰 汝何國臣乎 曰雞林之臣也 又使立於熱鐵上 問何
國之臣乎 曰雞林之臣也 倭王知不可屈 燒殺於木島中

美海渡海而來 使康仇麗先告於國中 王驚喜 命百官迎於屈歇驛
王與親弟寶海 迎於南郊 入闕設宴 大赦國內 冊其妻爲國大夫人
以其女子爲美海公夫人

議者曰 昔漢臣周苛在滎14)陽 爲楚兵所虜 項羽謂周苛曰 汝爲我
臣 封爲萬祿侯 周苛罵而不屈 爲楚王所殺 堤上之忠烈 無怪15)於
周苛矣

初堤上之發去也 夫人聞之追不及 及至望德寺門南沙上 放臥長
號 因名其沙曰長沙 親戚二人 扶腋將還 夫人舒脚坐不起 名其地

11) 獨 : [正][晩][順] 㹢. [石][品][斗][浩][六] 獨.
12) 昃 : [正][晩][順][石][斗] 吳 [會] 暮. [品] 吳. [浩][六] 昃.
13) 痕 : [正][晩][石][品] 痛. [斗][浩][六][民] 痕.
14) 滎 : [正][晩][順][石][斗][六] 滎. [品][浩] 榮.
15) 怪 : [浩][民] 愧.

曰伐知旨 久後夫人不勝其慕 率三娘子上鵄述嶺 望倭國痛哭而終16)
仍爲鵄述神母 今祠堂存焉

---

16) 終 : [正][順] 絡. 이 위에 '終'을 가필. [晚] 絡. [石][品][斗][浩][六][民]
   終.

나물왕〈또는 나밀왕(那密王)〉[1] 김제상[2]

 제17대 나밀왕(那密王)이 즉위한 지 36년 경인(庚寅, 390)[3]에 왜왕
(倭王)이 사신을 보내와 말하기를, "저희 임금이 대왕의 신성함을 듣
고 저희들로 하여금 백제의 죄를 대왕에게 아뢰오니, 원하옵건대 대왕
은 왕자 한 명을 보내 저희 임금에게 성의를 표해주소서"라고 하였다.

---

 1) 奈勿王〈一作那密王〉: [史]에는 奈勿尼師今, [遺] 王曆에는 奈勿麻立干으로
  기록되어 있다. 또한 중국측 기록인『秦書』에 前秦으로 사신을 파견한 신라왕
  樓寒은 奈勿王을 가리킨다.(『太平御覽』781 東夷 2) [史] 卷3 奈勿尼師今 26
  年條에는「貢物과 함께 衛頭를 전진으로 보냈다. 符堅이 위두에게 '海東[신라]
  의 일이 옛날과 다르다고 하는 것이 무슨 뜻이냐?'고 물으니, [위두가] '지금 중
  국의 시대가 變革되고 제도가 개혁되는 것과 같습니다'라고 대답했다」고 하였
  다. 곧 신라는 奈勿王대에서부터 많은 사회 변혁이 이루어졌음을 시사해 준다.
  奈勿王의 할아버지는 仇道葛文王이며 아버지는 未鄒尼師今의 형제인 末仇角
  干이다. 이 왕대에서부터 金氏 왕실의 세습이 이루어졌는데, 그것은 아마도 東
  海邊에 출몰한 倭를 물리치기 위해 출동한 고구려 군사력의 도움으로 이루어졌
  다고 추측된다.
 2) 金堤上 : [史] 卷45에는 朴堤上의 전기가 기재되어 있다. 박제상은 시조가 박
  혁거세이고, 婆娑尼師今의 五世孫이며, 그의 아버지는 勿品波珍飡이다. 제상의
  성씨가 金과 朴으로 나타난 것은 기록의 오류로 생각할 수 있으나, 한편으로는
  신라 귀족의 二重家系 현상(Double descent)을 나타낸다고 이해되기도 한다.
  (皮瑛姬,「Double descent 理論 適用을 통해서 본 新羅王의 身分觀念」,『韓國
  史論』5, 1979, p.104) 그렇게 되면 金氏와 朴氏는 제상의 모계나 부계의 성씨
  로 생각될 수 있다.
 3) 卽位三十六年庚寅 : 奈勿尼師今 36년은 庚寅이 아니라 辛卯이다. 다만 [史]
  에서는 踰年稱元法을 썼기 때문에 奈勿尼師今이 즉위한 지 36년이 되는 해는
  奈勿尼師今 35년(390) 庚寅이다.

이에 왕이 셋째 아들 미해(美海)〈또는 미질희[未吐喜]〉4)를 시켜 왜국을
예방하게 하였다. 미해는 나이가 10살이라 말이나 행동이 아직 갖춰지
지 못했기 때문에 내신(內臣) 박사람(朴娑覽)을 부사(副使)로 삼아
보냈더니, 왜왕이 억류하여 30년 동안이나 돌려보내지 않았다.

눌지왕(訥祗王) 즉위 3년 기미(己未, 419)5)에 이르러 고구려의 장
수왕(長壽王)이 사신을 보내와 말하기를, "저희 임금이 대왕의 아우
인 보해(寶海)6)가 지혜롭고 재주가 있음을 듣고, 그와 서로 친하고
싶어 특별히 소신(小臣)을 보내 간청하는 바입니다"라고 하였다. 왕
이 이 말을 듣고 이로 인해 [두 나라가] 화친하여 서로 통하게 됨을
매우 다행이라 여겨, 아우 보해에게 명하여 고구려에 가게하고 내신
김무알(金武謁)을 보좌로 삼아 보냈다. 장수왕도 또한 억류하여 보내
지 않았다.7)

---

4) 美海〈一作未吐喜〉 : 美海는 未吐喜 외에 未叱希・未欣([遺] 卷1 王曆 慈悲麻
立干條)과 未斯欣([史] 卷3 新羅本紀 實聖尼師今條) 등으로 표기되기도 한다.
[史] 卷3 新羅本紀 實聖尼師今 元年(402) 3月條에는 「與倭國通好 以奈勿王子
未斯欣爲質」이라고 하였다. 미해는 奈勿尼師今의 아들인 未斯欣이며, 訥祗麻
立干 2년(418)에 倭로부터 돌아왔다. 그는 訥祗麻立干 17년(433)에 죽었으며,
舒弗邯으로 추증되었다.

5) 訥祗王卽位三年己未 : 이때는 長壽王 7년이다.

6) 寶海 : [史] 卷3 新羅本紀 實聖尼師今 11年條에는 「以奈勿王子卜好 質於高
句麗」로 되어 있다. 보해는 奈勿尼師今의 아들인 卜好를 말하며, 訥祗麻立干 2
년(418)에 제상과 더불어 고구려로부터 돌아왔다.

7) 第十七那密王 卽位三十六年庚寅…長壽王又留而不送 : 訥祗麻立干의 아버지
는 奈勿尼師今인데, 奈勿尼師今의 뒤를 이은 자는 이들과 家系가 다른 實聖尼
師今이다. 이 책에서는 눌지마립간의 두 동생인 美海와 寶海가 각각 奈勿尼師
今 35년(390)과 눌지마립간 3년(419)에 왜국과 고구려에 인질로 보내졌다고 기
록되었다. 그러나 [史]에서는 奈勿尼師今 37년(392)에는 이찬 大西知의 아들인
實聖을 고구려에 인질로 보냈으며, 눌지마립간의 두 동생인 未斯欣과 卜好는
각각 실성니사금 원년(402)과 실성니사금 11년(412)에 왜국과 고구려에 인질로
갔다. 이 부분에 관해서는 [史]의 기록이 더 정확하다.

[눌지왕] 10년 을축(乙丑, 425)8)에 이르러 왕이 신하들과 국내의 호걸·협객을 불러모아 친히 연회를 베풀었다. 술 순배가 세 번 돌아 여러 가지 음악이 시작되자, 왕이 눈물을 흘리며 여러 신하에게 말하기를, "전에 아버님께서 성심으로 백성을 위한 정사를 하셨기 때문에 사랑하는 아들을 동쪽으로 왜국에 보냈다가 다시 보지 못하고 돌아가셨다. 또 내가 즉위한 이래로 이웃 나라의 군사가 심히 강성하여 전쟁이 그치지 않았는데, 유독 고구려가 친교를 맺자는 말을 하므로 내가 그 말을 믿고 내 아우를 고구려에 사절로 보냈더니, 고구려 역시 억류해두고 보내지 않았다. 내가 비록 부귀를 누린다지만 하루라도 잠시나마 [이 일을] 잊고 울지 않을 때가 없었다. 만약 두 아우을 만나게 되어 함께 선왕의 사당에 참배하게 된다면 나라 사람들에게 은혜를 갚겠는데, 누가 능히 그 계책을 이룰 수 있겠는가?"라고 하였다.

이때 백관(百官)이 모두 아뢰기를, "이 일은 결코 쉽지 않으며, 반드시 지혜와 용기를 가져야만 가능할 것입니다. 신들은 삽라군(歃羅郡)9) 태수(太守)10) 제상(堤上)이 좋다고 생각합니다"라고 하였다.11)

---

8) 至十年乙丑 : 訥祇麻立干 10년은 丙寅이다. 즉위한 지 10년이 되는 乙丑年은 踰年稱元法으로는 눌지마립간 9년(425)에 해당된다.

9) 歃羅郡 : 지금의 경상남도 梁山郡인데, 옛 歃羅國이 있었던 곳이다. [史] 卷 34 地理志1 良州條에 「文武王五年 麟德二年 割上州下州地 置歃良州…景德王 改名良州 今梁州領縣一」이라고 하였는데, 梁州는 조선 太宗 14년(1414)에 梁 山郡으로 고쳐졌다.

10) 太守 : 신라의 郡을 다스린 지방관이다. [史] 卷40 職官志(下) 外官條에 「郡 大守百十五人 位自舍知至重阿湌爲之」라고 하였다. 곧 大守가 太守였으며, 115 명이 있었고, 舍知에서 重阿湌에 이르는 관등을 가진 자들이 이에 임명되었다.

11) 百官咸奏曰…堤上可也 : [史] 卷45 列傳 朴堤上條에는 이 말을 왕에게 아뢴 자가 막연히 百官으로 되어 있지 않고, 세 사람의 지혜로운 賢人인 水酒村干 伐寶靺과 一利村干 仇里酒, 利伊村干 波老라고 하였다.

이에 왕이 [제상을] 불러 물으니, 제상이 두 번 절하고 아뢰기를, "신이 듣기를, '임금에게 근심이 있으면 신하는 욕을 당하고, 임금이 욕을 당하면 신하는 죽어야 한다'고 하였습니다. 만약 일이 어렵고 쉬운 것을 헤아린 후에 행한다면, 그것은 충성되지 못하다고 할 것이요, 죽고 사는 것을 도모한 후에 움직이면, 그것은 용기가 없다고 할 것이니, 신은 비록 불초하오나 왕명을 받들어 행하고자 합니다"라고 하였다. 왕이 심히 가상히 여겨 술을 나누어 마시게 하고 손을 잡고 작별하였다.

[제상이] 왕 앞에서 직접 명령을 받고 곧장 북해(北海)의 길12)로 가서 변장을 하고 고구려로 들어갔다. 보해가 있는 곳에 나아가 함께 도망할 날짜를 약속하고, 먼저 5월 15일에 고성(高城)의 수구(水口)13)로 돌아와 기다리고 있었다. 약속한 기일이 가까와지자 보해가 병을 핑계로 며칠 동안 조회에 나가지 않다가, 밤중에 몰래 도망쳐 고성의 해변에 이르렀다. [장수]왕이 이를 알고 수십 명을 시켜 뒤쫓게 하였다. 고성에 이르러 따라 미쳤으나 보해가 고구려에 있을 때에 항상 가깝게 상종하는 사람에게 은혜를 베풀었던 까닭에 군사들이 그를 매우 동정하여 모두가 화살촉을 뽑고 쏘았으므로 드디어 살아서 돌아왔다.

---

12) 北海之路 : [史] 卷37 地理志4 三國有名未詳地分條에 나오는 '北海通'이 이와 연관되는 것으로 이해한다. 신라의 동해변에서 고구려로 통한 海路였을 것이다.

13) 高城水口 : 지금의 강원도 高城郡지역. 처음은 고구려의 達忽이었는데, 眞興王 17년(556)에 신라가 북진하여 함경남도 安邊에 比列忽州를 설치하였으며, 진흥왕 27년(566)에는 達忽州를 설치하고 그 곳에 군주를 두었다. 景德王代에 고성군으로 고쳤다. 水口는 浦口를 가리킨다.

왕이 보해를 보게 되자 더욱 미해의 생각이 나서 한편으로는 기쁘면서도 한편으로는 슬퍼서 눈물을 흘리며 좌우의 신하들에게 말하기를, "마치 한 몸에 팔 하나와 한 얼굴에 눈 하나가 있는 것만 같아서, 비록 하나를 얻었으나 다른 하나가 없으니 어찌 원통하지 않겠는가?"라고 하였다. 이때 제상은 이 말을 듣고 재배하며 조정과 하직하고, 말을 타고 집에 들르지도 않은 채 길을 떠나, 곧장 율포(栗浦)14)의 해변에 이르렀다. 그 아내가 이 소문을 듣고 말을 달려 율포에까지 쫓아가 보니, 남편은 이미 배 위에 있었다. 아내가 안타깝게 불렀으나, 제상은 다만 손만 흔들고 [배를] 멈추지 않았다.

[제상이] 왜국에 가서 거짓으로 말하기를, "계림왕(雞林王)이 아무 죄도 없는 나의 아버지와 형제들을 죽였기 때문에 여기로 도망해왔습니다"라고 하였다. 왜왕15)은 그 말을 믿고 집을 주어 편히 살게 하였다. 이때 제상은 항상 미해를 모시고 해변에서 놀면서 새와 물고기를 잡았는데, 그 잡은 것을 매번 왜왕에게 바치니, 왕이 무척 기뻐하여 의심하지 않았다.

때마침 새벽 안개가 자욱하게 끼어 앞을 분간할 수 없었다. 제상이

---

14) 栗浦 : 지금의 慶尙南道 蔚山지역. [史] 卷34 地理志1 臨關郡條에 「東津縣 本栗浦縣 景德王改名 今合屬蔚州」라고 하였다. 栗浦縣은 경덕왕대에 東津縣으로 바뀌어 河曲縣과 더불어 臨關郡의 領縣이었다. 고려 때에 임관군은 慶州에 합쳐지고, 하곡현은 蔚州로 되었으며 율포현은 울주에 합쳐졌다.

15) 倭王 : 『日本書紀』卷9 神功皇后 5年(205) 春3月條에 「新羅王遣汗禮斯伐·毛麻利叱智·富羅母智等朝貢 仍有返先質微叱許智伐旱之情」이라고 하였는데, 毛麻利叱智를 堤上으로 考證하여, 왜왕은 神功皇后를 가리킨다는 주장이 있으나 확실하지 않다. 우선 毛麻利叱智보다 堤上은 기록상 약 200년 이후의 인물이다. 제상이 왜국으로 들어간 시기(418-425)에 해당되는 왜왕은 允恭天皇이며, 또한 비슷한 시기에 宋朝 및 외국과 교섭을 가졌던 履中天皇으로 파악되기도 하지만 모두 분명하지 않다.

[미해에게] 말하기를, "떠나가실 만합니다"라고 하였더니, 미해가 "그러면 같이 가자"고 하였다. 제상이 말하기를, "신이 만약 간다면, 왜인이 알고 쫓아올까 염려됩니다. 원컨대 신은 이곳에 남아서 그들이 쫓는 것을 막을까 합니다"라고 하니, 미해가 "지금 나는 그대를 아버지나 형과 다름없이 여기는데, 어찌 그대를 버리고 혼자만 돌아가겠는가?"라고 하였다. 제상이 말하기를, "신이 능히 공의 목숨을 구함으로써 대왕의 마음을 위로할 수 있다면 [그것으로] 만족합니다. 어찌 살기를 바라겠습니까?"라고 하고 술을 따라 미해에게 바쳤다.

이때 계림 사람 강구려(康仇麗)[16]가 왜국에 와있었는데, 그에게 미해를 따라 호송하게 하였고, 제상은 미해의 방에 들어가 있었다. 이튿날 아침이 되어 측근자들이 들어가 미해를 보고자 하니, 제상이 나와서 그들을 말리면서 말하기를, "어제 [미해공이] 사냥을 하면서 쏘다녔기 때문에 몹시 고단하여 일어나지 못하십니다"라고 하였다. 해가 기울어질 무렵이 되니 측근자들이 수상하게 여겨 다시 물었더니, [제상이] 대답하기를, "미해공이 떠난지 이미 오래되었다"[17]라고 하였다.

---

16) 康仇麗 : 史書에 보이지 않아 그의 출신이나 신분 등은 알 수 없다. 때문에 그가 당시에 어떠한 이유로 倭에 있었는지 명백하지 않으나, 미해가 인질로 갈 당시에 동행한 듯하다. 그렇지 않다고 하더라도 이때 왜국에는 다소의 신라인들이 들어와 있었고, 신라와 왜국과의 사이에 사람을 비롯한 문물의 왕래가 있었을 것으로 짐작된다.

17) 美海行已久矣 : 제상이 美海를 신라로 떠나 보내어 구출하는 것과 비슷한 내용이 『日本書紀』 卷9 神功皇后 5年 春3月條에 「時新羅使者毛麻利叱智等 竊分船及水手 載微叱旱岐 令逃於新羅 乃造蒭靈 置微叱許智之床 詳爲病者 告襲津彦曰 微叱許智忽病之將死 襲津彦使人 令看病者 卽知欺而捉新羅使者三人 納檻中以火焚而殺 乃詣新羅」라고 기록되어 있다. 곧 毛麻利叱智가 제상으로, 微叱許智가 美海로 추정되었다. 그러나 두 기록 사이에는 약 2세기라는 기간의 격차가 있다. 또한 두 기록의 내용에도 다소 차이가 있다. 곧 微叱許智說話에서는 제상이 아닌 신라 使者 3인이, 왜왕이 아닌 襲津彦에게, 木島가 아닌 檻中에

측근자들이 달려가 왜왕에게 아뢰니, 왕이 기병으로 쫓게했으나 따라 잡지 못하였다.

이에 제상을 옥에 가둬두고 묻기를, "너는 어찌하여 몰래 너의 나라 왕자를 보냈느냐?"라고 하니, [제상이] 대답하기를, "나는 계림의 신하이지 왜국의 신하가 아니다. 지금 내 임금의 뜻을 이루려 한 것뿐이니, 감히 무엇을 그대에게 말하겠는가?"라고 하였다. 왜왕이 노하여 말하기를, "지금 너는 이미 나의 신하가 되었는데도 계림의 신하라고 말하느냐? 그렇다면 반드시 오형(五刑)[18]을 갖출 것이지만, 만약 왜국의 신하라고 말하면 반드시 후한 녹으로 상주겠노라"라고 하니, [제상이] 대답하기를, "차라리 계림의 개·돼지가 될지라도 왜국의 신자(臣子)는 될 수 없으며, 차라리 계림의 형장[箠楚][19]을 받을지라도 왜국의 작록(爵祿)은 받을 수 없다"고 하였다.

[왜]왕이 노하여 제상의 다리 가죽을 벗기고, 갈대를 베어 그 위를 걸어가게 하였다.〈지금 갈대 위에 피 흔적이 있는데, 세간에서는 제상의 피라고 전한다.〉 [그리고 왜왕이] 다시 묻기를, "너는 어느 나라 신하냐?"라고 하니, [제상이] 말하기를 "계림의 신하다"라고 하였다. 또한 뜨겁게 달군 쇠 위에 세워 놓고 묻기를, "너는 어느 나라 신하냐?"고 하니, 말하기를 "계림의 신하다"라고 하였다. 왜왕이 굴복시킬 수 없음을 알고

서 죽임을 당하는 것으로 되어 있다. 이런 면은 박제상의 기사가 반드시 일본 神功皇后 당시의 사실이라고 할 수 없게 한다.

18) 五刑 : 중국 고대의 5가지 형벌. 『書經』舜典에는 墨(피부에 먹물로 刺字하는 것)·劓(코를 베는 일)·剕(발뒤꿈치를 베는 일)·宮(불알을 없애는 일)·大辟(목을 베어 죽이는 일)으로 5刑이라고 하였으나, 隋代에는 笞刑·杖刑·徒刑·流刑·死刑을 5刑이라고 하였다.

19) 箠楚(추초) : 箠는 竹杖, 楚는 荊木을 이르는 말이므로 杖刑을 뜻한다.

목도(木島)20)에서 태워 죽였다.

미해는 바다를 건너와 강구려에게 먼저 나라에 알리게 하였다. [눌지]왕은 놀랍고도 기뻐 백관에게 명하여 굴헐역(屈歇驛)21)에서 맞이하게 하였다. 왕도 친아우 보해와 함께 남교(南郊)에서 맞이하여, 대궐로 들어가 잔치를 베풀고 국내에 크게 사면령을 내렸으며, [제상의] 아내를 책봉하여 국대부인(國大夫人)으로 삼고, 그의 딸을 미해공의 부인으로 삼았다.

논자(論者)가 말하기를, 「옛날 한(漢)나라 신하 주가(周苛)22)가 형양(滎陽)에 있다가 초(楚)나라 군사의 포로가 되었을 때, 항우(項

---

20) 木島 : 왜국과 신라의 교통로 사이에 있었던 섬이었으나, 어느 곳이었는지는 未詳이다. [史] 卷1 新羅本紀 脫解尼師今 17年條에 「倭人侵木出島 王遣角干 羽鳥禦之 不克 羽鳥死之」라고 하였다. 木出島는 역시 왜국과 신라의 해상 교통로 중에 있는 신라의 영토였는데, [史] 卷37 地理志4 有名未詳地分 속에 나오고 있다. 有名未詳地分 속에 나오는 지명의 위치는 잘 알려져 있지 않은데, 그 지명이 대부분 특산물의 생산과 관련하여 붙여졌다고 이해된다. 목출도가 목도였을 것으로 추측되나 확실하지 않다. 혹 두 섬이 다른 곳이었다 하더라도, 서로 멀리 떨어져 있지는 않았을 듯하다.

21) 屈歇驛 : 지금의 蔚山지역. [史] 卷34 地理志1 臨關郡條의 領縣에 「河曲縣 婆娑王時 取屈阿火村置縣 景德王改今名 今蔚州」라고 하였다. 婆娑尼師今 당시의 屈火村이 굴헐역이었으며, 景德王代에 河曲縣으로 고쳐 임관군의 屬縣이 되었다가, 고려시대에 蔚州로 고쳤고 이웃의 東津縣(옛날의 栗浦縣)과 盧風顯을 합쳤다. 驛은 炤知麻立干代에 비로소 설치되었다. [史] 卷3 新羅本紀 炤知麻立干 9年條에 「始置四方郵驛 命所司修理官道」라고 하였다. 또 같은 책 卷4 智證王 6年條에 「又制舟楫之利」라고 하였다. 이로 보면 역은 신라의 官道를 관장했으며, 그것은 陸路와 海路를 포함하였다. 곧 굴헐역은 육로와 해로의 요충지에 설치되었다.

22) 周苛 : 漢나라 沛 땅 사람으로 高祖(劉邦) 때(BC 204) 御史大夫가 되어 滎陽을 지키다가, 項羽가 형양을 함락시킨 때문에 그의 포로가 되었다. 항우는 주가에게 「네가 내 장수가 되면 上將軍으로 삼고 萬戶侯를 봉해 주겠다」고 했으나, 그는 꾸짖으면서 끝내 굴복하지 않고 항우에게 살해되었다.(『史記』 張丞相列傳 및 『漢書』 張周趙任申屠傳 참조)

羽)23)가 주가에게 말하기를, "네가 나의 신하가 되면 만호(萬戶)의

녹(祿)을 받는 제후로 책봉하리라"고 하니, 주가가 꾸짖으면서 굴복

하지 않고 초왕(楚王)에게 살해되었는데, 제상의 충렬(忠烈)은 주가

에 못지 않다」라고 하였다.

처음에 제상이 [왜로] 떠날 때 부인이 소문을 듣고 뒤쫓았으나 따

라잡지 못하고, 망덕사(望德寺)24)의 문 남쪽 모래 위에 이르러 넘어

져 길게 절규했던 까닭에, 그 모래사장을 장사(長沙)라 불렀다. 친척

두 사람이 겨드랑이를 부축하여 돌아오려했는데, 부인이 다리를 뻗고

앉아 일어나지 않으므로, 그 지명을 벌지지(伐知旨)25)라고 하였다.

오랜 뒤에도 부인이 그 사모함을 이기지 못해 세 딸을 이끌고 치술령

---

23) 項羽 : BC 232-BC 202. 秦末 漢初의 영웅. 이름은 籍, 字는 羽이며, 下相(江
    蘇) 사람이다. 祖先은 대대로 楚의 장군으로서 項에 封해졌기 때문에 項으로써
    姓을 삼았다. 힘은 능히 九鼎을 들만하고 재기가 뛰어났다. 秦末(BC 209)에 陳
    勝·吳廣 등이 반란을 일으켜 천하가 혼란해지자, 그는 숙부인 項梁과 함께 군
    사를 일으켜 秦나라를 쳐서 깨뜨렸으며, 자립하여 스스로 西楚의 覇王이라 부
    르고 彭城에 도읍을 정하였다. 후에 漢 高祖(劉邦)와 천하를 다툰지 5년만에
    垓下의 싸움에서 패하여 남으로 도망가다가, 烏江에서 자살하였다.
24) 望德寺 : 경북 경주시 배반동에 있던 절로 神文王 5년(685)에 세워졌다. [遺]
    卷2 紀異 文虎王法敏條에 보면 이 절의 유래를 알 수 있다. 곧 신라가 四天王
    寺에 文豆婁秘法을 설치하여 唐의 침략을 물리치자, 당의 高宗이 마침 金仁問
    을 따라와 獄中에 있었던 朴文俊에게 그 비법을 물었다. 그런데 문준은 「신라
    가 唐나라의 은혜를 입어 三國을 통일하였으므로, 그 德을 갚으려고 새로 天王
    寺를 狼山 남쪽에 세우고 皇帝를 축원하는 法會를 연다」고 거짓으로 아뢰었다.
    高宗이 기뻐하여 禮部侍郎 樂鵬龜를 신라에 보내어 그 절을 살피게 하자, 신라
    에서는 사천왕사의 남쪽에 따로 절을 급히 세웠는데, 이를 뒤에 망덕사라 불렀
    다.
25) 伐知旨 : 다리를 뻗치다는 뜻으로 곧 '뻗치다'를 우리의 固有音으로 표현한 말
    이 地名으로 되었다. 벌지지는 '望德寺 남쪽 모래 위'라고 하며 그 沙場을 '長
    沙'라고 하였으므로, 지금의 망덕사지 남쪽의 개천과 백사장으로 비정되기도 한
    다.

(鵄述嶺)26)에 올라가 왜국을 바라보고 통곡하다가 죽었다. 그리하여 [부인은] 치술신모(鵄述神母)27)가 되었으니, 지금도 사당(祠堂)28)이 있다.

26) 鵄述嶺 : [勝覽] 慶州府 山川條에「鵄述嶺 在府南三十六里」라고 하였다. 치술령은 경주의 東南 外東面에 있는데, 月城郡과 蔚州郡界인 동시에 경상북도와 경상남도의 道界를 이루고 있다. 흔히 월성군에서 울주군 쪽으로 길게 뻗은 준령을 치술령이라고 하나, 여기서는 標高 765m의 정상부를 말한다. 이곳에는 望夫石이 2개가 남아 있고, 神母의 祠堂 자리가 남아 있다.

27) 鵄述神母 : 『忠烈公朴先生實記』에는「公妻金校夫人 率三娘子 上鵄述嶺 望倭國痛哭而死 尸身化爲望夫石 孤魂化爲鵄述鳥 入於巖下窟 因號隱乙庵」이라고 하였다. 朴堤上夫人의 魂이 새가 되어 隱乙岩의 동굴에 들어 갔는데, 지금도 岩穴이 있다. 그 속에서 매일 쌀이 조금씩 흘러 나온다는 전설이 전하며, 실제로는 적은 양의 물이 흘러 나오고 있다. 곧 은을암의 전설은 穀母의 존재를 생각하게 한다. 치술신모는 제상의 부인과 얽혀 있지만, 본래는 閼英이나 仙桃聖母와 같은 치술령의 地母神이었으며, 아마 蔚州지역에 세력기반을 가졌던 부족집단이 받들던 始祖신앙과 연관되었을 것으로 추측된다.

28) 祠堂 : 치술령의 정상에는 望夫石 2기가 있고, 神母祠堂 자리가 윤곽만 알 수 있을 정도로 남아 있다. 또한 萬和里 동리 어구에 鵄山書院址가 있고 그 내에 忠烈廟와 神母祠의 옛자리만이 남아있다. 또한 치술령 정상과 약 10里의 거리(蔚州郡 凡西面 天果里 山152번지)에 隱乙庵이 있는데, 본래는 隱乙岩이었던 것이 僧侶가 住錫하면서 隱乙庵이 되었다. 그런데『蔚山邑誌』卷1 古蹟條에서는 神母祠의 위치를「在隱乙巖上」이라고 하였다. 이로 보면 신라 때의 사당은 이 셋 중 어느 한 곳에 세워졌을 것이지만, 아마 은을암에 있었을 것으로 추측된다.

27. 第十八實聖王

義熙九年癸丑　平壤州大橋成〈恐南平壤[1]也　今楊州〉　王忌憚前王[2]太[3]子訥祇有德望　將害之　請高麗兵而詐迎訥祇　高麗人見訥祇有賢行　乃倒戈而殺王　乃立訥祇爲王而去

---

1) 壤 : [斗] 壌.
2) 王 : [正][晚] 乇. [順][石][品][斗][浩][六] 王.
3) 太 : [正] 大.

제18대 실성왕[1]

  의희(義熙)[2] 9년 계축(癸丑, 413)[3]에 평양주(平壤州)[4]에 큰 다리가 이루어졌다. 〈남평양(南平壤)인 듯하니 지금의 양주(楊州)이다.[5]〉 왕은 전왕[눌지마립간]의 태자 눌지(訥祗)가 덕망이 있음을 꺼려[6] 장차 그

---

1) 實聖王 : 신라의 제18대 왕. 재위 402-417. 實主王 또는 實金王이라고도 한다. 왕의 아버지는 味鄒王의 동생인 大西知 伊湌이며, 어머니는 伊利夫人으로 昔氏이며 登保阿干의 딸이다. 妃는 阿留부인으로 味鄒王의 딸이다. 왕은 奈勿王 37년(392) 고구려에 인질로 보내졌다가 同王 46년(401)에 귀국하였다. 그리하여 그 다음 해 2월에 나물왕이 죽자, 그 아들 눌지가 어렸기 때문에 즉위하였다. 왕은 16년 동안 재위하였으며, 417년에 죽었다. [史] 卷3 新羅本紀 實聖尼師今 16年條에는 왕이 죽은 것으로 기록되어 있지만, [史] 卷3 新羅本紀 訥祗麻立干 卽位年條나 [遺] 卷1 紀異 實聖王條에는 눌지왕을 옹립한 고구려 군사들에게 살해된 것으로 기록되었다.

2) 義熙 : 중국 東晉 安帝의 연호(405-418).

3) 義熙九年癸丑 : 實聖王 12년.

4) 平壤州 : [史] 卷8 新羅本紀 聖德王 35年(736) 冬11月條에 「檢察平壤·牛頭二州地勢」라고 하였다. 신라에 平壤州가 존재한 것은 분명하지만, 413년 당시에는 平壤이 신라의 영토가 아니었으므로, 이는 잘못인 듯하다. 이 책에서 註記한 대로 南平壤임이 옳다.

5) 恐南平壤也 今楊州 : [史] 卷35 地理志2 漢陽郡條에 「本高句麗北漢山郡〈一云平壤〉 眞興王爲州 置軍主 景德王改名 今楊州舊墟」라고 하였다. 그런데 [史] 卷24 百濟本紀 近肖古王 26年條에 「侵高句麗 攻平壤城 麗王斯由力戰拒之 中流矢死」라고 하고, 또한 같은 책 卷10 新羅本紀 憲德王 17年 春正月條에 「憲昌子梵文 與高達山賊壽神等百餘人 同謀叛 欲立都於平壤 攻北漢山州」라고 하였다. 여기에 나오는 平壤은 모두 지금의 楊州 일대에 해당된다.

6) 王忌憚前王太子訥祗 : [史] 卷3 新羅本紀 奈勿尼師今 37年 春正月條에 「高句麗遣使 王以高句麗强盛 送伊湌大西知子實聖爲質」이라고 하였다. 그후 奈勿

를 죽이고자 고구려의 군사를 청해서 거짓으로 눌지를 맞이하였다. 고
구려 사람들은 눌지가 어진 행실이 있음을 보고, 이에 창을 돌려 [실
성]왕을 죽이고7) 눌지를 왕으로 세우고 돌아갔다.8)

尼師今 46년에 고구려로부터 돌아와 왕위에 오른 실성니사금은 나물니사금이
자기를 고구려에 인질로 보낸 사실을 원망하고 있었다.

7) 乃倒戈而殺王 : [史] 卷3 新羅本紀 訥祇麻立干 卽位年條에는 눌지마립간이
실성니사금을 죽인 것으로 되어 있다. 그러나 눌지마립간의 옹립에는 고구려의
군사력이 깊숙히 개입하였을 것으로 추측된다. 朴·昔·金의 三姓이 교대로 왕
위에 나아가다가, 나물니사금대에 金氏 왕실이 왕위를 세습할 수 있었던 것은
고구려 군사력의 도움을 받았기 때문이다. 실제로 廣開土大王은 동해변에 출몰
한 倭寇를 물리치기 위해 신라에 군대를 파견하였으며(廣開土王陵碑 永樂 9年
과 同 10年條), 경주의 壺杅塚에서는 廣開土大王名이 새겨진 그릇이 출토되었
다. 한편 實聖니사금이 弑害된 사실은 신라 왕실에서 昔氏세력이 완전히 축출
되는 것으로 이해된다. 실성니사금과 奈勿니사금은 모두 김씨이나, 그들의 모친
은 각각 석씨와 김씨였다. 곧 실성니사금의 어머니인 伊利夫人([遺]에서는 禮
生夫人)은 昔氏이며, 訥祇麻立干의 어머니인 保反夫人은 味鄒니사금의 딸인
金氏이다. 그리하여 실성니사금과 눌지마립간의 대립은 母系로 연결되어 석씨
와 김씨 왕실의 대결로 나타났다. 이러한 대립에서 김씨 왕실이 승리하여 눌지
마립간이 즉위하였다. 대신 [史] 卷3 新羅本紀 實聖尼師今 15年條에는 석씨
왕실의 상징이었던 「吐含山이 무너져버렸다」고 하였는데, 그 다음 해에 왕이
죽은 것으로 기록되었다. 이후 신라 왕실에서는 석씨를 아버지로 하거나 어머니
로 하는 왕은 아예 등장하지 않았다.

8) 乃立訥祇爲王而去 : [史] 卷3 新羅本紀 實聖尼師今 16年條에는 王薨으로 되
어 있으나, 같은 책 卷3 訥祇麻立干 卽位年條에는 「奈勿王三十七年 以實聖質
於高句麗 及實聖還爲王 怨奈勿質己於外國 欲害其子以報怨 遣人招在高句麗
時相知人 因密告 見訥祇則殺之 遂令訥祇往 逆於中路 麗人見訥祇形神爽雅 有
君子之風 遂告曰 爾國王使我害君 今見君不忍賊害 乃歸 訥祇怨之 反弒王自立」
이라고 하였다.

28. 射琴匣

第二十一毗處王〈一作炤智1)王〉卽位十年戊辰 幸於天泉亭 時有烏
與鼠來鳴 鼠作人語云 此烏去處尋之〈或云 神德王欲行香興輪寺 路見衆
鼠含尾 怪之而還占之 明日先鳴烏尋之云云 此說非也〉

王命騎士追之 南至避村〈今壤避寺村 在南山東麓〉 兩猪相鬪 留連見
之 忽失烏所在 徘徊路傍2) 時有老翁自池中出奉書 外面題云 開
見二人死 不開一人死 使來獻之 王曰 與其二人死 莫若不開 但一
人死耳 日官奏云 二人者庶民也 一人者王也 王然之開見 書中云
射琴匣 王入宮見琴匣射之 乃內殿焚修僧與宮主潛通而所3)奸4)也
二人伏誅

自爾國俗 每正月上亥上子上午等日 忌愼百事 不敢動作 以十
五5)日爲烏忌之日 以糯飯祭之 至今行之 俚言怛忉 言悲愁而禁忌
百事也 命其池曰書出池

---

1) 智 : [浩] 知. [遺] 卷1 王曆과 [史] 卷3 新羅本紀 炤知麻立干條에는 知.
2) 傍 : [正][品] 旁. [斗][浩][六] 傍.
3) 所 : [民] 爲. [勝覽] 卷21 慶州府 古跡 書出池條에는 爲.
4) 奸 : [正][晚][順][石][品] 奸. [斗][浩][六] 奸. [勝覽] 卷21 慶州府 古跡
   書出池條에는 奸.
5) 五 : [正][石] 六. [品][斗][浩][六][民] 五.

거문고갑을 쏘다

제21대 비처왕(毗處王)1)〈또는 소지왕(炤智王)〉 즉위 10년 무진(戊辰, 488)에 [왕이] 천천정(天泉亭)2)에 행차하였을 때 까마귀와 쥐가 와서 울었다. 쥐가 사람의 말로 이르기를, "이 까마귀가 가는 곳을 찾아가 보시오"라고 하였다.〈혹은 신덕왕(神德王)3)이 흥륜사(興輪寺)4)에 가서 행

---

1) 毗處王 : 炤知王. 신라의 제22대 왕. 재위 479-499. 왕은 慈悲王의 長子이고 어머니는 金氏인데 舒弗邯 未斯欣의 딸이며, 妃는 善兮夫人으로 乃宿 伊伐湌의 딸이다. 재위동안 사방에 郵便驛을 설치하고 官道를 수리하였으며, 서울에 시장을 개설하여 전국의 物貨를 통하게 하였다. 이로 보면 이 왕대에 六部의 개편이 이루어졌으며, 一說에는 奈乙에 神宮을 세웠다고도 한다. 다만 왕은 捺已郡의 波路의 집에 몰래 다니면서 그의 딸 碧花를 만나곤 하였다. 어느 날 벽화의 집으로 미행하여 가던 중 날이 저물어 古陁郡의 老嫗 집에 머물렀는데, 노구로부터 「竊聞王幸捺已之女 屢微服而來 夫龍爲魚服 爲漁者所制 今王以萬乘之位 不自愼重 此而爲聖 孰非聖乎」([史] 卷3 新羅本紀 炤知麻立干 22年 秋9月 條)라는 비방을 들었다. 심히 부끄러워 한 왕은 벽화를 宮中으로 불러들여 別室에 두었고, 그 사이에서 아들이 태어났다. 그런데 이러한 비방을 듣고는 2개월 만에 왕이 죽었으며, 이후 그의 소생인 아들에 대한 언급이 전혀 나타나고 있지 않은 점으로 미루어, 왕은 왕실 내의 권력 다툼에서 거세되었을 것으로 생각된다.

2) 幸於天泉亭 : [勝覽] 卷21 慶州府 古跡條에는 「新羅炤智王十年正月十五日 王幸天泉亭」이라고 하였는데, [史]에는 구체적인 언급이 없다. 천천정이 어디에 있었는지도 확실하지 않다.

3) 神德王 : 신라의 제53대 왕. 재위 912-916. 왕의 姓은 朴氏이며 이름은 景暉이고, 阿達羅王의 遠孫이다. 왕의 아버지는 定康王 때의 大阿湌인 乂兼이고, 어머니는 貞和夫人이며, 妃는 金氏인 義成夫人이다. 왕은 憲康王의 사위였는데, 孝恭王이 자식 없이 죽자 國人이 추대하여 즉위하였다. 왕이 다스리던 때에는 궁예와 견훤이 각각 나라를 세워 혼란하였다.

향(行香)하려 할 때, 길에서 여러 마리의 쥐가 꼬리를 물고 있는 것을 보고, 이를 괴이히 여겨 돌아와 점을 쳐보니 이튿날 먼저 우는 까마귀를 찾으라고 했다고 하는데, 이 설은 잘못이다.〉

왕은 기사(騎士)에게 명하여 이를 쫓게 하였다. [기사가] 남쪽 피촌(避村)〈지금의 양피사촌(壤避寺村)이니 남산 동쪽 기슭에 있다.〉5)에 이르러, 돼지 두 마리가 싸우고 있는 것을 한참동안 구경하고 있다가, 문득 까마귀가 날아간 곳을 잊어버리고 길가에서 헤매고 있었다. 이때 한 늙은이가 못 속에서 나와 글을 올리니, 겉봉에 쓰기를, 「떼어보면 두 사람이 죽을 것이고, 떼어보지 않으면 한 사람이 죽을 것이다」라고 하였다. 기사가 돌아와 이것을 바치니, 왕이 말하기를, "두 사람이 죽는 것보다는 떼어보지 않고 한 사람만 죽는 것이 낫겠다"라고 하였다. 일관(日官)6)이 아뢰기를, "두 사람은 서민이요, 한 사람은 왕입니다"7)라

---

4) 興輪寺 : [遺] 卷1 紀異 未鄒王 竹葉軍條의 주석 3) 참조.

5) 避村〈今壤避寺村 在南山東麓〉: 書出池 부근에 있었으며, 이곳에 壤避寺가 세워진 듯하다. [遺] 卷5 避隱 念佛師條에는 南山 동쪽 기슭에 避里村이 있고 촌내에 避里寺〈혹은 念佛寺〉가 있다고 하였다. 피리사 옆에 壤避寺가 있는데, 그 절 이름은 촌의 이름에서 따와 붙여졌다.

6) 日官 : 고대사회에서 왕의 측근에 있으면서 曆數 干支를 관장하여, 日月星辰의 운수를 알려 주는 관직이다. [史]에 자주 나타나는 老嫗 또는 巫는 뒤에 日官으로 전화되었다고 이해된다.(崔光植, 「三國史記 所載 '老嫗'의 성격」, 『史叢』25, 1981, p.9) 일관은 국가의 정책 결정에 깊이 관여하였으며, 신라하대에까지 존재하였다.(辛鍾遠, 「고대의 日官과 巫」, 『新羅初期佛教史硏究』, 民族社, 1992, pp.27-42) 신라 憲安王代에 弓裔가 5월 5일에 태어났으며, 태어날 때에 이빨을 가지고 있었기 때문에, 日官은 「이 아이가 자라서 국가에 해를 끼칠 것이니 기르지 말라」고 하였다. 일관의 奏言을 들은 왕은 군사를 보내어 궁예를 죽이려 하였다.([史] 卷50 列傳 弓裔條)

7) 二人者庶民也 一人者王也 : 1인의 왕 대신 2인의 서민을 죽여도 된다고 함은 바로 신라 上古時代 말에 朴堤上 說話와 함께 忠이 강조되는 사회적 분위기를 알려준다.

고 하였다. 왕이 그렇게 여겨 떼어보니, 그 글에 「거문고갑을 활로 쏘
라」고 하였다. 왕이 궁중으로 들어가 거문고갑을 보고 쏘니, [거기에
는] 내전(內殿)의 분수승(焚修僧)8)과 궁주(宮主)9)가 은밀히 간통하
고 있었다. 두 사람은 처형되었다.

　이로부터 나라 풍속에 해마다 정월의 상해(上亥)·상자(上子)·상
오일(上午日)10)에는 모든 일을 조심하고 꺼려 함부로 움직이지 않으
며, [정월] 15일을 오기일[烏忌之日]11)이라고 하여 찰밥을 지어 제사
지내니, 지금까지도 이를 행하고 있다. 이언(俚言)에 이를 달도(怛
忉)12)라고 하니, 슬퍼하고 근심하며 모든 일을 꺼려 금한다는 말이다.
그 못을 서출지(書出池)13)라고 이름하였다.

---

　8) 內殿焚修僧 : 焚修僧은 香을 태우면서 佛敎의식을 주관하는 승려를 말한다.
　　炤知麻立干代에는 內殿에 분수승을 두었는데, 그 폐단이나 비리가 나타나 있었
　　다. 이 점은 공인 이전에 이미 불교는 왕실 중심으로 전래되어 있었음을 알려준
　　다.(辛鍾遠,「新羅 佛敎傳來의 諸樣相」, 앞의 책, pp.156-158) 墨胡子나 阿道
　　(또는 我道)의 初傳 불교 전설에서는 왕실이 불교를 받아들이고 있다. 또한『海
　　東高僧傳』卷1 釋亡名傳에는 망명이 晉나라 고승인 支遁과 서신을 주고받았는
　　데 支遁 道林은 366년에 入寂하였다. 이로써 보면 고구려에도 공인 이전에 이미
　　불교는 알려져 있었다.
　9) 宮主 : 王妃보다 격이 낮은 왕의 妾이다. 신라의 后妃制에 대해서는 잘 알 수
　　없다. 다만 [麗史] 卷88 后妃傳에 「高麗之制 王母稱王太后 嫡稱王后 妾稱夫
　　人·貴妃·淑妃·德妃·賢妃 是爲夫人秩 並正一品 自餘 尙宮·尙寢·尙食·
　　尙針 皆有員次 靖宗以後 或稱宮主 或稱院主 或稱翁主 改復不常 未可詳也」라
　　고 한 것이 참고된다.
　10) 上午上亥上子日 : 그 달의 첫 午, 亥, 子日을 말한다.
　11) 烏忌之日 : 정월 15일. [遺] 卷2 紀異 太宗春秋公條에 「見上射琴匣事 乃崔致
　　遠之說」이라고 하였다.
　12) 怛忉 : 슬프고 근심하여 禁忌한다는 말이다. [勝覽] 卷21 慶州府 題詠條에 怛
　　忉歌가 실려 있다.
　13) 書出池 : 慶州市 南山洞에 있다. [勝覽] 卷21 慶州府 古跡 書出池條에는 「在
　　金鰲山東麓」이라고 하였는데, 곧 이어 본서의 射琴匣條의 내용을 거의 그대로
　　인용하고 있다.

29. 智哲老王

第二十二智哲老王 姓金氏 名智大路 又智度路諡曰智證1) 諡號
始于此 又鄉稱王 爲麻立干者 自此王始 王以永元二年庚辰卽位〈或
云辛巳 則三年也〉 王陰長一尺五寸 難於嘉耦 發使三道求之

使至牟梁部冬2)老樹下 見二狗嚙一屎塊如鼓大 爭嚙其兩端 訪
於里人 有一小女告云 此部相公之女子洗澣于此 隱林而所遺也 尋
其家檢之 身長七尺五寸 具事奏聞 王遣車邀入宮中 封爲皇后 群
臣皆賀

又阿瑟羅州〈今溟州〉 東海中 便風二日程有于3)陵島〈今作羽陵〉 周
廻二萬六千七百三十步 島夷恃其水深 驕4)傲5)不臣 王命伊喰6)朴
伊宗將兵討之 宗作木偶師子 載7)於大艦之上 威之云 不降則放此
獸 島夷畏而8)降 賞伊宗爲州伯

---

1) 證：[正][順][石][品][東] 澄．[斗][浩][六][民] 證．[史] 卷4 新羅本紀 智
　證麻立干條에는 證．[遺] 卷1 王曆에는 訂．
2) 冬：[品] 之．
3) 于：[正][晚][順][石] 亐．[品] 无．[斗][浩][六] 于．
4) 驕：[正][晚][順][石][品] 憍．[斗][浩][六] 驕．
5) 傲：[正][晚][品] 憿．[斗][浩][六] 傲．
6) 喰：[浩] 湌(喰과 상통)．[史] 卷4 新羅本紀 智證麻立干 13年條에는 湌．
7) 載：[斗] 輊．
8) 而：[浩][六] 없음．

지철로왕

제22대 지철로왕(智哲老王)1)의 성은 김씨(金氏), 이름은 지대로
(智大路) 또는 지도로(智度路)이며, 시호는 지증(智證)2)이다. 시호는

---

1) 智哲老王 : 智證王. 신라의 제22대 왕. 재위 500-513. 智度路 또는 智大路라
불리기도 한다. 왕은 奈勿王의 曾孫이며, 習寶葛文王의 아들이다. 어머니는 김
씨 鳥生夫人이며, 妃는 박씨 延帝夫人이다. 이 왕대에 왕호를 麻立干에서 王으
로 고쳤으며, 국호를 '德業日新 網羅四方'이라는 의미에서 新羅라고 하였다. 지
증왕은 殉葬을 금하였고, 牛耕을 실시하여 농사를 장려하였으며, 서울에 東市
를 설치하였다. 또한 국내의 州郡縣을 정비하여 州에는 처음으로 軍主를 파견
하여 다스리게 하였고, 于山國을 정벌하였다. [遺]에서는 신라사를 시대 구분하
여, 이 왕대까지를 上古라고 부른다.
　　한편 奈勿王系인 智證王과 炤知王의 혈연관계를 살펴보면 다음과 같다.

　　[史]　　　　　　　　　　　　　　　[遺]
　奈勿 ┬ 訥祇王-慈悲王-炤知王　　　　奈勿 ┬ 訥祇王-慈悲王-炤知王
　　　　├ 卜好　　　　　　　　　　　　　　　├ 寶海
　　　　├ 未斯欣　　　　　　　　　　　　　　├ 美海
　　　　└ 習寶葛文王-智證王　　　　　　　　└ 期寶葛文王-智證王

　　나물왕 이후 訥祇王系와 習寶系 리니지집단 사이에 대립이 있었고, 지증왕은
부자상속의 원칙에 입각하여 보면 서열을 무시하고 왕위에 올랐다고 한다.(李
喜寬, 「新羅上代 智證王系의 王位繼承과 朴氏王妃族」, 『東亞研究』 20, 1990,
p.74) 또한 소지왕은 微服으로 몰래 捺已郡 사람인 波路의 딸 碧花에게 다녔는
데, 어느날 古陀郡에 사는 老嫗가 왕 자신을 강하게 비방하는 소리를 듣고 부끄
러워 하여 벽화를 가만히 別室에 두지만, 이어 왕이 죽은 것으로 기록되어 있
다.([史] 卷3 新羅本紀 炤知麻立干 22年條) 물론 소지왕과 벽화 사이에 아들
이 있었으나, 이후 그에 대한 기록은 전혀 나타나지 않는다.

2) 智證 : 『維摩詰所說經』 弟子品 第3에 「受諸觸 如智證」이라고 하였으므로, 지
증은 '지혜를 증득함' 혹은 '바른 지혜에 의해서 열반을 증명함' 이라는 뜻이며,

이때부터 시작되었다.3) 또 우리말에 왕을 마립간(麻立干)4)이라 한
것도 이 왕 때부터 시작되었다. 왕은 영원(永元)5) 2년 경진(庚辰, 500)
에 즉위하였다.〈혹은 신사(辛巳)라고도 하는데, 그렇다면 [영원] 3년(551)이다.〉6)
왕은 음경의 길이가 1자 5치나 됨에 배필을 얻기 어려워 사자를 3도
에 보내 구하도록 하였다.

사자가 모량부(牟梁部)7) 동로수(冬老樹)8) 아래에 이르러, 개 두
마리가 북만큼 큰 똥덩어리의 양쪽 끝을 물고 다투고 있는 것을 보았

지증왕은 불교식 이름으로 파악되기도 한다.(高裕燮,『韓國塔婆의 硏究』, 同和
出版公社, 1975, p.39) 그러나 智證王은 신라 고유식 왕명을 단순히 비슷한 발
음의 한자로 옮긴 것에 불과하다는 것이 학계의 정설이다.

3) 諡號始于此 : 신라의 시호는 지증왕부터 사용된 것으로 되어 있으나, 제29대
무열왕부터 붙여졌다는 설이 있다.(金正喜,「眞興二碑攷」,『阮堂先生全集』卷
1) 또한 금석문 자료에는 지증이나 법흥, 진흥이 시호가 아니라 생존 당시에 쓰
였다는 설이 있다.(金龍善,「蔚州 川前里書石 銘文의 硏究」,『歷史學報』81,
1979, p.12)

4) 麻立干 : 이 칭호가 [史]에는 奈勿王 때부터 쓴 것으로 나와 있다.

5) 永元 : 중국 南朝 齊의 廢帝인 東昏候의 연호(499-501).

6) 或云辛巳 則三年也 : 501년을 말한다. 智證王이 이 해에 즉위한 것으로 기록
된 것은 踰年稱元法에 의한 것이다.

7) 牟梁部 : 漸梁部라고도 한다. 신라 수도에 있었던 六部 중의 하나이다. [遺]
卷1 紀異 新羅始祖 赫居世王條에「茂山大樹村 長曰俱禮馬 初降于伊山 是爲
漸梁部 又牟梁部 孫氏之祖 今云長福部 朴谷村等四村屬焉」이라고 하였다. 본
래 신라 六村 중의 하나인 茂山大樹村은 村長이 구례마였고 孫氏의 시조가 되
었는데, 六部로 개편되면서 모량부로 되었으며 고려시대에는 長福部로 '父'(아
버지)로 불렸다.『東京雜記』에 長福部를 府의 서쪽에 있는 牟梁・朴村 등의 村
이라고 하였다. 또한 경주 서쪽에 牟梁川이 흐르고 있으며, 그 유역을 牟梁里라
고 하는 것으로 보아 모량부는 경주 서쪽에 있었다. 신라 中代 초기에 모량부의
益宣阿干이 罪를 입게됨을 계기로 모량부 사람들은 한 때 관직을 제수받을 수
없었다. [遺] 卷2 紀異 孝昭王代 竹旨郎條에「時圓測法師是海東高德 以牟梁
里人故 不授僧職」이라고 하였다. 원측이 귀국을 할 수 없었던 이유 중의 하나
는 당시 모량부 세력이 정치적으로 불우했음에서 찾을 수 있다.

8) 冬老樹 : 모량부에 있었던 老樹이겠지만, 모량부의 옛이름이 茂山大樹村인 것
과 연관이 있을 듯하다.

다. 그 마을 사람들에게 수소문하였더니, 한 소녀가 고하기를, "이것은
이 [모량]부 상공(相公)9)의 딸이 여기서 빨래를 하다가, 숲 속에 들
어가 숨어서 눈 것입니다"라고 하였다. [사자가] 그 집을 찾아가 살펴
보니 여자의 키가 7자 5치나 되었다. 이 사실을 자세히 왕께 아뢰자,
왕은 수레를 보내 궁중으로 맞아들이고 황후로 봉하니10) 신하들이 모
두 축하하였다.

또 아슬라주(阿瑟羅州)11)〈지금의 명주(溟州)〉의 동쪽 바다 가운데에
순풍으로 이틀 걸리는 거리에 우릉도(于陵島)12)〈지금은 우릉(羽陵)으로
쓴다.〉가 있다. 둘레가 2만 6천 7백 30보이다. 이 섬의 오랑캐들은 그
물이 깊은 것을 믿고 몹시 교만하여 조공하지 않았다. 왕이 이찬(伊喰)
박이종(朴伊宗)13)을 시켜 군사를 거느리고 가서 이를 토벌하게 하였

---

9) 相公 : 登欣 伊飡을 가리키며, 곧 朴氏이다.(李喜寬,「新羅上代 智證王系의 王
   位繼承과 朴氏王妃族」, 앞의 책, p.76)
10) 封爲皇后 : 황후는 朴氏 延帝夫人을 일컫는다.([史] 卷4 新羅本紀 智證王 卽
    位年條) 지증왕이 64세에 즉위하였기 때문에 연제부인과의 결혼은 그 이전에
    이루어졌음이 분명하다. 그렇다면 모량부 相公의 딸을 왕비로 맞는 사실은 그
    시기가 혼동되어 있으며, 아마 왕이 되기 이전에 연제부인과 결혼한 것을 가리
    킨다고 보아야 한다.
11) 阿瑟羅州 : 지금의 강원도 江陵지역. [史] 卷35 地理志2 溟州條에「本高句麗
    河西良〈一作何瑟羅〉 後屬新羅 賈耽古今郡國志云 今新羅北界溟州 蓋濊之古
    國 前史以扶餘爲濊地 蓋誤 善德王時爲小京 置仕臣 太宗王五年 唐顯慶三年
    以何瑟羅地連靺鞨 罷京爲州 置軍主以鎭之 景德王十六年 改爲溟州 今因之」
    라고 하였다.
12) 于陵島 : 지금의 鬱陵島. [史] 卷4 新羅本紀 智證王 13年條에「于山國歸服
    歲以土宜爲貢 于山國在溟州正東海島 或名鬱陵島」라고 하였다. 울릉도는 신라
    시대에 于山國으로서 지증왕대에 복속되었으며, 武陵 또는 羽陵으로 불리기도
    하였다.
13) 朴伊宗 : [史] 卷44 列傳 異斯夫條에는 성이 朴氏가 아니라 金氏로서 奈勿王
    의 4세손이었고, 異斯夫 또는 苔宗이라고도 불렸다. 그는 지증왕 13년에 우산국
    을 복속시켰으며 가야국 정벌에 공을 세웠고, 진흥왕 때에는 兵部令이 되어 고

다. 이종은 나무로 사자14)를 만들어 큰 배 위에 싣고 위협하여 말하기를, "만일 항복하지 않으면 이 짐승을 풀어 놓겠다"라고 하였다. 섬의 오랑캐들은 두려워서 항복하였다. 이에 이종을 포상하여 그 주의 장관 15)으로 삼았다.

구려의 道薩城과 백제의 金峴城을 빼앗아 이를 굳게 지켰다. 또한 그는 國史를 편찬하도록 건의하여 居柒夫가 『國史』를 편찬하였다.

14) 木偶師子 : 이사부(朴伊宗)가 나무로 만든 사자로써 우산국을 항복시키는 기록은 [史] 卷4 新羅本紀 智證王 13年條와 [史] 卷44 列傳 異斯夫條에도 비교적 상세하게 나와 있다.

15) 州伯 : 州의 長官. [史] 卷4 新羅本紀 智證王 6年條에 「王親定國內州郡縣 置悉直州 以異斯夫爲軍主」라고 한 것으로 보아 州의 장관은 軍主였다. 곧 州伯은 軍主를 가리킨다.

30. 眞興王

第二十四眞興王 卽位時年十五歲 太[1]后攝政 太[2]后乃法興王之
女子 立宗葛文王之妃 終時削髮被[3]法衣而逝

承聖三年九月 百濟兵來侵於珍城 掠取人男女三萬九千 馬八千
匹而去 先是百濟欲與新羅 合兵謀伐高麗 眞興曰 國之興亡在天
若天未厭[4]高麗 則我何敢望焉 乃以此言通高麗 高麗感其言 與羅
通好 而百濟怨之故來爾

---

1) 太：[正] 大.
2) 太：주 1)과 같음.
3) 被：[民] 披.
4) 厭：[正][晚][順][石] 猒. [品][斗][浩][六] 厭.

진흥왕

제24대 진흥왕(眞興王)1)은 즉위할 때의 나이가 15살2)이었으므로 태후(太后)3)가 섭정(攝政)하였다. 태후는 곧 법흥왕(法興王)4)의 딸

---

1) 眞興王 : 신라의 제24대 왕. 재위 540-575. 이름은 彡麥宗 또는 深麥夫라고 하는데, 사미 즉 중을 의미한다. 아버지는 立宗 葛文王이고, 어머니는 法興王의 딸이며, 妃는 朴氏인 思道夫人이다. 540년에 법흥왕이 죽고 7세의 나이로 즉위하자 太后가 섭정하였다. 이 왕대에는 법흥왕을 이어 신라가 비약적인 발전을 이루어갔다. 백제와 힘을 합쳐 고구려가 영유했던 漢江유역을 빼앗고, 다시 백제를 축출함으로써 그 지역을 확실하게 확보하였다. 553년에 한강 하류지역에 新州(지금의 廣州)를 설치하였고, 556년에는 함경남도 安邊에 比列忽州를 설치하였으며, 557년에는 忠州에 國原 小京을 두었다. 562년에는 大加耶를 평정한 후 새로 개척한 땅에 순수비를 세웠다. 현재 昌寧·北漢山·黃草嶺·磨雲嶺·赤城 등의 순수비가 남아 있다. 內治에도 힘써 576년에는 花郎制度를 改創하여 인재를 등용하는가 하면 國難에 대비하였다. 開國(551)·大昌(568)·鴻濟(572) 등의 연호를 사용함으로써 자주적인 국가의식을 나타내었고, 545년에는 異斯夫의 奏請으로 居柒夫에게 명하여 『國史』를 편찬하게 하였다. 또한 于勒을 후대하여 음악을 보급하였고, 553년에는 皇龍寺를 창건하였으며, 그 다음 해에 황룡사의 丈六像을 주조하였다. 572년에는 전사한 장병을 위해 팔관회를 베풀었을 뿐만 아니라, 왕 자신도 말년에는 출가하여 法雲이라 불렸으며, 비인 사도부인은 僧尼가 되었다. [史] 卷4 新羅本紀 眞興王條 참조.

2) 十五歲 : [史] 卷4 新羅本紀 眞興王 卽位年條에는 7세로 되어 있다.

3) 太后 : [遺] 卷1 王曆에 只召夫人으로 나와 있으나 [史]에는 그 이름이 나타나 있지 않다. 지소부인은 眞興王의 어머니이며 法興王의 딸이다. 叔父인 立宗 葛文王과 결혼하여 진흥왕을 낳았는데, 법흥왕이 죽자 진흥왕의 나이가 어려 섭정하였다. [遺] 卷1 紀異 眞興王條에는 「終時削髮被法衣」라고 하여 僧尼가 되었다고 기록되어 있다.

4) 法興王 : 신라의 제23대 왕. 재위 514-539. 이름은 原宗인데, 『冊府元龜』에는 姓은 募, 이름은 秦이라고 하였다. 지증왕의 元子로 어머니는 延帝夫人이며, 妃

로서 입종(立宗)[5] 갈문왕(葛文王)[6]의 비이다. 왕은 죽을 때 머리를 깎고 법의(法衣)를 입고[7] 세상을 떠났다.

승성(承聖)[8] 3년(554) 9월에 백제 군사가 진성(珍城)[9]을 침범해 와서 남녀 3만 9천 명과 말 8천 필을 빼앗아갔다.[10] 이보다 앞서 백제

는 朴氏 保刀夫人이다. 그러나 [遺] 卷1 王曆에는 어머니가 迎帝夫人, 妃는 巴刀夫人, 出家名은 法流라고 기록하였다. 이 왕에서부터 眞德女王까지를 신라 中古時代라 부른다. 신라는 이 왕대에서부터 국가체제를 정비하면서 강성해졌다. 法興王 4년(517)에 중앙관부로서는 처음으로 兵部를 설치하였고, 同王 7년에는 律令을 반포하고 百官의 公服을 제정하였다. 동왕 18년에는 上大等을 설치하였고, 또한 [史] 卷4에서는 동왕 15년이라고는 하지만 실제로는 22년에 불교를 공인하였다.(李基白,「新羅 初期 佛教와 貴族勢力」,『震檀學報』40, 1975;『新羅思想史研究』, 一潮閣, 1986, p.79) 한편 왕은 南方의 加耶를 경략하기 시작하였다. 동왕 9년에 加耶國王이 사신을 파견하여 請婚하자 伊湌 比助夫의 누이를 보냈으며, 19년에는 金官加耶가 來屬하였다. 동왕 23년에는 建元이라는 연호를 사용하였다. [遺] 卷1 王曆에는 法興을 諡號라고 하면서「諡始乎此」라고 하였는데, 법흥은 시호가 아닌 것으로 밝혀졌다.([遺] 卷1 紀異 智哲老王條의 주석 3) 참조)

5) 立宗 : 眞興王의 아버지이며 法興王의 동생이다.

6) 葛文王 : [遺] 卷1 紀異 第二南解王條의 주석 18) 참조.

7) 削髮被法衣 : 眞興王뿐 아니라 法興王이 出家했다는 기록은 [史]에 전혀 나타나지 않는다. 그러나『海東高僧傳』에는 두 왕이 法空과 法雲으로 附傳되어 있다. 왕이 말년에 출가함은 王卽佛이 아니라 王卽菩薩 사상에 의한 것이다. 곧 왕은 부처가 아니라 수도자의 입장에 있었다. 그것은 救世菩薩 사상이라고 하는데, 당시 중국 南朝의 불교 사상경향이다. 따라서 公認 당시의 신라 불교는 왕의 전제권을 강화하려는 北朝의 王卽佛 사상에서 벗어나, 귀족 불교로 나아갈 수 있는 南朝的 성격을 지녔다.(辛鍾遠,「6세기 新羅佛教의 南朝的 性格」, 『新羅初期佛教史研究』, 民族社, 1992, p.189)

8) 承聖 : 중국 梁 元帝의 연호(552-555).

9) 珍城 : 全羅北道의 北部인 珍州지역에 해당되며, 조선시대의 珍山郡([勝覽] 卷33)으로 본래는 백제의 珍同縣이었다고 하지만 확실하지 않다. 지금의 沃川지역에 가까웠을 것임은 분명하다.

10) 百濟兵…馬八千匹而去 : [史] 卷4 新羅本紀 眞興王 15年 秋7月條의 백제 聖王(明禮)이 加良과 함께 管山城(忠淸北道 沃川)에 침입해왔다가 신라병에게 전사당한 사실을 가리킨다. 다만 백제가 남녀 3만 9천 명과 말 8천 필을 빼앗아간 사실은 다른 역사의 기록에는 나오지 않는다. 그러나 [史]의 眞興王 15年條

가 신라와 군사를 합쳐 고구려를 치려고 했는데, 진흥왕이 말하기를, "나라가 흥하고 망하는 것은 하늘에 달렸으니, 만약 하늘이 고구려를 미워하지 않는다면, 내가 어찌 감히 [고구려가 망하기를] 바랄 수 있겠느냐?"라고 하였다.11) 이에 이 말이 고구려에 전해지니 고구려는 그 말에 감복하여 신라와 우호를 맺었다.12) 그러나 백제는 이를 원망하였으므로 [신라를] 침범하였다.

에 백제침입에 대해 「軍主角干于德 伊湌耽知等 逆戰失利」라고 한 것으로 보아 처음에 백제군이 우세하였다. 남여인구와 말 등을 빼앗은 기록은 이러한 사실을 가리키는 것으로 생각될 수 있다.

11) 眞興云…則我何敢望焉 : 이 내용은 다른 사서에 전혀 보이지 않는다.

12) 高麗…與羅通好 : 당시 고구려가 신라와 더불어 通好했다는 기사는 보이지 않으나 백제는 신라와 더불어 通好하였다. 진흥왕 9년(548)에 고구려가 穢人과 더불어 백제의 獨山城을 공격하였다. 백제는 신라에 구원을 청하자, 진흥왕은 장군 朱玲을 파견하여 고구려 군사를 물리쳤다.([史] 卷4 新羅本紀 眞興王 9年條) 당시 백제와 신라의 결합은 고구려를 공격하여 한강유역을 확보하려는 것이었다. 그 결과 백제는 한강 하류지역을, 신라는 한강 중류지역을 확보하였다. 그러나 진흥왕 14년(553) 秋7月에는 신라가 백제의 점령지역인 한강 하류지역을 점령하여 新州를 설치하고, 阿湌 武力을 그곳의 軍主로 삼았다. 다만 이 사건으로 신라와 백제의 결합은 곧 바로 무너진 것 같지는 않다. 553년 冬10月에 진흥왕은 백제의 王女를 小妃로 맞고 있다.

31. 桃花女 鼻荊郞

第二十五舍輪王 諡眞智大王 姓金氏 妃起烏公之女 知刀[1]夫人
太[2]建八年丙申卽位〈古本云十一年己亥 誤矣〉 御國四年 政亂荒婬[3]
國人廢之

前此 沙梁部之庶女 姿容艶美 時號桃花娘 王聞而召致宮中 欲
幸之 女曰 女之所守 不事二夫 有夫而適他 雖萬乘之威 終不奪也
王曰 殺之何 女曰寧斬于市 有願靡他 王戲曰 無夫[4]則可乎 曰可
王放而遣之

是年 王見廢而崩 後二[5]年 其夫亦死 浹旬忽夜中 王如平昔 來
於女房曰 汝昔有諾 今無汝夫可乎 女不輕諾 告於父母 父母曰 君
王之教 何以避之 以其女入於房 留御七日 常有五色雲覆屋 香[6]
氣滿室 七日後忽然無蹤 女因而有娠 月滿將産 天地振動 産得一
男 名曰鼻荊

眞平大王聞其殊異 收養宮中 年至十五 授差[7]執事 每夜逃去遠

---

1) 知刀：[遺] 卷1 王曆 眞智王條에는 如刀. [史] 卷4 新羅本紀 眞智王 卽位年
   條에는 知道.
2) 太：[正][晚][順][石][品][斗][浩][六] 大. 『陳書』太.
3) 婬：[正][晚][石][六] 嬌. [品][斗][浩][東] 婬.
4) 夫：[六] 없음.
5) 二：[六] 三.
6) 香：[正] 杳. [石][品][斗][浩][六][民] 香.

遊 王使勇士五十人守之 每飛過月城 西去荒川岸上〈在京城西〉率鬼
衆遊 勇士伏林中窺伺 鬼衆聞諸寺曉鐘各散 郎亦歸矣 軍士以事
來8)奏 王召鼻荊曰 汝領鬼遊 信乎 郎曰然 王曰 然則汝9)使10)鬼
衆 成橋於神元寺北渠〈一作神衆寺誤 一云荒川東深渠〉 荊奉勅 使其徒
鍊石 成大橋於一夜 故名鬼橋

　王又問 鬼衆之中 有出現人間 輔朝政者乎 曰有吉達者可輔國政
王曰與來 翌日荊與俱見 賜爵執事 果忠直無雙 時角干林宗無子
王勅爲嗣子 林宗命吉達 創樓門於興輪寺南 每夜去宿其門上 故名
吉達門 一日吉達變狐而 遁11)去 荊使鬼捉而殺之 故其衆聞鼻荊之
名 怖畏而走

　時人作詞曰 聖帝魂生子 鼻荊郎室亭 飛馳諸鬼衆 此處莫留停
鄉俗帖此詞以辟鬼

---

7) 差 : [東] 羌.

8) 來 : [浩][六] 없음.

9) 汝 : [正][晚] 伩. [順] 汝(가필). [石][品][斗][浩][六] 汝.

10) 使 : [正][晚] 俀. [順] 使(가필). [石][品][斗][浩][六] 使.

11) 遁 : [正][晚] 迺. [順] 遁(가필). [石][品][斗][浩][六] 遁.

도화녀와 비형랑

제25대 사륜왕(舍輪王)[1]의 시호는 진지대왕(眞智大王)[2]이고, 성은 김(金)씨이다. 왕비는 기오공(起烏公)[3]의 딸인 지도부인(知刀夫人)[4]이다. 태건(太建)[5] 8년 병신(丙申, 576)에 왕위에 올랐다.〈고본에는 11년 기해(己亥)라고 했으나 잘못이다.〉나라를 다스린 지 4년만에 정치가 문란하여 어지러워졌고 음란함에 빠져 나라 사람[6]이 그를 폐위시켰

1) 舍輪王 : 眞智王. 舍輪은 신라의 제25대 眞智王의 이름. [史] 卷4 新羅本紀 眞智王 卽位年條에 「諱舍輪〈或云金輪〉」이라고 하였으며, 또한 [遺] 卷1 王曆에는 「名金輪一作舍輪」이라고 하였다. '舍'와 '金'은 각각 그 발음과 뜻이 '쇠'를 가리키므로, 사륜 또는 금륜은 轉輪聖王의 이름인 鐵輪를 의미한다.(金哲埈, 「新羅 上代社會의 Dual organization」, 『歷史學報』 2, 1952, p.91) 다만 金輪・銀輪・銅輪・鐵輪이 모두 전륜성왕의 이름이나, 그 중 金輪이 인간의 이름으로 붙여진 경우는 거의 없는 편이다.

2) 眞智大王 : 신라의 제25대 왕. 재위 576-579. 이름은 舍輪 또는 金輪이다. 眞興王의 次子로 太子인 銅輪이 일찍 죽어 즉위하였다. 어머니는 思道夫人, 妃는 知道夫人이다. [史]에서와는 달리, 여기에서는 왕이 정치를 잘못하여 國人에 의해 쫓겨난 것으로 기록되었다. 眞智王의 아들은 武烈王의 아버지인 龍春이다.

3) 起烏公 : 眞智王의 妃인 知道夫人의 아버지. 이 외에 다른 역사기록에 전혀 나타나지 않는 인물이다. 武烈王이 성골이 아닌 진골로서 왕위에 올랐는데, 그가 성골이 아닌 이유는 外祖父인 기오공이 진골이었기 때문인 것으로 추측되기도 한다.

4) 知刀夫人 : 신라 제25대 眞智王의 妃. [史]에는 '知道夫人'으로 되어 있다. 朴氏이며 起烏公의 딸이다.

5) 太建 : 중국 陳 宣帝의 연호(569-582).

6) 國人 : 여기서의 국인은 和白會議의 구성원으로 이해된다.(金相鉉, 「新羅 三

다.7)

　이보다 앞서 사량부(沙梁部)8) 서민의 딸이 자색이 곱고 용모가 아름다워 당시 사람들이 도화랑(桃花娘)9)이라고 불렀다. 왕이 듣고 궁중으로 불러들여 상관하고자 하니, 여자가 말하기를, "여자가 지킬 일

寶의 成立과 그 意義」, 『東國史學』 14, 1980, p.59) 또한 그것은 金后稷 등 銅輪系가 주축을 이루었을 것이며, 眞智王權에 반대하여 眞平王을 옹립한 세력으로 이해된다.(金杜珍, 「新羅 眞平王代 初期의 政治改革-三國遺事 所載 '桃花女·鼻莉郞'條의 分析을 중심으로-」, 『震檀學報』 69, 1990, p.20)

7) 廢之 : [史] 新羅本紀에는 眞智王이 즉위한 지 4년만에 특별한 이유없이 승하한 것으로 표현되어 있으나, [遺]에서는 그가 廢位된 것으로 기록되었다. [遺]의 기록이 역사적 진실을 보다 정확하게 알려준다. 眞興王代 이후 武烈王代에 이르기까지 동륜계와 사륜계는 비록 현전하는 사료상에 극히 미약하기는 하나 서로 대립하고 있었다. 진흥왕 재위 당시 형으로서 태자인 동륜이 죽고, 그뒤 동생인 사륜(眞智王)이 즉위하였으나 진지왕은 國人에게 폐위되었다. 진지왕에게는 아들인 龍春이 있었으나, 다시 동륜의 아들인 眞平王이 즉위하였다. 진평왕이 죽고 동륜계인 善德王과 眞德王의 두 여왕이 등극하였으나, 진덕왕이 죽자 결국 용춘의 아들인 春秋가 즉위하였다. 신라 상대 말에 동륜계와 사륜계는 서로 자웅을 가리기 어려울 정도로 세력균형을 이루다가, 사륜계가 金庾信세력과 결합해 동륜계를 누르고 신라 중대를 열었다.(金杜珍, 위의 논문, pp.17-25)

8) 沙梁部 : 신라 수도에 있던 六部 중의 하나. [遺] 卷1 紀異 新羅始祖 赫居世王條에 「突山高墟村 長曰蘇伐都利 初降于兄山 是爲沙梁部 鄭氏祖 今日南山部 仇良伐麻等烏道北廻德等南村屬焉」이라고 하였다. 본래 신라 六村 중의 하나인 突山高墟村은 村長이 소벌도리였고, 鄭氏의 시조가 되었다. 다시 六部로 개편되면서 사량부로 되었으며, 고려시대에는 南山部로 불렸다. 신라 중고시대의 사량부에는 유력한 귀족집단이 거주하였다. [史] 卷1 新羅本紀 始祖 赫居世居西干 卽位年條에 「高墟村長 蘇伐公 望楊山麓 蘿井傍林間 有馬跪而嘶 則往觀之 忽不見馬 只有大卵 剖之 有嬰兒出焉 則收而養之」라고 하였으며, 또한 [遺] 卷1 紀異 新羅始祖 赫居世王條에는 '沙梁里 閼英井邊'에서 알영이 태어난 것으로 되어 있다. 이로 보면 사량부는 신라 개국신화의 형성에 깊이 연관되어 있다. 한편, 신라 상대 말이나 중대 초에는 金庾信 및 金春秋세력과 밀접한 관계에 있었다.

9) 桃花娘 : 신라 眞智王 및 眞平王 때 沙梁部에 살던 서민의 딸. 眞智王(진지왕의 魂) 사이에서 아들 鼻莉郞을 낳았다. 桃花娘이라고도 하는데, [遺] 외의 다른 기록에는 나타나지 않는다.

은 두 남편을 섬기지 않는 것입니다. 남편이 있는데도 어찌 남에게로
가겠습니까? 비록 제왕[萬乘]의 위엄으로서도 끝내 정조는 빼앗지 못
할 것입니다"고 하였다. 왕이 말하기를, "[너를] 죽인다면 어찌하겠느
냐?"고 하니, 여인이 말하기를, "차라리 저자거리에서 목을 베일지언
정 다른 마음을 가질 수는 없습니다"고 하였다. 왕이 희롱하여 말하기
를, "남편이 없으면 되겠느냐?"고 하니, 말하기를, "됩니다"고 하였다.
왕이 그를 놓아 돌려보냈다.

　이해에 왕이 폐위되고 죽었다. 그후 3년에 그 남편도 죽었다. 죽은
지 열흘 후 갑자기 밤중에 왕이 평상시처럼 여인의 방에 들어와 말하
기를, "네가 옛날에 승락하였듯이, 지금 네 남편이 없으니 되겠느냐?"
고 하니, 여인은 가벼이 허락하지 못하고 부모에게 고하였다. 부모가
말하기를, "임금님의 말씀인데 어떻게 피할 수가 있겠느냐?"고 하여
딸을 방에 들어가도록 하였다. 왕이 7일 동안 머물렀는데, 항상 오색
구름이 집을 덮고 향기가 방안에 가득하였다. 7일 뒤에 갑자기 [왕의]
자취가 사라졌다. 이로 인해 여인이 임신을 하여 달이 차서 해산하려
할 때 천지가 진동하더니 한 사내아이를 낳았다. 이름을 비형(鼻
荊)[10]이라고 하였다.

　진평대왕(眞平大王)[11]이 그 특이함을 듣고 궁중에 데려다 길렀

---

10) 鼻荊 : 신라 沙梁部 서민의 딸인 桃花女와 眞智王의 魂 사이에서 태어났다.
　　眞平王이 그를 거두어 궁중에서 길렀으며 執事의 벼슬을 내렸다. 그는 鬼神을
　　부릴 수 있는 능력을 가졌다. 그에 대해서도 [遺] 외의 다른 기록이 전하지 않
　　는다. 비형랑은 무열왕의 아버지인 龍春을 설화 속에서 상징적으로 나타낸 인물
　　로 이해되기도 한다.(金杜珍,「新羅 眞平王代 初期의 政治改革-三國遺事 所載
　　'桃花女・鼻荊郎'條의 분석을 中心으로-」,『震檀學報』69, 1990, p.26)
11) 眞平大王 : 신라의 제26대 왕. 재위 579-632. 이름은 白淨이다. [史] 卷4 新羅
　　本紀 眞平王條와 [遺] 卷1 紀異 天賜玉帶條의 주석 7), 8) 참조.

다.12) 나이가 15살이 되어 집사(執事)13) 벼슬을 주니, 밤마다 멀리 도
망가서 놀았다. 왕이 용사(勇士) 50인을 시켜서 [비형을] 지키도록 했
으나, 매번 월성(月城)을 날아 넘어가 서쪽 황천(荒川) 언덕 위〈서울
서쪽에 있다.〉14)에 가서 귀신들을 데리고 놀았다. 용사들이 숲 속에 엎드
려 엿보니, 귀신들이 여러 절의 새벽 종소리를 듣고 각각 흩어지자 낭
도 돌아왔다. 군사들이 이 사실을 와서 아뢰었다. 왕이 비형을 불러
말하기를, "네가 귀신들을 데리고 논다는15) 것이 사실인가?"고 하니,
낭이 대답하기를, "그렇습니다"고 하였다. 왕이 말하기를, "그렇다면
너는 귀신들을 시켜 신원사(神元寺)16) 북쪽 도랑〈또는 신중사(神衆寺)라

---

12) 收養宮中 : 眞智王의 상징적 아들인 鼻荊郎과 眞平王의 관계는 진평왕대 초
기의 정치체제를 시사해준다. 鼻荊郎의 入宮기사는 진평왕 즉위 초기의 왕권안
정에 사륜계의 일부세력이 협조하거나 묵인한 느낌을 준다.(金杜珍, 「新羅 眞平
王代의 釋迦佛信仰」, 『韓國學論叢』 10, 1988, p.35, 주 41)

13) 執事 : 신라시대의 관직. [史]의 職官志 등에는 나타나지 않는다. 왕의 家臣的
인 성격을 띠면서(李基白, 「新羅 執事部의 成立」, 『震檀學報』 25・26・27合,
1964; 『新羅政治社會史硏究』, 一潮閣, 1974, p.151) 宮中의 업무를 관장하는 近
侍職으로 파악된다.(李文基, 「新羅 中古의 國王 近侍集團」, 『歷史敎育論集』 5,
慶北大學敎育範大學, 1983, p.81) 그런데 고려 초의 鄕吏제도에서 下級職으로
執事가 있었으며, 이것은 成宗 때의 鄕職개혁에서 史로 개칭되었다. 이로 보면
진평왕 때의 집사도 하급 근시직으로 보인다.

14) 荒川岸上〈在京城西〉 : 경주의 남남동쪽에서 서쪽으로 흐르는 내. [勝覽] 卷21
慶州府 山川條에 「史等伊川〈一云荒川 在府東二十四里 源出吐含山 入西川〉」
이라고 하였다. 곧 황천은 史等伊川의 별명이며, 吐含山麓으로부터 出源하고
伊川과 합류하여 蚊川(南川)이 되어 西川으로 흘러 들어간다. 그러므로 '在京
城西'라는 註記는 맞지 않으며, 아마 이 기록은 본류인 西川을 가리킨 듯하다.

15) 領鬼遊 : 귀신의 무리와 교류하고 그들을 부릴 수 있는 鼻荊郎은 신라 토착적
전통을 중시한 인물로 부각될 수 있다. 이러한 면은 비형랑이 漢化政策을 추구
하는 金春秋 일파와 정치적 입장을 달리하는 것으로 파악될 수 있다. 한편, 비
형랑은 결국 귀신의 무리를 쫓아내므로 종국에는 그들과 부합되는 면을 지니고
있기도 하다.

16) 神元寺 : 慶州 月南里에 있었던 절([勝覽] 卷21 慶州府 古跡條 「在府南月南
里」). 현재 경주 五陵의 서남쪽을 神元坪이라 한다.

고도 하나 잘못이다. 또는 황천(荒川) 동쪽 깊은 도랑이라고도 한다.〉에 다리를 놓아라"고 하니, 비형랑은 임금의 명을 받아 귀신들을 시켜 돌을 다듬어 하룻밤 사이에 큰 다리를 놓았다. 그러므로 귀교(鬼橋)17)라고 불렀다.

왕이 또 묻기를, "귀신무리 중에서 사람으로 출현하여 조정일을 도울 만한 자가 있느냐?"고 하니, 비형랑은 "길달(吉達)이란 자가 있어 가히 나라의 정사를 도울 만합니다"고 하였다. 왕이 "함께 오라"고 하여, 이튿날 비형랑은 [길달과] 함께 왕을 뵈니 [왕은 길달에게] 집사(執事) 작위를 주었다. 과연 충성스럽고 정직하기가 비할 데가 없었다. 이때 각간 임종(林宗)18)이 아들이 없으므로 왕이 명령하여 뒤를 이을 아들로 삼게 하였다. 임종은 길달을 시켜 흥륜사(興輪寺)19) 남쪽에 누문(樓門)를 세우게 했더니, [그는] 밤마다 그 문 위에 올라가 자므로, [이를] 길달문(吉達門)20)이라고 하였다. 하루는 길달이 여우로 변해 도망가버리니, 비형랑은 귀신을 시켜 잡아 죽였다. 그리하여 귀신의 무리들은 비형의 이름을 들으면 두려워하여 달아났다.

당시 사람들이 글을 지었는데 이렇다.

---

17) 鬼橋 : [勝覽] 卷21 慶州府 古跡條에는「在神元寺傍」이라고 하면서, 곧 이어 [遺]의 桃花女 鼻荊郞條의 내용이 그대로 전재되어 있다. 또 [勝覽] 卷21 慶州府 橋梁條에는「神元橋〈在府西十里〉」라고 하여 곧 귀교는 신원교로 불리기도 하였다. 그 터는 현재 五陵의 서남쪽 神元坪에 있다.

18) 林宗 : 眞德王을 전후한 시기에 화백회의의 구성원이었던 신라귀족. [史]에는 나타나지 않는다. [遺] 卷1 紀異 眞德王條에「王之代有閼川公・林宗公・述宗公・虎林公・廉長公・庾信公 會于南山于知巖 議國事」라고 하였다. 남산 우지암 등 四靈地에서 모여 국사를 의논하는 화백회의에 임종 등이 참가했음을 알 수 있다.

19) 興輪寺 : 신라의 불교공인과 함께 세워진 절. [遺] 卷1 紀異 未鄒王 竹葉軍條의 주석 3) 참조.

20) 吉達門 : 吉達이 興輪寺 남쪽에 세웠다고 하는데, 흥륜사에 속한 門樓로 추정된다. 吉達은 본래 鬼類로 비형랑의 천거로 林宗公의 養子가 되었다.

성제(聖帝)의 혼이 낳은 아들

비형랑의 집과 정자로다

날고 뛰는 여러 귀신의 무리들아

이곳에 머물지 마라

나라의 풍속에 이 글을 써 붙여서 귀신을 물리쳤다.

32. 天賜玉帶〈淸泰四年丁酉五月 正承金傅獻鑴金粧玉排方腰帶一條 長十圍 鑴銙六十二 曰是眞平王天賜帶也 太[1]祖受之 藏之內庫〉

　　第二十六白淨王　諡眞平大王　金氏　太[2]建十一年己亥八月卽位 身長十一尺　駕幸內帝釋宮〈亦名天柱寺 王之所創〉踏石梯　三[3]石幷折 王謂左右曰 不動此石　以示後來　卽城中五不動石之一也

　　卽位元年　有天使降於殿庭　謂王曰　上皇命我傳賜玉帶　王親奉跪受　然後其使上天　凡郊廟大祀皆服之

　　後高麗王將謀伐羅　乃曰　新羅有三寶不可犯　何謂也　皇龍寺丈[4]六尊像一　其寺九層塔二　眞平王[5]天賜玉帶三也　乃止其謀

　　讚曰　雲外天頒玉[6]帶圍　辟雍龍袞雅相宜　吾君自此身彌重　准擬明朝鐵作墀[7]

---

1) 太：[石] 大.
2) 太：[正][晚][順][石][品][斗][浩][六] 大.『陳書』太.
3) 三：[正][晚][石] 二.[品] 一.[斗][浩][六] 三.
4) 丈：[正][晚][石] 文.[品][斗][浩][六][民] 丈.
5) 王：[正][晚] 乇.[順][石][品][斗][浩][六] 王.
6) 頒玉：[石] 頌王.
7) 墀 ：[正][晚][石] 墀.[品][斗][浩][六] 墀.

하늘이 내려준 옥대

〈청태(淸泰)[1] 4년 정유(丁酉, 937) 5월 정승(正承)[2] 김부(金傅)[3]가 금으로 새기고 옥으로 장식한 허리띠 하나를 바치니[4] 길이가 10위(圍),[5] 새겨 넣은 장식이 62개였다. 이것을 진평왕(眞平王)의 천사대(天賜帶)라 한다. 고려 태조(太祖)가 이것을 받아서[6] 내고(內庫)에 두었다.〉

1) 淸泰 : 淸泰는 중국 後唐 廢帝의 연호(934-936). 天福은 중국 後晉 高祖의 연호(936-944). 청태 4년은 937년이므로, 天福 2年에 해당한다.

2) 正承 : 王建이 고려에 降附한 신라 마지막 왕인 金傅에게 내린 벼슬. 정승은 왕보다 아래이나 太子보다 위였다고 한다. [麗史] 職官志에는 나타나지 않는다.

3) 金傅 : 敬順王. 신라의 제56대 왕. 재위 927-935. 고려 太祖 王建에게 歸順하여 正承公이 되었는데, 그 位는 太子의 위에 거하였으며, 978년(景宗 3년)에 죽었다. 자세한 것은 [遺] 卷2 紀異 金傅大王條 참조.

4) 金傅獻鑴金粧玉排方腰帶一條 : 이 기사보다 더 자세한 내용이 [麗史] 卷2 太祖 20年條에 나와 있다. 「金傅獻鑴金安玉排方腰帶 長十圍 六十二銙 新羅寶藏 殆四百年 世傳聖帝帶 王受之 命元尹弋萱 藏于物藏 初新羅使金律來 王問曰 新羅有三大寶 丈六金像 九層塔幷聖帝帶也 三寶未亡 國亦未亡 塔像猶存 不知 聖帶 今猶在耶 律對曰 臣未甞聞聖帶也 王笑曰 卿爲貴臣 何不知 國之大寶 律 慚還告其王 王問群臣 無能知者 時有皇龍寺僧 年過九十者曰 予聞聖帶 是眞平 大王所服 歷代傳之 藏在南庫 王遂開庫 風雨暴作 白晝晦冥 不得見 乃擇日齋 祭 然後見之 國人以眞平王 是聖骨之王 稱曰聖帝帶」. 곧 신라는 고려 태조 20년에 眞平王의 聖帝帶를 왕건에게 바쳤다.

5) 長十圍 : 1圍는 한 아름이다. 허리띠가 10圍 정도로 길었다고 하는 것은 왕의 몸이 매우 컸음을 말한다. 또한 왕의 몸이 컸다는 표현은 흔히 이 무렵 왕의 권위를 나타내주는 것으로 이해되기도 한다.(金相鉉,「新羅 三寶의 成立과 그 意義」,『東國史學』14, 1980, pp.57-58)

6) 太祖受之 : 고려 太祖에 의해 신라 三寶 중 없어졌던 聖帝帶가 수합되는 모습이 부각되어 있다. 이것은 王建이 이념적으로 신라왕조를 계승한다는 후삼국 통일정책과 연관되어 있다.(金相鉉, 위의 논문, p.65)

제26대 백정왕(白淨王)[7]의 시호는 진평대왕(眞平大王)[8]이고, 성은 김(金)씨이다. 태건(太建)[9] 11년 기해(己亥, 579) 8월에 즉위하였는데 키가 11자이었다. 내제석궁(內帝釋宮)[10]〈또한 천주사(天柱寺)[11]라고도 하는데 왕이 창건하였다.〉에 행차하여 돌계단을 밟으니, 돌 3개가 한꺼번에 부러졌다. 왕이 좌우에게 이르기를, "이 돌을 옮기지 말고 뒷사람들에게 보여라"고 하였으니, [이 돌은] 성 안에 있는 움직이지 못하

---

7) 白淨王 : 白淨은 眞平王의 이름. 眞興王의 태자와 次子인 眞智王의 이름은 각각 銅輪과 舍(金)輪으로, 이는 轉輪聖王의 이름을 따온 것이다. 이와 비교하여 白淨은 석가의 아버지의 이름이며, 진평왕의 부인인 摩耶夫人은 석가의 어머니의 이름이다. 眞平王의 두 동생인 眞正葛文王 伯飯, 眞安葛文王 國飯은 석가의 삼촌들의 이름이다. 이렇게 진평왕계가 釋迦族 사람들의 이름을 구체적으로 따와 사용한 것은 그들 스스로가 釋宗이라는 의식을 가진 데서 나왔다.(金杜珍,「新羅 眞平王代의 釋迦佛信仰」,『韓國學論叢』10, 1988, pp.32-33)

8) 眞平大王 : 신라의 제26대 왕. 재위 579-631. 이름은 白淨이다. 아버지는 眞興王의 태자인 銅輪이며, 어머니는 金氏 萬呼夫人이고, 妃는 김씨 摩耶夫人이다. 이 왕대에는 많은 관제가 정비되었다. 진평왕 3년(581)에는 位和府가 처음으로 설치되었고, 동왕 5년에는 船府署에 大監과 弟監 각 1員을 두었다. 동왕 6년에는 調府와 乘府를 설치하여 令 1員을 두었고, 동왕 8년에는 禮部에 令 2員을 두었으며, 동왕 13년에는 領客府에 令 2員을 두었다. 또한 동왕 44년에는 內省에 私臣 1인을 두어 三宮을 장악하게 하였고, 동왕 46년에는 侍衛府의 기능을 강화하였으며, 賞賜署와 大道署를 설치하여 각각 大正 1員을 두었다. 동왕 53년에는 伊湌 柒宿과 阿湌 石品 등이 모반을 꾀했으나, 왕이 이들을 진압하였다. 이 왕대에 활동한 승려로는 圓光이 유명하다.

9) 太建 : 중국 陳 宣帝의 연호(569-582).

10) 內帝釋宮 : 궁중에 있는 寺院을 말한다. [遺] 卷1 紀異 射琴匣條의 「內殿焚修僧」에서 內殿은 궁중에 세워진 사원으로 이해된다.([遺] 卷1 紀異 射琴匣條의 주석 8) 참조)「東京雜記」卷中 佛宇 天柱寺條에는 「卽新羅王內佛堂 今帝釋院也 國人歲植名花于庭 祈福」이라고 하였다. 이로 보면 天柱寺가 내제석궁이었음이 분명하다. 또한 [遺] 卷1 王曆 高麗 太祖條에는 왕건이 창건한 內帝釋寺와 外帝釋寺가 보이는데, 內帝釋寺는 곧 내제석궁에 해당된다.

11) 天柱寺 : [勝覽] 卷21 慶州府 佛宇條에 「天柱寺 在月城西北 俗傳炤知王射琴匣而倒 乃是寺僧也 其北有鴈鴨池」라고 하여 천주사는 안압지의 남쪽이며 월성의 서북쪽에 있다고 하였다. 절의 위치는 안압지의 남쪽, 곧 월성의 동쪽에 있었을 것으로 추정된다.

는 다섯 돌 중의 하나이다.

즉위한 원년(579)에 천사(天使)12)가 궁전의 뜰에 내려와 왕에게
이르기를, "상제께서 나에게 명하여 옥대(玉帶)를 전해주라고 하였습
니다"라고 하였다. 왕이 친히 꿇어앉아서 받으니, 그후 그 사자는 하
늘로 올라갔다. 무릇 교사나 종묘의 큰 제사 때에는 모두 이 옥대를
착용하였다.

그후 고구려왕이 장차 신라를 치려고 계획하면서 말하기를, "신라
에는 세 가지 보물이 있어서13) 침범하지 못한다고 하니 무엇을 두고
하는 말인가?"라고 하니, "첫째는 황룡사(皇龍寺)의 장육존상(丈六尊
像)14)이요, 둘째는 그 절에 있는 9층탑15)이요, 셋째는 하늘이 내린 진
평왕의 옥대입니다"고 하였다. 이에 [왕은] 그 계획을 중지하였다.

찬미하여 말하였다.

구름 위의 하늘이 옥대를 내리니
임금의 곤룡포[龍袞]에 어울리누나
우리 임금 이로부터 몸 더욱 무거우니
이 다음엔 쇠로써 섬돌을 만들까 하네

---

12) 天使 : 진평왕대에는 옥대, 불상 등 유난히 하늘에서 내리는 물건이 많이 나타
나는데, 이러한 하늘은 忉利天과 연관된 것으로 이해되기도 한다.(金杜珍, 「新
羅 眞平王代의 釋迦佛信仰」, 『韓國學論叢』 10, 1988, p.20, p.38)

13) 新羅有三寶 : 신라에 三寶가 있음은 중국의 周에 九鼎이 있어 楚人이 감히 북
방을 엿보지 못했다고 한 것과 같은 유형으로 이해된다. 三寶는 모두 불교적인
내용물로 채워져 있으며, 그 이름은 불교의 佛·法·僧의 三寶에서 유래되었다.
그것은 新羅佛緣國土思想과 鎭護國家思想에서 나왔다.(金相鉉, 「新羅 三寶의
成立과 그 意義」, 『東國史學』 14, 1980, pp.54-63)

14) 皇龍寺丈六尊像 : [遺] 卷3 塔像 皇龍寺丈六條 참조.

15) 九層塔 : 皇龍寺 九層塔. [遺] 卷3 塔像 皇龍寺九層塔條 참조.

33. 善德王知幾三事

　　第二十七德曼〈一作萬〉 諡善德女大王　姓金氏　父眞平王　以貞觀
六年壬辰卽位　御國十六年　凡知幾有三事

　　初唐太1)宗送畫牧丹三色紅紫白　以其實三升　王見畫花曰　此花
定無香　仍命種於庭　待其開落　果如其言

　　二於靈廟2)寺玉門池　冬月衆蛙集鳴三四日　國人怪之　問3)於王
王急命角干閼川弼呑等　鍊精兵二千人　速去西郊　問女根谷　必有賊
兵　掩取殺之　二角干旣受命　各率千人問西郊　富山下果有女根谷
百濟兵五百人　來藏於彼　并取殺之　百濟將軍于4)召者　藏於南山嶺
石上　又圍而射之殪　又有後兵5)一千三6)百人來　亦擊而殺之　一無
孑遺

　　三王無恙時　謂群臣曰　朕死於某7)年某8)月日　葬我於忉利天中
群臣罔知其處　奏云何所　王曰　狼山南也　至其月日王果崩　群臣葬

---

1) 太：[正][晚][石] 大.
2) 廟：[浩][東] 妙. [勝覽]과 [遺] 卷3 塔像 靈妙寺丈六條에는 妙庙.
3) 問：[民] 聞.
4) 于：[正][晚][石] 亐(于의 본자). [順] 亐(가필). [品][斗][浩][六] 亐.
5) 後兵：[正] 판독미상. [晚][順][石][品][斗][浩][六][民] 後兵.
6) 三：[正][品][斗] 二. [石][浩][六] 三.
7) 某：[正] 其. [石][品][斗][浩][六][民] 某.
8) 某：[石] 없음.

於狼山之陽　後十餘年　文虎[9]大王創四天王寺於王墳之下　佛經云
四天王天之上有忉利天　乃知大王之靈聖也

　當時群臣啓於王曰　何知花蛙二事之然乎　王曰畫花而無蝶　知其
無香　斯乃唐帝欺[10]寡人之無耦也　蛙有怒形　兵士之像　玉門者女根
也　女爲陰也　其色白　白西方也　故知兵在西方　男根入於女根　則必
死矣　以是知其易捉

　於是群臣皆服其聖智　送花三[11]色者　蓋知新羅有三女王而然耶
謂善德眞德眞聖是也　唐帝以有懸解之明

　善德之創靈廟[12]寺　具載良志師傳　詳之　別記云　是王代　鍊石築
瞻[13]星臺

---

9) 虎 : 고려 惠宗의 이름 '武'의 피휘.
10) 欺 : [民] 議. [歡]의 頭註에는 譏.
11) 三 : [晚] 一.
12) 廟 : 주 2)와 같음.
13) 瞻 : [斗][六] 瞻.

선덕왕이 미리 알아낸 세 가지 일

제27대 덕만(德曼)〈또는 만(萬)〉의 시호는 선덕여대왕(善德女大王)[1]으로 성은 김(金)씨이고, 아버지는 진평왕(眞平王)이다.[2] 정관(貞觀)[3] 6년 임진(壬辰, 632)에 즉위하여 나라를 다스린 지 16년 동안에 미리 안 일이 세 가지가 있었다.

첫째는 당 태종(太宗)이 붉은색, 자주색, 흰색의 세 가지 색으로 그린 모란과 그 꽃씨 석 되를 보내왔다. 왕은 그림의 꽃을 보고 말하기를, "이 꽃은 반드시 향기가 없을 것이다"라고 하였다. 이에 뜰에 심도록 명령하고 그 꽃이 피고 지는 것을 기다려보았더니, 과연 그의 말과 같았다.[4]

---

1) 善德女大王 : 신라의 제27대 왕. 재위 632-646. 이름은 德曼 또는 德萬이다. 아버지는 眞平王, 어머니는 金氏 摩耶夫人이다. 왕호인 善德은 帝釋과 인연하여 붙여졌다고 한다. 제석은 도리천 내의 善法堂에 거주하면서 선악을 주재함으로 선덕으로 상징되었다. 이 왕대에는 백제와의 사이에 긴장이 고조되었다. 선덕왕 11년(642)에 백제 장군 允忠이 大耶城을 공격하여 함락시키고, 金春秋의 사위였던 都督 品釋과 함께 竹竹, 龍石 등을 죽였다. 이 사건을 계기로 김춘추의 대당 외교 활동이 더 강화되었다. 동왕 16년에는 毗曇과 廉宗 등이 女主가 나라를 다스리는 것에 대해 불만을 품고 난을 일으켰으나, 난중에 왕이 돌아갔다. 김춘추·김유신세력에 의해 비담과 염종의 난은 진압되었고, 眞德王이 즉위하였다. 이 왕대에 활동한 승려로는 慈藏이 있다.

2) 父眞平王 : [史] 卷5 新羅本紀 善德王 卽位年條에는 眞平王의 長女로 기록되어 있다.

3) 貞觀 : 중국 唐 太宗의 연호(627-649).

둘째는 영묘사(靈廟寺)5)의 옥문지(玉門池)6)에서 겨울철7)인데도 많은 개구리가 모여 3, 4일 동안 울었다. 나라 사람들이 이를 괴이하게 여겨 왕에게 물었다. 왕은 급히 각간 알천(閼川)8)·필탄(弼呑)9)

4) 初唐太宗送畫牧丹 : [史] 卷5 新羅本紀 善德王 卽位年條에「前王時 得自唐 來牧丹花圖幷花子 以示德曼 德曼曰 此花□□□□定無香氣 王笑王 爾何以知 之 對曰 畫花而無蝶 故知之 大抵女有國色□□□□□□□□□故也 此花絶 艷 而圖畫又無蜂蝶 是以無香花 種植之 果如所言 其先識如此」라고 하였다. 이로 보면 당 태종이 모란꽃 그림을 보낸 사실은 眞平王 때에 있었던 것으로 되어 있다.

5) 靈廟寺 : 善德女王이 창건한 절이며 靈妙寺라고도 한다. [勝覽] 卷21 慶州府 佛宇條에「靈廟寺 在府西五里 唐貞觀六年(632) 新羅善德王建 殿宇三層 體制 殊異 羅時殿宇非一 而他皆頹毀 獨此宛然如昨 諺傳 寺址本大澤 豆豆李之衆 一夜塡之 遂建此殿」이라고 하였다. 또한 [史] 卷5 新羅本紀 善德王 4年(635) 條에「靈廟寺成」이라고 하였다. 그런데 [遺] 卷1 紀異 善德王知幾三事條에는「영묘사를 막연히 선덕왕이 창건했다」라고만 했으나, [遺] 卷3 興法 阿道基羅 條에「今靈廟寺 善德王乙未(635년)始開」라고 하였다. 곧 영묘사는 선덕왕 4년에 창건되었음이 분명하다. [史] 卷32 祭祀志에는「靈廟寺南 行五星祭」라고 하였고, [史] 卷38 職官志(上)에는 靈廟寺成典이 설치되어 있으며, [遺] 卷3 興法 阿道基羅條에는 '京都內有七處伽藍之墟' 중의 하나인 沙川尾에 영묘사가 건립되었다. 이로 보면 영묘사 주변은 본래부터 祭儀가 행해지던 聖地였음이 분명하다. 현재 '靈廟寺'라는 銘文이 쓰인 瓦當이 발견되었으나, 그 터가 자세하지 않다.

6) 玉門池 : [史] 卷5 新羅本紀 善德王 5年條에도 玉門池 설화가 실려 있다. 위치는 분명하지 않으나, [史]에는 宮의 서쪽에 있다고 하였다.

7) 冬月 : 겨울에 개구리가 운다는 기술은 보다 더 신이한 면을 강조한 것이나, [史] 卷5 新羅本紀 善德王 5年條에는「여름 5월에 대궐 서쪽의 玉門池에 개구리떼가 모여들었다」고 하였다.

8) 閼川 : [史] 卷5 新羅本紀 善德王 6年(637)條에 알천은 大將軍이 되었으며, 그 이듬해에는 고구려와 싸워 漢江유역을 확보하였다. 眞德王 원년에 毗曇의 亂이 진압되자, 알천을 上大等에 임명하였다. 654년에 진덕왕이 죽자 群臣이 알천을 섭정하도록 청했으나, 나이가 많아 굳이 사양하고 대신 金春秋(武烈王)를 즉위하도록 盡力하였다. 알천의 위엄에 대해서는 [遺] 卷1 紀異 眞德王條에「時 有大虎入座間 諸公驚起 而閼川公略不移動 談笑自若 捉虎尾撲於地而殺之」라고 하였다.

9) 弼呑 : 閼川과 같은 시대에 살았던 유력한 귀족. [史] 卷5 新羅本紀 善德王 5 年條의 玉門池 설화에서도 나타나 있으나, 다른 곳에는 전혀 기록되어 있지 않

등을 시켜 정병 2천 명을 뽑아서 속히 서쪽 교외로 가서 여근곡(女根
谷)10)을 탐문하면, 반드시 적병이 있을 것이니 [그들을] 습격하여 죽
이라고 하였다. 두 각간이 명을 받고서 각기 천 명을 거느리고 서쪽
교외로 나가 물었다. 과연 부산(富山)11) 아래 여근곡이 있고, 백제 병
사 5백 명이 와서 거기에 매복해 있었으므로,12) 모두 잡아 죽였다. 백
제 장군 우소(于召)13)라는 자가 남산 고개 바위 위에 숨어 있었는데,
이를 포위하여 쏘아 죽였다. 또 후원해오는 군사 1천 3백 명이 있었는
데,14) 이를 쳐서 한 명도 남기지 않고 다 죽였다.

  셋째는 왕이 아무런 병을 앓지 않을 때 여러 신하들에게 이르기를,

다.

10) 女根谷 : [史] 卷5 新羅本紀 善德王 5年條에는 '玉門谷'으로 되어 있다. [勝
   覽] 卷21 慶州府 山川條에는 「女根谷 在府西四十一里 世云 百濟將軍于召 伏
   兵于此 新羅善德王 命角干閼川 掩殺之」라고 하였다. 현재 전하는 여근곡의 위
   치는 慶州市 西面 乾川邑 신평리의 서쪽 약 5km에 있는 단석산의 북쪽 기슭에
   있다. [遺] 卷1 紀異 善德王知幾三事條에서 「富山下果有女根谷」이라 했으므
   로, 여근곡은 부산성의 바로 서쪽에 있었던 것으로 이해된다.

11) 富山 : [勝覽] 卷21 慶州府 城郭條에 「富山城 在府西三十二里 石築 周三千
   六百尺 高七尺 今半頹 內有四川一池九泉 有軍倉」이라고 하였다. 富山은 富山
   城을 말하는데, 경주시의 서남쪽 下枝山 위에 있다. [史] 卷6 新羅本紀 文武王
   3年條에 「作長倉於南山新城 築富山城」이라고 하였다. 곧 부산성은 문무왕 3년
   (663)에 쌓아졌다. 또한 [遺] 卷2 紀異 孝昭王代 竹旨郎條에는 「益宣 阿干이
   竹旨郎의 郎徒인 得烏를 富山城의 倉直으로 差出했다」고 하였다.

12) 百濟兵…來藏於彼 : [史] 卷5 新羅本紀 善德王 5年條에는 獨山城을 침습하
   려 하였다고 기록되어 있다.

13) 于召 : 백제 武王 때의 장군. [遺] 卷1 紀異 善德王知幾三事條 외에 [史] 卷5
   新羅本紀 善德王 5年條에도 우소가 신라를 침입한 내용이 실려 있다. 그러나
   자세한 것은 [史] 卷27 百濟本紀 武王 37年條에 「夏五月 王命將軍于召 帥甲
   士五百 往襲新羅獨山城 于召至玉門谷 日暮解鞍休士 新羅將軍閼川 將兵掩至
   鏖擊之 于召登大石上 彎弓拒戰 矢盡爲所擒」이라고 하였다. 우소가 잠복한 곳
   이나 신라 군사에게 붙잡힌 곳에 대해 세 기록이 조금씩 다르게 나타나 있다.

14) 有後兵一千三百人來 : 이러한 사실은 [史]의 신라 善德王이나 백제 武王代의
   기록에는 전혀 나타나지 않는다.

"짐이 아무 해 아무 달 아무 날에 죽을 것이니, 나를 도리천(忉利天)15) 가운데에 장사지내라"고 하였다. 여러 신하들이 그곳을 알지 못해, "어느 곳입니까?"라고 아뢰었더니, 왕이 말하기를, "낭산(狼山)16) 남쪽이니라"고 하였다. 그달 그날에 이르니 과연 왕이 죽었으므로 여러 신하들이 낭산의 양지바른 곳에 장사지냈다. 10여 년 후에 문무대왕[文虎大王]17)이 왕의 무덤 아래에 사천왕사(四天王寺)18)를 창건하였다. 불경에는 「사천왕천(四天王天)19)의 위에 도리천이 있다」

15) 忉利天 : 불교의 27天 가운데 慾界 6天의 第2天이며 天主는 帝釋天이다. 불교의 우주관에서 볼 때 세계의 중심에 위치하는 須彌山의 꼭대기에 있다. 그 모양은 사각형을 이루고 네 모서리에는 각각 봉우리가 있으며, 중앙에는 善見天(城)이라는 궁전이 있다. 선견천 안에는 帝釋天이 머무르면서, 사방 32성의 神을 지배한다. 사방 8성 씩의 32성에 선견천을 더한 이 天上界를 33천이라고도 함으로 도리천을 33천이라 한다. [遺] 卷1 紀異 善德王知幾三事條는 선덕여왕이 도리천의 佛國土觀念을 강하게 표현하였으며, 당시 도읍의 중심인 狼山을 세계의 중심인 수미산으로 생각하였다.

16) 狼山 : [勝覽] 卷21 慶州府 山川條에 「狼山在府東九里鎭山」이라고 하였다. 낭산은 신라 왕성에서 동남쪽으로 약 2km 떨어져 있으며, 신라 초기에는 聖地로 여겨졌다. [史] 卷3 新羅本紀 實聖尼師今 12年條에 「雲起狼山 望之如樓閣 香氣郁然 久而不歇 王謂是必仙靈降遊 應是福地 從此後禁人斬伐樹木入」이라고 하였다.

17) 文虎大王 : 신라의 제30대 왕. 재위 661-681. 자세한 것은 [遺] 卷2 紀異 文虎王法敏條 참조.

18) 四天王寺 : 狼山의 남쪽 기슭에 있었으며, 文武王 19년 8월에 완성되었다. 義湘이 唐으로부터 귀국하여, 당의 신라침공계획을 알리자, 조정에서는 明朗法師를 모셔다가 文豆婁秘法으로 당군을 물리치고자 하였다. 그리하여 [遺] 卷2 紀異 文虎王法敏條에는 「狼山之南有神遊林 創四天王寺於其地 開設道場則可矣」라고 하였다. 곧 사천왕사는 唐의 침입을 물리치기 위한 도량을 설치할 목적으로 창건된 신라의 호국사찰이다. [史] 卷38 職官志(上)에는 四天王寺成典이 가장 먼저 나와 있고, 그것을 이어 奉聖寺·感恩寺·奉德寺·靈廟寺·永興寺成典이 나타나 있다. 이로 보면 사천왕사는 신라 제일의 官寺였음이 분명하다.

19) 四天王天 : 불교에서 말하는 慾界 6天 중의 하나로서 수미산 중턱에 있는 持國天(東), 增長天(南), 廣目天(西), 多聞天(北)의 네 하늘을 말한다. 원래 사천왕은 고대 인도의 민간신앙에서 숭상된 신이었으나, 불교에 귀의하여 불법을 수

고 했으니, 그제야 대왕의 신령하고 성스러움을 알게 되었다.

당시 여러 신하들이 왕에게 아뢰기를, "어떻게 하여 모란꽃과 개구리 우는 두 가지의 일이 그렇게 될 줄을 아셨습니까?"라고 하니 왕이 말하기를, "꽃을 그렸으나 나비가 없으므로 그 향기가 없음을 알았다. 이는 당나라 황제가 나의 짝이 없음을 놀린 것이다. 개구리는 노한 모습을 하고 있어 병사의 형상이다. 옥문(玉門)은 여자의 생식기이다. 여자는 음(陰)이 되니 그 음의 색은 흰색이고 흰색은 서방(西方)이다. 그러므로 군사가 서방에 있음을 알았다. 남자의 생식기가 여자의 생식기에 들어가면 반드시 죽게 되니, 이로써 쉽게 잡을 줄 알았다"라고 하였다.

이에 여러 신하들은 모두 그 뛰어난 지혜에 감복하였다. 꽃을 세 가지 색으로 보낸 것은 아마 신라에 세 여왕이 있음을 알고 그러한 것일까? 선덕(善德)·진덕(眞德)·진성(眞聖)20)을 말함이니 당나라 임금도 헤아려 알아 맞추는 명석함이 있었다.

선덕왕이 영묘사를 창건한 것은 양지(良志)21)법사의 전기에 자

호하는 外護神이 되었다. 그들은 수미산의 중턱 지점에 그들의 권속들과 살면서 동서남북의 네 방위를 지키고, 佛法守護와 四部大衆의 보호를 맡았다. 곧 그들은 부하 권속들과 함께 천하를 두루 돌아다니면서 세간의 선악을 살피고, 그 결과를 매월 제석천에게 보고하였다. 우리 나라의 사찰에서는 경내로 들어서는 입구의 天王門에 이 사천왕을 봉안하고 있다.

20) 眞聖 : 신라의 제51대 왕. 재위 887-897. 상세한 것은 [遺] 卷2 紀異 眞聖女大王 居陀知條 참조.

21) 良志 : 신라 善德王 때의 승려. 그의 家系나 鄕邑은 알려져 있지 않다. 錫杖寺에 住錫하면서 神異한 행적을 많이 남겼으며, 회화나 조각에 뛰어났다. [遺] 卷3 塔像 靈妙寺丈六條에 「善德王創寺塑像因緣 具載良志法師傳」이라고 하였다. 지금 良志法師傳은 전하지 않지만, 대신 [遺] 卷4 義解 良志使錫條에는 그가 제작한 불상이나 조각의 이름이 상당히 많이 기록되어 있다. 그 중 영묘사의 丈六三尊像이나 天王像 및 殿塔의 기와, 天王寺塔 아래의 八部神將, 法林寺의

세하게 실려 있다. 『별기(別記)』에는 "이 왕 때에 돌을 다듬어서 첨성
대(瞻星臺)22)를 쌓았다"고 하였다.

主佛三尊像이나 좌우 金剛神 등은 빼어난 걸작이었다.

22) 瞻星臺 : [勝覽] 卷21 慶州府 古跡條에 「瞻星臺 在府東南三十里 善德女王時
　　鍊石築臺 上方下圓 高十九尺 通其中 人由中而上下 以候天文」이라고 하였다.
　　이로 보면 첨성대는 기상과 함께 천문을 관측한 것이 분명한데, 일설에는 祭祀
　　에 사용되었다는 주장도 있다. 위치는 현재 鷄林의 북쪽 약 200m 지점에 있다.

34. 眞德王

第二十八眞德女王卽位 自製太[1]平歌 織錦[2]爲紋 命使往唐獻之
〈一本命春秋公爲使 往[3]仍請兵 太[4]宗嘉之 許蘇定[5]方云云者 皆謬矣 現[6]慶前
春秋已登位 現[7]慶庚申非太[8]宗 乃高宗之世 定方之來 在現[9]慶庚申 故知織錦
爲紋 非請兵時也 在眞德之世 當矣 蓋請放金欽純之時也〉唐帝嘉賞之 改封
爲雞林國王

其詞曰 大唐開洪[10]業 巍巍皇猷昌 止戈戎衣[11]定 修文繼[12]百
王 統天崇雨施 理物體含章 深仁諧日月 撫運[13]邁虞唐[14] 幡旗
何[15]赫赫 鉦[16]鼓何鍠鍠 外夷違命者 剪覆被天殃 淳風凝幽現[17]

---

1) 太：[正] 大.
2) 錦：[斗] 綿.
3) 往：[正] 獨. [品][斗][浩][六][民] 往.
4) 太：주 1)과 같음.
5) 定：[正][晚][品] 廷. [斗][浩][六][民] 定.
6) 現：[民] 顯.『舊唐書』『新唐書』顯.
7) 現：주 6)과 같음.
8) 太：주 1)과 같음.
9) 現：주 6)과 같음.
10) 洪：『全唐詩』鴻. [史] 洪.
11) 衣：[正][品][斗][六] 威. [浩] 衣. [史]『全唐詩』『東文選』衣.
12) 繼：[正][品][斗][六] 契. [浩] 繼. [史]『全唐詩』『東文選』繼.
13) 運：[正][品] 軍. [斗][浩][六] 運.
14) 虞唐：[史]『全唐詩』『東文選』時康.
15) 何：『全唐詩』旣.
16) 鉦：[史]『全唐詩』『東文選』鉦.

邐迤競呈祥 四時和[18]玉燭 七曜巡萬[19]方 維嶽降宰輔[20] 維帝任[21] 忠良 五三成[22]一德 昭我唐家皇[23]

王之代有閼川公 林宗公 述宗公 虎[24]林公〈慈藏之父〉 廉長公 庾信公 會于南山于[25]知巖 議國事 時有大虎走入座間 諸公驚起 而閼川公略不移動 談笑自若 捉虎尾撲於地而殺之 閼川公膂力如此 處於席首 然諸公皆服庾信之威

新羅有四靈地 將議大事 則大臣必會其地謀之 則其事必成 一曰東[26]青松山 二曰南于[27]知山 三曰西皮田 四曰北金剛山 是王代始行正旦禮 始行侍郎號

---

17) 幽現 : ［史］『東文選』幽顯. 『全唐詩』宇宙.
18) 和 : 『全唐詩』調.
19) 萬 : ［正］方. ［石］［品］［斗］［浩］［六］［民］萬.
20) 宰輔 : ［正］［品］［斗］［浩］［六］［相］［樹］輔宰. ［史］『全唐詩』『東文選』宰輔.
21) 任 : 『全唐詩』用.
22) 成 : 『全唐詩』咸.
23) 唐家皇 : 『全唐詩』皇家唐.
24) 虎 : 고려 惠宗의 이름 '武'의 피휘. ［遺］卷4 義解 慈藏定律條에는 茂.
25) 于 : ［正］［晚］［順］［品］［斗］［浩］［六］亏. ［石］亏.
26) 日東 : ［正］［品］［斗］［六］東日. ［浩］［民］日東.
27) 于 : 주 25)와 같음.

진덕왕

　제28대 진덕여왕(眞德女王)이 즉위하여 스스로 태평가(太平歌)[1]를 짓고 비단을 짜서 무늬를 놓아 사신[2]을 시켜 당나라에 바쳤다.〈어떤 책에 「춘추공(春秋公)을 사신으로 삼아 당나라에 가서 군사를 청하니 태종(太宗)이 좋아하여 소정방(蘇定方)을 보내기로 허락하였다」고 한 것은 모두 잘못이다. 현경(現慶)[3] 전에 춘추공은 이미 왕위에 올랐고, 현경 경신(庚申, 660)[4]은 태종이 아니고 고종 때이며, 소정방이 온 것은 현경 경신이므로 비단을 짜서 무늬를 놓아 보낸 것은 청병(請兵) 때가 아님을 알 수 있다. 진덕왕의 재위 때인 것만은 분명하니 대개 김흠순(金欽純)을 놓아 돌려보내기를 청하던 때였다.[5]〉 당나라 황제는 이를 아름답게 여겨 칭찬하고 [진덕여왕을] 계림국왕(雞林國王)으로 고쳐 봉하였다.

---

1) 太平歌 : [史] 卷5 新羅本紀 眞德王 4年 6月條에는 왕이 비단을 짜서 五言詩의 태평송을 지어 무늬를 놓아 김춘추의 아들 法敏을 파견하여 唐 高宗에게 바쳤다고 하고, 태평가를 소개하고 있어 비교된다.

2) 使臣 : 앞의 주석 1) 참조.

3) 現慶 : 顯慶. 중국의 唐 高宗의 연호(656-660).

4) 現慶 庚申 : 현경 5년이며, 唐 高宗 5년(660)으로 신라 武烈王 7년에 해당된다.

5) 蓋請放金欽純之時也 : [史] 卷6 新羅本紀 文武王 9年條에 「角干 欽純과 波珍湌 良圖를 唐에 보내어 사죄하였다」고 하고, 동왕 10년조에는 「정월에 당 高宗이 전년에 謝罪使로 가있는 흠순의 환국을 허락하고 양도는 그대로 가두었는데, 그는 마침내 옥에서 죽고 말았다. 그런데 이 사죄사는 왕이 마음대로 백제의 토지와 그 유민을 거두어들인 까닭에 唐帝가 노하여 다시 사자를 억류하였던 것이다」고 하였다. 김흠순은 金庾信의 아우로서 백제・고구려와의 전쟁에서 활약한 무장이다.

그 가사는 이렇다.

당(唐)나라가 왕업을 개창하시니

높고 높은 임금의 계획[皇猷]은 창성하도다

전쟁이 그치니 군사[戎衣]6)는 안정되고

문치를 닦으니 모든 왕이 뒤를 이었네

하늘을 통령하매 고귀한 비가 내리고7)

만물을 다스리니 모든 체모 광채가 나네8)

깊은 인덕은 해와 달과 같아

돌아오는 운수는 우당(虞唐)보다 앞서네9)

번(幡)과 깃발은 어찌 그리 빛나며

징소리, 북소리는 어찌 그리 웅장한가10)

외이(外夷)로서 황제의 명을 어긴 자는

칼날에 엎어져 천벌을 받으리

순후한 덕풍은 곳곳에11) 퍼지니

원근에서 다투어 상서[祥]를 바치네

---

6) 戎衣 : 군사들의 복장, 곧 군사, 전쟁을 가리킨다.

7) 雨施 : 비가 내려 만물을 윤택하게 한다는 뜻이다. 즉 대자연의 조화를 말한
다. 『易經』에는 「雲行雨施 品物流形」이라고 하였다.

8) 含章 : 아름다운 덕을 속에 함축한다는 뜻이다. 『易經』에 '含萬物'이라 한 것
이니, 곧 地道를 뜻한다. 즉 『易經』 坤卦에 「含章可貞」이라고 하였고, 또 「陰雖
有美含之…地道也 妻道也 臣道也」라고 하였다.

9) 撫運邁虞唐 : 撫는 순환, 邁는 빠름을 뜻하고, 虞는 舜帝의 국명, 唐은 堯帝의
국명이다.

10) 鍠鍠 : 종과 북의 소리. 『後漢書』에 '鍠鎗鎗'이라 함은 '鎗鎗', 즉 종소리를 뜻
하고, 『後漢書』 馬融傳에는 「鍠鍠鎗鎗 奏於農郊大路之衢」라고 하였다.

11) 幽現 : 幽顯과 같은 말. 사람이 보지 못하는 곳과 보는 곳, 즉 모든 곳이라는
뜻이다. 『北史』 卷39 列傳 房彦謙傳에 「自非積德 累仁豊功厚利 孰能道洽幽顯
義感靈祇」라고 하였다.

사철이 옥촉(玉燭)[12]처럼 고르고

칠요(七曜)[13]의 광명은 만방에 두루 비치네

산악의 정기는 재상[宰輔]을 내려

황제는 충량(忠良)한 신하에게 일을 맡겼네

오제[五][14] 삼황[三][15]의 덕이 하나로 이룩되니

우리 당나라 황제를 밝게 해주리

  왕의 시대에 알천공(閼川公)·임종공(林宗公)[16]·술종공(述宗公)[17]·무림공[虎林公][18]⟨자장(慈藏)의 아버지⟩·염장공(廉長公)[19]·유신공(庾信公)이 있었는데, 이들은 남산 우지암(于知巖)[20]에 모여 나라의 일을 의논하였다. 이때 큰 호랑이가 나타나서 좌중에 뛰어들어 여러 공

---

12) 玉燭 : 태평한 세상. 군주의 덕이 옥같이 아름답고 촛불처럼 밝으면 능히 四時의 和氣를 이룬다는 뜻이다.『爾雅』에 「四氣和 謂之玉燭」이라고 하였다.

13) 七曜 : 日·月과 水·火·金·木·土 5별을 말한다.

14) 五 : 五帝. 三皇 다음으로 대를 이은 5天子인 少昊·顓頊·帝嚳·堯·舜을 말한다.

15) 三 : 三皇. 중국 고대의 天子인 伏犧氏·神農氏·黃帝를 말한다.

16) 林宗公 : [遺] 卷1 紀異 桃花女 鼻荊郞條 참조. 각간 임종공은 아들이 없어 귀신의 무리 중에서 아들을 삼으니 이가 곧 吉達이다. 길달은 興輪寺의 門樓를 세웠다.

17) 述宗公 : 신라 眞德女王 때의 인물로서 朔州都督使(춘천지방을 포함한 嶺西 일대를 관할하는 지방장관)가 되었다. [遺] 卷2 紀異 孝昭王代 竹旨郞條·卷5 神呪 明朗神印條 참조.

18) 虎林公 : 武林公. 고려 惠宗의 이름 '武'를 피휘한 것. '茂林'이라고도 한다. 즉 [遺] 卷4 義解 慈藏定律條에는 「大德慈藏金氏 本辰韓眞骨 蘇判茂林之子」라고 하였다. 武와 茂는 同音借字이다.

19) 廉長公 : 미상.

20) 于知巖 : 경주 남산 三陵溪의 속칭 碁岩으로 추정된다. 이 봉우리로부터 능선을 따라 내려가면 憲康王 때 남산신이 나타나 詳審舞를 추었던 鮑石亭과 연결된다. 그 위치는 남산에서 서라벌 전체를 조망하기에 매우 좋은 곳이다. 즉 上仙庵 마애불의 북봉에 해당된다.

이 놀라 일어났으나, 알천공은 조금도 움직이지 않고, 태연히 담소하면서 호랑이의 꼬리를 붙잡아 땅에 메쳐 죽였다. 알천공의 완력이 이와 같았으므로 수석에 앉았으나 여러 공들은 모두 유신공의 위엄에 복종하였다.

신라에는 네 곳의 신령스런 땅21)이 있어서 나라의 큰 일을 의논할 때에는 대신들이 반드시 그곳에 모여서 의논하면 그일이 꼭 이루어졌다. [신령스런 네 땅은] 첫째는 동쪽의 청송산(靑松山)22)이요, 둘째는 남쪽의 우지산(于知山)23)이요, 셋째는 서쪽의 피전(皮田)24)이고, 넷째는 북쪽의 금강산(金剛山)25)이다. 이 왕 때 비로소 설날 아침의 조례[旦禮]26)를 행했고, 시랑(侍郞)27)이란 칭호를 처음으로 쓰기 시작하였다.

---

21) 四靈地 : 신라 때 부족회의를 행하던 국가적 靈地로 추정된다.
22) 靑松山 : 경주의 동쪽에 위치한 산으로는 含月山·白頭山·吐含山·兄弟山 등이 있으나 자세하지 않다.
23) 于知山 : 이 글의 바로 위에서 '南山 于知巖'으로 기록한 것으로 볼 때 경주의 南山으로 추정된다.
24) 皮田 : 정확한 위치는 알 수 없다.
25) 金剛山 : 위치에 대해서 [斗][浩][樹] 등 대부분의 주석서에는 지금의 경상북도 永川郡에 있다고 하였으나 이는 잘못이다. 물론 영천시 완산동과 범어동, 고경면 대의동에 걸쳐 있는 금강산이 있으나, [遺] 卷3 興法 原宗興法 厭髑滅身 條에 「逾乃葬北山之西嶺(卽金剛山也…)」이라고 하였고, [勝覽] 卷21 慶州 山川條에 「金剛山在府北七里 新羅號北嶽」이라고 하였으며, 영천은 경주의 서쪽에 위치하므로 '북쪽의 금강산'이라는 것은 경주의 北山, 곧 栢栗寺가 있는 산으로 볼 수 있다.
26) 旦禮 : [史] 卷5 新羅本紀 眞德王 5年條에 「春正月朔 王御朝元殿 受百官正賀 賀正之禮始於此」라고 하였다.
27) 侍郞 : [史]에 侍郞의 직명이 처음 보이는 것은 景德王 6년이다. 즉 職官志 執事省條에 「典大等二人 眞興王二十六年置 景德王六年 改爲侍郞」이라고 하였으므로 그 시기가 혼동된다. 다만 이는 內外職의 관직 중 內職으로, 별칭은 典大等이며, 位階는 11등급인 奈麻에서 6등급인 阿飡까지이다.

35. 金庾信[1]

虎[2]力伊干之子 舒玄角干 金氏之長子曰庾信 弟曰欽純 姊[3]曰
寶姬 小名阿海 妹曰文姬 小名阿之 庾信公以眞平王十七年乙卯生
禀精七曜 故背有七[4]星文 又多神異 年至十八壬申 修劍[5]得術爲
國仙 時有白石者 不知其所自來 屬於徒中有年

郎以伐麗濟[6]之事 日夜深謀 白石知其謀 告於郎曰 僕請與公密
先探於彼 然後圖之何如 郎喜 親率白石夜出行 方憩於峴上 有二
女隨郎而行 至骨火川留宿 又有一女忽然而至 公與三娘子喜話之
時 娘[7]等以美菓餽之 郎受而啖之 心諾相許 乃說其情

娘等告云 公之所言已聞命矣 願公謝白石而共入林中 更陳情實
乃與俱[8]入 娘等便現神形曰 我等奈林 穴禮 骨火等三所護國之神
今敵國之人誘郎引之 郎不知而進途 我欲留郎而至此矣 言訖而隱
公聞之驚仆 再拜而出 宿於骨火舘 謂白石曰 今歸他國 忘其要文

---

1) 이 뒤에 [正] 事善德眞德太宗文武王(가필).
2) 虎 : 고려 惠宗의 이름 '武'의 피휘.
3) 姊 : [正][品][斗][六] 姊妹. [浩][民] 姊. '妹'는 衍字이다.
4) 七 : [正] 士. [石][品][斗][浩][六][民] 七.
5) 劍 : [正][品] 釼. [斗][浩][六] 劍.
6) 濟 : [正][品] 齊. [斗][浩][六][民] 濟.
7) 娘 : [石] 郎.
8) 俱 : [斗] 具.

請與爾還家取來

　　遂與還至家 拷縛白石而問其情 曰我本高麗人〈古本云百濟 誤矣 楸
南乃高麗之士 又逆行陰陽亦9)是10)寶藏王事〉 我國群臣曰 新羅庾信是我
國卜筮之士楸南也〈古本作春南 誤矣〉 國界有逆流之水〈或云雄雌 尤反覆
之事〉 使其卜之11) 奏曰 大王夫人逆行陰陽之道 其瑞如此 大王驚
怪 而王妃大怒 謂是妖12)狐之語 告於王 更以他事驗問之 失言則
加重刑 乃以一鼠藏於合中 問是何物 其人奏曰 是必鼠 其命有八
乃以謂失言 將加斬罪 其人誓曰 吾死之後 願爲大將必滅高麗矣
卽斬之 剖鼠腹而13)視之 其命有七 於是知前言有中 其日夜大王夢
楸南入于新羅舒玄公夫人之懷 以告於群臣 皆曰 楸南誓心而死 是
其果然 故遣14)我至此謀之爾 公乃刑白石 備百味祀三神 皆現身受
奠

　　金氏宗財買夫人死 葬於靑淵上谷 因名財買谷 每年春月 一宗士
女會宴於其谷之南澗 于時百卉敷榮 松花滿洞府林 谷口架築爲庵
因名松花房 傳爲願刹 至五十四景明王 追封公爲興虎15)大王 陵在
西山毛只寺之北 東向走峰

---

9) 亦：[斗] 없음.
10) 是：[六] 없음.
11) 之：[石] □.
12) 妖：[正] 妭. [品] 媛. [斗][浩][六] 妖.
13) 而：[斗][浩][六] 없음.
14) 遣：[斗] 遺.
15) 虎：주 2)와 같음.

김유신

　무력[虎力] 이간(伊干)1)의 아들인 서현(舒玄)2) 각간(角干)3) 김
(金)씨의 장자는 유신(庾信)이고, 그 아우는 흠순(欽純)이다. 맏누이
는 보희(寶姬)이며 아이 때 이름은 아해(阿海)이고, 누이 동생은 문
희(文姬)로 아이 때 이름은 아지(阿之)이다. 유신공은 진평왕(眞平
王) 17년 을묘(乙卯, 595)에 태어났다. 칠요(七曜)4)의 정기를 타고났
으므로 등에 칠성(七星)무늬가 있고, 또 신기하고 이상한 일들이 많았
다. 나이 18살 되던 임신(壬申)에 검술을 닦아 국선(國仙)5)이 되었
다. 이때 백석(白石)이란 자가 있었는데 어디서 왔는지 알 수 없었으
나 여러 해 동안 화랑의 무리에 속해 있었다.
　낭[유신]이 고구려와 백제를 치려고 밤낮으로 깊이 생각하고 있는
데 백석이 그 계략을 알고 낭에게 고하기를, "제가 청컨대 공과 함께

---

1) 伊干 : 伊湌의 다른 이름. 신라 17관등 중의 제2관등.
2) 舒玄 : [史] 卷41 列傳 金庾信條(上)에는 그의 부친 舒玄의 벼슬이 蘇判에
　이르렀다고 하였고, 金庾信의 碑에는 그의 부친은 소판 金逍衍이라고 하였으므
　로 이는 舒玄이 改名인지 혹은 逍衍이 字인지 모르기 때문에 둘 다 둔다고 하
　였다.
3) 角干 : 신라의 17관등 중의 제1관등.
4) 七曜 : [遺] 卷1 紀異 眞德王條의 주석 13) 참조.
5) 國仙 : 화랑의 이칭. 김영태, 「新羅 眞興大王의 信佛과 그 思想硏究」, 『佛敎
　學報』 5, 동국대학교, 1967; 「僧侶郎徒攷」, 『佛敎學報』 7, 동국대학교불교문화
　연구소, 1970 참조.

은밀히 저편을 먼저 정탐한 후에 도모하는 것이 어떻겠습니까?"라고 하였다. 낭이 기뻐하여 친히 백석을 데리고 밤길을 떠나 고개 위에서 막 쉬고 있는데 두 여자가 나타나 낭을 따라왔다. 골화천(骨火川)[6]에 이르러 유숙하니 또 한 여자가 홀연히 나타났다. 공이 세 낭자와 함께 즐겁게 이야기할 때 낭자들이 맛있는 과일을 주었다. 낭이 이를 받아 먹으면서 마음으로 서로 허락하여 이에 그 실정을 이야기하였다.

낭자들이 말하기를, "공의 말씀하는 바는 이미 알고 있으니, 원컨대 공은 백석을 떼어 두고 우리와 함께 수풀 속에 들어가면 다시 실정을 말하겠습니다"고 하였다. 이에 함께 숲 속으로 들어갔다. 낭자들이 갑자기 신의 모습으로 나타나 말하기를, "우리들은 나림(奈林)[7]·혈례 (穴禮)[8]·골화(骨火)[9] 등 세 곳의 호국신입니다. 지금 적국의 사람이 낭을 유인하는 데도 낭은 알지 못하고 따라가므로 우리들은 낭을

---

6) 骨火川 : 지금의 경상북도 永川. 이재수, 「골화성에 대하여-골화소국과 관련하여」,『향토문화』5, 1990. 최광식,『고대한국의 국가와 제사』, 한길사, 1994, p.301 참조.

7) 奈林 : 奈歷이라고도 한다. 경주의 狼山으로 보기도 하나([斗]), 奈歷은 習比部에 있음을 들어([史] 卷32 祭祀志 大祀條 奈歷〈習比部〉) 梁部로 볼 때 낭산이 아니라 明活山으로 비정하므로 혼동된다.([品] 上, p.430. 최광식,『고대한국의 국가와 제사』, 한길사, 1994, p.301 참조)

8) 穴禮 : [史] 雜志에 大城郡이 淸道에 있음을 들어 지금의 청도의 오리산, 즉 鳧山([斗]) 또는 烏禮山([斗])이라 했으나, 토함산이 있는 경주도 대성군에 있다(『大東地志』卷7 慶尙道 慶州 古邑條. 金侖禹, 「신라시대 大城郡에 대하여」,『신라문화』3·4합, 동국대신라문화연구소, p.68)고 하였으므로 문제가 있다. 또한 대성군은 지금의 경주 동북 동남과 영일군에 걸친 동해변에 면한 지역이라고 하였고(문경현, 「신라 국가형성 과정의 연구」,『신라사연구』, 경북대학교출판부, 1983), 1989년 영일군 신광면 냉수리에서 발견된 영일냉수리신라비가 있는 뒷산인 魚來山(於來山)이 바로 혈례산이라는 견해가 있다.(金侖禹, 위의 글)

9) 骨火 : 지금의 永川의 金剛山.

만류하려고 여기까지 온 것입니다"라고 하고 말을 마치자 자취를 감추었다. 공은 이 말을 듣고 놀라서 엎드려 두 번 절하고 나와서 골화관(骨火館)에서 유숙하고 나서 백석에게 말하기를, "지금 타국에 가면서 요긴한 문서를 잊었다. 너와 함께 집으로 돌아가서 가지고 와야겠다"고 하였다.

마침내 집에 돌아와서 백석을 결박하고 다짐하여 그 실정을 물었더니 백석이 말하기를, "나는 본래 고구려 사람〈고본에는 백제라 했으나 잘못이다. 추남(楸南)[10]은 고구려 사람이요, 또한 음양을 역행한 것도 보장왕(寶藏王) 때의 일이다.〉입니다. 우리 나라의 여러 신하들이 말하기를, 신라의 유신은 본래 우리 나라에서 점치던 선비인 추남(楸南)〈고본에는 춘남(春南)이라고 했으나 잘못이다.〉이라고 합니다. 국경에 역류하는 물〈혹은 웅자(雄雌)가 엎치락 뒤치락하는 것이라 한다.〉이 있어 그에게 점을 치게 했더니, 아뢰기를, '대왕의 부인이 음양의 도를 역행했으므로 그 표징이 이와 같습니다'고 하니, 대왕이 놀라 괴이히 여기고, 왕비는 크게 노하여 이것은 요망한 여우의 말이라고 왕에게 고하여, 다시 다른 일로써 시험해 물어서 그 말이 틀리면 중형에 처하기로 하였습니다. 이에 쥐 한 마리를 함속에 감춰두고 이것이 무슨 물건이냐고 물으니, 그가 아뢰기를, '이것은 틀림없이 쥐인데, 그 수는 여덟 마리입니다'고 하였습니다. 이에 말이 틀린다고 하여 죽이려 하니, 그가 맹세하여 말하기를, '내가 죽은 뒤에 대장이 되어 반드시 고구려를 멸망시킬 것이다'고 하였습니다. 곧 목을 베어 죽이고, 쥐의 배를 갈라 보니 그 새끼가 일곱 마리나 있어 그의

---

10) 楸南 : 金時習의『金鰲神話』중 醉遊浮碧亭記에「其勝地則錦繡山 鳳凰臺 綾羅島 麒麟窟 朝天石 楸南墟皆古蹟」이라고 하여 참조된다.

말이 맞은 것을 알게 되었습니다. 그날 밤 대왕이 꿈에 추남이 신라 서현공(舒玄公) 부인의 품 속으로 들어간 것을 여러 신하들에게 이야기하였더니, 모두 말하기를, '추남이 마음 속으로 맹세하고 죽더니 그 일이 과연 그러합니다.'고 하였습니다. 그 때문에 나를 보내 이런 계획을 꾸미게 한 것입니다"고 하였다. 공은 이에 백석을 처형하고 온갖 음식을 갖추어 삼신(三神)에게 제사지내니, 모두 나타나서 제물을 흠향하였다.

김씨 집안 재매부인(財買夫人)[11]이 죽으매 청연(靑淵) 상류 골짜기[12]에 장사지내니 이로 인해 재매곡(財買谷)이라 불렀다. 해마다 봄이면 온 집안의 남녀가 그 골짜기 남쪽 시내에 모여 잔치하였는데, 그 때는 온갖 꽃이 피고 송화(松花)가 골짜기 안 숲 속에 가득하였다. 골짜기 어귀에 암자를 지어 송화방(松花房)[13]이라 불렀으며, 원찰(願刹)[14]로 삼았다. 54대 경명왕(景明王) 때에 이르러 공을 추봉하여 흥

---

11) 金氏宗財買夫人 : 이곳에서는 '金氏宗財買夫人'이라고만 하였으나 [勝覽] 慶州府 古跡條의 財買谷에는 '金庾信宗女財買夫人'이라고 하였다. 따라서 구체적으로 말하기는 어려우나 '宗女'는 황실의 딸(『字林』)이라고 하였으므로 김씨 祖宗의 어느 여인인 재매부인을 지칭하는 것이고, 그 시기는 단정하기 어려우나 7세기 전반까지 소급할 수 있지 않을까 한다. 또한 [遺] 卷1 紀異 辰韓條에 「財買井宅〈庾信公祖宗〉」이라 한 것도 참조된다.

12) 靑淵上谷 : 靑淵은 경주의 西川에 있는 淸沼, 즉 속칭 애기청소. 그러므로 靑淵上谷은 애기청소의 상류 서쪽 골짜기로 추정된다.

13) 松花房 : 경주 서쪽 松花山의 東麓인 지금의 金山齋 부근으로 추정된다. 이곳에서는 1909년 석조미륵보살반가사유상이 발견되어 경주박물관에 수장되었다. 즉 『朝鮮古蹟圖譜解說』 3 西嶽里 발견 석조미륵보살상조에는 '明治 42년 府內面 西嶽里 角干墓가 있는 東麓 밭에서 발견'이라고 하였다. 각간은 김유신을 뜻하고, 이곳은 지금의 김유신묘가 있는 동록의 어귀이며 지금의 지명은 忠孝洞이다.(黃壽永, 「慶州松花山石造半跏思惟像」, 『한국의 불상』, 문예출판사, 1989, p.289, p.303의 주 31, p.304의 주 32)

14) 願刹 : 소원을 빌기 위하여 세운 절.

무대왕[興虎大王]15)이라고 하였다. 능은 서산(西山)16) 모지사(毛只
寺)17)의 북쪽 동으로 뻗은 봉우리에 있다.

---

15) 興虎大王 : 興武大王. [史] 卷43 列傳 金庾信條(下)에는 「興德大王 封公爲
   興武大王」이라고 하였다.
16) 西山 : 松花山, 즉 金山原이다. [史] 卷43 列傳 金庾信條(下)에는 葬儀와 墓
   制에 대하여 「大王聞訃震慟 贈賻彩帛一千匹 租二千石 以供喪事 給軍樂鼓吹
   一百人 出葬于金山原 命有司立碑 以紀功名 又定入民戶以守墓焉」이라고 하였
   다. 현재는 水道山이라고도 한다.
17) 毛只寺 : 정확한 위치는 알 수 없으나, 權相老는 「頉字似是項字之誤 項字之
   訓爲 「목」, 則與毛字之音相近 以是致誤耶」라고 하여 '頉'은 '項'의 誤字이고
   '項'과 '毛'는 같은 뜻으로 해석하였다. '只'와 '祇' 역시 訓과 音에서 동일한 의미
   를 갖고 있다. 즉 원래는 項只寺였던 것이 후대에 音借로 인해 毛只寺로 개칭
   된 것으로 보았다.(「頉只寺」, 「毛只寺」, 『韓國寺刹全書』 上, 退耕堂權相老博士
   全書刊行委員會, 1994, p.101, p.551)

36. 太¹⁾宗春秋公

　第二十九太²⁾宗大王　名春秋　姓金氏　龍樹〈一作龍春〉角干　追封
文興大王之子也　妣眞平大王之女天明夫人　妃文明皇³⁾后文姬⁴⁾ 卽
庾信公之季妹也

　初文姬⁵⁾之姊寶姬　夢登西岳捨溺　瀰⁶⁾滿京城　旦與妹說夢　文姬
聞之謂曰　我買此夢　姊曰　與何物乎　曰鬻錦裙可乎　姊曰諾　妹開襟
受之　姊曰　疇昔之夢傳付⁷⁾於汝　妹以錦裙酬之

　後旬日庾信與春秋公　正月午忌日〈見上射琴匣事 乃崔致遠之說〉蹴鞠
于庾信宅前〈羅人謂蹴鞠爲弄珠之戲〉　故踏春秋之裙　裂其襟紐　曰請⁸⁾
入吾家縫之　公從之　庾信命阿海奉針　海曰　豈以細事輕近貴公子乎⁹⁾
因¹⁰⁾辭〈古本云因病不進〉　乃命阿之　公知庾信之意　遂幸之　自後數數
來往　庾信知其有娠　乃嘖之曰　爾不告父母而有娠何也　乃宣言於國

---

1) 太 : [正] 大.
2) 太 : 주 1)과 같음.
3) 皇 : [遺] 卷1 王曆에는 王.
4) 姬 : [遺] 卷1 王曆에는 熙.
5) 姬 : 주 4)와 같음.
6) 瀰 : [正][晚][順][石] 㳽(瀰와 상통). [品][斗][浩][六][民] 瀰.
7) 付 : [石] □.
8) 曰請 : [六] 請曰.
9) 乎 : [正][晚] 子. [石][品][斗][浩][六][民] 乎.
10) 因 : [浩][民] 固.

中 欲焚其妹

一日俟善德王遊幸南山 積薪於庭中 焚火烟起 王望之問何烟 左
右奏曰 殆庾信之焚妹也 王問其故 曰爲其妹無夫有娠 王曰 是誰
所爲 時公昵侍在前 顏色大11)變 王曰 是汝所爲也 速往救之 公受
命馳馬 傳宣沮之 自後現12)行婚禮 眞德王薨 以永徽五年甲寅卽位
御國八年 龍朔元年辛酉崩 壽五十九歲 葬於哀公寺東 有碑 王與
庾信神謀戮力 一統三韓 有大功於社稷 故廟號太13)宗

太14)子法敏 角干仁問 角干文王 角干老且15) 角干智鏡 角干愷
元等 皆文姬之所出也 當時買夢之徵 現於此矣 庶子曰皆知文級干
車得令公 馬得阿干 幷女五人 王膳一日飯米三斗雄雉九首 自庚申
年滅百濟後 除晝膳16) 但朝暮而已 然計 一日米六斗 酒六斗 雉十
首 城中市價布一疋租三十碩 或五十碩 民謂之聖代 在東宮時 欲
征高麗 因請兵入唐 唐帝賞其風彩 謂爲神聖之人 固留侍衛 力請
乃還

時百濟末17)王義慈乃虎18)王之元子也 雄猛有膽氣 事親以孝 友
于兄弟 時號海東曾子 以貞觀十五年辛丑卽位 耽婬酒色 政荒國危
佐平〈百濟爵名〉成忠極諫不聽 囚於獄中 瘦困濱死 書曰 忠臣死不
忘君 願一言而死 臣嘗觀時變 必有兵革之事 凡用兵 審擇其地 處

---

11) 大 : [正] 火. [石][品][斗][浩][六] 大.
12) 現 : [民] 顯.
13) 太 : 주 1)과 같음.
14) 太 : 주 1)과 같음.
15) 且 : [斗][浩] 旦.
16) 膳 : [正][品] 饍(膳과 동자). [斗][浩][六] 膳.
17) 末 : [正][晩] 木. [順] 末(가필). [石][品][斗][浩][六][民] 末.
18) 虎 : 고려 惠宗의 이름 '武'의 피휘.

上流而迎敵 可以保全 若異國兵來 陸路不使過炭峴〈一云沈峴 百濟要害之地〉 水軍不使入伎伐浦〈卽長嵓 又孫梁 一作只火浦 又白江〉 據其險隘以禦之 然後可也 王不省

現[19]慶四年己未 百濟烏會寺〈亦云烏合寺〉 有大赤馬 晝夜六時遶寺行道 二月衆狐入義慈宮中 一白狐坐佐平書案上 四月 太[20]子宮雌雞 與小雀交婚 五月 泗沘[21]〈扶餘江名〉岸大魚出死 長三丈 人食之者皆死 九月 宮中槐樹鳴如人哭 夜鬼哭宮南路上 五年庚申春二[22]月 王都井水血色 西海邊小魚出死 百姓食之不盡 泗沘[23]水血色 四月 蝦蟆數萬集於樹上 王都市人無故驚走 如有捕捉 驚仆[24]死者百餘 亡失財物者無數

六月 王興寺僧 皆見如船楫[25]隨大水入寺門 有大犬如野鹿 自西至泗沘[26]岸 向王宮吠之 俄不知所之 城中群犬[27]集於路上 或吠或哭 移時而散 有一鬼入宮中 大呼曰 百濟亡百濟亡 卽入地 王怪之 使人掘地 深三尺許 有一龜 其背有文曰[28] 百濟圓月輪 新羅如新月 問之 巫者云 圓月輪者滿也 滿則虧 如新月者未滿也 未滿則漸盈 王怒殺之 或曰圓月輪盛也 如新月者微也 意者國家盛而新羅

---

19) 現 : [浩] 顯. 『舊唐書』『新唐書』 顯.

20) 太 : 주 1)과 같음.

21) 沘 : [正][斗][浩][六] 泚. [品] 沘. [史] 卷28 百濟本紀 義慈王 20年條에는 沘.

22) 二 : [正] 一. [石][品][斗][浩][六] 二.

23) 沘 : 주 21)과 같음.

24) 仆 : [正] 什. [石][品][斗][浩][六] 仆.

25) 楫 : [正][品] 揖. [石][斗][浩][六] 楫.

26) 沘 : 주 21)과 같음.

27) 犬 : [正] 大. [品][斗][浩][六] 犬.

28) 曰 : [正][品] 없음. [斗][浩][六][民] 曰. [史] 卷28 百濟本紀 義慈王 20年條에는 曰.

寢微乎 王喜

太[29]宗聞百濟國中多怪變 五年庚申 遣使仁問請兵唐 高宗詔左
虎[30]衛大將軍荊國公蘇定方爲神丘道行軍[31]摠管 率左衛將軍劉伯
英字仁遠左虎[32]衛將軍馮士貴左驍衛將軍龐孝公等 統十三萬兵來
征〈鄕記云 軍十二萬二千七百十一人 船一千九百隻 而唐史不詳言之〉 以新羅
王春秋爲嵎夷道行軍摠管 將其國兵與之合勢 定方引兵 自城山濟
海 至國西德勿島 羅[33]王遣將軍金庾信 領精兵五萬以赴之

義慈王聞之 會群臣問戰守之計 佐平義直進曰 唐兵遠涉溟海 不
習水 羅人恃大國之援 有輕敵之心 若見唐人失利 必疑懼而不敢銳
進 故知先與唐人決戰可也 達率常永等曰 不然 唐兵遠來 意欲速
戰 其鋒不可當也 羅人屢見敗於我軍 今望我兵勢 不得不恐 今日
之計 宜塞唐人之路 以待師老 先使偏師擊羅 折其銳氣 然後伺其
便而合戰 則可得全軍而保國矣 王猶預不知所從

時佐平興首得罪 流竄于古馬彌[34]知之縣 遣人問之曰 事急矣
如[35]何 首曰 大槪如佐平成忠之說 大臣等不信 曰興首在縲絏之中
怨君而不愛國矣 其言不可[36]用也 莫若使唐兵入白江〈卽伎伐浦〉沿
流而不得方舟 羅軍升炭峴 由徑而不得幷馬 當此之時 縱兵擊之
如在籠之雞 罹網[37]之魚也 王曰然

---

29) 太 : 주 1)과 같음.
30) 虎 : 주 18)과 같음.
31) 軍 : [正][品][六] 策. [斗][浩][民] 軍.
32) 虎 : 주 18)과 같음.
33) 羅 : [民] 新羅.
34) 彌 : [正][晩][順][石] 祢. [品][斗][浩][六][民] 祢(彌와 상통).
35) 如 : [斗][浩][六][民] 如之.
36) 可 : [正][晩] 叮. [順] 可(가필). [石][品][斗][浩][六][民] 可.

又聞唐羅兵已過白江炭峴 遣將軍偕³⁸⁾伯帥死士五千出黄山 與羅
兵戰 四合皆勝之 然兵寡力盡 竟敗而偕³⁹⁾伯死之 進軍合兵 薄津
口 瀕江屯兵 忽有鳥廻翔於定方營上 使人卜之 曰必傷元帥 定方
懼欲引兵而止 庾信謂定方曰 豈可以飛鳥之怪 違天時也 應天順人
伐至不仁 何不祥之有 乃拔神劍⁴⁰⁾擬其鳥 割裂而墜於座前

於是定方出左涯 垂⁴¹⁾山而陣 與之戰 百濟軍大敗 王師乘潮 舳
艫⁴²⁾含尾 鼓譟而進 定方將步騎 直趨都城一舍止 城中悉軍拒之
又敗死者萬餘 唐人乘勝薄城 王知不免 嘆曰 悔不用成忠之言 以
至於此 遂與太⁴³⁾子隆〈或作孝 誤也〉走北鄙 定方圍其城

王次子泰自立爲王 率衆固守 太⁴⁴⁾子之子文思謂王泰曰 王與太⁴⁵⁾
子出 而叔擅⁴⁶⁾爲王 若唐兵解去 我等安得全 率左右縋而出 民皆
從之 泰不能止 定方令士起⁴⁷⁾堞⁴⁸⁾ 立唐旗幟 泰窘迫 乃開門請命
於是王及太⁴⁹⁾子隆 王子泰 大臣貞福 與諸城皆降 定方以王義慈及

---

37) 網 : [正][晚] 판독미상. [石][品][斗][浩][六][民] 綱.
38) 偕 : [浩] 堦. [史] 卷5 新羅本紀 太宗武烈王 7年條와 [史] 卷28 百濟本紀
    義慈王 20年條에는 堦. [史] 卷47 列傳 階伯條에는 階.
39) 偕 : 주 38)과 같음.
40) 劍 : [正][品] 釖. [斗][浩][六][民] 劍.
41) 垂 : [浩][民] 乘. [史] 卷28 百濟本紀 義慈王 20年條에는 乘.
42) 舳艫 : [正][品][斗][六] 軸轤. [浩][民] 舳艫.
43) 太 : 주 1)과 같음.
44) 太 : 주 1)과 같음.
45) 太 : 주 1)과 같음.
46) 擅 : [正] 檀. [石][品][斗][浩][六][民] 擅. [史] 卷28 百濟本紀 義慈王 20
    年條에는 擅.
47) 起 : [品][浩][民] 超. [史] 卷28 百濟本紀 義慈王 20年條와『新唐書』百濟
    傳의 ‘超'가 참조된다.
48) 堞 : [正][晚][順][石] 堞. [品][斗][浩][六] 堞.
49) 太 : 주 1)과 같음.

太50)子隆 王子泰 王子演及大臣將士八十八人 百姓一萬二千八百
七人送京師 其國本有五部三十七郡二百城七十六萬戶 至是析51)
置熊津馬韓東明金漣德安等五都督府 擢52)渠長爲都督刺史以理之
命郞將劉仁願守都城 又左衛郞將王文度爲熊津都督 撫其餘衆 定
方以所俘見 上責而宥之 王病死 贈金紫光祿大夫衛尉卿 許舊臣赴
臨 詔葬孫皓陳叔寶墓側 幷爲竪碑

七年壬戌 命定方爲遼東道行軍大摠管 俄改53)平壤道 破高麗之
衆於浿江 奪馬邑山爲營 遂圍平壤城 會大雪解圍還 拜凉州安集大
使 以定吐蕃 乾封二年卒 唐帝悼之 贈左驍騎大將軍幽州都督 諡
曰莊〈已上54)唐史文〉

新羅別記云 文虎55)王卽位五年乙丑秋八月庚子 王親統大兵 幸
熊津城 會假王扶餘隆作壇 刑白馬而盟 先祀天神及山川之靈 然後
歃血爲文而盟曰 往者百濟先王迷於逆順 不敦56)隣好 不睦親姻 結
托句麗 交通倭國 共爲殘暴 侵削新羅 破邑屠城 略無寧歲 天子憫
一物之失所 憐百姓之被毒 頻命行人 諭其和好 負險恃遠 侮慢天經
皇赫斯怒 恭行弔伐 旌旗所指 一戎大定 固可瀦宮汚57)宅 作誡來
裔 塞源拔本 垂訓後昆 懷柔伐叛 先王之令典 興亡繼絶58) 往哲之

_____

50) 太 : 주 1)과 같음.
51) 析 : [石] 折. [順] 析(가필).
52) 擢 : [正] 櫂. [品][斗][浩][六][民] 擢.
53) 改 : [品] 攻.
54) 上 : [石] 工.
55) 虎 : 주 18)과 같음.
56) 敦 : [正][晚][石] 敦. [順] 敦(가필). [品][斗][浩][六][民] 敦.『唐書』敦.
57) 汚 : [正][晚] 㺅. [順] 汚(가필). [石][品][斗][浩][六][民] 汚.
58) 絶 : [石] 없음.

通規　事必59)師古　傳諸曩冊　故立前百濟王　司稼60)正卿扶餘隆爲
熊津都督　守其祭祀　保其桑梓　依倚新羅　長爲與國　各除宿憾　結好
和親　恭承61)詔命　永爲藩62)服　仍遣使人右威衛將軍魯城縣公劉仁
願　親臨勸諭　具宣成旨　約之以婚姻　申之以盟誓　刑牲歃血　共敦終
始　分災63)恤患　恩若兄弟　祗奉綸言　不敢墜失　旣盟之後　共保歲寒
若有乖背　二三其德　興兵動衆　侵犯邊陲　神明鑑之　百殃是降　子孫
不育　社稷無宗　禋祀磨滅　罔有遺餘　故作金書鐵契　藏之宗廟64)　子
孫萬代　無或敢犯　神之聽之　是享是福

　　歃訖埋幣65)帛於壇之壬地　藏盟文於大廟66)　盟文乃帶方都督劉仁
軌作〈按上唐史之文　定方以義慈王及太子隆等送京師　今云會扶餘王隆　則知唐帝
宥隆而遣之　立爲熊津都督也　故盟文明言　以此爲驗〉

　　又古記云　總章元年戊辰〈若總章戊辰則李勣之事　而下文蘇定方　誤矣　若
定方則年號當龍朔二年壬戌來圍平壤之時也〉國人之所請唐兵　屯于平壤郊
而通書曰　急輸軍資　王會群臣問曰　入於敵國至唐兵屯所　其勢危矣
所請王師粮匱　而不輸其料　亦不宜也　如何　庚信奏曰　臣等能輸其
軍資　請大王無慮　於是庚信仁問等率數萬人　入句麗境　輸料二萬斛
乃還　王大喜

---

59) 必：[正][品] 心. [石][斗][浩][六][民] 必.
60) 稼：[正][晚][石] 囗. [順] 農(가필). [品] 農. [斗][浩][六][民] 稼.『唐書』
　　稼.
61) 承：[正] 永. [品][斗][浩][六][民] 承.
62) 藩：[正] 潘. [品][斗][浩][六][民] 藩.
63) 災：[正][晚][順][石] 災. [品] 哭. [斗][浩][六][民] 災.
64) 廟：[正][晚][順][石] 庙. [品][斗][浩][六] 廟.
65) 幣：[正][品] 弊. [斗][浩][六][民] 幣.
66) 廟：주 64)와 같음.

又欲興師會唐兵 庾信先遣然起兵川等二67)人 問其會期 唐帥蘇
定方 紙畫鸞犢二物廻之 國人未解其意 使問於元曉法師 解之曰
速還其兵 謂書68)犢畫鸞二切也 於是庾信廻軍欲渡浿江 令69)曰後
渡者斬之 軍士70)爭先半渡 句麗兵來掠殺其未渡者 翌日信71)返追
句麗兵 捕殺數萬級

百濟古記云 扶餘城北角有大岩 下臨江水 相傳云 義慈王與諸後
宮知其未免 相謂曰 寧自盡 不死於他人手 相率至此 投江而死 故
俗云墮死岩 斯乃俚諺之訛也 但宮人之墮死 義慈卒於唐 唐史有明
文

又新羅古傳云 定方旣討麗濟二國 又謀伐新羅而留連 於是庾信
知其謀 饗唐兵鴆之 皆死坑之 今尙州界有唐橋 是72)其坑地〈按唐史
不言其所以死 但書云卒何耶 爲復73)諱之耶 鄉諺之無據耶 若壬戌年高麗之役 羅
人殺定方之師 則後總章戊辰何有請兵滅高麗之事 以此知鄉傳無據 但戊辰滅麗之
後 有不臣之事 擅有其地而已 非至殺蘇李二公也〉

王師定百濟 旣還之後 羅王命諸將 追捕百濟殘賊74) 屯次于漢山
城 高麗靺鞨二國兵來圍之 相擊未解 自五月十一日至六月二十二
日 我兵危甚 王聞之 議群臣曰 計將何出 猶豫未決 庾信馳奏曰
事急矣 人力不可及 唯神術可救 乃於星浮山 設壇修神術 忽有光

67) 二：[正][品] 一. [石][斗][浩][六] 二.
68) 書：[正][品][斗][六] 畫. [浩] 書.
69) 令：[正][石][品][民] 今. [斗][浩][六] 令.
70) 士：[正][斗] 土. [品][浩][六] 士.
71) 信：[浩][民] 庾信.
72) 是：[正][晚][順] 판독미상. [石][品][斗][浩][六][民] 是.
73) 復：[民] 後.
74) 賊：[正][晚][順][石] 賤. [品][斗][浩][六][民] 賊.

耀如大瓮 從壇上而出 乃星飛而[75)]北去〈因此名星浮山 山名或有別說云
山在都林之南 秀出一峰是也 京城有一人謀求官 命其子作高炬 夜登此山擧之 其
夜京師人望火[76)] 皆謂怪星現於其地 王聞之憂懼 募人禳之 其父將應之 日官奏曰
此非大怪也 但一家子死父泣之兆耳 遂不行禳法 是夜其子下山 虎傷而死〉漢山
城中士卒 怨救兵不至 相視哭泣而已 賊欲攻急 忽有光耀 從南天
際來 成霹靂擊碎砲石三十餘所 賊軍弓箭矛戟籌碎皆仆地 良[77)]久
乃蘇 奔潰而歸 我軍乃還

　太[78)]宗初卽位 有獻猪一頭二身八足者 議者曰 是必并吞六合瑞
也 是王代始服中國衣冠牙笏 乃法師慈藏請唐帝而來傳也

　神文王時 唐高宗遣使新羅曰 朕之聖考得賢臣魏徵 李淳風等
協[79)]心同德 一統天下 故爲太[80)]宗皇帝 汝新羅海外小國 有太[81)]
宗之號 以僭天子之名 義在不忠 速改其號 新[82)]羅王上表曰 新羅
雖小國 得聖臣金庾信 一統三國 故封爲太[83)]宗 帝見表乃思儲貳時
有天唱空云 三十三天之一人降於新羅爲庾信 紀在於書 出檢[84)]視
之 驚懼不已 更遣使許無改太[85)]宗之號

---

75) 而 : [晚] 판독미상. [品] 南. [斗] 于.

76) 火 : [正][晚][順][品] 人. [浩][六] 火人. [石][斗][民] 火.

77) 良 : [正] 판독미상. [晚][順][石][品][斗][浩][六][民] 良.

78) 太 : [石] 大.

79) 協 : [正][晚][順][石] 恊(協와 동자). [品][斗][浩][六] 協.

80) 太 : 주 78)과 같음.

81) 太 : 주 78)과 같음.

82) 新 : [正] 판독미상. [晚][順][石][品][斗][浩][六][民] 新.

83) 太 : 주 78)과 같음.

84) 檢 : [石][斗][浩][六] 撿.

85) 太 : [正][晚][石] 大. [順] 太(가필). [品][斗][浩][六] 太.

태종춘추공

제29대 태종대왕(太宗大王)1)의 이름은 춘추(春秋)이고, 성은 김
(金)씨이다. 용수(龍樹)2)〈또는 용춘(龍春)〉 각간(角干)으로서 추봉된
문흥대왕(文興大王)의 아들이고, 어머니는 진평대왕(眞平大王)의 딸
인 천명부인(天明夫人)이다. 왕비는 문명황후(文明皇后) 문희(文姬)
이니, 곧 유신공(庾信公)의 막내 누이이다.

처음 문희의 언니 보희(寶姬)가 꿈에 서악(西岳)3)에 올라 오줌을
누었더니 오줌이 서울에 가득 찼다.4) 아침에 아우에게 꿈 이야기를

---

1) 太宗大王 : 金春秋. 太宗武烈王. 603-661. 신라의 제29대 왕. 재위 654-661. 즉
   위 전에는 金庾信과 함께 善德·眞德 두 여왕을 도와 삼국통일의 대업을 도모
   하였다. 즉위 7년(660)에는 왕의 청원으로 唐으로부터 백제토벌을 위한 원병이
   도착하자 태자 法敏과 김유신에게 명하여 정병 5만으로써 연합하여 백제를 멸
   망시켰다.

2) 龍樹 : 신라 제25대 眞智王의 아들. 龍春([史]에는 龍春이라고 하고 龍樹라고
   도 한다고 하였다)이라고도 하나, 『花郎世紀』에서는 별개의 인물이라고 하였다.
   唐으로부터 귀국(643)한 慈藏의 청에 의해 황룡사 9층탑 건립을 주관하였다.

3) 西岳 : 신라시대부터 도성을 중심으로 東岳·西岳·南岳·北岳·中岳의 5岳
   중 하나인 西岳, 즉 仙桃山을 지칭한다. 西鳶山, 西述山이라고도 한다. [史] 卷
   4 新羅本紀 眞平王條에는 西兄山으로서 자주 등장하며, 「十五年 秋七月 改築
   明活城 周三千步 西兄山城 周二千步」라고 하였다. 산상에는 신라시대의 마애
   삼존불과 聖母祠가 있다.([遺] 卷5 感通 仙桃聖母隨喜佛事條 참조)

4) 夢登西岳捨溺 瀰滿京城 : '꿈에 서악에 올라 오줌을 누었더니 오줌이 장안에
   가득하였다'는 설화의 패턴은 [麗史]의 高麗世系에도 비슷한 내용이 등장한다.
   즉 太祖 王建의 선조인 寶育이 鵠嶺에 올라가 남쪽을 향하여 소변을 보았더니
   三韓山川에 오줌이 넘쳐 흘러 銀海로 변한 꿈을 꾸자, 그의 형이 딸을 주어 결

했더니, 문희가 듣고 말하기를, "내가 이 꿈을 사겠어요"라고 하니, 언니가 말하기를, "무엇으로 사겠느냐?"고 하였다. 문희가 말하기를, "비단치마를 팔면 되겠어요?"라고 하니, 언니가 "좋다"고 하여, 동생이 옷섶을 벌려 받아들이는데, 언니가 "어젯밤의 꿈을 너에게 준다"고 하니, 동생은 비단치마로 값을 치렀다.

그런 지 10일만에 유신은 춘추공(春秋公)과 더불어 정월 오기일(午忌日)5)〈위의 사금갑(射琴匣)조에 보였으니 최치원(崔致遠)의 설이다.〉에 자기 집 앞에서 공을 차다가〈신라 사람은 공차기를 농주(弄珠)의 희(戱)라고 한다.〉 짐짓 춘추의 옷자락을 밟아 옷끈을 떼어버리고 말하기를, "우리 집에 들어가서 꿰맵시다"고 하니, 춘추공은 그 말을 따랐다. 유신공이 아해(阿海)6)에게 꿰매드리라고 하니, 아해가 말하기를, "어찌 사소한 일로써 귀공자에게 가벼이 가까이 할 수 있겠습니까?"라고 하고 사양하였다.〈고본에는 병으로 나오지 않았다고 한다.〉 이에 아지(阿之)7)에게 시켰더니 춘추공이 유신의 뜻을 알고 드디어 관계하여 이로부터는 자주 내왕하였다. 유신이 그의 누이가 아이를 밴 것을 알고 꾸짖기를, "네가 부모님께 고하지 않고 아이를 뱄으니 어찌된 일이냐?"고 하고, 이에 온 나라 안에 말을 퍼뜨리고 그 누이를 태워 죽인다고 하였다.

혼하게 하여 두 딸을 얻었다. 이 중 언니가 五冠山 꼭대기에 올라가 소변을 보니 소변이 흘러 천하에 넘치는 꿈을 꾸고, 이를 동생 辰義가 비단 치마로써 언니의 꿈을 사더니 그후 唐 肅宗皇帝와 동침하여 아들 作帝建을 얻었다. 作帝建이 서해의 龍女(元昌王后)와 결혼하여 얻은 4男 中 장남 龍建(隆)인 世祖가 夢夫人과 혼인하여 태조가 탄생한 것으로 되어 있다.

5) 正月午忌日 : [遺] 卷1 紀異 射琴匣條에 따르면, 신라 풍속에 매년 정월 첫째 亥日·子日·午日을 꺼리는 것을 말한다.

6) 阿海 : 寶姬의 어릴 때의 이름. [遺] 卷1 紀異 金庾信條 참조.

7) 阿之 : 文姬의 어릴 때의 이름.

어느 날 선덕왕이 남산에 놀러 가는 것을 기다려 뜰 가운데 장작을 쌓아놓고 불을 지르자 연기가 일어났다. 왕이 바라보고 무슨 연기냐고 물었다. 신하들이 아뢰기를, "아마 유신이 그의 누이를 태워죽이는 것 같습니다"고 하였다. 왕이 그 까닭을 물으니, 대답하기를, "그의 누이가 남편도 없이 몰래 임신했기 때문입니다"고 하니, 왕이 말하기를, "이것이 누구의 짓이냐?"고 하였다. 때마침 춘추공이 왕을 모시고 앞에 있다가 안색이 크게 변하였다. 왕이 말하기를, "이것이 너의 짓이구나, 어서 가서 구원하라"고 하였다. 공이 명을 받고 말을 달려가 왕명을 전하여 죽이지 못하게 하고, 그후 공공연히 혼례를 행하였다.[8]

진덕왕(眞德王)이 세상을 떠나자 영휘(永徽)[9] 5년 갑인(甲寅, 654)에 [춘추공은] 왕위에 올라 나라를 다스린 지 8년만인 용삭(龍朔)[10] 원년 신유(辛酉, 661)에 세상을 떠나니 나이가 59살이었다. 애공사(哀公寺)[11] 동쪽에 장사지내고[12] 비를 세웠다. 왕은 유신과 더불어 꾀와

---

8) 妃文明皇后…文姬自後現行婚禮 : [史] 卷6 新羅本紀 文武王條(上)에는 「母金氏文明王后 蘇判舒玄之季女 庚信之妹也 其姉夢登西兄山頂 坐旋流徧國內 覺與季言夢 季戲曰 予願買兄此夢 因與錦裙爲直 後數日 庚信與春秋公蹴鞠 因踐落春秋衣紐 庚信曰 吾家幸近 請往綴紐 因與俱往宅 置酒 從容喚寶姬 持針線來縫 其姉有故不進 其季進前縫綴 淡粧輕服 光艶炤人 春秋見而悅之 乃請婚成禮」이라고 하였다.

9) 永徽 : 중국 唐 高宗의 연호(650-655).

10) 龍朔 : 중국 唐 高宗의 연호(661-663).

11) 哀公寺 : 경상북도 경주시 효현동 서악의 남록에 위치한다. 현재 절터에는 3층 석탑이 남아 있다. 그 서쪽에는 法興王陵이 있다.

12) 葬於哀公寺東 : 太宗武烈王陵은 文武王 원년(661) 6월에 조성되었으며, 현재 석비는 비신이 결실된 채 龜趺와 螭首만이 남아 있다. 이수의 전면 중앙에는 '太宗武烈大王之碑'의 8자를 2줄로 篆刻하였다. 曺偉(1454-1503)의『梅溪集』에 따르면 이 비석은 적어도 조선시대 초기까지는 부러진 채 풀숲에 쓰러져 있다가 이후 매몰된 것으로 짐작된다.(『梅溪集』卷1「武烈王陵 道傍墟落間 靑靑麥已秀 斗起數仞峰 穹隆如伏獸 短碣臥荒草 昂然見龜首 莽蒼原陸長 逶邐川源走云是武烈陵…」)

힘을 다해[戮力]13) 삼국을 통일하고, 나라[社稷]14)에 큰 공을 세웠으므로 묘호(廟號)를 태종(太宗)이라고 하였다.

태자 법민(法敏)15)과 각간 인문(仁問)16)·각간 문왕(文王)·각간 노차(老且)·각간 지경(智鏡)·각간 개원(愷元) 등17)은 모두 문희의 소생이니, 당시 꿈을 샀던 징조가 여기에 나타났다. 서자는 개지문(皆知文) 급간(級干)18)·차득(車得) 영공(令公)19)·마득(馬得) 아간(阿干)20)과 딸까지 합하여 모두 5명이다. 왕의 식사는 하루에 쌀 3말과 꿩 9마리였는데, 경신년(庚申年, 660) 백제를 멸망시킨 후로는

13) 戮力 : 서로 힘을 합한다는 뜻이다.(『書經』「聿求元聖 與之戮力」)
14) 社稷 : 국가. 社는 토지의 신, 稷은 곡물의 신이니, 건국한 군주는 社(土神)와 稷(穀神)에 제사지내므로 국가를 뜻한다.
15) 法敏 : 신라의 제30대 文武王의 이름. 武烈王이 즉위하자(654) 태자에 책봉되었고, 唐이 백제를 공격할 때(660) 金庾信과 함께 당과 연합하여 백제를 멸망시켰다. 661년 무열왕이 죽자 즉위하여 668년에는 당군과 합세하여 고구려를 멸망시켰으며, 이후 당은 고구려와 백제 땅에 都護府를 설치하여 통치하려 하자 당군을 몰아내고 통일대업을 이룩하였다. 죽은 후 유언에 따라 感恩寺 동쪽 바다 대왕암에 장사지냈다.
16) 仁問 : 629-694. 武烈王의 둘째 아들. 文武王의 친동생으로서 백제와의 전쟁에 공을 세운 장군이며, 對唐外交에도 큰 역할을 하였다. 전후 7번이나 당에 건너가 宿衛하기를 무려 22년 동안이나 하였고, 신라와 당의 관계가 악화되자 인문을 신라왕으로 대치시키려 하였으나 이를 잘 극복하였으며, 당에서 죽자 長安에서 葬儀를 성대히 하였고, 다음 해 관을 신라에 호송하였다. 孝昭王은 太大角干으로 추증하고 경주의 西原에 장사지냈다. [史] 卷44 列傳 金仁問條에는「字仁壽 太宗大王第二子也 幼而就學 多讀儒家之書 兼涉莊老浮屠之說 又善隷書射御鄕樂 行藝純熟 識量宏弘 時人推許」라고 하였다.
17) 太子法敏…角干愷元等 : [史] 卷5 新羅本紀 太宗武烈王 2年條에는「立元子法敏爲太子 庶子文王爲伊湌 老且爲海湌 仁泰爲角湌 智鏡愷元 各爲伊湌」이라고 하여 문왕 등을 庶子라 한 것이 다르다.
18) 級干 : 級湌의 다른 이름. 신라 17관등 중의 제9관등.
19) 令公 : 중국에서는 中書令에 대한 존칭이나, 신라에서는 國相에 대한 존칭이다.
20) 阿干 : 阿湌의 다른 이름. 신라 17관등 중의 제6관등.

점심을 그만 두고 다만 조석만 들 뿐이었다. 그러나 하루를 계산해보면 쌀 6말, 술 6말, 꿩 10마리였다. 성 중의 물건값은 베 한 필에 벼[租]가 30석 혹은 50석이었으니 백성들은 성군의 시대[聖代]로 불렀다. 왕이 태자로 있을 때21) 고구려를 치려고 군사를 청하러 당나라에 들어갔더니, 당나라 황제가 그 풍채를 보고 칭찬하여 신성한 사람이라고 하고 기어이 머물러 시위(侍衛)로 삼으려 했으나, 굳이 청하여 본국으로 돌아왔다.

이때 백제의 마지막 왕 의자(義慈)22)는 무왕[虎王]23)의 맏아들[元子]로서 용감하고, 담력이 있으며, 부모에게 효도하고, 형제간에 우애가 있어 당시 사람들이 해동(海東)의 증자(曾子)24)로 불렀다. 정관(貞觀) 15년 신축(辛丑, 641)에 왕위에 오르자, 주색에 빠져 정사가 문란해져 나라가 위태롭게 되었다. 좌평(佐平)25)〈백제의 관작 이름〉 성충(成忠)이 극력으로 간해도 듣지 않고, 옥에 가두니 [성충은] 몸이 여위고 지쳐 거의 죽게 되었다. [그가] 글을 올려 말하기를, "충신은 죽어도 임금을 잊지 아니하옵나니, 한 말씀드리고 죽고 싶습니다. 신이 일찍이 시세의 변화를 살펴보니 반드시 병란이 있겠습니다. 무릇

---

21) 在東宮時 : 金春秋가 善德王과 眞德王 때에는 伊湌의 벼슬에 있었으나, 고구려(642), 일본(647), 당(648) 등지로 내왕하면서 외교활동을 전개한 것은 아마도 태자의 신분에 준하는 위치에 있었던 것으로 추정된다.

22) 義慈 : 백제의 제31대 왕. 재위 641-660. 재위 중에는 신라의 獼候城 등 40여 성을 빼앗는 등 신라에 큰 타격을 주었으나, 후에 정치가 문란해지자 나당연합군에 패망하여 당에 압송되었다가 병사하였다.

23) 虎王 : 武王. 백제의 제30대 왕. 재위 600-641. 이름은 璋, 아명은 薯童. 興王寺와 彌勒寺를 창건하고, 觀勒 등을 일본에 보내어 天文·地理·曆本 등 서적과 불교를 전하였다.

24) 曾子 : 孔子 만년의 高弟子. 孝道에 통달하였고, 孝經을 저술하였다.

25) 佐平 : 백제의 최고 관등겸 관직.

군사를 부림에는 그 지세를 잘 가려야 될 것이오니, 상류에 머물러 적병을 맞이하면 보전할 수 있을 것입니다. 만약 외적이 오면 육로로는 탄현(炭峴)26)〈혹은 침현(沈峴)이라고도 하니 백제의 요새다.〉을 넘어오지 못하게 하시옵고, 수군은 기벌포(伎伐浦)27)〈곧 장암(長嵒)28)이니 또는 손량(孫梁), 혹은 지화포(只火浦) 또는 백강(白江)29)이라고 한다.〉에 들어오지 못하게 할 것이오며, 험한 곳에 웅거하여 적병을 막아야만 될 것입니다"라고 하였으나, 왕은 살피지 않았다.30)

현경(現慶)31) 4년 기미(己未, 659)에 백제의 오회사(烏會寺)〈또는 오합사(烏合寺)32)〉에 크고 붉은 말이 나타나 주야 6시33)로 절을 돌아다녔고, 2월에는 여우떼가 의자왕의 궁중에 들어왔는데, 흰 여우 한 마리는 좌평의 책상 위에 올라앉았었다. 4월에는 태자궁(太子宮)에 암

---

26) 炭峴 : [勝覽] 卷18 扶餘縣 山川條에는 「炭峴 在縣東十四里 公州境」이라고 하였다. 大田의 동쪽 충청남·북도의 道界로서 신라령의 報恩·沃川으로부터 백제지역에 이르는 고개이다.

27) 伎伐浦 : 금강 하류의 長項 부근.

28) 長嵒 : 부여군 장암면. 바다물이 이곳까지 들어오고 있다.

29) 白江 : 熊津江. 지금의 錦江.

30) 耽嬌酒色…王不省 : 이와 같은 내용이 [史] 卷28 百濟本紀 義慈王 16年條에 있다. 「春三月 王與宮人淫荒耽樂 飲酒不止 佐平成忠〈或云淨忠〉極諫 王怒囚之獄中 由是無敢言者 成忠瘐死 臨終上書曰 忠臣死不忘君 願一言而死 臣常觀時察變 必有兵革之事 凡用兵必審擇其地 處上流以延敵 然後可以保全 若異國兵來 陸路不使過沈峴 水軍不使入伎伐浦之岸 擧其險隘以禦之 然後可也 王不省焉」

31) 現慶 : 顯慶. 중국 唐 高宗의 연호(656-660).

32) 烏合寺 : 신라 9山禪門의 하나인 충남 保寧의 聖住寺터에 건립되었던 백제시대의 절. 「聖住禪院者…法王所建烏合寺」(崇巖山聖住寺事蹟). 黃壽永,「新羅 金立之撰 聖住寺碑」,「한국의 불교미술」 및 「考古美術」 115 참조.

33) 晝夜六時 : 밤낮 하루종일. 「晝夜六時 天雨曼陀羅華」,「是諸衆鳥 晝夜六時出和雅音」(「佛說阿彌陀經」),「隨其所有供 佛及僧 晝夜六時恭敬供養」(「藥師本願功德經儀軌」下).

닭이 작은 참새와 교미하였으며, 5월에는 사비(泗泚)〈부여(扶餘)의 강 이름〉 언덕에 큰 고기가 나와 죽었는데, 길이가 세 발이나 되었으며, 그 고기를 먹은 사람은 모두 죽었다. 9월에는 궁중의 괴목[槐樹]이 사람이 우는 것처럼 울었고, 밤에는 귀신이 대궐 남쪽 길 위에서 울었다.[34] 5년 경신(庚申, 660) 봄 2월에는 서울의 우물이 핏빛이 되었고, 서해변에 작은 고기가 나와서 죽었는데, 백성들이 이것을 다 먹을 수가 없었으며, 사비수가 핏빛이 되었다. 4월에는 개구리 수만 마리가 나무 위에 모여들었고, 서울의 저자 사람들이 까닭 없이 놀라 달아나니, 마치 무엇이 잡으러 오는 것처럼 놀라 엎어져서 죽은 자가 백여 명이나 되었고, 재물을 잃은 사람은 다 셀 수 없었다.

6월에는 왕흥사(王興寺)[35] 승려들이 모두 배가 큰 물결을 따라 절문으로 들어오는 것과 같은 광경을 보았고, 들사슴 같은 큰 개가 서쪽에서 사비수 언덕까지 와서 왕궁을 향해 짖더니 별안간 간 곳을 모르게 되었다. 성 중의 여러 개들이 길 위에 모여 혹은 짖고 혹은 울다가 잠시 후에 흩어졌다. 한 귀신이 궁중에 들어가 크게 부르짖기를, "백제는 망한다. 백제는 망한다"고 하고는 즉시 땅 속으로 들어갔다. 왕은 이를 괴이히 여겨 사람을 시켜 땅을 파보니, 깊이 3자 가량 되는 곳에서 거북이 한 마리가 나타났다. 거북의 등에는 글이 쓰여 있기를,

---

34) 二月 衆狐…夜鬼哭宮南路上 : 이 내용은 [史] 卷28 百濟本紀 義慈王 19年條의 기사와 거의 같다.

35) 王興寺 : 백마강의 구드레(窺石) 건너편에 있던 백제시대의 절. 武王 원년(600)에 착공하여 동왕 35년(634)에 완공된 절로서 참배할 때는 배를 타고 갔다고 한다. [遺] 卷2 紀異 南扶餘 前百濟 北扶餘條에는 「又泗泚崖又有一石 可坐十餘人 百濟王欲幸王興寺禮佛 先於此石望拜佛 其石自煖 因名窺石」이라고 하였다.

"백제는 둥근 달이요, 신라는 초승달과 같다"고 하였다. 그것을 무당에게 물으니, 말하기를, "둥근 달이란 꽉 찬 것이니, 차면 이지러지는 법이며, 초승달이란 차지 않은 것이니, 차지 않으면 점점 차게 되는 것입니다"고 하였다. 왕이 노하여 그를 죽였다. 어떤 이가 말하기를, "둥근 달은 융성한 것이고, 초승달은 미약한 것이니, 생각컨대 우리나라는 융성하고 신라는 미약해진다는 것이 아니겠습니까?"고 하니, 왕이 기뻐하였다.36)

태종은 백제국에 괴변이 많다는 말을 듣고 5년 경신(庚申, 660)에 김인문을 사신으로 당나라에 보내 군사를 청하였다. 고종(高宗)은 좌무위대장군 형국공[左虎衛大將軍荊國公] 소정방(蘇定方)37)으로 신구도 행군총관(神丘道行軍摠管)으로 삼아 좌위장군(左衛將軍)이며 자가 인원(仁遠)인 유백영(劉伯英)과 좌무위장군[左虎衛將軍] 풍사귀(馮士貴)와 좌효위장군(左驍衛將軍) 방효공(龐孝公) 등을 거느리고 13만의 군대로써 와서 [백제를] 치게 하였다.38)〈신라 기록에는 군졸이 12만 2천 7백 11인이요, 병선이 1천 9백 척이라고 하였으나, 당사(唐史)에는 이것을 자세히 말하지 않았다.〉 또 신라왕 춘추를 우이도 행군총관(嵎夷道行軍摠管)으로 삼아 신라 군사를 거느리고 그들과 합세하게 하였다. 소정방

---

36) 五年庚申…王喜 : 이와 같은 내용이 [史] 卷28 百濟本紀 義慈王 20年條에 있다.

37) 蘇定方 : 592-667. 중국 唐 高宗 때의 무장. 이름은 烈, 字는 定方. 660년 대총관으로서 13만의 당나라 군사를 거느리고 산동반도에서 황해를 건너 신라군과 합세하여 백제의 사비성을 함락하였다. 義慈王과 왕자 隆을 唐으로 송환하였으며, 다시 평양성을 포위하였으나 불리하여 퇴각하였다. 그후 吐蕃을 평정하였으며, 시호는 莊이다.

38) 統十三萬兵來征 : 『舊唐書』 新羅傳에는 '統水陸十萬', 『資治通鑑』에는 '水陸十萬'이라고 하였고, 그 외 唐史에는 자세한 기록이 없으나 [史]와 [遺]에서만 '統兵十三萬 以來征'이라고 하였다.

이 군사를 이끌고 성산(城山)[39]에서 바다를 건너 신라국 서쪽 덕물도(德勿島)[40]에 이르니, 신라왕은 장군 김유신을 시켜 정병(精兵) 5만을 거느리고 가게 하였다.

의자왕은 이 소식을 듣고 여러 신하를 모아놓고 싸워서 막아낼 계책을 물으니, 좌평(佐平) 의직(義直)[41]이 아뢰기를, "당나라 군사는 멀리 바다를 건너왔지만 물에는 익숙하지 못하고, 신라 군사는 큰 나라의 원조만 믿고서 적을 가벼이 보는 마음이 있습니다. 만약 당나라 사람의 불리함을 보면 반드시 겁을 내 감히 날카롭게 달려들지 못할 것이므로 먼저 당나라 사람과 결전해야 될 줄 아옵니다"고 하였다. 달솔(達率)[42] 상영(常永)[43] 등이 말하기를, "그렇지 않습니다. 당나라 군사는 멀리 왔으므로 속히 싸우려 할 것이니, 그 예봉을 당해내지 못할 것이며, 신라 군사는 우리에게 여러 번 패전했으므로 지금 우리의 군세를 바라보면 두려워하지 않을 수 없을 것입니다. 지금의 계책으로

---

39) 城山 : 成山. 지금의 山東省 文登縣.
40) 德勿島 : 지금의 경기도 德積島로 추정된다. [史] 卷28 百濟本紀 義慈王 7年 條에는 '德物島'라고 하였다.
41) 義直 : 백제의 장수. 여러 차례 신라 변경을 침범하였고, 심지어 경주 근처 玉門谷까지 진출하였으나 번번이 金庾信에 의하여 격퇴되었다. [史]에는 「眞德王 二年 三月 百濟將軍義直 侵西邊 陷腰車等一十餘城 王患之 命押督州都督庾信 以謀之 庾信於是 訓勵士卒 將以發行 義直拒之 庾信分軍 爲三道 夾擊之 百濟 兵敗走 庾信追北 殺之幾盡 王悅 賞賜士卒有差」라고 하였고, 또 「義慈王 七年 冬十月 將軍義直帥步騎三千 進屯新羅茂山城下 分兵攻甘勿桐岑二城 新羅將 軍庾信親勵士卒 決死而戰 大破之 義直匹馬而還」, 「義慈王 八年 春三月 義直 襲取新羅西鄙腰車等一十餘城 夏四月 進軍於玉門谷 新羅將軍庾信逆之 再戰 大敗之」라고 하였다.
42) 達率 : 백제 관등 중의 제2관등.
43) 常永 : 백제의 장수. 황산벌싸움에서 忠常 등 20여 명과 함께 포로가 되었다가 신라 太宗에 의해 一吉湌의 벼슬을 하였다.

는 마땅히 당나라 군사의 길을 막아서 그 군사가 피로해질 때를 기다
릴 것이며, 먼저 일부분의 군사44)로써 신라군을 쳐서 그 예기(銳氣)
를 꺾은 후에 형편을 보아 접전을 하면, 군사는 온전히 살리고 나라를
보전할 것입니다"고 하였다. 왕은 어느 의견을 따를 지를 몰라 망설이
고 있었다.

이때 좌평 홍수(興首)가 죄를 지어 고마미지현[古馬彌知之縣]45)에
귀양가 있었는데, [왕은] 사람을 보내 묻기를, "사세가 위급하니 어떻
게 했으면 좋겠소?"라고 하니, 홍수가 말하기를, "대개 좌평 성충의
말과 같습니다"고 하였다. 대신들이 믿지 않고 말하기를, "홍수가 옥
중[縲絏]46)에 있으므로 임금을 원망하고 나라를 위하지 않을 것이니
그 말을 채용할 수 없습니다. 당나라 군사가 백강(白江)〈즉 기벌포(伎伐
浦)〉에 들어와 강을 따라 내려오게 하되, 배 두 척이 나란히[方舟]47)
오지 못하게 하고, 신라군이 탄현에 올라와 지름길을 밟되, 말을 나란
히 하고 오지 못하게 함이 좋을 것이니, 이때 군사를 놓아 적군을 치
면 마치 조롱 속의 닭과 그물에 걸린 고기처럼 될 것입니다"고 하였
다. 왕이 말하기를, "그럴 것이다"고 하였다.

또 당나라와 신라의 군사가 이미 백강과 탄현을 지났다는 말을 듣
고, [왕은] 장군 계백(偕伯)48)을 보내 죽기를 각오한 5천 명을 거느

---

44) 偏師 : 일부분의 군사.
45) 古馬彌知之縣 : 古馬彌知縣. 지금의 全羅南道 長興. [勝覽] 卷37 全羅道 長
　　興都護府 古跡條 「遂寧廢縣 本百濟古馬彌知縣 新羅改馬邑 爲寶城郡領縣 高
　　麗改今名 屬靈巖郡 後來屬 今爲府治」
46) 縲絏 : 죄인을 결박하는 노끈. '在縲絏之中'은 죄인이 되어 있다는 뜻이다.
47) 方舟 : 배 두 척이 나란히 간다는 말이다.(『莊子』「方舟而濟於河」)
48) 偕伯 : 백제의 충신. 황산벌 싸움에서 신라 金庾信의 결사대에 의하여 장렬한
　　최후를 마쳤다.

리고 황산(黃山)49)에 가서 신라 군사와 싸우게 하였다. 4번 접전하여
모두 이겼으나, 군사가 적고 힘이 다해 마침내 패전하여 계백은 전사
하였다. [당나라와 신라의 군사가] 합세 전진하여 나루 어구50)에 닥
쳐 강가에 군사를 주둔시키자, 문득 새가 소정방의 진영 위에서 빙빙
돌아다니므로 사람을 시켜 점을 쳤더니, "반드시 원수가 부상할 것입
니다"고 하였다. 정방이 두려워하여 군사를 끌어들여 싸움을 그만두
려 하였다. 유신이 정방에게 말하기를, "어찌 내가 새의 요괴스러운
일을 가지고 천시(天時)를 어기겠소. 하늘의 뜻에 응하고 인심에 순종
하여 지극히 불인(不仁)한 자를 치는데 무엇이 상서롭지 못한 일이
있겠소"라고 하고, 곧 신검(神劍)을 뽑아 그 새를 겨누니, [새가] 찢
어져서 자리 앞에 떨어졌다.

이에 정방이 백강의 왼쪽 가에 나아가 산을 등지고 진을 쳐서 함께
싸우니 백제군은 크게 패하였다. 당나라 군사51)는 조수를 이용하여
병선[舳艫]이 꼬리를 물고 서로 연이어 북을 치며 전진하였다. 정방은
보병과 기병을 거느리고 바로 도성으로 쳐들어가서 30리[一舍]52)쯤
되는 곳에 머물렀다. 성 중에서 전군이 이를 막았으나, 또 패전하여
죽은 자가 만여 명이나 되었다. 당나라 군사는 이긴 기세를 타고 성에
들이닥치니, 의자왕은 최후를 면치 못할 것을 알고 탄식하면서 말하기
를, "성충의 말을 듣지 않다가 이 지경에 이른 것을 후회한다"고 하였

---

49) 黃山 : 지금의 忠淸南道 連山. 백제시대의 黃等也山郡. [史] 卷36 地理志3「黃
山郡 本百濟黃等也山郡 景德王改名 今連山縣」
50) 津口 : [史] 卷28 百濟本紀 義慈王 20年條에 '熊津口'라 한 것으로 보아 白江
口, 즉 금강 하구로 추정된다.
51) 王師 : 帝王의 군사.
52) 一舍 : 군사 행진에 있어서 30리를 뜻한다.

다. 마침내 태자 융(隆)〈또는 효(孝)라고도 하나 잘못이다.〉과 함께 북쪽 변읍[北鄙]53)으로 달아나니, 소정방은 그 성을 포위하였다.

왕의 둘째 아들 태(泰)가 스스로 왕이 되어 무리를 거느리고 굳게 지켰다. 태자의 아들 문사(文思)가 왕 태에게 말하기를, "왕이 태자와 함께 달아났는데 숙부께서 마음대로 왕이 되었으니, 만약 당군이 포위를 풀고 물러가면 우리들이 어찌 무사할 수 있겠습니까?"라고 하고 측근자를 거느리고 성을 넘어 나가니, 백성들이 모두 그를 따랐으나 태는 막을 수 없었다. 정방은 군사들을 시켜 성첩(城堞)을 넘어 당나라 깃발을 세우니, 태는 매우 급하여54) 성문을 열고 목숨을 청하였다. 이에 왕, 태자 융, 왕자 태, 대신 정복(貞福)이 여러 성들과 함께 모두 항복하였다. 소정방은 왕 의자, 태자 융, 왕자 태, 왕자 연(演), 대신, 장사(將士) 88명과 백성 1만 2천 8백 7명을 당나라 서울로 보냈다. 백제는 본래 5부 37군 2백성 76만 호가 있었는데, 이때 와서 [당은 이곳에] 웅진(熊津),55) 마한(馬韓),56) 동명(東明),57) 금련(金漣),58) 덕안(德安)59) 등 5도독부(都督府)60)를 나눠 두고 우두머리[渠長]를 뽑아

---

53) 北鄙 : 북쪽 변읍. 熊津城. 지금의 公州로 비정되기도 한다. 이와 같은 내용이 [史] 卷28 百濟本紀 義慈王 20年條에 있다.

54) 窘迫 : 적의 공격이 심하여 고생한다는 뜻이다.

55) 熊津 : 忠淸南道 公州.

56) 馬韓 : 全羅北道 益山. [勝覽] 卷33 益山郡 建置沿革條「本馬韓國 至百濟始祖溫祚王幷之 自後號金馬渚 新羅神文王改金馬郡 至高麗屬全州云云」

57) 東明 : 정확한 장소는 알 수 없으나, [史] 卷37 地理志4에「東明州 四縣 熊津縣 本熊津村 鹵辛縣 本阿老谷 久遲縣 本仇知 富林縣 本伐音村」이라는 기사가 참조된다.

58) 金漣 : 미상.

59) 德安 : 忠淸南道 恩津의 동남쪽에 위치하는 古德恩으로 추정된다. [勝覽] 卷18 恩津縣 古跡條「古德恩 在今治東南十二里」, [史] 卷6 新羅本紀 文武王 3年條「二月 欽純天存領兵 攻取百濟居列城 斬首七百餘級 又攻居勿城沙平城

도독(都督)과 자사(刺史)61)를 삼아 이곳을 다스리게 하였다. 낭장(郞
將) 유인원(劉仁願)62)에게 명하여 도성[사비성]을 지키게 하고, 또
좌위낭장(左衛郞將) 왕문도(王文度)63)로 웅진도독(熊津都督)을 삼
아 백제의 남은 백성을 무마하게 하였다. 소정방이 포로들을 이끌고
당나라 황제를 찾아뵈니, 황제는 그들을 꾸짖고 죄를 용서하였다. 의
자왕은 [그곳에서] 병들어 죽으니, 금자광록대부 위위경(金紫光祿大
夫衛尉卿)64)을 증직하고, 옛신하들이 가서 조상함을 허용하고, 손호
(孫皓),65) 진숙보(陳叔寶)66)의 무덤 옆에 장사지내게 하고 함께 비
를 세워주었다.

7년67) 임술(壬戌, 662)에 [당나라 황제는] 소정방을 임명하여 요동

降之 又攻德安城 斬首一千七十級」.

60) 五都督府 : 軍政을 맡은 관청. 대략 5部의 개념인 五方을 중심으로 설치된 것
으로 추정된다.
61) 都督刺史 : 원래 都督은 都督軍州事의 약칭으로서 軍政이 위주였고, 刺史는
民政을 주로 하였던 것으로 알려져 있다.
62) 劉仁願 : 중국 唐의 장수. 생몰년 미상. 자는 士元. 660년 蘇定方을 따라 백제
에 원정하였으며, 나당연합군에 의해 백제 멸망 후, 사비성에서 백제의 옛영토
를 다스리다 백제 부흥군에 의해 포위 당했으나, 劉仁軌 등 나당연합군의 구원
으로 이들을 격퇴시켰다.(『朝鮮金石總覽』上 pp.17-22, 劉仁願紀功碑(부여박물
관 소장) 참조)
63) 王文度 : 자세하지 않으나, [史] 卷5 新羅本紀 武烈王 7年 9月條에 「唐皇帝
遣左衛中郞將王文度爲熊津都督 二十八日 至三年山城傳詔 文度面東立 大王
面西立 錫命後 文度欲以宣物授王 忽疾作 便死 從者攝位 畢事」라고 하였다.
64) 金紫光祿大夫衛尉卿 : 金紫光祿大夫는 唐·宋시대 正三品文散官이었고, 고
려에서는 文散階 從二品官에 해당되었다. 衛尉는 본래 秦의 官名으로서 九卿
의 하나였으나 唐에서는 禮贈을 맡은 관직이었다.
65) 孫皓 : 242-284. 중국 삼국시대 吳의 제4대 황제. 재위 264-280. 孫權의 孫이
다. 국정이 문란해지고 晉으로부터의 계속적인 공격으로 국력이 쇠퇴해지더니
280년 晉에 항복하고, 손호는 洛陽으로 송치되었다가 죽었다.
66) 陳叔寶 : 南朝 陳의 長城公. 宣帝의 뒤를 계승한 後主로서 589년 隋에 멸망당
한 마지막 왕이다.

도 행군대총관(遼東道行軍大摠管)을 삼았다가, 다시 평양도(平壤道)
행군대총관으로 개칭하여, 고구려 군사를 패강(浿江)68)에서 격파하
고, 마읍산(馬邑山)69)을 빼앗아 진영으로 정하고, 마침내 평양성(平
壤城)을 포위했으나, 때마침 큰 눈이 와서 포위를 풀고 돌아가서 [소
정방을] 양주 안집대사(凉州安集大使)로 임명하여 토번(吐蕃)70)을
평정하였다. [소정방이] 건봉(乾封)71) 2년(667)에 죽으니, 당나라 황
제가 애도하여 좌효기대장군 유주도독(左驍騎大將軍幽州都督)72)을
증직하고, 시호를 장(莊)이라고 하였다.⟨이상은 당사(唐史)의 글이다.⟩

『신라별기(新羅別記)』에는 다음과 같은 글이 있다.

「문무왕[文虎王] 즉위 5년 을축(乙丑, 665) 가을 8월 경자(庚子)에
왕이 친히 많은 군사를 거느리고 웅진성(熊津城)에 가서 가왕(假王)73)
부여융(扶餘隆)과 만나 단을 만들고 흰 말을 잡아서 맹세할 때, 먼저
천신과 산천의 신령에게 제사지낸 후에 말의 피를 입가에 바르고74)

---

67) 七年 : 顯慶 연호(656-660)는 5년에 그쳤으므로 龍朔 2년이라야 옳다.
68) 浿江 : 大同江. 중국인은 漢魏시대에는 淸川江을 浿水, 大同江을 列水라고 하
    였으나, 南北朝시대에는 대동강을 패수라고 하였고, 唐代에도 패수라고 하였다.
69) 馬邑山 : 平壤의 서남방에 위치한다. [勝覽] 卷51 平安道 平壤府 古跡條「馬
    邑山 一統志 在平壤城西南 唐蘇定方 奪馬邑山 遂圍平壤卽此」
70) 吐蕃 : 西藏 또는 西藏族을 이른다.
71) 乾封 : 중국 唐 高宗의 연호(661-668).
72) 左驍騎大將軍 幽州都督 : 左驍衛大將軍이 옳고, 幽州는 시대에 따라 그 범위
    가 다르나, 唐代(天寶-至德 연간은 제외)에 있어서 幽州의 治所는 蘇(北京市
    內城北壁德勝門外)였다.([品] 上, p.644)
73) 假王 : 임시로 왕이 되는 것. 唐에서 백제 옛왕의 태자 隆을 熊津都督으로 삼
    아 고국에 돌아가서 남은 백성을 다스리게 했으므로 假王이라고 하였다. 『史記
    』「乃以吳叔爲假王 監諸將 以西擊滎陽」
74) 歃血 : 서로 맹세할 때에 그 표시로 개나 돼지나 말 등의 피를 입가에 바르는
    일. 또는 犧牲의 피를 들이 마시는 일. [史] 卷7 新羅本紀 文武王 11년條에는
    문무왕이 薛仁貴에게 보내는 答書에 삽혈의 기록이 보인다.(「又於就利山 築壇

글을 지어 맹세하기를 다음과 같이 하였다.

"지난번에 백제의 선왕(先王)이 역리와 순리에 어두워서, 이웃과의 우호를 두텁게 하지 않고, 인친[親姻]75)과 화목하지 않으며, 고구려와 결탁하고, 왜국과 내통하여 함께 잔인 포악을 일삼아 신라를 침략하여 성읍을 파괴하고 무찔러 죽임으로써 조금도 편안한 때가 없었다. 천자는 한 사람[一物]이라도 제 살 곳을 잃음을 민망히 여기고 백성이 해독 입는 것을 불쌍히 여겨 자주 사신76)을 보내 사이좋게 지내도록 달랬으나, [백제는] 지세가 험하고 거리가 먼 것을 믿고 하늘의 법칙77)을 업신여기므로, 황제는 이에 크게 노하여 엄숙히 정벌78)을 행하니, 깃발이 향하는 곳에 한 번 싸워서79) 백제를 평정하였다. 진실로 그 궁택을 무너뜨려 못을 만들어 후손[來裔]을 경계하고, 폐단의 근원을 아주 뽑아버려 후손[後昆]에게 교훈을 보일 것이나, 귀순한 자를 맞아들이고 배반한 자를 치는 것은 선왕의 영전(令典)80)이요, 망한 나라를 흥하게 하고 끊어진 것을 잇게 함은 전철[往哲]의 통규(通規)이며, 일은 반드시 옛것을 본받아야 함이 역사책[曩册]에 전해오므로 전 백제왕 사가정경(司稼正卿) 부여융으로 웅진도독을 삼아 그 [선조의]

對勅 使劉仁願 歃血相盟 山河爲誓 畫界立封 永爲疆界 百姓居住 各營產業」)
『史記』平原君傳에「王當歃血而定從」라고 하였고, 또『孟子』에「葵丘之會 諸侯束牲載書 而不歃血」이라고 하였다.

75) 親姻 : 신라 炤知王 15년에 신라와 백제가 서로 통혼했던 사실을 말한다. [史]「東城王十五年 春三月 王遣使新羅請婚 羅王以伊湌比智女歸之」

76) 行人 : 朝覲·聘問을 맡아보던 관명.

77) 天經 : 天道 또는 天則. 天經地義란 말이 있으니 정당하여 바꿀 수 없는 常理란 뜻이다.『孝經』「夫孝 天之經也 地之義也」

78) 弔伐 : 여기서는 죽은 백성들을 위로하고 반역자를 問罪하는 토벌의 뜻이다.

79) 一戎 : 戎衣는 戰服을 뜻하므로 융의를 한 번 입고 천하를 평정했다는 뜻이다. 즉『書經』武成篇의「一戎衣天下大定」에서 온 말이다.

80) 令典 : 좋은 法典. 荀悅『漢紀』序「虞夏商周之書 其揆一也 皆古之令典」

제사를 받들게 하고 그 옛땅[桑梓]81)을 보전케 하나니, 신라에 의지
하여 길이 우방82)이 되어 각기 묵은 감정을 풀고 호의를 맺어 화친할
것이며, 삼가 조명(詔命)을 받들어 영원히 번국83)이 될 것이니라. 이
에 사자 우위위장군 노성현공(右威衛將軍魯城縣公) 유인원을 보내어
친히 권유시켜 내 뜻을 자세히 선포하노니, [그대들은] 혼인할 것을
약속하고 맹세를 거듭하여, 짐승을 잡아 피를 입가에 바르고 함께 시
종을 두텁게 할 것이며, 재앙을 서로 나누어 맡고 환란을 서로 구원하
여 은의를 형제처럼 할 것이다. 삼가 조칙[綸言]84)을 받들어 감히 버
리지 말 것이며, 이미 맹세한 후에는 함께 변하지 않는 지조85)를 지킬
것이다. 만약 어기고 배반하여 그 덕을 변하여 군사를 일으켜서 변경
을 침범하는 일이 있으면, 신명이 이를 살펴 많은 재앙을 내려 자손은
기르지 못하게 되고, 사직(社稷)을 지키지 못하게 되며, 제사도 끊어
져서 남는 것이 없게 될 것이다. 그러므로 금서철권[金書鐵契]86)을
종묘에 간직해두니 자손들은 만대에 감히 어기거나 범하지 말 일이다.

---

81) 桑梓 : 고향. 옛날에 담 밑에 桑과 梓의 두 나무를 심어서 자손에게 주어 生計
의 자료로 쓰게 했으므로 자손이 이것을 보면 부모를 생각하고 공경하는 뜻을
가졌다고 한다. 이것이 변하여 鄕里의 뜻으로 쓴다. 『詩經』「維桑與梓 必恭敬
止」

82) 與國 : 서로 친선하는 나라. 『孟子』「我能爲君約與國 戰必克」

83) 藩服 : 諸侯의 나라.

84) 綸言 : 군주가 아랫 사람에게 내리는 말. 곧 군주의 말은 본래는 실과 같이 가
늘지만 이것이 하달될 때는 벼리처럼 굵어진다는 뜻이다. 『晉書』「尊儒勸學 亟
降於綸言」

85) 歲寒 : 변하지 않는 節操. 『論語』「歲寒然後 知松栢之後凋也」

86) 金書鐵契 : 金書鐵券과 같은 말로서 鐵板에 글자를 새겨 金으로 칠한 것을 말
한다. 옛날 漢 高祖가 천하를 평정하고 공신을 봉할 때에 白馬의 盟과 鐵券의
書를 作한 것이 그 시초이다. 『格古要論』「始作鐵券 其內鏤字 以金塗之 故名
曰金書鐵券」

신은 이를 들으시고 흠향하고 복을 주소서"

맹세가 끝난 후에 폐백(幣帛)을 제단의 북쪽에 묻고 맹세의 글을 [신라의] 대묘에 보장하니, 이 맹세의 글은 대방도독(帶方都督) 유인궤(劉仁軌)[87]가 지은 것이다.〈위의 당사의 글에 따르면 '소정방이 의자왕과 태자 융 등을 당나라 서울에 보냈다'고 했는데, 여기서는 '부여왕 융을 만났다'고 하니, 당나라 황제가 융의 죄를 용서하고 놓아 보내어 웅진도독을 삼은 것을 알 수 있다. 그러므로 맹세의 글에 명백히 말하였으니 이것으로써 증거가 된다.〉」

또 『고기(古記)』에는 다음과 같은 글이 있다.

「총장(總章)[88] 원년 무진(戊辰, 668)〈만약 총장 원년 무진이라면 이적(李勣)[89]의 일인데, 아래의 글에서 소정방이라고 함은 잘못이다. 만약 소정방이라면 연호가 용삭(龍朔)[90] 2년 임술(壬戌, 662)에 해당될 것이니 평양에 와서 포위했을 때일 것이다.〉에 나라 사람들이 청한 당나라 군사가 평양의 교외에 주둔하여 글을 보내어 말하기를, "빨리 군수물자를 보내달라"고 하였다. 왕은 여러 신하들을 모아 놓고 묻기를, "적국에 들어가서 당군의 진영에 이르기에는 그 형세가 위험하오. 우리가 청한 당나라 군사의 군량이 떨어졌는데 이를 보내지 않는 것도 또한 옳지 못하니 어떻게 하면 좋겠소?"라고 하였다. 유신이 아뢰기를, "신 등이 능히 그 군수 물자를

---

87) 劉仁軌 : 중국 唐의 장수. 자는 正則. 唐 太宗 때에 給事中이 되었으며, 高宗 때에 백제의 반란을 평정하고 帶方州 刺史로 임명되었으며, 다시 고구려를 평정한 공으로서 尙書 右僕射에 임명되었다.
88) 總章 : 중국 唐 高宗의 연호(668-669).
89) 李勣 : ?-669, 중국 唐 太宗·高宗 때의 무장. 본성은 徐. 이름은 世勣. 태종의 이름 世民의 '世'를 피휘하였다. 645년 遼東道 行軍大總官이 되어 고구려 요동성을 함락하고, 安市城을 칠 때 2, 3개월 동안 공방전이 계속되었으나 함락하지 못하고 회군하였다가, 666년 재차 고구려에 원정, 신라군과 연합으로 평양성을 포위·함락하여 고구려를 멸망시켰다.
90) 龍朔 : 중국 唐 高宗의 연호(661-663).

수송하겠사오니 대왕께서는 염려하지 마시옵소서"라고 하였다. 이에
유신·인문 등이 군사 수만 명을 거느리고 고구려 국경에 들어가서
군량 2만 곡(斛)을 수송해주고 돌아오니, 왕이 크게 기뻐하였다.

　또 군사를 일으켜 당군과 연합하려고 유신이 먼저 연기(然起), 병
천(兵川) 등 두 사람을 보내 그 회기(會期)를 물었더니, 당나라 장군
소정방이 종이에 난새와 송아지 두 동물을 그려 보내왔다. 나라 사람
들이 그 뜻을 풀지 못하고 사람을 시켜 원효법사(元曉法師)에게 물었
더니, 그가 해석해 말하기를, "빨리 군사를 돌이키라는 뜻이다. 송아지
와 난새를 그린 것은 두 반절을 이른 것이다91)"고 하였다. 이에 유신
이 군사를 돌이켜 패강을 건너려 할 때 명을 내려 "뒤에 건너는 자는
목을 벤다"고 했더니, 군사들이 앞을 다투어 반쯤 건넜을 때 고구려
군사가 와서 미처 건너지 못한 자를 죽였다. 그 이튿날 유신은 고구려
군사를 도리어 추격하여 수만 명을 잡아 죽였다.」

　『백제고기(百濟古記)』에는 「부여성(扶餘城) 북쪽 모퉁이에 큰 바
위가 아래로는 강물에 닿아 있는데, 전해오는 말로는 의자왕이 여러
후궁들과 더불어 최후를 면치 못함을 알고 서로 말하기를, "차라리 자
결할지언정 남의 손에 죽지 않겠다"고 하면서 서로 이끌고 이곳에 와
서 강물에 몸을 던져 죽었으므로 세상에서는 이 바위를 타사암(墮死
岩)92)이라고 한다」고 하였다. 이는 속설이 잘못된 것이니, 다만 궁녀

---

91) 謂書犢畫鸞二切 : [正]의 '畫犢畫鸞'는 '書犢畫鸞'이라야 뜻이 통한다. 그 의
　　미가 다소 난해하나, '書'에서 'ㅅ'을 취하고, '犢'에서 'ㄷ'을 제하고, '畫'에 '鸞'의
　　'ㄴ' 반절음만을 취하면 '속환'이 된다. '속환'은 당시 통용되던 '速還'의 擬音으로
　　서 '속히 돌이키라'는 뜻이 된다.
92) 墮死岩 : 扶餘 扶蘇山 북쪽 백마강 언덕 약 100m의 斷崖를 말한다. 곧 落花
　　岩을 이른다.

들은 [여기에] 떨어져 죽었으나 의자왕은 당나라에서 죽었다는 것은
『당사』에 명백히 써있다.

또 신라고전(新羅古傳)에는 「소정방이 이미 고구려와 백제 두 나라
를 치고 또 신라를 치려고 머물고 있었다. 이에 유신은 그 음모를 알
고 당나라 군사를 초대하여 독약을 먹여93) 모두 죽여 구덩이에 묻었
다」고 하였다. 지금도 상주(尙州) 지경에 당교(唐橋)가 있는데, 이것
이 그 묻은 땅이라고 한다.〈당사를 살펴보면 그 죽은 까닭은 말하지 않고 다만
죽었다고만 했으니 무슨 까닭일까? 감추기 위한 것일까? 혹은 향언(鄕諺)이 근거가
없는 것일까? 만약 임술년(壬戌年, 662) 고구려를 치는 싸움에서 신라 사람이 소정방
의 군사를 죽였다면, 그뒤 총장 무진(戊辰, 668)에 어찌 당나라 군사를 청하여 고구려
를 멸망시킨 일이 있겠는가? 이로써 신라의 향전이 근거가 없음을 알 수 있다. 다만
무진(戊辰)에 고구려를 멸망시킨 후 [신라가] 불충한 일이 있었다면 마음대로 그[고
구려] 땅을 차지했던 일이 있었을 뿐이요, 소정방과 이적 두 사람을 죽이는 데까지는
이르지 않았다.〉

당나라 군사가 백제를 평정하고 돌아간 후 신라왕은 여러 장수들에
게 명령하여 백제의 남은 적을 쫓아 잡게 하고 한산성(漢山城)94)에
주둔하자, 고구려, 말갈(靺鞨) 두 나라 군사가 와서 이를 포위하여 서
로의 싸움이 결말이 나지 않고 5월 11일부터 6월 22일까지 이르니 우
리 군사가 매우 위급하였다.95) 왕이 이 소식을 듣고 여러 신하에게 의

93) 鴆 : 일종의 毒鳥. 그 깃을 술에 담가 먹여 죽이는 것을 말한다.
94) 漢山城 : 北漢山城.
95) 高麗靺鞨二國兵來圍之 : 太宗武烈王 8년(661) 고구려 장군 惱音信과 말갈장
   군 生偕가 군사를 연합하여 신라의 북한산성을 포위했던 때의 사실을 말한 것
   인데, 이곳에서는 城主 冬陀川이 하늘에 축원한 것으로 되어 있어 조금 다르다.
   즉 [史] 卷5 新羅本紀 太宗武烈王 8年條에 「五月九日〈一云十一日〉高句麗將
   軍惱音信 與靺鞨將軍生偕合軍 來攻述川城 不克 移攻北漢山城 列抛車 飛石
   所當 陣屋輒壞 城主大舍冬陀川 使人擲鐵蒺藜於城外 人馬不能行…城主冬陀

논하기를, "무슨 계책이 없을까?"라고 하고 망설이면서 결정을 못하였는데, 유신이 달려와서 아뢰기를, "사세가 위급하니 인력으로는 미치지 못하고 오직 신술(神術)로서만 구원할 수 있습니다"고 하고 성부산(星浮山)[96]에 제단을 설치하고 신술을 다스리니, 갑자기 큰 독만한 광채가 제단 위로부터 나와 별처럼 날아 북쪽으로 갔다.〈이로 인해 성부산이라고 하였다. 산 이름에 대해서는 다음과 같은 다른 설이 있다. "[이] 산은 도림(都林)의 남쪽에 있으며 솟아난 한 봉우리가 이것이다. 서울의 한 사람이 벼슬을 구하는 계책으로 그 아들을 시켜 큰 횃불을 만들어 밤에 이 산에 올라가 들게 했더니, 그날 밤 서울 사람들이 불을 바라보고 모두 괴이한 별이 그곳에 나타났다고 하였다. 왕이 이 말을 듣고 두려워하여 사람을 모집해 기도하려고 하니, 그 아버지가 거기에 응모하려 하였다. 일관(日官)이 아뢰기를, "이것은 큰 괴변이 아니라, 다만 한 집에서 아들이 죽고 아버지가 울 징조일 뿐입니다"고 하므로, 결국 기도[禳法]를 하지 않았다. 이날 밤에 아들이 산에서 내려오다가 범에게 물려 죽었다."라고 하였다.〉 한산성 안의 군사들이 구원병이 오지 않음을 원망하여 서로 바라보고 울기만 할 뿐이었다. 적이 급히 공격하려고 하자 갑자기 광채가 남쪽 하늘 끝으로부터 와서 벼락이 되어 [적의] 포석(砲石)[97] 30여 곳을 쳐부수자, 적군의 활과 화살과 창이 분쇄되고 군사들은 모두 땅에 엎어지더니 한참 뒤에 깨어나서 흩어져 돌아가고 우리 군사도 돌아왔다.

태종이 처음 왕위에 올랐을 때 머리는 하나고 몸은 둘이고 다리는 여덟인 돼지를 바친 사람이 있었다. [이를] 해석하는 사람이 말하기

川 能激勵少弱 以敵强大之賊 凡二十餘日 然糧盡力疲 至誠告天 忽有大星 落於賊營 又雷雨以震 賊疑懼 解圍而去 云云」이라고 하였다.

96) 星浮山 : 慶州市 內南面 花谷里에 위치하며, 그 남쪽은 德川里에 이어진다. 즉 望山의 남쪽이다.

97) 砲石 : 고대 무기 중의 하나. 큰 돌을 장치한 砲車로 돌을 날려 보내 적진을 파괴하는 무기이다.

를, "이것은 반드시 천하[六合]98)를 통일할 조짐입니다"라고 하였다.
이 임금 때에 비로소 중국의 의관(衣冠)과 아홀(牙笏)99)을 쓰게 되었
는데, 그것은 법사(法師) 자장(慈藏)이 당나라 황제에게 청해서 가져
온 것이다.

신문왕(神文王) 때 당나라 고종이 신라에 사신을 보내 말하기를,
"나의 성고(聖考)100)께서는 어진 신하 위징(魏徵)101)과 이순풍(李淳
風)102) 등을 얻어서 마음을 합하고 덕을 같이 하여 천하를 통일하였
으므로 태종황제103)라고 하였지만, 너희 신라는 해외의 작은 나라로
서 태종이란 칭호를 사용하여 천자의 이름을 어지럽히는 것은 그 뜻
이 불충한 데에 있으니 속히 그 칭호를 고쳐라"고 하였다. 신라왕이
글을 올려 말하기를, "신라는 비록 작은 나라지만, 거룩한 신하 김유
신을 얻어서 삼국을 통일했으므로 태종이라고 한 것입니다"고 하였다.
황제가 그 글을 보고, 곧 자신이 태자104)로 있을 때에 하늘에서 이르
기를, "33천105)의 한 사람이 신라에 태어나 김유신이 되었다"고 하던

---

98) 六合 : 天地四方을 이른 말이다.
99) 牙笏 : [史] 卷5 新羅本紀 眞德王條에 「四年 夏四月 下敎 以眞骨在位者 執
　　牙笏」로 되어 있어 아홀이 이미 사용되었음을 알 수 있다.
100) 聖考 : 중국의 唐 太宗.
101) 魏徵 : 580-643. 중국 唐 山東省 曲城 사람. 처음에는 태자 建成을 섬겼으나
　　뒤에 태종에게 벼슬하여 諫議大夫가 되었으며, 秘書監을 거쳐 知門下省事가
　　되었다. 鄭國公에 책봉되고 죽은 뒤에 시호를 文貞이라고 하였다.
102) 李淳風 : 602-670. 중국 唐 岐州 사람. 天文·曆算·陰陽學에 밝았다. 太宗
　　때에 太史令이 되었다가 공로로서 昌樂縣男에 책봉되었다.『晉書』등의 天文
　　曆五行志를 찬술하였다.
103) 太宗皇帝 : 598-649. 중국 唐의 제2대 황제 李世民. 재위 627-649. 廟號는 太
　　宗.
104) 儲貳 : 태자.『晉書』「所以重儲貳 異正嫡」
105) 三十三天 : 欲界 6天의 제2천인 忉利天(trāyastriṃśa)의 다른 이름. 즉 불교

것을 글로 적어 둔 것이 생각나서 꺼내보고 놀랍고 두렵지 않을 수 없
어 다시 사신을 보내 태종의 칭호를 고치지 않아도 좋다고 하였다.

___

의 세계관으로서 須彌山의 꼭대기 중앙에 善見城이 있고, 이 성 안에 帝釋天
이 있으며, 이 성을 중심으로 사방에 8天씩 있어 이들 32천과 선견성을 합하여
33천이 된다.

37. 長春郎 罷郎〈一作鵾〉

　　初與百濟兵戰於黃山之役 長春郎罷郎 死於陣中 後討百濟時 見夢於太宗曰 臣等昔者爲國亡身 至於白骨 庶欲完護邦國 故隨從軍行無怠而已 然迫於唐帥定方之威 逐於人後爾 願王加我以小勢 大王驚怪之 爲二魂說經 一日於牟山亭 又爲創壯義寺於漢山州 以資冥援

三國遺事 卷第一

장춘랑과 파랑 〈또는 비(羆)〉

처음에 백제 군사와 싸우던 황산(黃山) 전투에서 장춘랑(長春郎)
과 파랑(罷郎)이 진중에서 죽었다. 그후 백제를 칠 때 태종(太宗)의
꿈에 나타나 말하기를,1) "우리들은 지난 날 나라를 위해 몸을 바치고
지금 백골이 되었으나, 나라를 끝까지 지키고자 종군하여 따라다니기
를 게을리 하지 않았습니다. 그러나 당나라 장수 소정방[定方]의 위엄
에 눌려 남의 뒤로만 쫓겨다니게 되었습니다. 부디 임금께서는 저희에
게 작은 힘을 보태주소서"라고 하였다. 대왕이 놀랍고 괴이히 여겨 두
혼령을 위하여 하루 동안 모산정(牟山亭)에서 불경을 설하고, 또 한
산주(漢山州)에 장의사(壯義寺)2)를 세워 [그들의] 명복을 빌게 하였
다.

삼국유사 권제1

---

1) 現夢於太宗曰 : [史] 卷5 新羅本紀 太宗武烈王條에도 장춘랑과 파랑이 태종
앞에 나타난 기사가 있으나 조금 다르다. 「六年 冬十月 王坐朝 以請兵於唐不
報 憂形於色 忽有人於王前 若先臣長春罷郎者 言曰 臣雖枯骨 猶有報國之心
昨到大唐 認得 皇帝命大將軍蘇定方等 領兵以來年五月 來伐百濟 以大王勤伫
如此 故玆控告 言畢而滅 王大驚異之 厚賞兩家子孫 仍命所司 創漢山州莊義寺
以資冥福」

2) 壯義寺 : 서울 종로구 新營洞 218-2번지, 彰義門 밖에 있는 절. [史]에는 莊
義寺로 되어 있다. 조선 世宗 때 集賢殿 학사들의 독서하는 곳으로 삼았다가
조선 중기에 폐하였다. [勝覽] 漢城府 佛宇條에는 藏義寺라고 하였고, 현지에
는 莊義寺幢竿支柱(보물 235호) 1기가 있다.

三國遺事 卷第一

影印原文

王曆 第一 / 紀異 第二

三國遺事

三國遺事王曆第一

三國遺事王曆第一	新羅	高麗
前漢宣帝	第一赫居世 姓朴卯 生年十	
甘露 鸑子四		
黃龍 一	代又徐氏或云 坡伐又蘇國號徐羅 諸王薨解王時始 林之	
元帝	號	
初元 癸酉五		
永光 戊寅五		高麗
建昭 甲申築金城		第一東明王 姓高名年 甲申立理十 八 壇君之子
成帝		
建始 己丑四		

羅第二南解次雄

元始辛酉七

儒子
初始戊辰二

父赫居世母閼英姓朴氏
妃雲帝夫人甲子立理二十年

新室
建國己巳五

天鳳甲戌六

地鳳庚辰三

更始乙酉二

後漢虚帝

建虎乙巳王

第三弩礼尼叱今
一作儒礼王

第四閨叱王一云角干
朱姓解氏父弩礼王

濟

洛

和帝

章和丁亥二

元和甲申三

建初丙子八

章帝

求平戊午七

明帝

完元丙辰二

第五七卷王　年

第六國裡王

第二巳婆王

羅	麗	濟
永元己亥		

順帝

迎光戊辰　　　峰

建光辛酉　年是王代讖音質因今貴庚又坦㴱閼

永寧甲申　王之女札史夫人一作愛礼金氏王子五理三十三

元初甲寅

永初辛亥七　第六祗磨尼叱令　一作祇味又祇彌姓朴父娑娑王母史肖夫人妃磨帝國

延平丙午

安帝

元興乙巳

殤帝

	羅	麗	濟	洛
和平嫩				
元嘉卿二				
永興陵二	第八阿達羅尼今			
永壽元三	乙巳立理王甚曰十九歲兒三五頃巫漢子卽王			
延熹戊九	又興禮國祖	第八新大王名第五古王作		
永康丁	立頭			
靈帝	立理十四年 丙午立卿玉年			
建寧戊四	院東關是也			
喜平戊六			第九炊古國王	
光和戊六				
中平子五	麋兒戌休尼今 各界虎戌戌虎讚巳立			

漢孝獻帝二

永漢巳

初平癸酉四

興平甲戌二

曹魏文帝

建安丙子　第十嘉　尼㠯　第十山上王　第大桃首王　第三居登王

黃初庚子　理三十

明帝　第士囯賣尼㠯　第士東川王

大和㠯大

青龍癸丑四

景初丁巳三

羅	麗	濟	洛

齊王

正始庚申九　第十二理解尼叱今

一作詁解　壬昔氏助賁

王之同母弟也丁卯立

壹平巳五

理十五年始興

高貴卿

高麗通聘

正元甲二

甘露子四

陳留王

景元賑四　第十三未鄒尼叱

一作詣又未祖姓金

召法金氏始祖父仇

道葛文王之姪也

父仇道又未祖

西晉虎帝

第十四西川王

泰始酉十

迷祀夫人姓朴葛文

之女朴氏名昌葛文

咸寧未五

先朗朝王三十二年

各樂壹國又

若友庚庚

第十五歷品王

又云濟世王沸

府稗印沸流

女言今子道

人巳卯一

簋古尒王　故

之妹召甲寅

立理五十二年

東晉中宗	羅	麗	濟	洛
建虎丁丑 大興戊寅四 明帝 永昌壬午 太寧癸未 顯宗 咸和丙戌九 咸康乙未八 康帝 建元癸卯二	己丑始築碧骨堤 周□万七千二十六步 □□百六十六步 水田一万四千七十□	第十六國原王 名釗 又斯由 或云岡上 辛卯立 理四十年 壬寅八月移都安市城即[illegible]	第十二契王 汾西元子	

宗
永和巳二第芒蔡勿麻三千
昇平丁巳五
　一作
　昌文王一作末昌王之
哀帝
　弟
隆和壬戌
　十六年庚午卒
興宁癸四 美
廢帝
大和西五
簡文帝
咸安辛一
烈宗

甲辰立理二年
此流竄二子丙午在理二十九年
父唐氏荷婁理六

第七近肖三第五俾品三
王爲末羊未北淅山後都
第芒尔歆林
王立理立三年
辛未
第西近仇首王近貴首之子也亥立理九年

宋武帝	恭帝	義熙乙巳	元興壬寅三	隆安丁酉五	安帝	大元丙子廿一	寧康乙酉三
	元熙起	第十九訥祇麻立干	第六實聖麻立干	元興丁丑五		第十六國原王 名伊速夫校長夫 近仇首子 甲申立治八年 甲申立	
		作賞王支 文	知角干	作寶聖王支 寶金		第十五枕流王	
	巳立治四 十一年	禮希夫人金氏未鄒王女	礼生夫人普氏登也阿干 国留夫人金寅立治十五王即到琳之女	名談德壬辰 立治二十一年		第九廣開王	
	第六坐知王	第廿長壽	第十七腆文王			第十六辰斯王 辰斯王名膩阿	
						一作河苠辰斯 壬辰立治七年	
						第七阿莘王 一作河苠王名腆支 辛卯巳治十三年	
	十四 年	一云金氏王文侯品 母氏信丁彼故				枕流王名毎乙 酉立治十三年	

後廢帝	大宗	大明丁酉八	孝建壬午三	世祖巳大初	文帝 元嘉甲子	小帝 景平癸酉	永初庚申三
泰始乙巳八		第二十慈悲麻立干					

後廢帝
始興其國三通己未年倭國兵來侵始至
明活城入避來倭人圍明活城不克而退

泰始乙巳八
夫人寶聖王之女戊戌治二十一年妣巴明
蔦芩王女也此希角干一作玁角干女
慶司上未立治三

大明丁酉八
第二十慈悲麻立干金氏父訥祗母阿
老夫人一作次老夫人
第二十王蓋卣王

孝建壬午三

世祖巳大初

文帝 元嘉甲子
丁外後都
平壤城

第二十毗有王第八鉎知王
父久爾辛子丁卯
立治二十八年
母仁城立丁卯立
一云今巽
治三十
六年

蕭九多余小董 第七吹奚希王
腆支王子慶甲
立治七年
一云書晉父久知
壬母福辛酉立
治三
十年

羅		濟	洛
元徽癸丑四			
順帝 昇明丁巳二		第二三牟王	第二王麃王
齊太祖 建元起四 萬至毗處麻立于作	第二十一文咨明	一作三乞王文周子 丁巳立理二年	一作文明盖鹵子乙卯 立後都熊川理二年
永明癸未二 知王金氏慈悲王第三子 母未欣角干之女己未 立理二十一年妃期 寶萬文王之女	王名明理好又个 王雲又高雲壬申 立理二...	第二四東城王 各年大一六庶 帝又餘大三 未立理二十六年	第二王牟大
廢帝		介王之堂第巳	第九鉗知王 父鉗知王母郁 嫂女甲申立理
高宗	句有孝行擅本有序 庚午初州郡以通貨		
建虎甲戌四			
永泰戊寅 第二十二智訂麻立于	立理二 十七年		二十 九年

永元起二

和帝
中興辛巳一

梁高祖
天監午廿八
普通子興七
大通未二
大通醻酉
史通醻
大同卯十一
中大同丙寅

一作知撝妃父智度路王金氏父訥祗
壬男期室葛文王妃為生夫人納祗
巳上為約上古
巳下為中古
之女妃迎帝夫人往覽代讓只登許作第二十五虎簷王
理十四年

第二十三法興王　名原宗金
名募秦名春父智訂
母迎帝夫人法興諡諡
立理十二年

第二十四真興王
家名法流往永興辛始
行撲令姑行十宵日黎
毅度烏僧尼建元丙
年始置
年號始此

第二十五眞興王
氏父即諗奚名立來十里
壬男名夫人一作息道

第二十二安藏王
名與安巳亥
立理十二年

第二十三安藏王
名宗迥美王
立理十四年

第二十五陽原王
戊午

第二十六聖王
虎寧子美巳　名明
立理三十一年

第二十七衛王
子母安辛丑立
理十二年中大通

戊午
移都泗沘
稱南扶余

國除

大陸万宝藏之
方子詳見虜吏

理二十三年南史云冬共保陸讓

後主		宣帝	光大丁二	天嘉庚六	文帝	永定丁三
		天建己十四	天康戌			

第三十六真平王
名白淨一編云東詰
大字母宗喬文王之女
尼姐摩耶夫人金
氏名福勝已俊妃禮蒲夫人孫氏已亥立
万呼去万寧夫人名行義

第二十五具智王
二作郎金氏之女具
一作色刀夫人迎古夫人
入越鳥公之女朴氏妃
立君量娥襄育北

端濟辰十二
大昌戌四

第三十五真智王
五理三
十一年
一作平國名舍城
勤之奈音問陽印

武德戊寅九	唐大祖	義寧丁丑	恭帝	大業丑十二	煬帝	仁壽醉四	開皇竦王	隋文帝	禎明杔三	圣德猴四 羅
第卅茶留					立治十八年	王志平湯名元大光庚戌	第廿六嬰湯			麗
申五治四十一年	武玄東獻丙戌小名一辞薛㬉 第卅武王		名孝順灵宣惠壬子巳未立 第卅九法王 名孝一玄融王彘德子戊午立 第卅八惠王				第廿六惠王			濟

- 21 -

大宗

貞觀紀廿三

高宗

永徽庚戌六

顯慶辰五

龍朔醉三

麟德押二

乾封丙寅二

王名戊寅立治　又建

第二主善德女王名德曼父真平王母麻耶夫人金氏聖骨男盡故女王立王之匹飲葛文王仁平甲午立治十四年　二十

第二主真德女王名勝曼父真平王之弟國其父葛文王母阿尼夫人朴氏奴追雖葛文王之女也或云月明非也丁未立治七年

大和六己巳上下古聖骨上已上中古真骨

第二九大宗武烈王名春秋金氏真智王之子龍春卓文興葛文王之子也龍春一作龍樹妃訓帝夫人謚文明王后庾信之妹小名文姬

第三十文武王名法敏大宗之子母訓帝夫人王妃慈義一作訥王后善品海干之女辛酉立治二十年陵在感恩寺東海中

第二主寶藏王　王滅二十七年辛丑立

王寅立治二十七年

第二主義慈

王子辛丑立

熙也甲寅立治七年

康申國除自溫林至庚申

六百七十八年

總章戊辰二　羅

咸亨庚午四

上元甲戌二

儀鳳丙子三

調露己卯

永隆庚辰

開耀辛巳

永淳壬午

虎右

洪道癸未　吳

文明甲申　甲

第三十一神文王　金氏名政明字日炤父
文虎王母慈訥王后妃
神穆王后金運公之
女政明立理十一年

槐理王方金運公之
廿辛巳立理十一年

丙戌退使入唐請化爲告
□□朝章用天今門司
寫言函要礼幷來文詞淺狂現藏者勤歇手卷陽之

戊辰戊鹿甲□大多麻德补入唐傳寫歷術思譜
没麙法乙亥鑄弓□州郡所级

襄戊辰國　濟

徐自東明甲
申至戊辰
合七百
五年

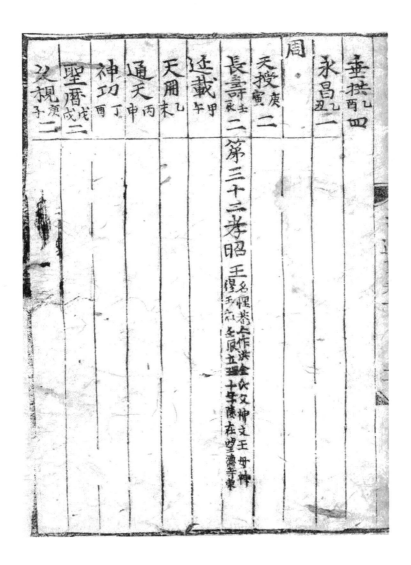

垂拱乙酉四

永昌乙丑一

周

天授庚寅二

長壽壬辰生二　第三十二孝昭王名理恭作洪光次父神文王母神穆王后至辰五理十年陵在望德寺東

延載甲午一

天冊乙未

通天丙申

神功丁酉

聖曆戊戌二

久視庚子二

中宗

長安辛丑四
羅第三十三聖德王 名興光本名隆基孝照之母弟也先妃陪昭王后諡嚴貞元大 之女也後妃占勿王后諡炤 妃炤德

德順无角干之女壬寅立理三十
五年陵在東村南一云楊長谷

神龍巳二

睿宗
景龍丁三

玄宗
景雲庚二

先天壬

先天
第三十四孝成王 金氏名承慶父聖德母炤德太后丁 丑立理五年法流寺火燒骨東海

開元乙丑二十九
第三十四孝成王

肅宗
天寶壬午十四
第三十五景德王 金氏名憲英父聖德先妃三毛夫人出宮 无後後妃滿月夫人諡景垂王后 一作楊

丑辛

玄宗

至德丙申二

乾元戊戌二

上元庚子二

寶應壬寅一

代宗

廣德癸卯二

永泰乙巳二　第三十六惠恭王 金氏名乾運父景德母滿月王后先妃神巴夫人魏正角干之女妃昌昌夫人金将角干之女妃乙巳立理十五年

大曆丙午十四

德宗

建中庚申四　第三十七宣德王 金氏名亮相父孝方海干追封開聖大王即元訓角干之子母四召夫人諡懿太后聖德王之女妃具足王后狼品角干之女庚申立理五年

興元甲子

真元二十

羅 第三十八元聖王 金氏名敬慎一作敬信唐書云敬則父孝讓大阿干追封明德大王母仁□一云知烏夫人諡昭文王后金氏昌近□伊巳之女妃淑貞夫人神述角干之女乙卯立理十四年陵在鵠寺今崇福寺有也西□所立碑

順宗

永貞酉

第三十九昭聖王 一作昭成王金氏名俊邕父惠忠大子母聖穆大后妃桂花王后夙明公之女己卯立而崩 二年剏崇福寺

憲宗

元和丙戌五

第四十哀莊王 金氏名重熙一云重照父昭聖母桂花王后辛巳立理十年元和四年己丑七月十九日王之叔父憲德興德兵

第四十一憲德王 金氏彦升昭聖之母弟妃貴勝娘諡皇娥王后忠恭角干之女己丑立理十九年陵在泉林村北

穆宗

長慶辛

第四十二興德王 金氏名景暉憲德母弟妃昌花夫人諡定穆王后昭聖之女丙午立理十年陵在安康北比火壤與妃昌花合葬

敬宗

寶曆巳二

文宗

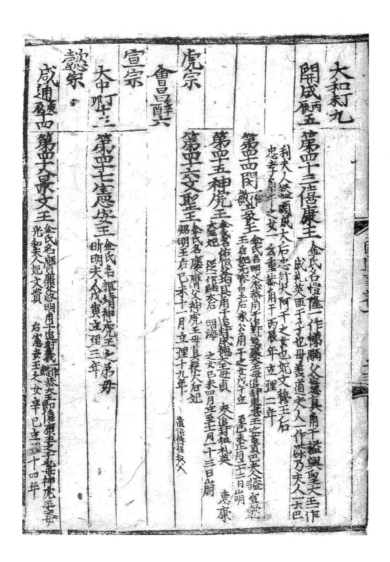

大和九
開成兩五　第四十三僖康王　金氏名悌隆一作愷康父憲貞諡興聖大王一作憬聖大王母文穆夫人妃文資王后一作僧和夫人巴
虎宗
　會昌醉六　第四十四閔哀王　金氏名明父忠恭角干追封宣康大王母貴寶夫人諡宣懿王后魏昕父忠衍角干即追尊宣康王是也
　大中恠三　第四十五神虎王　金氏名祐徵父均貞角干追尊成德大王母貞矯夫人一云積板夫人妃貞從一作繼作明海己未十一月立理十九年
宣宗
　大中恠十三　第四十六文聖王　金氏名慶膺父神虎王母貞從夫人戊辰十九月十三日崩
懿宗
　咸通聯四　第四十七憲安王　金氏名誼靖神虎王之弟母昕明夫人戊寅立理三年
　　第四十八景文王　金氏名膺廉父啓明角干追封義恭大王即僖康王之子母神虎王之女光和夫人妃文資

僖宗	羅
乾符甲午六	第四十九憲康王　金氏名晸父景文王母文資皇后一云 性愍敬王□見上
廣明庚子	義明王右乙未立理十一年
中和辛丑四	第五十定康王　金氏名晃閔康王之母弟丙午立而崩
光啟乙巳三	第五十一真聖女王　金氏名曼憲康王之同母妹也王之匹魏弘大角干追封惠成大王丁未立理十年丁巳遜位于小子孝恭王十二月崩
昭宗	之匹
文德戊申	大角干追封惠成大王火葬散骨于牟梁西川一作未黄山
龍紀配	
大順庚戌二	後高麗
景福壬子二	弓裔大順庚戌始投北原賊良吉屯丁巳稱高麗鐵圓城今東州也
乾寧甲寅四	第五十二孝恭王　金氏名嶢父憲康王母文資皇后丁巳立理十五年

後百濟

甄萱壬子始都光州

光化戊午三　火葵失師于寺北骨藏　于塔東山臆

天復酉三　于塔如堤東山臆

景宗

天祐子甲三

末梁

開平卯四

乾化辛四

末帝

貞明乙亥六

龍德巳辛三

後唐

辛酉稱

萬麗

甲辰改國号摩
震置元虎泰

第五十三神德王　朴氏名景徽本名秀宗　母眞花夫人夫人之父順弘角干追諡成虎大王　祖元隣角干乃阿達羅王之遠孫　父文元伊干追封興廉大王　祖文官海干　義父銳謙角干追封宣成大王　妃資成王后一云懿成　又孝資　甲戌立理五年　火葬藏骨于箴峴南

鐵原

第五十四景明王　朴氏名昇英　母資成　戊寅六月商　北太祖即位　于鐵原京　已卯移都松　嶽郡是年創　法王慈雲

太祖遞

大王之子太尊即水宗伊干之子于數五狸年　火葬皇福寺散骨于省寺初山西

石晉	清泰午二	閔帝	長興庚四	天成丙四	明宗	同光癸三
天福丙 申八		末帝 陵		第五十五景哀王 朴氏名魏膺 景明之母弟也		羅第五十五景哀王
	自五鳳甲子至乙未 合九百九十二年	乙未納土歸于 東向洞	角汗封懿興大王 母桂娥 康妣 進封神興大王母祖宮	金氏傳父孝宗甲于 順王	母資成甲申 立理二年	嚴王輪內帝叙 倉卯又創天 禪院晉新興 文殊迪地藏
	丙申統三					
四年而亡 自壬子至此甲	是年国除	乙未 萱子神劔 弑父自立	創外帝叙神衆院丹国寺丁亥 創妙寺己丑創龜山東寛安	壬午乙亥下十月乃創大興寺庚寅 利市玄孔岩下立油市故俗	前十大寺皆是年	

前漢高惠小文景虎昭宣元成衰平孺

後漢光明璋殤安順冲質　桓靈鼉獻

魏晉宋齊梁陳隋

李唐太宗高則中睿玄肅代德順憲　穆敬文虎宣懿僖昭景

朱梁後唐　石晉劉漢郭周

大宋

紀異卷第一

叙曰大抵古之聖人方其禮樂興邦仁義設教
則怪力亂神在所不語然而帝王之將興也膺
符命受圖籙必有以異於人者然後能乘大變
握大器成大業也故河出圖洛出書而聖人作
以至虹繞神母而誕羲龍感女登而注炎皇娥
遊窮桑之野有神童自稱白帝子交通而生小
昊簡狄吞卵而生契姜嫄履跡而生弃胎孕十
四月而生堯龍交大澤而生沛公自此而降豈
可殫記然則三國之始祖皆發乎神異何足怪

載此紀異之所以漸諸篇也意在斯焉

古朝鮮〔王儉朝鮮〕

魏書云乃往二千載有壇君王儉立都阿斯達〔經云無葉山亦云白岳在白州地或云在開城東今白岳宮是〕開國號朝鮮與高同時古記云

昔有桓因〔謂帝釋也〕庶子桓雄數意天下貪求人世父知

子意下視三危太伯可以弘益人間乃授天符印三箇遺

往理之雄率徒三千降於太伯山頂〔即太伯今妙香山〕神壇樹

下謂之神市是謂桓雄天王也將風伯雨師雲師而主

穀主命主病主刑主善惡凡主人間三百六十餘事在

世理化時有一熊一虎同穴而居常祈于神雄願化為

人時神遺靈艾一炷蒜二十枚曰爾輩食之不見日光

百日便得人飛熊虎得而食之忌三七日熊得女身虎

不能忌而不得人身熊女者無與爲婚故每於壇樹下

呪願有孕雄乃假化而婚之孕生子號曰壇君王俟以

唐高即位五十年庚寅唐堯即位元年戊辰則五十年丁巳非庚寅也疑其未實都

平壤城西始稱朝鮮又移都於白岳山阿斯達又名

弓忽山又今於達御國一千五百年周虎王即位己

卯封箕子於朝鮮壇君乃移於藏唐京後還隱於阿斯

達爲山神壽一千九百八歲唐裵矩傳云高麗本孤竹

國今海周以封箕子爲朝鮮漢分置三郡謂玄菟樂浪

帶方通典亦同此説漢書則真臨樂玄四郡名又不同何耶今

魏滿朝鮮

前漢朝鮮傳云自始燕時常畧得真番朝鮮國府（師古曰戰國）

此地也得為置吏築障秦滅燕屬遼東外徼漢興為遠難守

復修遼東故塞至浿水為界（師古曰浿水在樂浪郡）屬燕燕王盧綰

反入凶奴燕人魏滿亡命聚黨千餘人東走出塞渡浿

水居秦故空地上下障秪役屬真番朝鮮蠻夷及故燕

齊亡命者王之都王儉城（李奇曰地名臣讚曰王儉城在樂浪郡浿水之東）以兵威

侵降其旁小邑真番臨屯皆來服屬方數千里傳子至

孫右渠（師古曰孫渠名）真番旁國欲上書見天子雍閼不通

師古曰臞辰也
謂辰䑓也

元封二年漢使涉何諭右渠終不肯奉詔何玄
菟即臨菟水使馭刺殺送何者朝鮮裨王長師古曰送
即渡水馭入塞遂歸報天子拜何爲遼東之都尉朝
鮮怨何襲攻殺何天子遣樓舡將軍楊僕從齊浮渤海
兵五萬左將軍荀彘出遼討右渠發兵距峽樓舡
將軍將齊七千人先到王俟右渠城守規知樓舡軍小
即出擊樓舡樓舡敗走僕失衆遁山中獲免左將軍擊
朝鮮浿水西軍未能破天子爲兩將未有利乃使衞山
因兵威往諭右渠右渠請降遣太子獻馬人衆万餘持
兵方渡俱俟使者及左將軍疑其爲變謂太子巳服宜

母持兵太子赤疑使者詐之遂不渡與水復引歸報天
子誅山尤將軍破與朽上軍迺前至城下圍其西北樓
缸亦往會居城南右渠堅守數月未能下天子以久不
能決使故濟南大守公孫遂往正之有便宜將以從事
遂至縛樓舡將軍并其軍與左將軍急擊朝鮮朝鮮相
路人相韓陰尼谿相參將軍王唊師古曰唊音頰也相與謀
欲降王不肯之陶唊路人皆上降漢路人道死元封三
廿夏尼谿相參使人殺王右渠來降王俠城未下故右
渠之大臣成巳又反尤將軍使右渠子長路人子最告
諭其民謀殺成巳故遂定朝鮮為真番臨屯樂浪

玄菟　四郡

馬韓

魏志云魏滿擊朝鮮朝鮮王準率宮人左右越海而南至韓地開國號馬韓甄萱上大相書云昔馬韓先起赫世勃興於是百濟開國於金馬山崔致遠云馬韓麗也辰韓羅也據本紀則羅先起甲子麗後起甲申而此云者以王準言之耳以此知東明之起已并馬韓而因之矣故稱麗爲馬韓今人或認金馬山以馬韓爲百濟者盖誤濫也麗地自有邑山故名馬韓也

四夷九夷九韓穢貊周禮職方氏掌四夷九貊者東夷之種卽九夷也三國史云溟州古穢國野人耕田得穢王印獻之又春州古牛首州古貊國又或云今

朔州是貊國或平壤城為貊國淮南子注云東方之夷

九種　論語正義云九夷者　一玄菟　二樂浪　三

高麗　四滿飾　五鳧臾　欠素家　七東屠　八倭

人　九天鄙　海東安弘記云九韓者　一日本　二

中華　三吳越　四七羅　五鷹遊　六靺鞨　七丹

國　八女真　九穢貊　二府

前漢書昭帝始元五年巳亥置二外府謂朝鮮舊地平

那及玄菟郡等為平州都督府臨屯樂浪等兩郡之地

置東部都尉府　按曰朝鮮傳則真番玄菟臨屯樂浪等／今有平州則真番盖一地二名也

七十二國

通典云朝鮮之遺民分爲七十餘國皆地方百里 後漢
書云西漢以朝鮮舊地初置爲四郡後置二府法令
頗分爲七十八國各萬戶 馬韓在西有五十四小邑皆
韓國 卞韓在南有 辰韓在東有十二小邑
十二小邑各稱國

樂浪國

前漢時始置樂浪郡應邵曰故朝鮮國也 新唐書注
云平壤城古漢之樂浪郡也 國史云赫居世三十年
樂浪人來投 又第三弩禮王四年高麗第三無恤王
伐樂浪滅之其國人與帶方 北帶方 投于羅 又無恤王二

十七年光虎帝遣使伐樂浪取其地爲郡縣薩水已南

屬漢撗上諸文樂浪即平壤城冝矣或云樂浪中頭

山下縣轄之界薩水今大同江也未詳孰是又

百濟溫祚之言曰東有樂浪北有靺鞨則殆古漢時樂

浪郡之屬縣之地也新羅人亦以稱樂浪故今本朝亦

因之而攝樂浪郡夫人又大祖降女於金傳亦曰樂浪

公主

比帶方

北帶方本竹覃城　新羅弩禮王四年帶方人與樂浪人

投于羅　此皆前漢所置二郡名其後階稱國今來降

南帶方

曹魏時始置南帶方郡於麻榙故云帶方之南海水千里

日瀚海 後漢建安中以馬韓南荒地為帶方郡倭韓遂屬是也

靺鞨一作勿吉 渤海

通典云渤海本栗末靺鞨至其酋祚榮立國自號震旦

先天中玄宗始去靺鞨號專稱渤海開元七年祚榮

死諡為高王世子襲立明皇賜典冊襲王私改年號遂

為海東盛國地有五京十五府六十二州後唐天成初

契丹攻破之其後為丹所制

三國史云儀鳳三年高宗戊寅高麗殘孽類聚北依

太伯山下國號渤海開元二十年間明皇遣將討之又

聖德王三十二年玄宗甲戌渤海靺鞨越海侵唐之登

州玄宗討之又新羅古記云高麗舊將祚榮姓大氏

殘兵立國於大伯山南國號渤海按上諸文渤海乃靺鞨

鞨之別種旦開合不同而已

拍掌盆渤海在長城東北角外賈躭郡國志之渤海國

之鴨淥南海扶餘攝城四府並是高麗舊地也自新羅

泉井郡地理志朔州領縣至攝城府二十九驛又三有泉井郡本湧州

國史云百濟末年渤海靺鞨新羅分百濟地海又分為

也羅人云北有靺鞨南有倭人西有百濟是國之害

也又靺鞨地接阿瑟羅州　又東明記云卒本城地

連靺鞨或云今羅第六祗麻王十四年乙丑靺鞨兵大入

北境襲大山柵過泥河　後魏書靺鞨作勿吉　指掌

圖云挹婁與勿吉皆肅慎也　黑水　沃沮　按東坡

拍掌圖辰韓之北有南北黑水　按東明帝立十年歲

- 44 -

比伏㺚㺚排王四十二年南伏㺚二十餘家來投新羅

又赫居世五十二年東伏㺚來獻良馬則又有東伏㺚

矣指掌圖黑水在長城北伏㺚在長城南

伊西國

弩禮王十四年伊西國人來攻金城　棲雲門寺古傳

諸寺納田記云貞觀六年壬辰伊西郡今部村零味寺

納田則今部村今清道地即清道郡古伊西郡一

五伽耶

按駕洛記贊云垂一紫纓下六圓卵五歸各邑一在茲城則一為首露王餘五各為五伽耶之主金官不入五數當矣而本朝史畧記昌寧誤

阿羅一作耶伽耶今咸安古寧伽耶今咸寧大伽耶今高靈星山伽耶

耶今京山小伽耶今國又本朝史畧云大祖天福五年

庚子改玉伽耶名一金官(為金二古寧為利縣三別大縣)
(海府)

寧恐髙靈之訛餘二阿羅星山作碧珍伽耶
(同前星山或作碧珍伽耶)

北扶餘

古記云前漢書宣帝神爵三年壬戌四月八日天帝降

于訖升骨城(在大遼醫州界)乘五龍車立都稱王國號北扶餘

自稱名解慕漱生子名扶婁以解為氏焉王後因上帝

之命移都于東扶餘東明帝継北扶餘而興立都于卒

本州為卒本扶餘即髙句麗之始見下

東扶餘

北扶餘王解夫婁之(相阿蘭弗夢天帝降而謂曰將使

吾子孫立國於此汝其避之(謂東明將興之兆也)東海之濱有地

名迦葉原土壤膏腴宜立王都阿蘭弗勸王移都於彼

國號東扶餘夫婁老無子一日祭山川求嗣所乘馬至

鯤淵見大石相對俠流王怪之使人轉其石有小兒

色蛙形王喜曰此乃天賚我令胤乎乃收而養之名曰

金蛙及其長為太子夫婁薨金蛙嗣位為王次傳位于

大子帶素至地皇三年壬午高麗王無恤伐之殺王帶

素國除

高句麗

高句麗即卒本扶餘也或云今和州又成州等皆誤矣
卒本州在遼東界國史高麗本記云始祖東明聖帝姓
言氏諱朱蒙先是北扶餘王解夫婁既避地于東扶餘
及夫婁薨金蛙嗣位于時得一女子於太伯山南優渤
水問之女我是河伯之女名柳花與諸弟出遊時有一
男子自言天帝子解慕漱誘我於熊神山下鴨綠邊室
中知之而往不返（壇君記云君與西河阿伯之女要親
有産子名曰夫婁今按此記則解慕漱乃阿伯之女而
後産朱蒙壇君記云產子名曰夫婁夫婁與朱蒙異母
兄弟也）父母責我無媒而從人遂謫居于此金蛙異之幽
閉於室中爲日光所照引身避之日影又逐而照之因
而有孕生一卵大

五升許王弃之與犬猪皆不食又弃之路牛馬避

之野鳥獸覆蔭之王欲剖之而不能破乃還其母母以物

裹之置於暖處有一兒破殼而出骨表英奇年甫七歲

嶷然異常自作弓矢百發百中國俗謂善射爲朱蒙故

以名焉金蛙有七子常與朱蒙遊戲技能莫及長子帶

素言於王曰朱蒙非人所生若不早圖恐有後患王

聽使之養馬朱蒙知其駿者減食令瘦駑者善養令肥

王自乘肥瘦者給蒙王之諸子與諸臣將謀害之蒙母

知之告曰國人將害汝以汝才畧何往不可宜速圖之

於是蒙與烏伊等三人爲友行至淹水今未詳告水曰我

是天帝子河伯孫今日逃遁追者垂及奈何於是魚鱉

成橋得渡而橋解追騎不得渡至卒本州之界玄菟郡之都

焉未遑作宮室但結廬於沸流水上居之國號高句麗

因以高爲氏本姓解也今自言是天帝子時年十二歲

解而生故自以高爲氏

漢孝元帝建昭二年甲申歲即位稱王 高麗全盛之

口二十一萬五千八百戶珠琳傳第二十一卷載昔寧禀

離王侍婢有娠相者占之曰貴而當王王曰非我之胤

也當殺之婢曰氣從天來故我有娠及子之産謂爲不

祥捐圈則猪噓弃欄則馬乳而得不死卒本扶餘王之

卽東明帝爲卒本扶餘王歟謂此卒本扶餘王之異稱也
餘之別都故云扶餘王也

卞韓 百濟 即㑣云南扶餘泗沘城也

新羅始祖赫居世即位十九年壬午卞韓人以國来降

新舊唐書云卞韓苗裔在樂浪之地 後漢書云卞韓

在南馬韓在西辰韓在東 致遠云卞韓百濟也 按

本記溫祚之起在鴻嘉四年甲辰則後於赫世東明之

世四十餘年而唐書云卞韓苗裔在樂浪之地云者謂

溫祚之系出自東明故云耳故有人出樂浪之地立國

於卞韓與馬韓等並峙者在溫祚之前爾非所都在樂

浪之北也或者濫九龍山亦名卞郱山故以高句麗爲

卞韓者盖誤當以古賢之説爲是百濟地自有卞山故

云六十百濟全盛之時十五萬二千二百戶

辰韓亦作秦韓

後漢書云辰韓耆老自言秦之亡人来適韓國而馬韓
割東界地以與之相呼為徒有似秦語故或名之為秦
韓有十二小國各萬戶稱國又崔致遠云辰韓本燕人
避之者故取涿水之名稱所居之邑里云沙涿漸涿等
羅人方言讀涿音為道故今或作沙梁梁亦讀道
新羅全盛之時京中十七萬
八十九百三十六戶 一千三百六十坊 五十五里
三十五金入宅言富潤大宅也 南宅 北宅 亏比所宅
本彼宅 梁宅 池上宅本彼部 財買井宅庾信公祖宗

北維宅 南維宅 阪嬪寺隊宅 賓支宅反香寺下長沙

宅 上攥宅 下攥宅 水望宅 泉宅 揚上宅梁南

漢岐宅法流寺南鼻穴宅上同 板積宅芬皇寺上坊 別教宅北川

郡南宅 金揚宗宅梁官寺南 曲水宅北川 柳也宅寺

下宅 沙梁宅 井上宅 里南宅号哥 思內曲宅

池宅 寺上宅大宿 林上宅東青龍之寺方有池 橋南宅

巷叱宅本彼部 樓上宅 里上宅 椧南宅 井下宅

又四節遊宅

春東野宅 夏谷良宅 秋仇知宅 冬加伊宅

第四十九憲康大王代城中無一草屋接角連墻歌吹

蕭鼓萱衣不絕

新羅始祖 赫居世王

辰韓之地古有六村一曰閼川楊山村南今曇嚴寺長

曰謂平初降于瓢嵓峯是為及梁部李氏祖置訊又梁部

二曰突山高墟村長

本朝大祖天福五年庚子改名中

興部彼替東山彼上東村屬焉

蘇伐都利初降于兄山是為沙梁部

今曰南山部仇良伐麻等為道北迴德等南村屬焉

大祖所置世下剙而

三曰戊山大樹村長俱祝禮馬初降于

山此一亦皆是為漸梁部又牟梁部孫氏之祖今玄長福部

朴谷村等西村屬焉四曰觜山珍支村長曰智伯

虎初降于花山是爲本彼部崔氏祖今曰通仙部紫巳
等東南村屬焉致遠乃本彼部人也今皇龍寺南味吞
寺南有古墟云是崔侯古宅也殆明矣　五曰金山加
利村　今金剛山栢栗寺之北山也　長曰祗沱一作只他初降于明活山是
爲漢歧部又作韓歧部裴氏祖今云加德部上下西知
乃兒等東村屬焉　六曰明佸山高耶村長曰虎珍初
降于金剛山是爲習比部薛氏祖今臨川部勿伊村仍
仇旀村闕谷一作葛谷等東北村屬焉　按上文此六部之
祖似皆從天而降弩禮王九年始改六部名又賜六姓
今俗中興部爲母長福部爲父臨川部爲子加德部爲

女其實未詳前漢地節元年壬子（古本云建虎三年等皆誤）

三月朔六部祖各率子弟俱會於閼川岸上議曰我輩

上無君主臨理蒸民民皆放逸自從所欲盍覓有德人

為之君主立邦設都乎於是乘高南望楊山下蘿井傍

異氣如電光垂地有一白馬跪拜之狀尋撿之有一紫

卵一云青馬見人長嘶上天剖其卵得童男形儀端美

驚異之俗於東泉（東泉寺在詞腦野北）浴之身生光彩鳥獸率舞天地

振動日月清明因名赫居世王（蓋鄉言也或作弗矩內言光明理世也說者云是西述聖母之所誕也故中華人讚仙桃聖母有娠賢肇邦之語是也乃至雞龍現瑞產閼英又焉知非西述聖母之所現耶）

所述聖母之位號曰居瑟邯（或作居西干初開口之時自稱云閼智居西干一起因其言稱之自...）

三國遺事卷一

言辭之自後爲時人爭賀曰今天子已降宜覓有德女

君配之是日沙梁里閼英井一作娥利英井邊有雞龍現而左

脇誕生童女一云龍現死而剖其腹得之姿容殊麗然而唇似雞觜

將浴於月城北川其觜撥落因名其川曰撥川營宮室

於南山西麓今昌林寺奉養二聖兒男以卵生卵如瓠鄉人

以瓠爲朴故因姓朴女以所出井名名之二聖年至十

三歲以五鳳元年甲子男立爲王仍以女爲后國號徐

羅伐又徐伐今俗訓京字云此或云斯羅又斯盧初王生

於雞井故或云雞林國以其雞龍現瑞也一說脫解王

時得金閼智而雞鳴於林中乃改國號爲雞林後世遂

定新羅之號理國六十一年王升于天七日後遺體散

落于地后亦云土國人欲合而葬之有大虵逐禁各葬

五體爲五陵亦名虵陵曇嚴寺北陵是也太子南解王

繼位

第二南解王

南解居西干亦云次次雄是尊長之稱唯此王稱之父

赫居世母閼英夫人妃雲帝夫人（一作雲梯今迎日縣有雲梯山聖母祠）

應 前漢平帝元始四年甲子即位御理二十一年以

地皇四年甲申崩此王乃三皇之第一云按三國史云

新羅稱王曰居西干辰言王也或云呼貴人之稱武曰

次次雄或作慈充

金大問云次次雄方言謂巫也世

人以巫事鬼神尚祭祀故畏敬之遂稱尊長者為慈充

或云尼師今言謂齒理也初南解王薨子弩禮讓位於

脫解解云吾聞聖人多齒乃試以餅噬之古傳如此

或曰麻立干立一作袖金大問云麻立者方言謂橛也橛標

准位而置則王橛為主臣橛列於下因以名之史論曰

新羅稱居西干次次雄者一足師今者十六麻立干者

四羅末名儒崔致遠作帝王年代曆皆稱某王不言居

西干等豈以其言鄙野不足稱之也今記新羅事具存

方言亦宜矣羅人凡追封者稱葛文王未詳此王代樂

浪國人來侵金城不克而還又天鳳五年戊寅高麗之

禪屬七國來投

第三弩禮王

朴弩禮尼叱今一作儒初王與妹夫脫解讓位脫解云

凡有德者多齒宜以齒理試之乃咬餅驗之王齒多故

先立因名尼叱今尼叱今之稱自此王始劉聖公更始

元年癸未即位年表云甲申改定六部號仍賜六姓始

作兜率歌有嗟辭詞腦格　始製黎耜及藏氷庫作車

乘建虎十八年伐伊西國滅之是年高麗兵來侵

第四脫解王

脫解齒叱今 一作吐 解南解王時古本云壬寅年至着

即位之初無爭讓之事前則在 課矣近則後於弩礼 於駕洛國海中有舡來泊

於赫居之世故知壬寅非也

其國首露王與臣民鼓譟而迎將欲留之而舡乃飛走

至於雞林東下西知村阿珍浦今有上西知下西知村名時浦邊有

海中元無石嵓何因鵲集而鳴擊舡尋之鵲集一舡上

一嫗名阿珍義先乃赫居王之海尺之母望之謂曰此

舡中有一橫子長二十尺廣十三尺曳其舡置於一樹

林下而未知凶乎向天而誓爾俄而乃開見有端

正男子并七寶奴婢歊載其中供給七日迺言曰我本

龍城國人 亦作正明國武之琬夏國 龍城在倭東北一千里我國嘗有

二十八龍王從人胎而生自五歲六歲繼登王位教萬

民修正性命而有八品骨然無棟擇皆登大位時我

父王含達婆媳積女國王女爲妃父無子禱祝求息

七年後產一大卵於是大王會問羣臣人而生卵立今

未有殆亦吉祥乃造橫疊我并七寶奴娌載於舡中浮

海而祝日任到有緣之地立國成家便有赤龍護舡而

至此矣言訖其童子電狀率二奴含山上作石塚

留七日望城中可居之地見一峯如三日月勢可父之

地乃下尋之即瓢公宅也乃設詭計潜埋砺炭於其側

詰朝至門云此是吾祖代家屋瓢公云否爭訟不決乃

告于官官曰以何驗是汝家童曰我本冶匠乍出隣鄕
而人取居之請堀地撿看從之果得礪炭乃取而居爲
時南解王知脫解是智人以長公主妻之是爲阿尼夫
人一日吐解登東岳迴程次令白衣索水飲之白衣汲
水中路先嘗而進其角盃貼於口不解因而嘖之白衣
誓曰爾後若近遙不敢先嘗然後乃解自此白衣讋服
不敢欺罔今東岳中有一井俗云遙乃井是也及弩礼
王崩以光虎帝中元六年丁巳六月乃登王位以昔是
吾家取他人家故因姓昔氏或云因鵲開櫝故去鳥字
姓昔氏解櫝脫卵而生故因名脫解在位二十三年建

初四年巳卯崩葬䟽川丘中後有神詔愼埋葬我骨其
髑髏周三尺二寸身骨長九尺七寸齒如一骨節皆
連瑣所謂天下無敵力士之骨碎爲塑像安闕內神又
報云我骨置於東岳故令安之　一云崩後二十七世文虎
王代調露二年庚辰三月
朕夢於大宗有老人見甚威猛曰我
脫解也故我骨掘於䟽川丘塑像安於工合山王從其言
故至今國祀不絶即東岳神也云

金閼智　脫解王代

永平三年庚申　一云中元六年誤矣中元盡二年而巳　八月四日瓠公夜
行月城西里見大光明於始林中　一作鳩林有紫雲從天垂
地雲中有黃金橫掛於樹枝光白橫出亦有白雞鳴於

樹下以狀聞於王駕幸其林開檀有童男卧而即起如

赫居世之故事故因其言以閼智名之閼智即鄉言小

兒之稱也抱還闕瑞鵲相隨喜躍跪跪土擇吉日冊

位大子後讓故婆娑不即王位因金櫝而出乃姓金氏

閼智生熱漢漢生阿都都生首留留生郁部部生俱道

一作道生未鄒鄒即王位新羅金氏自閼智姓

延烏郎　細烏女

第八阿達羅王即位四年丁酉東海濱有延烏郎細烏

女夫婦而居一日延烏歸海採藻忽有一嚴一云一魚負歸

日本國人見之曰此非常人也乃立爲王按日本帝記前後無新羅

人爲王者此刀邊邑　細烏怪夫不來歸尋之見夫脫鞋

小王而非真王也　亦上其巖巖亦負歸如前其國人驚訝奏獻於王夫婦

相會立爲貴妃是時新羅日月無光日者奏云日月之

精降在我國今去日本故斯怪王遣使求二人延烏

白我到此國天使然也今何歸乎雖然朕之妃有所織

綱絹以此祭天可矣仍賜其綃使人來奏依其言而祭

之然後日月如舊貯藏其綃於御庫爲國寶名其庫爲貴

妃庫祭天所名迎日縣又都祈野

　　　未鄒王　竹葉軍

第十三未鄒尼叱今一作未古祖金閼智七世孫赫世紫

纘乃有聖德受禪于理解始登王位今俗稱王之陵為始登王位故後代金氏諸王皆以未鄒為始祖宜矣在位二十三年而崩陵在與輪寺東第十四儒理王代伊西國人來攻金城我大舉防禦久不能抗忽有異兵來助皆珥竹葉與我軍并力擊賊破之軍退後不知所歸但見竹葉積於末鄒陵前乃知先王陰騭有功因呼竹現陵越三十七世惠恭王代大曆十四年己未四月忽有旋風從庾信公塚起中有一人乘駿馬如將軍儀狀亦有衣甲器仗者四十許人隨從而來入於竹現陵俄而陵中似有振動哭泣聲或如告訴之音其言曰臣平生有輔時救難匡合之功

始祖堂盖以金始

今爲魍魎旗護邦國攘寇救患之心暫無渝改誰者庚
戌年臣之子孫無罪被誅君臣不念我之功烈臣欲遠
棱他所不復勞勤願王先之王蓉曰惟我與公不護此
邪其如民庶何公復努力如前三請三不許旋風乃還
王聞之懼乃遣工臣金敬信就金公陵謝過焉爲公立
功德寶田二十結于鷲仙寺以資冥福寺乃金公討乎
壞後植福所置故也非末鄒之靈無以過金公之怒王
之護國不爲不大矣是以邦人懷德與三山同祀而不
墜躋秩于五陵之上稱大廟云

　　　　　奈勿王〔一作那〕密王　金堤上

第十七㮈密王即位三十六年庚寅倭王遣使來朝曰

寡君聞大王之神聖使臣等以告百濟之罪於大王也

願大王遣一王子表誠心於寡君也於是王使第三子

羨海（一作美海）以聘於倭美海年十歲言辭動止猶未備

具故以内臣朴娑覽爲副使而遣之倭王留而不送三

十年至訥祇王即位三年己未句麗長壽王遣使來朝云

寡君聞大王之弟寶海智才藝願與相親特遣小臣

懇請王聞之幸甚因此和通命其弟寶海道於句麗以

内臣金武謁爲輔而送之長壽王又留而不送至十年

乙丑王召集群臣及國中豪俠親賜御宴進酒三行衆

樂初作王垂游而謂群臣曰昔我聖考誠心民事故使
愛子東聘於徐不見而崩又朕即位已來隣兵甚藏戰
爭不息句驪獨有結親之言朕信其言必其親幸聘於
句驪句驪亦留而不送朕雖屢富貴而未嘗一日蹔忘
而不哭著得見二孚共謝於先主之廟則能報恩於國
人誰能成其謀某時百官咸奏曰此事固泒易也必有
智勇方可臣等以爲歡羅郡大守堤上可也於是王召
悶焉堤上舟拜對曰臣聞主憂臣辱主辱臣死若論難
易而後行謂之不忠圖死生而後動謂之無勇臣雖不
肖願受命行矣王甚嘉之分觴而飲握手而別堤上受命

前受命徑邀北海之路變服入向麗進於寶海所共謀
逃期㦲以五月十五日歸泊於高城水口而待期日將
至寶海稱病數日不朝乃夜中遁出行到高城海濱王
知之使數十人追之至高城而及之然寶海在句麗常
施恩於左右故其軍士憫傷之皆拔箭鏃而射之遂免
而歸王既見寶海盍思美海一倅一悲垂淚而謂左右
曰如一身有一臂一面一眼雖得一而亡一何敢不痛
乎時堤上聞此言再拜辭朝而騎馬不入家而行直至
於栗浦之濱其妻聞之走馬追至栗浦見其夫已在加
上矣妻呼之切慟堤上但搖手而不駐行至倭國詐言

曰雞林王以不罪殺我父兄故逃來至此矣倭王信之
賜室家而安之時堤上常陪美海遊海濱逐捕魚鳥以
其所獲每獻於倭王王甚喜之而無疑焉適曉露凄暝
堤上曰可行矣美海曰然則偕行堤上曰今臣若行恐倭
人覺而追之願臣留而止其追也美海曰今我與汝如
父兄焉何得辛使而獨歸堤上曰臣能救公之命而慰
大王之情則之笑何願生乎取酒獻美海時雞林人康
仇麗在倭國以其人從而遣之堤上入美海房至於明
旦左右欲入見之堤上出止之曰昨日馳走於捕獵病
甚未起及旦具老右怪之而更問焉對曰美海行已

父臾先右告於王王使騎兵逐之不及於是囚堤上
問曰汝何竊遣汝國王子耶對曰臣是雞林之臣非倭
國之臣令欲成吾君之志耳何敢言於君乎倭王怒曰
今汝巳為我臣而言雞林之臣則必其五刑若言倭國
之臣者必賞重祿對曰寧為雞林之犬純不為倭國之
臣子寧受雞林之箠楚不受倭國之爵祿王怒命屠剥
堤上脚下之皮刈蒹葭使趨其上俗云蒹葭上有血痕更
問曰汝何國臣乎曰雞林之臣也又使立於熾鐵上問
何國之臣乎曰雞林之臣也王知不可屈燒殺於木
島中美海渡海而來使康仇麗先葬於國中王驚喜命

百官迎於屈歇驛王與親弟豐海迎於南郊入關設宴
大赦國內用其妻為國大夫人以其女子為美海公夫
人議者昔漢臣周苛在滎陽為楚兵所虜項羽謂周
苛曰汝為我臣封為万祿侯周苛罵而不屈為楚王所
殺堤上之忠烈無愧於周苛矣初堤上之發去也夫人
聞之追不及至望德寺門南沙上放臥長號因名其
沙曰長沙親戚二人扶腋將還夫人舒脚坐不起名其
地曰伐知旨久後夫人不勝其慕率三娘子上鵄述嶺
望倭國痛哭而終仍為鵄述神母今祠堂存焉

第十八實聖王

義熙九年癸丑平壤州大橋成（恐南平壤也今楊州）

大子訥祗有德望將害之請高麗兵而詐迎訥祗爲高麗

人見訥祗有賢行乃倒戈而殺王乃立訥祗爲王而去

射琴匣

第二十一毗處王（一作炤智王）即位十年戊辰幸於天泉亭

時有烏與鼠來鳴鼠作人語云此烏去處尋之（或云神德王欲

行香見衆鼠含尾怪之而還占之明日先鳴鳥尋之云云此說非也）王命騎士追之

南至避村（在南山東麓）兩猪相闘留連見之忽失烏所

在俳徊路旁時有老翁自池中出奉書外面題云開見

二人死不開一人死使來獻之王曰與其二人死莫若

不開但一人死月日官奏云二人者廬民也一人者王

也王然之開見書中云射琴匣王入宮見琴匣射之乃

內殿焚修僧與宮主潛通而所奸也二人伏誅自庸國

俗每正月上亥上子上午等日忌愼百事不敢動作以十

六日為烏忌之日以糯飯祭之至今行之俚言怛忉言

悲愁而禁忌百事也命其池曰書出池

智哲老王

第二十二智哲老王姓金氏名智大路又智度路謚曰智

證謚號始于此又鄉稱王為麻立干者自此王始王以

永元二年庚辰即位則或云三年辛巳也王陰長一尺五寸難於

嘉猷發使三道求之使至年梁部爻老樹下見二狗噬
一屎塊如糞大爭噬其兩端訪於里人首一小女告云
此部相公之女子洗澣于此隱林而所遺也尋其家捘
之身長七尺五寸具事奏聞王遣車邀入宮中封爲皇
后群臣皆賀　又阿瑟羅州泝溟東海中便風二日程
有方陵島〈羽陵本作〉周迴二万六千七百三十步島夷侍其
水深憍懷不臣王命伊飡朴伊宗將兵討之宗作木偶
師子載扵大艦之上威之云不降則放此獸爲夷畏而
降賞伊宗爲州伯

真興王

第二十四眞興王即位時年十五歲大后攝政大后乃

法興王之女子立宗葛文王之妃終時削髮被法衣而

遊承聖三年九月百濟兵來侵於珎城掠取人男女三

万九千馬八千匹而去先是百濟欲與新羅合兵謀伐

高麗眞興曰國之興亡在天若天未厭高麗則我何敢

望正爲乃以此言通高麗高麗感其言與羅通好而百濟

怨之故來爾

桃花女　鼻荊郎

第二十五舍輪王諡眞智大王姓金氏妃起鳥公之女

知刀夫人大建八年丙申即位古本云十一己亥誤矣御國四年

政亂荒嫕國人廢之前此沙梁部之庶女姿容艶美時
號桃花娘王聞而召致宮中欲幸之女曰女之所守不
事二夫有夫而適他雖萬乗之威終不奪也王曰殺之
何女曰寧斬于市有願靡他王戯曰無夫則可乎曰可
王放而遣之是年王見廢而崩後二年其夫亦死浹旬
忽夜中王如平昔來於女房曰汝昔有諾今無夫可
乎女不輕諾告於父母父母曰君王之教何以避之以
其女入於房留御七日常有五色雲覆屋香氣滿室七
日後忽然無蹤女因而有娠月滿將産天地振動得
一男名曰鼻荊眞平大王聞其殊異收養宮中年至十

五桜兒執事每夜此去遠遊王使勇士五十人守之每飛
過月城西去荒川岸上坐京卒兒衆遊勇士伏林中窺王
祠兒衆聞諸寺曉鐘各散郎亦歸奏軍士以事來奏王
召皇荊曰汝領兒遊信乎郎曰然王曰然則彼使兒衆
成橋於神元寺北渠去荒川東深渠一作神衆寺誤一荊奉勅使其徒
錬石成大橋於一夜故名鬼橋王又問鬼衆之中有出
現人間輔朝政者乎曰有吉達者可輔國政王曰與衆
翌日荊與俱見賜爵執事果忠直無雙時角干林宗無
子王勅爲嗣子㒷宗命吉達剏樓門於㒷輪寺南每夜
云宿其門上故名吉達門一日吉達變狐而逃去荊使

鬼捉而殺之故其眾聞鼻荊之名怖畏而走時人作詞

曰聖帝魂生子鼻荊郎室亭飛馳諸鬼眾此處莫留

停鄉俗帖此詞以辟鬼

天賜玉帶

清泰四年丁酉五月正承金傅獻獄鍮
金桃玉排方腰帶一條長十圍鑴六十二
日是真平王殂
帶也太祖受之藏之內庫

第二十六白淨王諡真平大王金氏大建十一年己亥

八月即位身長十一尺駕幸內帝釋宮亦名天柱寺踏

石梯二石並折王謂左右曰不動此石以示後來即城

中五不動石之一也即位九年有天使降於殿庭謂王

曰上皇命我傳賜玉帶王親奉跪受然後其使上天凡

郊廟大祀皆服之後高麗王將謀伐羅乃曰新羅有三

寶不可犯何謂也皇龍寺丈六尊像一共寺九層塔二

真平王天賜玉帶三也乃止其謀讚曰　雲外天頒玉

帶圍碧龍瑤襽担宜吾君自此身彌重准擬明朝鐵

作墀

善德王知幾三事

第二十七德曼[一作萬]謚善德女大王姓金氏父真平王

以貞觀六年壬辰即位御國十六年凡知幾有三事初

唐太宗送畫牧丹三色紅紫白以其實三升王見畫花

曰此花定無香仍命種於庭待其開落果如其言二於

靈廟寺玉門池冬月衆蛙集鳴三四日國人怪之問於

王王急命角干閼川弼吞等鍊精兵二千人速去西郊

問女根谷必有賊兵掩取殺之二角干既受命各率千

人問西郊富山下果有女根谷百濟兵五百人來藏於

彼並取殺之百濟將軍亏召者藏於南山嶺石上又圍

而射之殪又有後兵一千二百人來皆擊而殺之一無

孑遺三王喿忿時謂群臣曰朕死於其年某月日葬我

於初利天中群臣問其處王曰狼山南也

至其月日王果崩群臣葬於狼山之陽後十餘年文虎

大王創四天王寺於王墳之下佛經云四天王天之上

有初刹天乃知大王之靈聖也當時群臣啓於王曰何

知鴛鴦二事之然也王曰畫花而無蝶知其無香斯乃

唐帝欺寡人之無耦也蛙有怒形兵士之像玉門者女

根也女爲陰也其色白白西方也故知兵在西方男根

入於女根則必死矣以是知其易捉於是群臣皆服其

聖智遣兵三色者盖知新羅有三女王而然耶謂善德

真德真聖是也唐帝以有懸解之明善德之創靈廟寺

具載良志師傳詳之　別記云是王代鍊石築瞻星臺

真德王
真平王之母弟國飯葛文之女母月明夫人朴氏慶長七年壬午過膝

第二十八　真德女王即位自製太平歌織錦爲紋命使

往唐獻之一本命春秋公為使往汭請兵大宗嘉之詐
現慶庚申非大宗乃高宗之世定方之來在現慶庚申
故知織錦為救非請兵時也在真德之世當矣蓋請救
之金織錦池瑞唐帝嘉賞之改封為雞林國王其詞曰
開洪業巍魏皇猷昌止戈我成定修文契百王統天崇
雨施理物体含章深仁諧日月撫軍迢震唐幡旌河赫
赫辟戟何鍠鍠外戾遺命省前覆被天映淳風疑幽顯
遐邇競呈祥四時和玉燭七曜巡方方維嶽降輔宰維
帝任忠良五三成一德昭我唐家皇王之代有關川
公林宗公述宗公虎林公之女廉長公庾信公會于南
山亏知嚴議國事時有大虎走入座間諸公驚起而關

川公略下教動談笑自若抵虎尾撲於地而殺之關川

公督力如此屢於藁苩然諸公皆服庚信之威　新羅有

四靈地將議大事則大臣必會其地謀之則其事必成

一曰青松山二曰㫱知山三曰西攷田四曰北金

剛山是王代始行正旦礼始行待郎号

金庚信　事吾德　真德　太宗　文武王

虎力伊干之子舒玄角干金氏之長子曰庚信弟曰欽

純姊妹曰寶姬小名阿海妹曰文姬小名阿之庚信公

以真平王十七年乙卯生稟精七曜故背有七星文又

爻神異辛壬十八壬申修鈒得術為國矦時有白石薦

不知其所自來屬於徒中有旱郎以伐嚴禳之事日夜

深謀白石知其謀告於郎曰僕請與公宻先探於彼然

後圖之何如郎喜親率白石夜出行方憩於峴上有二

女隨郎而行至骨火川留宿又有一女忽然而至公與

三娘子喜話之時娘等以美菓饋之郎受而啖之心諾

相許乃說其情娘等告云公之所言已聞命矣願公謝

白石而共入林中更陳情實乃與俱入娘等便現神形

曰我等奈林穴禮骨火等三所護國之神今敵國之人

誘郎引之郎不知而進途我欲留郎而至此矣言訖而

隱公聞之驚仆再拜而出宿於骨火館謂白石曰今歸

他國忘其要文請與兩還家取來逐與還至家拷縛白

石而問其情曰我本高麗人古本之百腐課矣橄南乃

是寶藏
王事　我國群臣曰新羅庚信是我國卜筮之士又逆行陰陽亦

也南誤矣　國界有迸流之水反覆之事雄唯九使其卜之橄南

婁曰大王七人逆行陰陽之道其端如此大王驚惟而

王妃大怒謂是妖狐之語告於王更以他事驗問之丈

言則加重刑乃以一鼎藏於合中閻是勾物其人婁曰

是必鼠其命有八乃以謂史言將加斬罪其人誓曰吾

死之後願為大將必滅高麗矣即斬之剖鼠腹而視之

其命有七於是知前言有中其日夜大王夢橄南入于

新羅舒玄公夫人之懷以告於羣臣皆曰橃南遺心而
死是其果然故遣我至此謀之爾公乃刑白石備百味
祀三神現身受奠金氏宗財買夫人死葬於青淵上
谷因名財買谷每年春月一宗士女會宴於其谷之南
澗于時百卉敷榮松花滿洞府林谷口架築為庵因名
松花房傳為願剝至五十四景明王追封公為興虎大
王陵在西山毛只寺之北東向走峰

　　　大宗春秋公

第二十九大宗大王名春秋姓金氏龍樹一作龍春角干追
封文興大王之子也妣真平大王之女天明夫人妃文

明皇后文姬即庚信公之季妹也初文姬之姊賫姬要
登西岳搖溺溺滿京城且與妹說夢文姬聞之謂曰我
買此夢妹曰與何物乎曰鬻錦裙可乎姊曰諾妹開襟
受之姊曰疇昔之夢傳付於汝妹以鬻裙酬之後旬日
庚信與春秋公正月午忌日　見上射琴連事蹴鞠于庚
信宅前羅入謂蹴鞠之戲故蹴踘春秋之裙裂其襟紐曰請入
吾家縫之公從之庚信命阿海奉針海曰豈以細事輕
近貴公子因辭病不進　乃命阿之公知庚信之意
遂妻之自後數數來往庚信知其有娠乃噴之曰爾不
告父母而有娠何也乃宣言於國中欲焚其妹一日俟

善德王游幸南山積薪於庭中焚火烟起王望之問何烟

左右奏曰殆庚信之送妹也王問其故曰為其妹無夫

有娠王曰是誰所為時公昵侍在前顏色大變王曰是

汝所為也速往救之公受命馳馬傳宣迫之自後現行婚

禮真德王薨以永徽五年甲寅即位御國八年龍朔元

年辛酉崩壽五十九歲葬於哀公寺東有碑王與庾信

神謀戮力一統三韓有大功於社稷故廟號大宗大子

法敏角干仁問角干文王角干老且角干智鏡角干愷

元寺昔文姬之所出也當時買夢之徵現於此吳廩子

日皆知文級干車得令公馬得阿干并如五人王膺一

日飯米三斗雄雉九首自庚申年滅百濟後除豊饍但
朝暮而已然計一月米六斗酒六斗雉十有城中市價
市一疋租三十碩或五十碩民謂之聖代在東宮時欲
征高麗因請兵入唐嘗賞其風毅謂爲神社之人固
留待衛之請乃還時百濟末王義慈乃虎王之元子也
雄猛有膽氣事親以孝友于兄弟時號海東曾子以貞
觀十五年辛丑即位躭酒色改荒國老佐平百濟成
忠極諫不聽囚於獄中瘦困瀆死書曰忠臣死不忘君
願一言而死臣嘗觀時變必有兵革之事凡用兵審擇
其地處上流而迎敵可以保全若異國兵來陸路不使

過炭峴一云沆峴隘要害之地百水軍不使入伐浦即長嵒又孫梁一作只火

白江據其險臨以禦之然後可也王不省現慶四年巳

未石濟烏會寺赤烏寺有大赤馬晝夜六時遶寺行道

二月衆狐入義慈宮中一白狐坐佐平書案上四月太

子宮雌雞與小雀交婚五月泗沘江名岸大魚出死長

三丈人食之者皆死九月宮中槐樹鳴如人哭夜鬼哭

宮南路上五年庚申春一月王都井水血色四月蝦蟇數萬集

魚出死百姓食之不盡泗沘水血色西海邊小

於樹上王都市人無故驚走如有捕捉驚仆死者百餘

亡失財物者無數六月王興寺僧皆見如舡楫隨大水入

寺門有大犬如野鹿自西至泗沘岸向王宮吠之俄不
知所之城中群犬集於路上或吠或哭移時而散有一
鬼入宮中大呼曰百濟亡百濟亡即入地王怪之使人
掘地深三尺許有一龜其背有文百濟圓月輪新羅如
新月問之巫者云圓月輪者滿也滿則虧如新月者未
滿也未滿則漸盈王怒殺之或曰圓月輪盛也如新月
者微也意者國家盛而新羅寖微乎王喜大宗聞百濟
國中多怪變五年庚申遣使仁問請兵唐高宗詔左虎
衛大將軍荊國公蘇定方為神丘道行策揔管率左虎
將軍劉伯英字仁遠无虎衛將軍馮士貴无驍衛將軍

麗孝公等統十三万兵來征 鄉記云軍十二万二千七百人

而淮史不以新羅王春秋爲嵎夷道行軍摠管將其國

詳之之合勢定方引兵自城山濟海至國西德勿島羅

兵興之合勢定方引兵自城山濟海至國西德勿島羅

王遣將軍金庾信領精兵五万以赴之義慈王聞之會

群臣問戰守之計佐平義直進曰唐兵遠涉溟海不習

水羅人恃大國之援有輕敵之心若見唐人失利必疑

懼而不敢銳進故知先與唐人決戰可必達率常永等

曰不然唐兵遠來意欲速戰其鋒不可當必羅人屢見

敗於我軍今望我兵勢不得不恐今日之計宜塞唐人

之路以待師老先使偏師擊羅折其銳氣然後伺其便

而合戰則可得全軍而保國矣王猶預不知所從時佐
平與首得罪流竄于古馬非知之縣遷入間之曰事急
矣如何首曰大榮如佐平成忠之說大臣等不信曰頃
首在縲絏之中惡君而不愛國矣其言不可用必莫若
使唐兵入白江民師泝流而不得方舟羅軍外炭峴由
徃而不得並馬當此之時縱兵擊之如在籠之雞羅網
之魚也王曰然又聞唐羅兵已逼白江炭峴遣將軍偕
伯師死士五千出黃山與羅兵戰四合皆勝之然兵寡
力盡竟敗而偕伯死之進軍合兵據津口瀕江屯兵忽
有鳥迴翔於定方營上使人卜之曰必傷元帥定方懼

欲引兵而止庾信謂定方曰豈可以䴏鳥之㤼違天時
也應天順人伐至不仁何不祥之有乃扶神劒擬其鳥
割裂而隆於座前於是定方出左涯垂山而陣與之戰
百濟軍大敗王師乗潮軸轤含尾鼓譟而進定方將步
騎直趨都城一舍止城中悉軍拒之又敗死者万餘唐
人乗勝薄城王知不免嘆曰悔不用成忠之言以至於
此遂與大子隆（或作孝　誤也）走北鄙定方圍其城王次子泰
自立為王率衆固守大子之子文思謂王泰曰王與大
子出而叔檀為王若唐兵解去我等安得全率左右
而出民皆從之泰不能止定方令士起堞立唐旗幟泰

窘迫乃開門請命於是王及大子隆王子泰大臣貞福
與諸城皆降定方以王義慈及大子隆王子泰王子演
及大臣將士八十八人百姓一万二千八百七人送京
師其國本有五部三十七郡二百城七十六万戶至是
折置熊津馬韓東明金漣德安等五都督府擢渠長為
都督刺史以狸之命郎將劉仁願守都城又左衛郎將
王文度為熊津都督撫其餘衆定方以所浮見上責而
宥之王病死贈金紫光禄大夫衛尉卿許舊臣赴臨詔
葬孫皓陳叔寶墓側并爲豎碑七年壬戌命定方為遼
東道行軍大揔管俄改平壤道破高麗之衆放浿江

馬邑山為營遂區平壤城會大雪觧圍還拜涼州安集
大使以定吐蕃封二年辛亥帝崩之贈左驍騎大将
軍幽州都督謚曰莊 史迠唐新羅別記云文虎王即位
五年乙丑秋八月庚子王親統大兵幸熊津城會假王
扶餘隆作壇刑白馬而盟先杷天神及山川之靈然後
歃血為文而盟曰往者百濟先王迷於逆順不敦隣好
不睦親姻結扵句攊交通倭國共為殘暴侵前新羅破
邑屠城略無寧歲天子憫一物之失府憐百姓之被毒
頻命行人諭其和好陰特遠侮慢天經皇赫斯怒恭
行吊伐旌旗所指一戎大定固可潴营伐宅作誡来裔

塞源狀本垂訓後昆懷柔代覲先王之令典興亡繼絶

往哲之通規事必師古傳諸曩用故立前百濟王司

正卿扶餘隆爲熊津都督守其祭祀保其桑梓依倚新

羅長爲與國各除宿憾結好和親恭承詔命永爲藩服

仍遣使人右威衛將軍魯城縣公劉仁願親臨勸諭具

宣成旨約之以婚姻申之以盟誓刑牲歃血共敦終始分

災恤患恩若兄弟祗奉綸言不敢隆失既盟之後共保

歲寒若有乖背二三其德興兵動衆侵犯邊陲神明鑒

之百殃是降子孫不育社稷無守禋祀磨滅罔有遺錄

故作金書鐵契藏之宗廟子孫万代無或敢犯神之聽

之是事是福殽訖埋幣帛於壇之壬地藏盟文於大庙

盟文乃帶方都督劉仁軌作慈工及太子隆等遂京師

今玄會狀餘于隆則知唐帝實隆而遣之子隆等遂京師

立為熊津都督轼此敘盟文明言以恥厥之又古記云總

章元年戊辰若總章戊辰則李勣之事而下文蘇定方誤矣若定方則年号當龍朔二年壬戌來

之時也國公之所請唐兵屯于平壤郊而通書曰急輸

軍資王會群臣問曰入於敵國至唐兵屯所其勢危矣

两請王師報還而不輸其料亦不宜也如何庾信奏曰

臣等能輸其軍資請大王無慮於是庾信仁問等率數

万人入句麗境輸料二万斛乃還王大喜又欲興師會

唐兵庾信先遣然起兵川等二人問其會期唐帥蘇定

方紙晝鸞犢二物廻之國人未解其意使問於元曉法
師解之曰速還其兵謂晝犢畫鸞二切也於是庾信廻
軍欲渡退江今日後渡者斬之軍士爭先半渡廻濟兵
秦掠殺其未渡者翌日信返進句濟兵捕殺數万級百
濟古記云扶餘城北角有大岩下臨江水相傳之義慈
王與諸後宮知其未免相謂曰寧自盡不死於他人手
相率至此投江而死故俗云墮死岩斯乃俚諺之訛也
但宮人之墮死義慈卒於唐唐史有明文　又新羅古
傳云定方旣討麗濟二國又謀伐新羅而留連於是庾
信知其謀饗唐兵鴆之皆死坑之今尚州界有唐橋是

其坑地捘唐史不言其所以死但書云幸何耶為復讎

殺定方之耶卿諫之無讓耶若士戊年高麗之役羅人

此却鄉傳報讎則後總章戊辰何有請兵滅高麗之事以

地而已非至殺王師定百濟既還之後羅王命諸將追

蘇李二公迎殺王師定百濟既還之後羅王命諸將追

捕百濟殘賊市次于漢山城高麗鞨二國兵來圍之

相擊未解自五月十一日至六月二十二日我兵危甚

王聞之議群臣曰計將何出猶豫未決庾信馳奏曰事

急矣人力不可及唯神術可救乃於星浮山設壇修神

術忽有光耀如大甕從壇上而出乃星飛而北去

淳山山名或有別諒云山在都林之南秀出一峯是也

京城有一人謀求官命其子作高炬夜登此山舉之其

夜京師人望火皆謂怪星現於其地王聞之憂懼募人

禳之其人將應之日官奏曰此非大怪也但一家子死

文姐之光耳遂不行禳法

是夜甚于下山虎傷而死漢山城中士卒忽欲救死不至

相視哭泣而已賊欲攻急忽有光耀從南天際來成霹靂

擊碎砲石三十餘所賊軍弓箭矛戟等碎此什地良久

乃蘇奔潰而歸我軍乃還太宗初即位有獻彌一頭二

身八足者議者曰是必并吞六合瑞也是王代船啟中

國衣冠爭簒乃法師慈藏請唐帝而求傳也神文王時

唐高宗遣使新羅曰朕之聖考得賢臣魏徵李淳風等

協心同德一統天下故爲太宗皇帝汝新羅海外小國

有太宗之号以僭天子之名義在不忠遠改其号新羅

王上表曰新羅雖小國得聖臣金庾信一統三國故封

為大宗帝見表乃思憶貳時有天唱空之三十三天之

一人降於新羅為庚信紀在於音昔出挨視之驚懼不已

更遣使許無改大宗之号

長春郎　罷郎一作　罷

初與百濟舉兵戰於黃山之役長春郎罷郎死於陣中後

討百濟時見要於大宗曰臣等昔者為國立身全於白

骨廣效完護邦國故商從軍行無退屈而已然迫於磨師

定方之威逐入後爾願王加我以小勢大王驚為性之

為二碣說經一日於羊山亭文為創莊義寺於漢山洲

以資冥接

三國遺事卷第一

◇ 연 구 자 ◇

姜仁求(韓國精神文化研究院 名譽敎授)
金杜珍(國民大學校 國史學科 敎授)
金相鉉(東國大學校 史學科 敎授)
張忠植(東國大學校大學院 美術史學科 敎授)
黃浿江(檀國大學校 名譽敎授)

◇ 연구보조원 ◇

趙景徹(韓國精神文化研究院 韓國學大學院 博士課程)
文銀順(韓國精神文化研究院 韓國學大學院 博士課程)
尹琇姬(韓國精神文化研究院 韓國學大學院 博士課程)

韓國精神文化研究院
譯註 三國遺事 I

2002년 7월 31일 제1판 1쇄 발행
2003년 11월 17일 제1판 2쇄 발행

발 행 인 | 송 미 옥
편 집 인 | 한국정신문화연구원
발 행 처 | 以會文化社

주   소 | 서울시 동대문구 답십리동 488-338 부영B/D 503
전   화 | 02-2244-7912~3
팩   스 | 02-2244-7914
전자우편 | ih7912@chollian.net
등   록 | 제6-0532 (1992. 5. 2)

ISBN 89-8107-250-7 (세트)
          89-8107-251-5 94910

정가 25,000원